重庆文化研究

（2021年卷）

重庆市文化和旅游研究院 编

中国文史出版社

图书在版编目（CIP）数据

重庆文化研究. 2021年卷 / 重庆市文化和旅游研究院编. -- 北京 : 中国文史出版社, 2022.10
ISBN 978-7-5205-3735-3

Ⅰ. ①重… Ⅱ. ①重… Ⅲ. ①地方文化 - 研究 - 重庆 - 2021 Ⅳ. ①K297.19

中国版本图书馆CIP数据核字（2022）第176185号

责任编辑：赵姣娇
装帧设计：欧阳春晓

出版发行：**中国文史出版社**
社　　址：北京市海淀区西八里庄69号　邮编：100142
电　　话：010-81136606　81136602　81136603（发行部）
传　　真：010-81136655
印　　装：廊坊市海涛印刷有限公司
经　　销：全国新华书店
开　　本：787mm × 1092mm　1/16
字　　数：450千字
印　　张：29.75
版　　次：2023年2月北京第1版
印　　次：2023年2月第1次印刷
定　　价：89.00元

目录

HONGGUAN WENHUA

宏观文化

中华优秀传统文化创造性转化与创新性发展的理路①

陈 念② 郭 竹

中华优秀传统文化是提升文化自信的基石，它彰显着中国人民独特的民族基因和价值神韵，加添了中华民族的文化尊严感和文化自豪感。中国共产党自成立以来，就一直汲取着中华文化的养分，习近平特别指出："优秀传统文化是一个国家、一个民族传承和发展的根本，如果丢掉了，就割断了精神命脉。"[1]党在新时代为我们勾画了在21世纪中叶建成社会主义现代化强国的美好蓝图，文化现代化是社会主义现代化强国的题中之义，因而在传统文化领域，推进中华优秀传统文化创造性转化与创新性发展就是实现文化现代化，进而建成社会主义现代化强国的必然选择。只有在科学考辨中华优秀传统文化与创造性转化与创新性发展的内在逻辑关联的基础上，才能准确探索出一条切实可行的操作路径，为满足人民群众更高层次的文化需求提供重要支撑，为我国社会主义现代化建设事业提供精神动力。

一、中华优秀传统文化与"两创"的内在逻辑关联

创造性转化就是指主体充分发挥主观能动性通过一定的行为方式把特定的

① 基金项目：重庆理工大学研究生科研创新项目"'文化自信'视域下中华优秀传统文化创造性转化与创新性发展的研究"（Lgycx 20203171）。原载于《四川文理学院学报》2021年7月第31卷第4期。

② 陈念（1995— ），女，土家族，重庆黔江人。硕士研究生，主要从事马克思主义中国化研究。

事物在一定条件下按照主体的意愿和要求进行结构或形式的改变，形成以前没有的新的事物，以达到主体需要的客体存在物；创新性发展就是在批判继承原有事物积极内容的基础上不断发展客体，使客体的内容和功能进一步符合事物发展规律。中华优秀传统文化赓续承袭、与时俱进的发展过程本身就蕴含着进行“两创”的内在要求，“两创”也是挖掘中华优秀传统文化资源的基本方式。

（一）“两创”是中华优秀传统文化赓续发展的内在要求

中华优秀传统文化自身赓续承袭的文化发展规律就蕴含着进行“双创”的内在要求。“文化属于社会意识范畴”，[2]中华优秀传统文化作为反映社会存在的社会意识形态，是包含语言文字、音乐建筑、民间技艺、道德观念等在内的物质财富与精神财富的总和，是上层建筑的重要组成部分，必然随着经济基础的改变而进行相应的转化，但中华优秀传统文化的转化创新并不是说对传统文化进行彻底的颠覆或中断，而是不断为传统文化灌注新的成分，要在继承传统文化精华的基础上结合当今时代发展需求，使传统文化实现古今融合，让优秀传统文化有新的解读方式，使文化在传承原有文化的过程中，不断突破文化在原有特定时代打下的烙印，为文化再添新的、符合当前发展要求的合理成分，就必须对传统文化进行“两创”。

首先，中华优秀传统文化在华夏土地上从未中断，其根源在于它总是适应历朝历代政治经济发展的需要，能为社会发展服务，伴随着人类社会历史发展的进程，中华优秀传统文化也经历着不断与时俱进、创新发展的嬗变历程。其次，从文化角度看，人类历史就是一部文化创新发展的历史，人创造文化，同时文化也塑造人，人类社会可以说就是在文化不断调整、创新的过程中向前推进，社会历史也是在人类不断传承和创新发展文化的实践活动中不断向前发展的。最后，传统文化作为社会历史的重要组成部分，对社会发展具有能动作用，因为传统文化推动社会发展的动力取决于文化的内容、形式、功能、结构等，这些元素本身包含有不完善、不符合生产力因素，这就要求必须调整传统文化与社会发展不相符合的东西，剔除传统文化中的腐朽残渣，摒除掉传统文化中残余的消极文化因素，减少甚至根除不良文化的负面影响，这样才能使传统文化在不同阶段始终积极响应和科学解答社会生产力对文化发展提出的基本要求。但是，就目前文化的发展状态而言，无论是文化自身的内生发展动力还是宣传、保护、利用等外在发展动力都未充分调动起来，仍然处于未完善状态，丰富的文化资源暂未完全有效地转化为推动社会发展的现实生产力。

（二）“两创”是挖掘中华优秀传统文化资源的基本方式

中华传统文化是转化创新的基本载体，而创造性转化与创新性发展是进一步挖掘中华优秀传统文化资源的基本方式。在传统文化领域，对中华文化进行转化创新其实质就是思考如何在实现现代化的历史进程中推进传统文化与现代化事业接轨，推动传统文化领域的现代化，即转化创新哪些传统文化，怎么样实现文化转化创新。从传统文化的视角对文化进行转化创新就是在新的时代环境下解决文化领域问题的重要应对措施，是引领文化发展的主要手段。一方面从内部文化环境看，我国拥有历史悠久的文化资源，但当前在传统文化领域仍然面临一系列问题，譬如在整个文化领域，传统文化优势资源并未能够有效发挥，社会成员对传统文化的价值认识和传承有待进一步加深等，这就要求必须解决好促进文化发展的方式手段问题，而创造性转化与创新性发展就是推动中华优秀传统文化保持强大生命力的一个基本方式。另一方面“从传统文化创造性转化的外因上看，当前文化建设面临的严峻的国内外形势，倒逼传统文化实现创造性转化。”[3]文化已经成为一个国家塑造形象的重要因素，是应对西方文化冲击的重要举措，在当今世界，可以说文化兴则国运兴，文化强则国运强，如果哪个国家能在文化方面占领制高点，那么它就能在激烈的国际竞争中占有文化主动权，中华优秀传统文化进行转化创新就是推动传统文化与发展需求相结合，在激烈的国际文化角逐中响应时代呼唤，是应对当今文化冲突、增强文化软实力、提升民族凝聚力的重要方式和基本途径。

“创造性转化是基础，是我们保持民族特色的基点，创新性发展是根本指向，是中华传统文化发展的方向。”[4]创造性转化首先剔除传统文化中腐朽落后的、不适宜当代社会发展的糟粕，使其保留对当代社会发展有价值的文化精华，同时在转化、保留的基础上对传统文化赋予更适合时代发展的新内容；创新性发展把转化过的文化内容在文化继承的基础上与社会发展相融合，再对文化进行拓展完善，在现实的实践活动中，充分发挥人的主观能动性，积极进行文化活动，把文化内容以崭新方式表现出来，从而激发传统文化的积极作用，为推动生产力发展提供文化支撑。

二、中华优秀传统文化进行“两创”的必要性

自信是一种心态，是一股强大的精神力量源泉，对于文化自信，在某种程度上可以理解为一个国家、民族、社会成员对自身发展过程中形成的优秀文化的充分肯定及未来发展方向充满信心，这种自信融合着一个民族的人民对本民族文化的信赖感、尊严感、荣誉感、自豪感，承载着本民族文化的生命力与创造力。促进中华优秀传统文化进行“两创”是发展社会主义先进文化、建设文化强国、应对多元文化冲击的必要选择。

（一）推进中华优秀传统文化“两创”是发展社会主义先进文化的必要选择

社会主义先进文化，既立足于中华优秀传统文化，又要求“在建设社会主义先进文化的过程中变革传统文化”，[5]而能否正确认识和推进中华优秀传统文化的创新发展，关系到坚持文化自信和发展社会主义先进文化的活力来源。

中华优秀传统文化是提升文化自信、促进社会主义先进文化繁荣发展的根基，传统文化如果没有与时俱进地进行转化创新，就难以用动感的活力推进当代文化发展，只有在自觉自主自信传承中华优秀传统文化的基础上，才能更好地焕发社会主义先进文化的生机活力，从而增强文化自信。当前，在看待中国传统文化上，存在两种错误倾向。其一是文化激进主义，此种观点认为传统文化都不符合时代发展，盲目否定历史文化，主张用西方文化取代中国传统文化；其二是文化复古主义，这种观点认为中华文化唯一的发展出路是重新确立中国几千年传统文化的主导地位，反对学习西方优秀的文明成果。实际上，背离时代要求，脱离实际情况去对待传统文化 不可能推动文化的发展，丢弃传统，只会在发展过程

中迷失自我，丧失根本；盲目跟从，只会导致自身改旗易帜，无论是文化激进主义还是文化复古主义都不是对待中国传统文化的正确态度。我国传统文化经过数千年的沉淀发展，已经成为中华民族的宝贵资源，在文化自信视域下，面对进一步促进传统文化与当代文化融合发展新的时代任务，必须正确认识和评价传统文化，进一步发挥传统文化的价值。

（二）推进中华优秀传统文化“两创”是建设文化强国的必然要求

中国是一个文化古国与文化大国，当代中国在文化建设方面提出了新的更高的目标，即建设文化强国。“文化强国是指一个国家拥有强大的文化力量。这种力量既表现为具有高度文化素养的国民，也表现为发达的文化产业，还表现为强大的文化软实力”。[6]中华优秀传统文化作为中华文化安身立命的根与魂，“忘本”“去根”不可能拥有强大的文化实力。

建设文化强国必须看到我国的文化优势及面临的困境。一方面文化建设拥有良好发展前景。其一，文化资源基础。从“礼、仁、中庸”等思想文化到琴棋书画再到民间技艺等，我国拥有思想、文字、语言、建筑、音乐等丰富的文化资源，丰厚的文化资源是建设文化强国的强大支撑。其二，雄厚的物质基础。经济的快速发展在一定程度上为文化的发展提供了契机，文化发展能够从经济发展中汲取动力，较为雄厚的物质基础能够为人民追求更高层次的文化需求提供经济支撑。另一方面中华优秀传统文化中很多资源并未真正开发利用，很多方面后劲不足，缺乏发展动力。其一，文化领域发展不平衡。文化领域涉及的范畴很宽广，例如地方、历史、精神、企业、民族、饮食等一系列文化，文化领域在各个方面发展参差不齐，部分领域的发展不被重视，制约了整体文化领域的发展。我国还存在很多传统的、相对落后甚至腐朽的风俗文化，不同地方不同区域的文化布局等还不均衡，文化发展还存在很大差距。其二，文化体制机制不健全。当前，文化领域面临着引领网络媒体、社会舆论、网络文艺等一系列艰巨的任务，尤其是在传统文化领域存在思想上模糊认识不清、保护措施不齐全等漏洞。因此，必须牢牢把握传统文化发展规律，为建设文化强国提供强大的文化价值支撑。

（三）中华优秀传统文化进行“两创”是应对多元文化冲击的必须手段

“21世纪是世界多元文化融合化的世纪，多元文化的关系问题日益突出，文化价值观问题成为世界性的课题。”[7]在西方多元文化的冲击之下，当前社会中存在着多种对传统文化的歪曲解读，影响青年价值理念的形成与道德评判标准，削弱主流文化等问题。

中华文化的发展面临着极大的机遇与挑战。一方面，中华文化在与世界各国文化交流的过程中，通过相互借鉴不断扩大文化视野，人们的文化选择越来越多，这有助于推动文化创新，甚至逐渐融合、创造新的文化。同时在文化交流碰撞之中，增强中华文化的生命力，中华文化在历史发展过程中不断吸收各种文化得到丰富、发展。另一方面，我国进行改革开放，彻底打破以前封闭半封闭的状态，但人的思想观念需要一个改变和接受的过程。由于各种西方文化涌入中国，中西方文化历史传统、思想理念等存在巨大差异，冲击、震撼、影响和改变着中国人的传统思想观念，在这一过程中就会产生很多问题，如对本民族文化的盲目否定、对西方文化的狂热追随等。各国的文化差异在交流的过程中必然会产生碰撞，文化多样性的发展会减弱本民族文化的特性，妨碍文化认同的发展。如何有效应答多元文化浪潮在人们精神层面引起的思想撞击和观念冲突，就需要自觉主动发挥传统文化在经济社会中的积极能动功能，站在时代和世界的高度看待中华传统文化，推进中华优秀传统文化进行转化创新，在认清自身文化的同时与世界文化交流互鉴，既保留积极科学的文化成分，又合理吸收外来文化，用高度的文化自信来强化和引领多元文化思潮。

三、中华优秀传统文化进行“两创”的路径选择

文化活动与经济政治活动紧密相连，共同构成推动社会发展的强大力量，文化的伟力蕴含在社会成员的爆发力与创造力中，深深地烙印在民族的生命力之上，中华优秀传统文化作为提升文化自信的内生资源，必须与时代同步伐，与时俱进地实现自身的创新发展，即要使中华优秀传统文化“与当代文化相适应，与

现代社会相协调。”[8]要实现这一目标任务，就应该不忘本来、立足现实、面向未来积极探索、深入挖掘文化资源，总结文化建设经验，深化文化体制改革，不断开创激发全社会文化活力的新局面。

（一）不忘本来，深入挖掘优秀传统文化资源

其一，梳理并利用好传统文化资源。这是中华优秀传统文化进行“两创”的一项基础性工作。中华传统文化包含的内容极其广泛，如古文戏曲、民族音乐等，梳理传统文化资源是一项烦琐的文化工作，要讲清楚传统文化的历史脉络与发展走向，要弄明白传统文化中独特鲜明的创造力，充分认识到传统文化的价值；要正确引导和规范文化的发展途径，制定科学长期有效的文化机制，让优秀传统文化在中华大地“活”起来，把民族文化与世界潮流结合起来突出中国元素；要大力宣传传统文化的历史价值与时代价值，坚持把传统优秀思想文化融入文化事业，把传统优秀技艺文化融入文化产业，把传统优秀风俗文化融入社会生活，创造出更多的文化产品，“推进传统文化世俗化、日常化”。[9]

其二，完善优秀传统文化教育体系。优秀传统文化是一个国家和民族的灵魂，在全社会进行优秀传统文化教育势在必行，当前，一些社会成员对传统文化仍然存在着模糊认识和偏见，对中华优秀传统文化的理解过于浅显、片面，全社会对于优秀传统文化的学习并不是很高，“中华优秀传统文化创造性转化、创新性发展氛围不够浓厚”[10]。因此要在全社会提高中华优秀传统文化的阐释能力，使广大人民群众更好地学习中华文化，使大众更好地认识优秀传统文化；要健全相应考核制度，大力培养相关的知识型人才，打造高素质教育人才；要从娃娃抓起，加强中国优秀传统文化的教育，把中华优秀诗文诵读纳入学生的课程，并进行严格考察；开设相关民俗文化课程，多开设“红楼梦”“水浒传”等经典优秀文学作品课程，把优秀传统文化课程变为基础性必修课程等。

其三，加大传统文化遗产资源的保护和开发力度。中华传统文化遗产资源是中华民族特有的文化资源，是提高国家文化软实力的底气来源，是增强文化自信的突出优势资源，是全力建设文化强国的动力能源。文化遗产是不可再生的宝贵资源，我国在开发保护传统文化遗产资源方面缺乏整体规划，对传统文化遗产的

保护观念薄弱，相应的法规制度有待完善；在文化遗产保护执行力上不足、现行法律制度中很多方面过于笼统、宣传优秀传统文化遗产的风尚有待进一步加强、对恶意破坏文化遗产的惩罚力度有待提高等都是传统文化遗产资源在开发保护利用过程中存在的问题。必须大力保护和开发优秀传统文化资源，解决当前文化遗产中面临的问题，认真挖掘与深入阐释优势文化资源，“加强文物保护利用和文化遗产保护继承”，[11]让传统文化遗产资源在中华大地“活”过来、用起来。

（二）回望历史，总结文化建设经验

“不忘历史才能开辟未来，善于继承才能善于创新”，[1]313从文化建设的视野看，新中国成立后，文化发展大致可以分为三个时期：从新中国成立到十一届三中全会是社会主义文化初步探索时期；从十一届三中全会到党的十八大是社会主义文化繁荣发展时期；党的十八大以来是建设社会主义文化强国时期。在此过程中，我们在发展社会主义文化方面形成了一系列重要的文化建设经验，这对于推动中华优秀传统文化创造性转化与创新性发展提供了指向。

其一，坚持和改善党对文化工作的领导。党的领导是促进文化领域发展的根本保障，党一直重视保护和发展中国传统文化，在不同时期制定不同方针政策，不断优化文化工作。在社会主义文化初步探索时期，党致力于扫除落后的不符合社会发展的封建腐朽文化，建立起主张中华民族独立尊严、反对封建迷信、民族的科学的人民大众的新文化；在社会主义文化繁荣发展时期，在文化领域解放思想，保证文化发展路线的正确性，始终代表先进文化的前进方向，把建设先进文化、提高精神文明作为改革开放与现代化建设的重要目标与重要保障；党的十八大以来建设社会主义文化强国时期，这一时期极其强调文化的重要性，党中央以高度的文化自觉，自主自信自发地推进各项文化产业发展，对内不断健全城乡各地文化基础设施，为人民丰盈精神世界提供基础保障；对外积极进行文化交流，努力传播中国声音，使中华文化形于中，发于外。

其二，处理好传统文化传承与创新发展的问题。“传承是创新的活水源头，创新是传承的与时俱进”，[12]文化传承是人们在实践活动中对文化的世代继承、传递、发展，只有通过文化传承，人类的文明成果才得以保持连续和发展。

文化创新是在文化传承的活动中，在结合时代要求的基础上，不断突破对原有文化原本进程中不相符合的陈旧认知、理论模式、实践做法，拓展对之前文化的认识，发现和运用文化发展的新规律、新联系、新属性，实现对原有事物的变革，破除原有文化的缺陷，拓展、补充和完善文化的内容与形式，使文化更具有生机与活力。在进行中华优秀传统文化转化创新过程中既要看到文化传承和文化创新是文化活动中同一过程的两个不可分割的方面，处于相互联系的辩证统一过程中，又要看到它们之间的区别。文化传承是文化创新的基础，文化创新是文化传承的动力，文化创新是在文化传承的活动过程中进行的，要把传统文化的创新发展摆在突出重要位置。

其三，坚持自主自信自觉借鉴古今中外优秀文化。中华文化是兼收并蓄、开放包容的文化，中华文化坚持吸收、借鉴世界优秀文化有一定的逻辑。一是自主借鉴，中华文化是在立足本国文化情况的基础上进行具体问题具体分析，用发展的眼光看待世界文化，坚定文化立场，了解实情，不盲目引进，不照搬照抄，其目的是为了推进本国文化的发展；二是自信借鉴，既明白本民族文化的优缺部分，不自卑不自负，也清楚他国文化的长处，积极吸收不同社会形态的先进文化，在吸收借鉴古今中外文化的过程中有信心坚持自我文化的价值理念与文化追求，充分展现中华文化的自信与胸怀；三是自觉借鉴，自觉借鉴是指作为文化主体的中华民族在自我发现自身文化不足的基础上，通过主动吸收各种优秀文明成果进行自我完善、自我创新，是一个强调主动、自觉的过程。中华优秀传统文化从来不是自高自大，而是包罗万象，积极主动进行自我革新、自我完善。

（三）立足现实，深化文化体制改革

其一，坚定立场，坚持以马克思主义为指导。文化的发展方向、发展道路与意识形态紧密相关，只有在意识形态坚持正确的主张才能保证社会各方面的发展。纵观近代以来的历史，无不有力说明只有马克思主义才能使中国走出水深火热之中，只有中国特色社会主义才能使中国取得发展，以马克思主义的基本原理来辩证认识与批判继承中华文化是传统文化进行转化创新的理论逻辑。马克思主义深刻地揭示了包含文化领域在内的事物发展本质、联系及规律，必须深刻地理解和把握马克思主义的基本观点、基本立场、基本方法，以科学的世界观和方法论引领文化的转化创新，在充分发挥主观能动性的情况下进行符合客观实际的文化活动，运用马克思主义辩证思维把握中华优秀传统文化转化创新的逻辑理路，创新其结构或形式，赋予其之前所没有的崭新内涵，进而转化为新事物，以达到推动社会发展所需要的文化动力，从而使中华文化打上马克思主义的烙印，进而在马克思主义的指导下提炼出来与时俱进的文化。

其二，提高阐释能力，以主流价值观为风向标。主流核心价值观是一个民族、国家魂定之所、行之依归，是社会和谐稳定的重要引擎；中华文化在几千年的演进过程中潜移默化地影响着中国人民的价值观念、行为方式；在传统文化领域，一味地坚守传统，不可能推进文化的发展，在新的时代中推进传统文化进行转化创新必须坚持主流价值观的引领。“中华优秀传统文化是社会主义核心价值观的深厚源泉”，[13]社会主义核心价值观是在本土优秀文化基础上的创新发展，是当前我们党提出的重要价值理念，对当前以及今后的发展具有巨大的引领力和指向性，推进文化创新发展就要以社会主义核心价值观为指向标，提高阐释能力。必须要与时俱进注入新鲜血液，与主流价值观相结合，把当前的主流价值观作为其转化创新的基本风向标，开展多种主题教育活动，突出时代特色；通过教育引导、舆论宣传、制度保障等方式强化主流价值观在传统文化实践活动中的导向作用，把主流价值观与传统文化的人文精神相结合，提升传统文化的影响力。

其三，明确主体，坚持以人民为中心。“人民性是社会主义文化的本质特征，文化的人民性是马克思主义文化理论与其他文化理论的根本区别”，[14]人民既是财富的创造者又是享有者，推动传统文化的创造性转化与创新性发展离不开人民群众的创造性活动，要坚决反对脱离人民生活、远离人民真实需求的倾向，必须紧紧抓住人民群众对文化发展的新要求，坚持以满足人民精神需求为本，以人民喜闻乐见为切入点，以赢得人心为发力点，注重传统文化内容转换形式，了解和尊重人民意愿，满足人民群众高层次精神文化需求。要增强文化自觉，以正确科学的文化引领和培育人，通过强化文化共识，使党的文化方针成为人民的自觉行动；要注重知识型、创新型知识分子的培养，融合人民群众的智慧与力量，发挥人民群众的创造力，进一步打造具有民族特色的文化作品，为发展社会主义服务。

参考文献

[1] 习近平. 习近平谈治国理政：第2卷 [M]. 北京：外文出版社，2017：313.

[2] 本书编写组. 马克思主义哲学 [M]. 北京：高等教育出版社，人民出版社，2009：233.

[3] 梁秀文. 中华优秀传统文化创造性转化的研究进展与展望 [J]. 学习与实践，2018（9）：112-118.

[4] 王彬，徐国亮. “两创”方针是弘扬中华优秀传统文化的根本路径 [J]. 红旗文稿，2018（5）：27-28.

[5] 朱兰芝，孙占元. 立足社会现实 批判地继承中国传统文化——我国当前社会主义先进文化建设中的一个关键问题 [J]. 山东师范大学学报：人文社会科学版，2006（6）：19-25.

[6] 本书编写组. 毛泽东思想和中国特色社会主义理论体系概论 [M]. 北京：高等教育出版社，2018：229.

[7] 曹德本. 中国传统文化与世界多元文化 [J]. 清华大学学报：哲学社会科学版，2001（4）：2-5+15.

[8] 姜喜任. 论习近平关于继承和弘扬传统文化的三个方针 [J]. 思想政治教育研究，2018，34（6）：139-143.

[9] 宋小霞. 中华优秀传统文化创造性转化与创新性发展的路径 [J]. 东岳论丛，2019（2）：125-130.

[10] 黄意武. 中华优秀传统文化创造性转化、创新性发展面临的障碍及破解路径 [J]. 重庆社会科学，2020（5）：119-128.

[11] 阮晓菁，肖玉珍. 习近平关于“中华优秀传统文化创造性转化、创新性发展”论述研究 [J]. 思想理论教育导刊，2019（1）：30-33.

［12］李旻，张允熠．论中国传统文化及其创造性转化和创新性发展［J］．思想理论教育，2017（5）：35-42．

［13］浦粹云，袁北星．探索现代社会弘扬优秀传统文化的现实路径［J］．江汉论坛，2016（10）：140-144．

［14］吴增礼，王梦琪．中华优秀传统文化创造性转化与创新性发展的维度和限度［J］．湖南大学学报：社会科学版，2020（1）：1-7．

巫山县竹贤乡乡村文化振兴调研报告[①]

魏 锦 陶 宇 杜 娜[②]

实施乡村振兴战略，是党的十九大做出的重大决策部署，是全面建成小康社会的助推器和全面实现农村现代化的新引擎，是新时代“三农”工作的总章程。要全面实现乡村振兴“产业兴旺、生态宜居、乡风文明、治理有效、生活富裕”总要求，文化的作用不容忽视。推动乡村文化建设，实现乡村文化振兴，是移风易俗、实现“乡风文明”的必由之路，是推进中国特色社会主义核心价值观融于乡村群众文化思想和价值观念的主要抓手；通过文化建设推动乡村群众文化主体意识觉醒、增强文化认同感与文化自信、提升思想认识，也是实现产业振兴、生态振兴、组织振兴和人才振兴的坚实基础。2021年6月，重庆市文化和旅游研究院组织乡村文化振兴调研组前往巫山县竹贤乡进行实地调研。调研组先后走访了下庄村、阮村、石院村、石沟村、福坪村、药材村6个村庄，参观了下庄人事迹陈列室，通过考察了解竹贤乡基本乡情、资源禀赋、文化资源保护利用情况、公共文化服务开展情况等，具体分析竹贤乡乡村文化振兴的背景与现状，并针对当前存在的一些问题提出针对性对策建议。

一、竹贤乡概况

重庆市巫山县竹贤乡，位于巫山县东北部，东接湖北省巴东县，南抵骡坪镇，西、北接平河乡，距巫山县政府驻地53千米，区域总面积98平方千米。竹贤乡下辖6个行政村：石院村、石沟村、阮村、下庄村、药材村、福坪村，现有户籍人口1870户5418人，常住人口1326户3323人，场镇常住人口200人左右。

---

① 原载于《重庆文化研究》辛丑秋。

② 魏锦、陶宇、杜娜，重庆市文化和旅游研究院。

竹贤乡地势东高西低，境内喀斯特地貌分布广泛，海拔落差大，最高峰朝阳坪位于福坪村，海拔2362.6米；最低点纸厂沟位于下庄村，海拔280米。区域气候为亚热带湿润性季风气候，年平均气温高于10℃的日数为225天；年平均日照数1500小时；年平均降水量1400毫米，降水主要集中在夏季，雨季明显。由于地势陡峭，降水集中，故多发滑坡、危岩、泥石流、塌陷等灾害现象。

由于海拔差异大，气候条件特殊，竹贤乡林地面积广阔，动植物资源十分丰富。但农业种植因此受限，只适宜种植土豆、玉米、红薯等农作物，经济作物有核桃、烤烟、茶叶、中药材等，畜牧业以饲养生猪、羊、家禽为主。除外出务工，种植业、养殖业是竹贤乡居民的主要生活来源与经济来源。

二、资源禀赋

（一）世界自然遗产地——五里坡国家级自然保护区

竹贤乡地理、气候条件独特，春秋相连，夏季凉爽，冬季漫长，优越的气候条件形成了良好的森林生态环境和丰富的森林植被类型，非常有利于野生动植物的生存繁衍。2000年，巫山县在包括竹贤乡大部分区域在内的县东北部天然植被保存完好、自然资源丰富、野生动植物集中分布的38000多公顷区域设立自然保护区，经过不断推进保护工作，2013年6月4日国务院在此设立重庆五里坡国家级自然保护区，2021年7月28日，在第44届世界遗产大会上，经审议通过，成为世界自然遗产地（湖北神农架世界自然遗产边界调整项目）。经统计，保护区有国家重点保护野生动物55种，有中国特有种或主要分布在中国的野生动物70种；有维管植物2646种，有中国特有种植物41种，是中国裸子植物的重要繁衍基地；保护区年降水量1400毫米，区域内溪流众多，地表水源极为丰富，是全国优质水资源战略储备库的重要水源地。

五里坡国家级自然保护区面积确定为35276.6公顷，其中核心区面积17323.1公顷，缓冲区面积6555.8公顷，试验区面积11397.7公顷。竹贤乡6个行政村中，福坪村、阮村、药材村、石院村、下庄村5个行政村的林地划归重庆五里坡国

竹贤乡下庄村　（陶宇　摄）

家级自然保护区管理，保护区涉及竹贤乡国土面积7574.8公顷，森林覆盖率达78.9%。保护区内人口较为稀少，竹贤乡5个村落居住在保护区内的人口247人，均居住在试验区，缓冲区和核心区无人居住。

保护区在竹贤乡设有管理站，管辖处于庙堂乡与竹贤乡边界以东的区域（包括下庄—刘家泡—亮垭子一线），面积9078公顷。占保护区总面积的25.7%，境内有金丝猴、草鸮、勺鸡、红腹锦鸡等珍稀野生动物，境内蛇谷，两栖爬行动物种类丰富，数量较多，主要有巫山角蟾、菜花烙铁头等两栖爬行动物。辖区内朝阳坪湿地是巫山县新县城、骡坪场镇、两坪场镇、竹贤场镇等地20万人口饮水的水源地，是巫山县重要水源涵养地。

（二）“时代楷模”与“下庄精神”

下庄村位于竹贤乡西部，村域内最低海拔仅287米，被喻为“天坑里的村庄”。由于地势险峻，交通不便，下庄村长期处于闭塞、贫困的状态。几代下庄人都渴望能走出天坑，走出贫困，开出一条脱贫致富幸福路。从1997年至2004年

4月，历时7年，下庄村党支部书记兼村委会主任毛相林以愚公移山般的决心和毅力，带领村民终于在几乎垂直的绝壁上凿出了一条长8公里的“天路”。

在毛相林的带领下，经过多年的奋斗，不仅实现了下庄村几代人走出“天坑”的梦想，也形成了“勤劳勇敢、艰苦奋斗、坚守初心、自强不息”的下庄精神。“下庄精神”是脱贫攻坚过程中“苦干”铸就的伟大精神，是新时代愚公精神的典型代表。

2020年，毛相林被中宣部授予“时代楷模”称号，获得“感动中国2020年度人物、全国脱贫攻坚奋进奖”殊荣，下庄村村委会荣获“重庆市脱贫攻坚先进集体”。2021年，在全国脱贫攻坚表彰大会上，毛相林被中共中央、国务院授予“全国脱贫攻坚楷模”荣誉称号。党的十八大以来，以习近平同志为核心的党中央带领全国各族人民，以非凡的意志和智慧，创造了中国反贫困斗争的世界奇迹。这样的奇迹不是天上掉下来的，是一代又一代中国人勤勤恳恳干出来的。毛相林用实干苦干，诠释了一名基层共产党员的初心使命。

“时代楷模”毛相林与“下庄精神”已成为下庄村和竹贤乡鲜明的文化符号和精神力量，在推进乡村振兴的新征程上，激励全乡人民克服困难、奋勇向前、拓展新天地、实现新作为。

（三）“山歌子”唱遍竹贤乡

正在抖音直播的“歌师傅”　（魏锦　摄）

调研发现，竹贤乡民众多热爱唱山歌，当地称“山歌子”。“山歌子”内容丰富，包括有五句子山歌、扬歌、扬号子及各类小调，既有世代流传的经典曲调，又有临时创作的应景歌曲。过去，“山歌子”是当地民众喜闻乐见的文娱活动。现在竹贤乡仍然活跃着一批“山歌子”爱好者，他们被称为“歌师傅”，闲暇时会自发组织和聚集，共同演唱，个别爱好者还开通了网络直播，在抖音等网络平台进行演唱。

耍锣鼓，也是竹贤乡较为盛行的文化活动。目前，竹贤乡场仍有耍锣鼓的团队活跃，团队5人，使用乐器包括唢呐、小鼓、大锣、马锣、镲。经过组织，锣鼓团队还可与“山歌子师傅”相互配合，共同演出。2016年，“巫山锣鼓”成为竹贤乡首个进入非物质文化遗产保护名录的项目，也是至今为止的唯一一个，该项目由竹贤乡和邓家乡共同申报。

巫音，是巫山县仪式戏剧的音乐形态。巫山县将巫音作为传统音乐申报为重庆市级非物质文化遗产保护名录项目，申报书中提及第二代班主涂从炘即竹贤乡阮村人，家承第一代班主涂理生，民国时期已故。如今竹贤乡仍有邓氏坛班在民间活跃，班主邓文双，能够演出大量仪式戏剧剧目，收藏有清朝及民国时期大量科仪本，保存完好，有重庆现存最古老的科仪本原件之一。

三、文化发展基础分析

当前，竹贤乡已取得脱贫攻坚全面胜利，全乡建档立卡贫困户354户1397人全部实现稳定脱贫。公共服务提质升级，全乡实现行政村通村通畅全覆盖，集中供水保障全覆盖，乡中心小学和三个教学点设施正在逐步健全，乡中心卫生院医疗服务水平不断提升，乡村文化阵地建设不断加强。产业发展扎实起步，核桃、中药材、米大洋芋、烤烟等优势经济种植作物开始成规模发展。全乡正在积极创建全域旅游示范乡镇。目前竹贤乡已联合周边诸乡镇积极进行乡村振兴规划布局。结合竹贤乡基本乡情、资源禀赋以及乡村文化建设现状等，课题组对竹贤乡文化发展基础进行分析，以期为竹贤乡实现乡村文化振兴以及全面乡村振兴提供发展依据。

（一）优势条件

1. 区位优势

竹贤乡位于重庆市与湖北省交界处、三峡库区腹心地带。区域内重庆五里坡国家级自然保护区同时又与湖北神农架国家级自然保护区、重庆阴条岭国家级自然保护区、大九湖国家级湿地公园相连。周围环绕有长江三峡、小三峡、小小三峡、神农架、当阳大峡谷、神女峰等多个知名景区景点，具有一定旅游联动发展优势。

2. 生态优势

竹贤乡动、植物资源丰富，森林植被保存完好，森林生态系统完整，森林生态环境良好。区域内重庆五里坡国家级自然保护区位于三峡库区水土保持生态功能区的水土流失防治区，是三峡库区腹心地带的重要生态屏障。辖区内新建成朝阳坪水库，是巫山县重要水源涵养地。上述条件不仅是自然保护区建设和发展的优势，也是开展生态旅游的最佳条件。

3. 景观优势

竹贤乡属亚热带季风性温润气候，春秋相连，夏季凉爽，7月平均气温21℃，是天然富氧的避暑胜地。境内海拔高低大落差造成的温度、湿度、水文气象等差异，进而形成了多层次的垂直景观；高山深谷、山间平地，复杂的地形也形成了竹贤乡优美独特的自然风光。所辖五里坡自然保护区内森林、灌丛、草地、山地裸岩、水域湿地等地质地貌和植被景观也可作为具有开发潜力的旅游资源。

4. 人文优势

为激励年青一代继续奋斗在巩固脱贫攻坚成果、接续乡村振兴的道路上，让“下庄精神”一代一代传承下去，竹贤乡下庄村先后建成了下庄人事迹陈列室、愚公讲堂，立起了一座“下庄筑路英雄谱”，上面刻着108位当年不惧艰险凿出“天路”的村民姓名，其中就有毛相林同志。今天，“下庄精神”已融入下庄村乃至整个竹贤乡的基层党建和党风文明建设，极大地提升了群众参与乡村振兴的内生动力。随着“时代楷模”毛相林与“下庄精神”被广泛知晓，竹贤乡下庄村知名度骤升。2021年，下庄人事迹陈列室对外开放以来，深受社会各界关注，大量团队和游客前来参观。

（二）存在问题

1. 人口基数较小，乡村活力不足

乡村群众是乡村文化建设的主体，尤其是中青年群体是乡村文化建设和发展的主力军，也是乡村文化发展成果的受益者。然而，“民工潮”“学生党”的崛起，使得大规模的农民工常年在城市务工，学生在城市上学，乡村人口和主要劳动力大量流失。竹贤乡同样面临这个问题，全乡常住人口远远少于户籍人口，常住人口以老人、幼童为主，参与社会活动、乡村建设活动与文化活动较少，导致乡村活力不足。

2. 基础设施建设滞后，公共服务水平偏低

竹贤乡建有综合文化站与文体广场各1个。石院村、石沟村、阮村、下庄村、药材村、福坪村均建有村级文化活动中心、农家书屋，并按照相关规定配备有图书、乐器等文体用具，个别配套有体育运动场地。但总体看来，基础设施设备维护不善，缺乏专业维护人员和相应经费。竹贤乡2011年通响率100%的35只广播喇叭现已全部失效。乡文化站与村文化活动中心、农家书屋开放率不高，图书、乐器等多数束之高阁。

3. 群众文化活动匮乏，乡村文化传承乏力

近年来，竹贤乡文化站参与和组织过的活动主要是围绕脱贫攻坚、防治病虫害、农作物种植、普法教育等主题进行的一些培训，偶尔有配合上级文化主管部门开展的“放歌新时代进基层”“篮球联谊赛”等文体活动。村级文化活动中心主要是供应村民自发借阅图书或使用活动中心设施设备。群众自发组织的文体活动也较少，虽然有唱山歌、耍锣鼓等传统，但仅少数几位“歌师傅”和爱好者，处于自娱自乐的

调研组走访石院村便民服务中心图书室　（陶宇　摄）

状态，既无组织活动，也无代际传承。

4. 文化人才短缺，文化资源缺乏保护

乡文化站和村级文化活动中心工作人员较少，个别仅有值班人员，导致文化站和村级文化活动中心开放率低，多数设备设施闲置老化。同时，相关工作人员缺少文化建设与公共文化服务知识背景，缺少相关专业培训，导致许多文化活动难以开展，本乡文化遗产也无法得到有效保护。因此，虽然竹贤乡民间音乐资源丰富，但并未作为非物质文化遗产得到有效整理与建档保护；境内一处县级文物保护单位——考湾杨氏祠堂，残存木门、门楣及部分墙面，尚未得到修整。

四、对竹贤乡乡村文化振兴的意见建议

乡村文化振兴，既要发掘和利用传统乡村文化的当代价值，也要依据本地资源禀赋发掘乡村文化振兴的新路径、新举措；既要解决当前乡村文化工作中存在的问题，也要从乡村群众的文化需求出发，从乡村振兴的全局出发，描绘乡村文化振兴新图景。结合竹贤乡基本乡情、资源禀赋，以及对其当下文化发展的优势条件与存在问题的分析，我们对竹贤乡乡村文化振兴提出以下意见建议。

（一）深入挖掘和整理传统乡村文化资源

传统乡村文化，或者说乡土文化，包括独特的乡村生态景观以及乡村民众的生活生产方式，也包括蕴藏于乡村社会的民风民俗、道德信仰与思想观念，具体则表现为乡村的文化遗产、民俗活动、乡规民约等形式。乡土文化是几千年来在农耕社会中哺育的中华文化的根脉，是中华民族精神的源泉。中国特色社会主义核心价值观是中华优秀传统文化和人类文明成果在新时代的价值体现，是对中国乡土文化基因的一脉相承。然而，在城镇化进程不断加快推进的今天，城市生活包括城市文化成为越来越多农村人的追求和向往，在现代化、市场化和网络化的裹挟下，乡村的生活方式和文化生活内容也在不断向城市靠拢，传统乡村文化陷入认同危机与传承危机。因此，乡村文化振兴，首先要重视传统乡村文化，深入挖掘和整理传统乡村文化资源，重塑其在乡村全面发展和振兴中的价值，寻回乡

村人民丰盛的精神家园。

竹贤乡虽然人口基数小，但仅几日的走访调研已使我们收获不少。几乎每村都有能唱山歌的“歌师傅”，且都身体康健，年龄60岁以下者居多；能够演出大量仪式戏剧剧目的邓氏坛班活跃于本乡以及周边乡镇；巫山县文化工作者曾至竹贤采风，并整理有《竹贤民间故事》一书；全乡人口以杨姓居多，乡境内也存有一处杨氏祠堂，被列为县级文物保护单位，但未得修整。我们建议：

1.在县文化部门的支持和协助下，由乡文化综合服务中心对全乡进行文化资源普查，尤其关注传统音乐、传统戏剧、民俗、传统医药、传统技艺等方面的非物质文化遗产项目与传承人群的发现与记录，以及后续的非物质文化遗产代表性项目与代表性传承人申报、保护等工作。

2.系统整理竹贤乡山歌。建议乡文化综合服务中心及时建立“歌师傅”名单，协助“歌师傅”对自己掌握的山歌进行抄录、整理，已有的歌谱、曲谱进行整理和数字化转化，建立竹贤乡山歌档案（含电子档案与各类抄本原件），在适当的时候可公开出版。积极申报相应的传统音乐类县级、市级非物质文化遗产项目与代表性传承人。

3.系统整理邓氏坛班及其班主邓文双所掌握的仪式戏剧资料。建议乡文化综合服务中心帮助与支持邓文双对自己所掌握的仪式戏剧剧目与科仪本进行整理和数字化转化，对清、民国年间科仪本原本进行妥善保管，积极申报相应的传统音乐类或传统戏剧类县级、市级非物质文化遗产项目与代表性传承人。

4.可与相关文化部门、文化研究机构合作，探寻本乡历史沿革、文化名人，寻找杨氏族谱，修葺杨氏祠堂，布置乡史陈列馆，加强对本乡群众的历史文化教育，增强本乡群众的文化认同感与文化自信心。

（二）切实提升公共文化服务品质

加强农村公共文化建设，健全、优化乡村公共文化服务体系，保障基层人民的基本文化权益，是繁荣农村文化、焕发乡风文明新气象的重要手段。十八大以来，我国政府逐步推进一批高水平公共文化设施建设，持续促进了一系列面向城乡、面向农村的重大公共文化设施建设项目，如文化信息共享工程、农家书屋工程、广播电视村村通工程、农村电影放映工程、乡镇综合文化站建设工程等，一系列文化惠民工程在基层开展。但是，由政府主导的公共文化服务体系在一定程度上仍存在管理模式相对固化、设施配置落后、文化服务内容单一等问题，如竹贤乡文化综合服务中心已经非常老旧，2011年通响率100%的35只广播喇叭陆续坏掉，但缺乏专业维护人员和相应经费，现在全部失效，乡综合文化服务中心与各村文化活动中心、农家书屋开放率不高，所配送的图书、乐器等也多数束之高阁。公共文化提供的服务内容不能与乡村群众文化生活需求相衔接，也造成了一定程度的资源闲置与机构空转。建议：

1.完善公共文化服务基础设施。对竹贤乡综合文化服务中心进行提质升级，建成竹贤乡文旅综合服务中心，提升中心及文体广场的软硬件设备，配置电子图书阅览室、公共文化云服务平台以及旅游信息查询与服务平台等，加强本乡文化展陈，增设有关五里坡国家级自然保护区的宣传展陈区域，使乡文旅综合服务中心连同文体广场等一起切实发挥文化阵地的功能。

2. 优化公共文化服务供给，有针对性地开展特色群众文化活动。活动内容、活动形式应考虑到常住人口普遍为老人与儿童的特点，在书籍配送、休闲活动安排上有所倾斜；发动锣鼓团队、“歌师傅”、青壮年体育运动爱好者等当地文化能人，积极组织广场舞、唱山歌、篮球比赛等群众喜闻乐见且有益身心的文体活动。组织群众活动应考虑到乡村人口流动的节令性特点，在暑假、春节这两个青壮年群众及大、中学生返乡高峰期，多多组织群众文化体育活动、本乡文化普及推广活动，也可以请返乡的文化精英依据自己的见识与特长开设文化课堂、交流沙龙，扩大不同年龄、性别、行业群众的文化交流、情感交流与相互理解，最大程度给予本乡群众文化认同感、文化获得感和文化幸福感。

（三）加强文化人才的配备与培养

挖掘乡土文化资源、提升公共文化品质、开展群众文化活动，乃至全面开展乡村文化建设与振兴，都离不开具有一定专业素养的文化人才投入时间、精力来开展相关工作。大量的文化水平较高、劳动技能突出的青壮年农民流入城市打工，常年离土离乡，致使参与传统乡村文化建设的主力军流失，留守老人和儿童无论在精力还是能力上，都很难投入乡村文化建设的工作中去，而乡村配备的文化专干数量又极为有限，甚至不少村文化专干为村民兼职，缺乏相应的专业技能和专业培训，许多工作无法开展。上述因素导致乡村文化建设严重缺乏主体力量。建议：

1.在国家行政力量开展的公共文化服务方面，应当增加乡文旅综合服务中心、村文化综合服务中心的工作人员编制数量，配备具有正式编制的文化专干，安排具备丰富乡镇文化工作经验、热爱文艺事业的干部到乡、村级文化服务中心任职。

2.重视本土文化人才在乡村文化振兴中的作用。本土文化人才是传统乡村文化重构的重要人才保障，能够为传统乡村文化培育注入人力资本与技术资源，是乡村古老文化的传承载体。培育锣鼓团队、“歌师傅”等为乡村文化自治组织，并不断挖掘和鼓励乡村群众中的文化爱好者投入乡村文化活动中来，激发乡村文化活力和文化发展的内生动力。

3. 加强对乡村文化人才的培训。开展乡村文化专干业务素质培训和文化能人文艺交流活动；由市文化和旅游委、巫山县文化和旅游委牵头，市群众艺术馆、巫山县群众艺术馆和文化馆下乡辅导，为乡镇文化人才提供文化专干职能职责、公共文化服务、群众文化活动组织策划等业务理论和实践方面的指导。

下庄人事迹陈列馆，讲解员正在讲解绝壁劈路的历史　（魏锦　摄）

（四）科学发展乡村文化旅游产业

我国乡村社会拥有丰富多样的文化资源，乡村社会特有的农业生产、乡村建筑、乡村风俗以及田园景观、自然风光和地方化的饮食、传统的生产生活技术等都是发展文化产业、推动乡村旅游的独特资源。充分发挥市场机制的作用，把乡村资源转化为文化产业、旅游产业，既可以丰富文化产品的供给，更好地满足人们对美好文化生活的需要，在一定程度上也可以实现对乡村传统文化的当代转化、对乡村文化遗产的生产性保护，增强乡村群众的经济收益与文化自信，提升乡村活力与可持续发展的能力。

竹贤乡具有优越的自然与人文资源禀赋，在区位上，与周围生态景区、著名旅游景点具有联动发展优势，具备发展生态旅游、养生旅游、科学研学等业态的绝佳条件。“时代楷模”毛相林与“下庄精神”的广泛传播，以及下庄人事迹陈列室、愚公讲堂、下庄筑路英雄谱等的建立，使得竹贤乡下庄村吸引了大量慕名前来学习、参观和进行精神文明建设的个人与团体。这不仅为竹贤乡开展人文旅游、研学活动等奠定了基础，同时也可以很好地实现对乡村生态旅游、休闲度假、科学研学等游客的引流。建议：

1. 整理和丰富对“下庄精神”的各类相关报道、实物资料，加强下庄人事迹陈列室、愚公讲堂等文化设施的提档升级与内容完善，建设重庆市党员干部教育培训基地、青少年研学基地，逐步实现“下庄精神”文化资源与下庄古道、下庄人家、下庄峡谷等旅游资源之间的整合，以及从文化旅游向乡村旅游、生态旅游的拓展。

2. 联合重庆五里坡国家级自然保护区管理局，在不影响保护区自然环境和自然资源的前提下，开展自然观光、生态旅游、科普研学等活动。可在缓冲区不破坏其群落环境的条件下，开展实验性或生产性的科学考察、科学试验、教学实习和标本采集活动，但禁止经营性生产与生态旅游活动。可在实验区探索合理有效利用自然资源的方法，开展科学试验、教学实习、参观考察、旅游，以及驯化繁殖珍稀、濒危野生动植物等活动。各种活动必须严格划定范围、规定路线、确定规模。注意减少旅游设施的修建对生态造成的负面影响，对自然生态和野生动物造成干扰，避免环境污染特别是水源污染。严禁超出自然承载力的开发行为。

3. 加快建立健全相应的文化和旅游公共服务设施，以多元立体营销架构推广、扩展竹贤文化旅游。

（五）以特色文化提升群众文化自信

乡村特色文化反映的是一村、一乡文化所呈现出的区别性和唯一性特征。正如俗语所说“五里不同风，十里不同俗”，由于自然环境、历史沿革、居住族群、生产生活方式、思想意识、价值观念等的不同，使得中国的乡村文化呈现出较大的多样性与差异性。发现、提炼出乡村特色文化，对于对外展现乡村独特文化风貌、提升乡村知名度与影响力，对内增强群众对本乡文化的认同感与自信心，进而主动参与本乡文化建设、积极推动乡村振兴都具有非常重要的作用。

竹贤乡得天独厚的自然条件为其生态文化的形成奠定了基础，同时地理环境的特殊性也形成了竹贤乡人特殊的与大自然的相处方式，从高低落差极大的立体的村庄分布到天坑居民绝壁凿出“天路”的壮举，无不体现出竹贤人的天人观念以及在与恶劣环境艰苦卓绝的斗争中形成的“勤劳勇敢、艰苦奋斗、坚守初心、自强不息”的下庄精神。世界自然遗产地和全国脱贫攻坚楷模毛相林的家乡、下庄精神的诞生地，已成为竹贤乡两个响当当的名片，“世界遗产胜地，时代楷模故里”当成为竹贤乡的鲜明定位，与之相关的以保护自然生态为核心的生态文化和以艰苦奋斗、自强不息为价值导向的下庄精神便是对竹贤乡特色文化的准确表达。

要建立本乡群众的生态文化观念。通过向本乡群众宣传、普及竹贤乡作为世界自然遗产所在地、天然的生态宜居之所的重要价值，推动群众深入理解“绿水青山就是金山银山”，形成生态保护意识，自觉维护生态环境、自觉推广生态文化、坚持在推动乡村振兴中走生态发展和可持续发展的道路。

以弘扬和践行社会主义核心价值观为指向，以“下庄精神”为引领，提升竹贤乡精神文明建设与人文风貌，移风易俗，实现乡风文明。通过开展家风家训评比、科学生态种植竞赛，建立村民互助组织以及各类乡村文化活动，以实践来重新定义竹贤的乡风、民风和家风，塑造竹贤人对竹贤文化的认知和理解。建立以各村为基础、村民为主力的竹贤文化宣传队，借助手机、电脑等现代工具，建立抖音号、微信视频号等新兴宣传平台，以生活化、具象化、多样化的内容宣传竹贤文化与精神；加强对村民的正确引导，鼓励村民尤其是文化能人通过使用社交媒体加强交流与互动来推动竹贤文化的传播，促进村民建设乡村文化的主体意识的形成。

（六）建立现代乡村文化治理体系

乡村文化振兴作为乡村振兴的重要方面，需要充分发挥乡村治理作用。建立科学现代的乡村文化治理体系，能够为建设充满活力和和谐有序的乡村社会提供引领和支撑。中国传统乡村的治理往往较多依赖于乡村文化网络中蕴含的乡村文化权力和自治实践。乡绅阶层、宗族组织常常在传统乡村治理中发挥重要作用，一族族长不仅掌管全族事务，一般也被推举为本族的代表参与乡村治理；乡规民约具有自治和德治的显著特征，也是传统乡村治理的重要手段。传统乡村治理提供了一个有效的具有内生动力的乡村自治系统，对今天建立简约高效、治理有效的乡村文化治理体系仍有着重要的借鉴与启示作用。

随着竹贤乡自然资源、人文资源价值的极大提升，其乡村文化发展的巨大潜力也引起越来越多的注目与重视，《竹贤乡乡村振兴总体规划》（2021—2035）已逐渐进入落地阶段，未来的竹贤乡发展将会有更多的政府、企事业单位、社会组织乃至资本力量的介入，也必将带来竹贤乡乡村文化治理主体的多元化，但本乡群众永远是乡村文化建设的主体。因此，在乡村文化振兴过程中，应转变基层管理干部的治理观念，充分考虑文化治理主体的作用，在坚持法治为本的前提下，重视自治的基础性作用和德治的软性作用，促进乡村文化治理多元主体合作。建立起党委政府、企事业单位、文化自治组织、专家、本乡群众之间在平等合作的关系框架下，社会各方共同参与乡村文化事务管理和服务的文化治理体系。

要重视乡规乡约、村规民约的作用，积极培育乡规民约的承载主体。要发挥好乡村精英作为乡村自治治理主体的作用，积极培养乡村精英和乡村自治组织，引导“本土人才”“新乡贤”参与到乡村治理中来，发挥其更大的作用。弘扬乡村自治文化，充分发挥广大农民的自主作用，尤其是鼓励外出经商、务工的青壮年农民返乡创业，发挥其作为文化建设者的主体作用，鼓励更多人关爱家乡、认同本乡文化，积极参与到乡村治理中去。

重庆乡村旅游扶贫模式创新性研究[①]

刘　婷[②]

在党的领导下，我国愈加重视乡村扶贫工作，尤其是一些连片贫困地区，不仅提出通过产业化实现扶贫开发，而且要对乡村资源进行利用，培育出具有特色性的优势产业，让乡村经济得到良性发展，从而帮助乡村脱贫，走上致富道路。其中旅游扶贫是较为重要且有效的方式，因此，相关人员应该把乡村旅游与扶贫工作相结合，创新扶贫模式，这样既能让扶贫群众参与其中，加入乡村旅游经营中，还能使其获得一定红利，改善乡村经济，提升扶贫效益。

一、加强重庆乡村旅游扶贫的意义分析

首先，可以解决农民就业。以渝东南为例，该区主要以土家族以及苗族为主，其不仅在自然风光上较为秀美，而且生态环境相对优良，同时少数民族的风情特色为乡村旅游提供了资源，吸引众多游客到渝东南进行旅游。在这个过程中，为农民提供就业机会，留在乡村就能实现就业，使农村劳动力得到有效吸收。同时，渝东南发展乡村旅游一方面能够形成农家乐这一产业链，让游客品尝渝东南特色食物的同时，进一步感受当地文化，另一方面可以促进农村产业有效分工，对渝东南农家乐经营进行拓宽，从养殖业覆盖到农副产品加工，这样既能

①基金项目：重庆城市管理职业学院科研项目“脱贫与防贫：重庆农村可持续根治贫困问题研究”（编号：2019KYXM012）。原载于《中国集体经济》2020年8月第24期。

②刘婷，重庆城市管理职业学院。

形成一整条产业链，还能为渝东南地区的居民提供众多就业平台，从而使农民就业问题得到解决，帮助他们脱贫。

其次，可以增加农民收益。在发展乡村旅游时，必须利用好当地特色，如农产品，当地居民通过对农产品的加工，不仅可以把其制作成较为精美的礼品，增强土特产的价值，还能为农民创设一定收入，从而带动乡村经济，使其实现繁荣发展。例如，在一些重要旅游景区，很多外来游客会在乡村就餐或者住宿，因此，乡村旅游可以发展农家乐，为游客提供餐饮住宿，这样当地居民能够开设属于自己的农家乐，对其灵活经营，不但能够为居民创收一定营业额，还能很好地满足游客需求，使乡村资源得到利用，防止乡村资源出现浪费或者闲置。

最后，可以优化产业结构。在以往的渝东南地区，其一直处于较为单一的模式，大多以农民进行耕作为主，使得乡村产业结构不完善，但现在不同以往，发展乡村旅游不但能够对农村交通以及商业进行有效促进，还能带动工艺产品的发展，向游客销售旅游纪念品，在传播乡村文化的同时，可以使乡村中的产业结构得到有效调整。同时，乡村旅游能够帮助农村实现市场化道路，这样既能科学调整目前农村面临的产业比例失衡现象，还能使渝东南地区具有的资源优势得到展现，进而发展为经济优势，推动乡村发展。

二、乡村旅游扶贫模式的主要类型

（一）社区参与模式

社区参与模式主要是指在对扶贫地区进行旅游开发时，由政府以及当地社区共同完成，实现对乡村旅游的开发。该种模式在开发时，会有一定外来群体加入其中，与当地居民一起面对风险、共同分享利益，一般情况下，外来群体主要是提供资金，共同参与基础设施方面的建设工作，对乡村设施进行改善，而当地居民主要是以土地或者森林进行入股，参与旅游开发等工作，同时，当地居民能够在景区完成就业，这样既能对景区进行科学管理，还能获取一定收入。但该种模式有一定适用条件，需要重庆某些地区在旅游资源方面相对丰富，例如武陵仙山，一方面游客对武陵有所了解，增加了他们对武陵仙山的观赏兴趣，另一方面武陵仙山在地理环境方面具有优势，夏季游客到武陵仙山能够乘凉避暑，从而吸引了众多游客进行观赏。同时，当地部门也结合本地旅游资源，根据游客需求开发休闲旅游产业，这样既能调动社区居民共同参加，还能使扶贫综合开发得到实施，让一些贫困农户拥有稳定收入。

（二）景区帮扶模式

景区帮扶模式主要指利用一些风景名胜区实现对乡村旅游的帮扶，一方面风景名胜区在游客心中有一定知名度，能够吸引游客观赏，另一方面其在经济方面也有一定优势，可以为乡村提供良好的经营条件，同时能够让乡村剩余的劳动力实现就业，对一些周边经济不够发达的地区进行帮扶，让这些村庄能够实现脱贫致富。在这个过程中，景区主要起到极化作用，不仅能够解决农村道路以及水电问题，还能让村民具有创收机会，这对于改善村庄经济有积极意义，让景区快速发展的同时，也能为周边村庄提供有利条件。早在2010年，重庆市政府就对周边地区进行开发，发展旅游示范区，不仅使重庆市居民参与到乡村旅游扶贫项目中，带动了重庆周边乡村发展，而且在本市掀起一阵旅游扶贫浪潮。根据2018年调查结果显示，乡村旅游人数达到1200多万，其中接待游客900多万人，使武陵以及蒲花河村等地经济得到有效改善。

三、重庆乡村旅游扶贫模式创新性策略分析

（一）整合资源

重庆地区在资源方面有很大优势，如果当地没有对资源进行有效集聚，不但会造成乡村资源浪费，还会影响资源效益的发挥。因此，要想使乡村旅游扶贫得以顺利进行，必须整合资源，多管齐下，确保政策在贫困地区得到覆盖，科学利用资金。首先，乡村要对现有旅游资源进行开发，了解生产要素，打造具有重庆特色的乡村旅游风貌，让旅游产业具有亮点，从而形成良好的规模效应。其次，乡村应该结合本地文化以及风俗习惯，开发乡村物产，为游客打造具有乡村故事的良好形象，这样既能使乡村旅游在市场中占据竞争优势，还能使乡村旅游扶贫

更加精准。最后，乡村要对社会资源有效整合，利用政策优势，为乡村争取更多资金以及人才，让更多人才能够投身到乡村旅游扶贫事业中，这样不但能使扶贫地区居民思想意识发生转变，还能对乡村科学管理，提升乡村经营管理能力。贫困地区应该加强招商引资，对现有社会资源有效引导，使扶贫产业进一步优化，通过乡村旅游来带动当地其他产业，吸引更多乡村人员返乡创业，如开办农家乐，完善乡村餐饮业。例如，武隆县积极招商引资，不仅与济南市相互合作，共同签订东西扶贫协议，为武陵县获得一定帮扶资金，而且与市委合作，完善武陵县基础设施，拓展基础产业。

（二）精准扶贫

在扶贫工作中，必须树立精准扶贫这一新战略，一方面精准扶贫能够避免之前粗放式扶贫存在的弊端，另一方面能够对扶贫对象仔细识别，把扶贫资金落实到贫困对象手中，对其精准帮扶，实现精确管理。所以，乡村旅游扶贫必须先确定扶贫目标，开展扶贫项目，确保项目符合帮扶对象实际情况，能够满足他们需求，避免扶贫目标出现偏差，影响乡村旅游扶贫效果。首先，在扶贫资金方面，应该落实到每户甚至每人手中，对于有劳动能力的贫困农民，要为其提供工作以及就业机会，让他们加入乡村旅游工作中，这样既能使他们从乡村旅游中获得一定收益，还能提升农民对乡村旅游的经营，由于农民对当地乡村文化较为了解，能够为游客进行全面介绍，从而帮助管理人员有效经营，让乡村旅游扶贫有序进行。其次，当地部门要对乡村进行合理开发，根据旅游标准进行管理与经营，有效维护乡村旅游市场秩序，避免出现宰客现象，影响游客满意度。重庆高度重视乡村旅游扶贫，不仅把其视为扶贫攻坚重要工作内容，而且一直坚持把贫困乡村放在首位，对其精准帮扶，让乡村设施以及村貌得到改善，确保全村居民都能受益。

（三）加大宣传力度

在新媒体语境下，为乡村旅游扶贫带来很大便利条件，因此，贫困地区应该利用网络优势，展现乡村风貌，借助故事传说打造具有乡村特色的旅游品牌形象，并运用网络终端进行有效宣传与传播，让更多人了解乡村旅游，从而完成扶贫任务。例如，重庆武陵在很多电视节目中都出现过，一些明星到武陵体验当地文化，感受当地乡村风貌，所以，武陵县一方面能够借助明星效应打造特色文化，让游客体验明星项目，另一方面可以借助快手或者抖音等短视频终端进行宣传，展现武陵地区的文化，吸引更多人到武陵游玩，完善营销模式。此外，乡村可以开设具有主题性的旅游体验活动，并通过短视频方式进行录制，开展网络营销，网友既可以在网上咨询信息，还能实现网络预定，从而提升旅游扶贫项目的信息化水平。

（四）创新机制

乡村旅游扶贫是一个大项目，需要多个部门进行密切合作，其中创新机制有重要作用，不仅关系着扶贫动力，而且影响着扶贫效益，所以，必须创新体制机制，这样才能使乡村旅游实现惠民。首先，可以实行“旅游+N”这一模式，根据乡村特色开发旅游资源，把旅游与农业或者商贸相结合，通过旅游项目实现差异化扶贫。对于一些贫困户，应该增加扶贫项目资金，对其有效帮扶，同时签订帮带协议，在乡村旅游项目中，优先考虑贫困户雇佣，让贫困户能够通过自己的劳动力改善家庭条件。其次，可以实行订单农业模式。有的地区农业资源相对丰富，因此，当地部门可以把农业与乡村旅游进行结合，实现农旅融合，让游客观赏乡村农业基地、体验农业活动、品尝农产品，这样既能形成农旅产业链，还能使农民增收问题得到解决，从而走上致富道路。

四、结语

由于重庆市贫困人口分布较广，应用乡村旅游扶贫这一模式不但能提升扶贫效果，还能让贫困地区具备造血功能，提升贫困地区经济水平，因此，必须发挥乡村旅游价值，从而使贫困地区脱贫致富。

参考文献

[1] 陈祥碧，唐剑. 长江上游少数民族地区旅游扶贫实施现状及问题研究——

以重庆石柱土家族自治县为例［J］. 贵州民族研究，2016，37（04）：147-152.

［2］毛峰. 乡村旅游扶贫模式创新与策略深化［J］. 中国农业资源与区划，2016，37（10）：212-217.

［3］郭又荣. 全域旅游视角下河南旅游扶贫研究［J］. 湖北文理学院学报，2018，39（11）：30-34.

［4］陈雪钧，李莉. 精准扶贫视角下民族地区乡村旅游扶贫模式创新——以重庆市渝东南民族地区为例［J］. 江苏农业科学，2019，47（05）：337-341.

［5］廖军华，黄艳. 我国旅游精准扶贫研究进展及对新时代旅游精准扶贫研究的启示［J］. 重庆社会科学，2019（05）：80-88.

［6］黄葵. 重庆渝东南地区乡村旅游扶贫对策研究［J］. 重庆第二师范学院学报，2014，27（06）：52-54.

［7］覃文静. 乡村旅游扶贫模式创新与策略深化［J］. 旅游纵览（下半月），2018（02）：151.

基于精准扶贫背景下博物馆文化扶贫的探索[①]

——以重庆中国三峡博物馆为例

屈　玥[②]

“十三五”是全面建成小康社会的最后一个阶段，是中国共产党对中国人民的庄严承诺。当我们分析贫困地区时，可以发现一个地区的贫穷表面上看是属于经济问题，但从深层次考察，往往有着极深的文化根源，人们的经济状况与其科学文化素质、价值观念、生活方式和文明开化程度紧密相关。因此习近平总书记高度重视“文化扶贫”工作，先后陆续提出“扶贫先扶志”“扶贫必扶智”“精准扶贫”等扶贫方略。重庆中国三峡博物馆作为公益性社会文化服务机构，是文化扶贫不可或缺的重要角色，有责任也有义务帮助贫困群众摆脱思想贫困，提高思想文化素养，开阔视野，增强文化自信，激发他们脱贫致富的信心和干劲。

一、博物馆文化扶贫的内涵

文化扶贫是侧重于文化思想观念的“精准扶贫”，可以分解为两层含义：第一层含义是改变贫困地区人民受教育程度较低、思想观念相对落后的状况，通过教育培训等手段，提升贫困地区人民的思想文化素质，帮助他们开阔视野，增强文化自信，从而激发他们脱贫致富的信心和干劲；第二层含义是通过文化产业的发展，挖掘贫困地区的内生动力，把“输血”变为“造血”，形成从文化到经济的良性循

---

① 原载于《文物鉴定与鉴赏》2020年10月（上），总第190期。

② 屈玥（1990—　），女，重庆梁平人，硕士研究生，文博馆员，研究方向：博物馆教育，重庆中国三峡博物馆。

环。本文论述博物馆文化扶贫属于第一层含义，侧重于发挥博物馆的教育职能，通过培训、知识输出等手段，传递知识，塑造人文价值。

二、重庆中国三峡博物馆文化扶贫的探索

（一）搭建巡展平台

2018年，重庆中国三峡博物馆启动实施“展览遍渝州——中华优秀传统文化展示传播工程”，搭建重庆市中华优秀传统文化展示传播平台。巡展以图片展览为主，以教育活动为辅，把博物馆科普展览和教育资源结合起来，把贴近人民群众精神文化生活的展览带到群众中，更好地为贫困地区的人民群众提供博物馆公共文化服务，让部分贫困地区尤其是深度贫困的乡镇群众，能够与城市居民共享公共文化资源，传承中华优秀传统文化。2019年，开展“展览遍渝州　文化进万家”深度贫困乡镇巡展工作，共有16个展览到深度贫困乡镇展出157场，同时，开展了《陌生的青铜器》《隐藏在原始先民劳动中的智慧》《汉字里的古代生活》等课程，举办展览导赏、讲解培训、年画制作、有奖问卷、“冬日针爱”爱心助暖等互动体验活动64场，惠及群众4.77万人次。此外，博物馆还在远离城区的山区学校——巫山龙骨坡小学设立固定的“博物文化室”，内设“壮丽三峡”“人之由来”两个科普展览及巫山猿人3D模型、版画、国画填彩、蜀绣等互动体验项目，并召集该校四年级40余名学生成立校园讲解队，开展讲解培训工作。

（二）推出文化扶志教育课程

文化扶贫不应该只局限于传递知识，而更应该着眼于塑造文化自信。扶贫必先扶志，只有志气树立起来了，才能抛弃陈旧的观念，更新技能知识，对生活才会有更好的干劲和希望，扶贫目标才能真正实现。

2018年10月29日，国务院扶贫办等13个部委联合印发《关于开展扶贫扶志行动的意见》，强调“要加强思想、文化、道德、法律、感恩教育，大力弘扬‘脱贫是干出来的’‘幸福是奋斗出来的’‘滴水石穿’‘弱鸟先飞’‘自力更生’等精神，帮助贫困群众摆脱思想贫困，树立主体意识”。重庆中国三峡博物馆的教育人

员从文件中提炼出“劳动”“奋斗”“坚持”“努力”“自立”5个关键词，以文物所承载的历史文化信息或者文物背后的故事来阐释这5个关键词，实现历史文化的创造性转化，古为今用，通过优秀历史文化的传播，达到小学生的“扶志”（立志）教育目的。下面以《隐藏在原始先民劳动中的智慧》教育课程为例，阐述重庆中国三峡博物馆对小学生文化扶志的实践。

博物馆教育的优势在于能够透物见人、以物见志。《隐藏在原始先民劳动中的智慧》一课以“五一劳动节”导入“劳动”一词，通过“如果没有劳动，我们的生活会是什么样的”引发思考，告诉学生劳动与我们的生活息息相关，并推动着人类不断地进步，然后再带领他们“回到”原始社会，一起寻找那些隐藏在原始先民劳动中的智慧。课程巧妙地借助了“巫山猿人牙齿化石”“石制工具”“陶器”等三峡库区的明星文物，引导学生从多角度感知原始先民丰富的精神世界和通达的劳动智慧，在课程中感受劳动与智慧的联系，以及劳动与幸福的关系，理解劳动是创造物质世界和人类历史的根本动力，从而与“脱贫是干出来的”相对应。

文化扶志教育课程搭乘“中华优秀传统文化展示传播工程”巡展平台，先后进入石柱、巫溪等深度贫困的乡镇中小学校，受到当地小朋友的热烈欢迎。文化扶志教育课程在策划、编写的过程中更侧重选择与三峡以及贫困地区相关的遗迹遗物、历史事件和人物故事，目的在于让贫困地区的孩子们更加了解本地的历史，从而形成文化归属感，增强文化自信。在设计教学教案时，教育人员应充分考虑贫困地区孩子们的知识储量，巧妙引用他们日常生活经常接触的事物，使用类比寻规法、猜想实证法等教学策略，调动孩子们的积极性，培养他们主动思考的能力。5堂课程从五个不同的精神层面展开，在小朋友的心中埋下一颗颗种子，而这些种子必将生根发芽，会在他们的成长过程中发挥着重要作用，引导他们树立自强不息、坚持不懈、努力奋进的人生价值观。

（三）开展业务培训、人才培养

文化扶贫“输血”重要，“造血”更为迫切。重庆中国三峡博物馆积极加强对文化贫困地区的人才培训工作，积极指导地方博物馆业务发展，提升贫困地区文化单位的服务水平。2018年5月重庆中国三峡博物馆与云阳县政府签订战略合作协议，其中涉及人才培养、文化遗产保护、文物保护成果利用等六个方面的合作，在博物馆教育版块开展“文博+教育”“文博+研学”等文化产业合作。重庆中国三峡博物馆帮助云阳博物馆完成展厅讲解词的重新撰写以及教育课程的设计，同时还系统梳理了云阳的历史脉络，为其设计了一至六年级系统的课程框架。

“重博新声代——小小讲解员”培训班是重庆中国三峡博物馆于2010年创办的教育培训项目。为深度贯彻落实“志智双扶”政策，让贫困山区青少年充分享受博物馆优质的文化资源，培养孩子们“热爱家乡，了解历史”的思想意识，重庆中国三峡博物馆根据山区青少年学习认知情况量身定制了培训课程。课程开展依托重庆市流动博物馆联盟，联合区县博物馆、乡镇党委政府，从训练普通话、提高语言表达能力、培训讲解技巧、规范讲解礼仪等方面为学员提供细致全面的指导。

三、博物馆文化扶贫的反思

在文化扶贫的过程中，我们切实感受到博物馆因受天然属性和职能所限，必然会遇到很多难以回避的问题。

（一）便捷性与长效性不足

贫困地区大多处于交通不便的边远地区，因此扶贫工作的人力成本、时间成本比较高。最平常的“实地扶贫”便捷性不足，不可避免地会导致扶贫工作碎片化严重，扶贫成效不佳。博物馆文化扶贫可以将远程教育有机地结合起来，用“互联网+教育”的方式向贫困地区特别是当地的学生传授文化知识，完成博物馆教育类公益传播的“扶智”功能。当然，我们还需考虑远程教育需要技术支持，需要文化工作者进行日常维护的问题。

（二）建立观众反馈与评估机制

评估与观众反馈是保障博物馆文化扶贫工作取得成效的重要手段之一。通过评估与观众反馈，总结教训与不足，积累经验，修正问题，提高博物馆文化扶贫的业务水平，推进文化扶贫工作的开展。建立有效的观众反馈与后期评估机制，送去受当地人欢迎的展览，上小朋友喜欢的扶志课程，将文化扶贫工作做“实”，做

“精”，做到“因地制宜”“因材施教”。

四、结语

文化扶贫的内涵丰富、意义深远，博物馆文化扶贫应该找准突破口，抓住贫困地区深厚多样的历史文化遗产等，结合自身优势，“以文化人”，在对贫困地区文化内涵的丰富与提高中，帮助贫困群众摆脱思想贫困，树立主体意识，了解家乡历史，增强文化自信。

参考文献

[1] 邓子纲. 文化扶贫是精准扶贫的必要路径[N]. 解放日报，2016-09-01(008).

[2] 容易. 文化扶贫，“扶志”又“扶智”[N]. 中国文化报，2019-04-26(003).

重庆历史文化名镇、街区保护利用成效与建议①

杨　乐②　辜　元

自2003年合川涞滩、石柱西沱、潼南双江三个名镇被评为首批中国历史文化名镇以来，重庆全市范围内先后有七批次共计23个名镇被列为中国历史文化名镇[1]。与此同时，为促进历史文化名镇的保护与开发利用，重庆市分别于2002年、2010年、2013年、2017年、2018年先后公布了五批市级历史文化名镇名单，共计30个[2]。此外，重庆市也拥有数量众多的历史街区，如磁器口历史文化街区、湖广会馆及东水门历史文化街区等。截至目前，重庆共有53个历史文化名镇、11个历史文化街区，这些名镇、街区对传承重庆历史文化名城价值特征、充实重庆历史文化名城体系具有重要意义[3]。

一、重庆历史文化名镇、历史街区特征

（一）历史悠久，文化底蕴深厚

上述历史文化名镇和历史街区大多历史悠久。有起源东汉，至今已有上千年历史的江津白沙名镇，也有始建于宋真宗咸平年间的磁器口历史街区（见图1），还有明清时期才逐步繁华起来的龙兴镇、双江镇等。这些名镇和街区的文化内涵与底蕴也十分深厚，它们或是作为商贸云集的繁华水码头，或是商业古道上的一座驿站，

---

① 基金项目：住房和城乡建设部科技计划项目（2016-R2-014）。原载于《城市建筑》2021年10月第18卷总第405期。

② 杨乐（1986—　），硕士研究生，高级工程师。研究方向：国土空间规划、历史文化保护，重庆市规划设计研究院。

图1　磁器口历史文化街区

码头文化与驿站特征较为明显。此外，部分名镇和街区曾在抗日战争中作为迁建后方，保留了大量民国建筑与革命遗址，抗战文化深厚，如江津白沙名镇、北碚金刚碑历史文化街区（图2）等。

（二）依山就势，山地特征显著

受中国传统场镇营造理念以及重庆特有的山水环境影响，名镇、街区依山傍水而建，格局或呈“两廊夹一沟”的廊坊式，或呈垂直于等高线的“云梯式”，或呈“凉亭式”“堡寨式”等。这些历史文化名镇、街区极大地彰显了重庆山地城市的地形特征，顺应地形起伏，或沿河而建，或背山面水，或依山为城，或建于两江交汇处，充分体现了巴渝传统建筑依山傍水的建造风格（图3、图4）。

（三）格局迥异，巴渝特色突出

重庆的历史文化名镇主街长度从几百米到几千米不等，大多以明清风格的青石板路铺成。街道两旁以穿斗式楼房居多，吊脚楼穿插其中，青砖、灰墙、黛瓦等建筑元素极富巴渝传统特色，延续和传承了当地历史风貌。因所在地形的差异，上述历史文化名镇和历史街区的街巷随曲就直，不拘一格，自由多变，形成尺度宜人的线性空间[4]。如金刀峡偏岩名镇沿黑水滩河呈“S”形街巷布局，九龙坡走马镇布局则形似

图2　金刚碑历史文化街区

图3　濯水古镇

图4　宁厂古镇

"奔马"，铜梁安居名镇则延续了"T"形传统街区、"U"形山体和"Y"形水系。

（四）文物建筑数量众多，价值突出

重庆历史文化名镇与历史街区中保存的文物建筑与历史遗迹众多，其中仅永川的松溉名镇的历史建筑数量就高达33处，江津白沙名镇更有抗战时期留存的历史建筑200处之多。合川涞滩名镇的二佛寺摩崖造像、湖广会馆及东水门历史文化街区，均是国家级文物保护单位，极具考古价值、美学价值与文化价值。

（五）文物建筑类型丰富，不拘一格

名镇、街区中传统民居院落以青瓦木壁、串架夹壁为主，独具明清风格，建筑结构为穿斗结构，维持了"前店后院"的商铺经营模式，是巴渝建筑文化的代表，也有一些传统民居院落采取了马头墙等徽派建筑风格，体现了巴渝文化与移民文化的兼容并蓄。部分名镇、街区曾作为抗战时期的后方迁建地，近代建筑、抗战遗迹丰富，

展现了重庆革命史迹与近代城镇风貌，如白沙名镇的鹤年堂、塘河名镇的聚奎书院等。此外，名镇和街区中还保存着大量富有特色的城墙、城（堡、寨）门、牌坊、碑刻、园林、古桥、古井、古树名木等历史环境要素，延续巴渝历史文脉。

二、保护利用成效与问题

（一）传统格局与历史风貌得到基本保护

大部分名镇和街区按照保护规划的要求，保护了山水格局、重要视线廊道、重要景观节点、文物古迹与历史建筑，修缮古城墙、古寨门、古桥和古井等环境要素，较好地维持了历史街巷的格局、尺度、铺地材质与界面，控制了新建建筑的形态与高度，保持和延续了传统格局和历史风貌。如涞滩镇依托良好的自然山水环境，保持了依崖筑城、防御式山寨特色；磁器口历史街区通过保护与整治宝善宫、钟家院等文物保护单位和历史建筑，改造磁正街、磁横街，恢复原有的街巷尺度、界面、青石板路面，较好地维护了街区历史遗产的真实性与完整性。但值得注意的是，少数名镇和街区也存在历史环境、传统建筑逐年衰败的情况，或不按照保护规划进行保护的现象。由于缺少资金保障，除对文物古迹与历史建筑进行必要的修复，并没有实施整体保护措施。

（二）物质空间环境得到基本更新

在国家专项保护资金和地方财政配套资金支持下，一些名镇和街区以改善居住条件为出发点，逐步对街镇上的公共交通和市政设施进行改造与完善，如涞滩、丰盛、松溉、中山、安居、双江、万灵、东溪、西沱等镇改造步行道、电力管线、路灯，开展给排水管网的地下管道铺设、雨污管道分流、天然气管道铺设，以及垃圾收集点、公共厕所的修建等。尽管如此，尚有大量名镇、街区的公共设施配套缺乏，当地居民缺乏必要的活动场所，交通设施落后，很多路段都没有硬化，市政基础设施仍然比较陈旧，水、电、气管线没有下地，环卫设施不能很好地满足需求，居民对居住条件的满意度有待提高。

（三）保护范围新建建设行为得到较好控制，但建设性破坏仍然存在

大多数名镇、街区按照保护规划的控制要求，结合规划管理制度和建设监

督，较好地监管了名镇、街区保护范围内的各项建设行为。一些名镇、街区的当地居民还自发地成立民间组织，对名镇、街区的各项建设进行日常监督，如竹园镇的退休干部协会，作为民间组织参与保护，监督与劝导违法建设和安全问题，并及时向名镇管委会汇报。但是，有的名镇、街区为求地方发展，不按照保护规划的要求建设，造成了建设性破坏，破坏了名镇的历史风貌。还有个别名镇、街区甚至出现了不尊重原有的历史文化特征，拆除原有传统建筑，建造仿古建筑的现象。

（四）名镇和街区发展利用模式多样，成效参差不齐

现阶段，名镇和街区的发展利用主要呈现两类特征。一是一些名镇和街区充分利用自身的历史文化特色，将历史文化资源的保护与发展紧密结合，积极发展休闲旅游业，不仅使名镇和街区的传统历史风貌得到保护，也带动了自身经济的发展，如磁器口历史街区和中山名镇等已成为重庆的城市名片。这些名镇和街区充分发挥了自身在城市中的功能，将名镇、街区的发展与城市的整体发展结合起来。但是，过多的旅游、商业活动也可能给名镇和街区原有的结构和城市环境带来负面影响，因此应更加注重对这些名镇和街区可持续发展的关注。二是一些名镇和街区的发展利用，只是就保护论保护，而没有与城市的整体发展形成联动。按照保护规划，对保护区实行了严格保护，却没有考虑保护区内历史要素的再利用，而是在镇区外围试图以名镇资源为依托，进行旅游开发。一部分名镇、街区则因处于城市中心，区位条件优越，商业价值突出，在发展与利用方面倾向于对重点建筑进行保护，对其他历史要素进行拆除重新打造的方式；另一部分名镇、街区由于保护资金缺乏，保护措施尚无法到位。因此，这些名镇、街区在今后的发展利用中应准确定位自身在城市中的功能，注重经济活动的引进与鼓励，与城市的发展相融合。

（五）名镇和街区人口外流与老龄化现象普遍存在

目前一些名镇、街区由于经济发展普遍落后，就业机会较少，加之缺乏必要的配套生活设施以及市政设施，生活条件相对艰苦[5]。为寻求更好的生活质量与发展机会，镇街内的年轻人基本上都外出打工或迁到镇上的新区和县城居住，只有老年人因为无经济能力或恋土情结而滞留于镇街之中，导致镇街当地人口外流和老龄化的现象严重[6]。由于居民外迁，镇上老街的房屋空置率较高，甚至

出现房屋自然坍塌现象。

（六）名镇、街区保护资金不足，用途单一

目前大多数名镇、街区的保护资金来源较为有限，大都是上级政府的各种拨款，部分资金由居民自筹，资金筹集总体较为困难，缺口较大。由于缺乏政策支持，保护资金在使用上也较为单一，用于名镇、街区基础设施建设的资金比例较大，而用于历史建筑维修、名镇文化传承、旅游宣传等方面的经费显得明显不足。因此需尽快制定相关的政策法规，进一步拓宽资金来源渠道，规范资金的申请机制、适用范围与审核监督。

三、保护利用建议

（一）采用多样手段，促进名镇、街区经济活动发展

一是在资金补助、税费优惠原则下鼓励特色文化商铺、传统文化经营、创意产业的发展。在不改变用地性质、不改变建筑所有权、不改变建筑外立面和内部结构的前提下，鼓励建筑所有人进行文化创意活动（地方手工艺、文化体验、艺术创作等）经营，享有前期启动资金补助、贷款利息补助、营业税按一定比例减免、个人收入税按一定比例减免等税费优惠。鼓励市场机构租用私人建筑从事文化创意活动，享有前期启动资金补助、贷款利息补助、营业税按一定比例减免的税费优惠。

二是政府通过对建筑物或店铺采取先回购，再租售的方式，引导市场经营类型统一化、特色化建设。允许地方政府对于名镇、街区内的国有产权、集体产权，以及个人愿意出售的传统建筑或沿街店铺进行回购，按照保护规划的要求，对建筑进行必要的改造或重建，确定建筑可进行开发的产业类型，按照租赁标准向市场公开拍租，从而引导名镇、街区的整体经营风貌。租金的收取，可按照经营初期低于市场平均价，经营成熟以后再按市场平均价的原则执行。

（二）优化社区品质，维持原住民比例

一是对于人口密度过大的名镇和街区，进行疏解人口，降低人口密度。采取人口疏解为导向的鼓励政策，对于保护区内的租赁住户、住房困难家庭等，可采取

异地安置或给予赔偿金措施，鼓励人口外迁，降低人口密度，提高居住环境品质。

二是在名镇、街区人口密度合理条件下，维持人口结构，保护社区文化。为尽可能保留名镇和街区原真性，维持原住民比例与保护其利益，可对具有建筑使用权或所有权、收入困难无法实现异地安置的原住民采取原地原区域有偿留住措施，如给予个人税收优惠、给予购买或租用建筑面积价格优惠、享有保护区其他政策等。此外，鼓励有传承传统文化条件的原住民留住，维护保护区的社区文化。

三是控制居住与商业比例。针对投资单位或个人从政府渠道获得保护区建筑（用地）使用权或所有权并进行商业经营的情况，必须确保一定比例的建筑面积用于居住，尤其是提供给保护区收入较低以及居住面积过小的原住民居住，避免商业过分蔓延，以维持原住民居住比例。

（三）多渠道提升居民收入水平

一是依靠财政拨款，补贴居民生活。一些名镇、街区由于交通条件、地理区位原因，经济社会发展受到先天限制，居民收入十分有限，外迁流失现象十分严重。因此，为保障原住民比例，激活人气，对名镇和街区保护区内的原住民，可采取适当的“生活补贴”策略，定期由财政拨款，按照当地平均的生活水平折算补贴金，派发给原住民，鼓励原住民驻留。

二是鼓励“居改非”试点，增加原住民收入。在“符合保护规划、符合管理要求、符合消防安全”前提下，可允许原住民将一定比例的自住建筑用于商业、手工业、休闲业经营（可自行经营也可出租），以增加原住民的收入渠道。但原住民应居留在此，并对建筑本体进行必要的日常维护。

三是增加就业岗位，为原住民创造持续性收入。单靠财政拨款与补助金政策对原住民生活水平的提升作用有限，原住民的持续性收入需要得到更多的保障，这方面的政策可考虑从增加合适的就业岗位入手，全面解决原住民就业问题，如成立由原住民任职的名镇保护管理委员会、文化宣传工作站、传统文化表演团队和旅游服务站等。

（四）完善名镇街区保护区公共服务及市政设施建设

一是鼓励市场与地方政府共同建设保护区的公共服务设施。考虑到公共服务设施建设项目的利润回报较低，甚至亏损情形居多，市场投资积极性不高，在政府资金缺失的情况下，可对市场投资者予以鼓励优惠。如市场投资者可享受保护区内房地资源的优先权，或者保护区内经营活动的税费优惠等，以此提供保护区内公共服务设施，建立现代的公共服务体系，改善原住民生活环境。

二是对基础设施完善与现代功能更新予以宽松管理政策。现代功能更新对名镇和街区的可持续发展十分重要，首先需完善保护区内的市政、交通、消防等基础设施，满足其现代功能的需要。考虑到名镇和街区的特殊性，交通、市政、消防等部门应根据保护区实际情况适当调整公共基础设施建设技术规定，颁布相应的导则标准，使公共设施的配套与建设既符合保护要求，又符合现代化居住要求。

（五）多方动员开展房屋住宅修缮

一是通过政府资金补助，帮助原住民进行自有住宅的修缮，建立长效机制。对于原住民自有住宅“不用于经营、不用于出租”的情况，可按照一定的申请程序，如递交个人情况、递交修缮计划、递交修缮经费预算等程序，由政府确定年度资助对象、财政拨款，按照“建筑修缮指南”，聘请地方建筑修缮队，对建筑进行必要的修缮。二是鼓励社会力量参与历史文化名镇、历史街区的保护与修缮工作，从行政事业性收费、房屋契税、个人所得税、行政审批程序等层面制定灵活的历史文化名镇、街区内建筑使用权或所有权购买的管理政策。

（六）提倡公众参与，鼓励社会民众参与名镇、街区的保护与传统文化的传承

一是加强对保护区内民众的历史文化遗产保护的宣传教育，引导民众树立和形成“文化资源即是经济资源”的共识，积极参与历史文化名镇、历史街区保护与传统文化传承[7]。政府可采取宽松的管理策略，鼓励并推动民众形成义务性的保护管理团队，关心和参与所在名镇、街区的发展建设和日常事务监管工作。

二是鼓励民间社团开展传统文化活动。从事传统文化的民间社团，创办启动期可享有政府的资金资助、政府专业团体技术支持、社团用房用地资源优先供给、购买（租用）政府的房地资源的资金按一定比例由政府返还给该机构或个人、社团营业税（个税）按一定比例减免等优惠政策[8]。鼓励传统文化活动的传

承，提供资金以补助文化传承人。

四、结语

通过对重庆历史文化名镇、历史街区现状特征梳理，分析保护利用中的成效与存在问题，提出重庆历史文化名镇、历史街区保护与利用建议，对于加强名镇、街区保护，引导名镇、街区科学合理发展具有一定的意义。同时对于历史文化名镇、历史街区保护与发展利用的同类研究，具有一定的参考借鉴价值。

参考文献

[1] 郭璇. 民间的意义：西南民居的研究历程及其当代启示 [J]. 新建筑，2013（03）：40-45.

[2] 郑稚棚，吴凤敏，刘颖，等. 重庆市历史文化名镇现状特征及与山水关系研究 [J]. 测绘与空间地理信息，2021，44（02）：175-178.

[3] 杨骏. 重庆新增一批市级历史文化名镇、街区和传统风貌区 [N]. 重庆日报，2019-01-15（7）.

[4] 赵万民. 对巴渝历史名镇保护的区域性认识 [J]. 重庆建筑，2003（04）：6-8.

[5] 郑亨. 迁址重建背景下龚滩名镇景观风貌和保护与提升研究 [D]. 四川农业大学，2016.

[6] 徐嘉蔓. 重庆市级历史文化名镇洪安保护规划研究 [D]. 重庆大学，2012.

[7] 杜岩，霍磊晨，贾北凝，等. 城镇化背景下历史文化名镇保护的现状与对策研究 [J]. 中国名城，2021，35（05）：66-70.

[8] 谭晓静，祝方林. 三峡库区历史名镇的文化发展困境与出路：基于重庆万州分水镇的实地考察 [J]. 重庆三峡学院学报，2021，37（02）：12-23.

BAYU WENHUA

巴渝文化

论客籍作者对巴渝历史文化的贡献①

——基于《巴渝文献总目》的研究

傅晓岚② 袁佳红

巴是一个具有复杂内涵的概念，它既是中华民族早期先民的一个族群，也是一个诸侯国的名称，又是一个地域政权的名称，如巴郡、巴县。“巴渝”的称谓也由来甚早，西汉司马相如的《上林赋》中，即有“巴渝宋蔡，淮南于遮”的表述，桓宽的《盐铁论·刺权篇》也有“鸣鼓巴渝，交作于堂下”的说法。西晋郭璞曾为《上林赋》作注，指认“巴西阆中有渝水，獠人居其上，皆刚勇好舞，汉高祖募取以平三秦，后使乐府习之，因名巴渝舞也”。从前后《汉书》至新旧《唐书》，以及《三巴记》《华阳国志》等典籍中，都能见到“巴渝乐”“巴渝舞”的记载。据之不难判定，“巴渝”是一个地域历史概念，它泛指的是先秦巴国、秦汉巴郡辖境所及，中有渝水贯注的广大区域。“在汉朝建立时，帝国在西方以陇西、广汉和蜀诸郡为界。边界——如果可能确定这样一条线的话——此后急转向东，把巴郡、武陵郡和长沙国包括在内。”“随着秦帝国的崩溃，新的汉朝政府循着滇国的东部边界（包括巴郡和蜀郡）建立自己的疆域。”[1]实际上成为中国版图的一部分，巴渝文化作为中华文化的重要组成部分，具有3000多年的历史，其精华源远流长，并

---

①基金项目：重庆市哲学社会科学重点项目“《巴渝文献总目》研究”（2017ZDCB07），原载于《西南大学学报（社会科学版）》2021年9月第47卷第5期。这里的“客籍”指的是非巴渝籍的外地作者，包括外地寓居重庆者和外国作者。详见：任竞，王志昆．巴渝文献总目［M］．重庆：重庆出版社，2017:5．

②傅晓岚，重庆图书馆，副研究馆员。

在不同历史时期孕育出独特的文化，特别是抗战文化在全国举足轻重，在华夏文化中有着特殊的地位。

一

将“巴蜀”和“文化”两个概念和合为一，标举出“巴蜀文化”这一概念，最早见于20世纪40年代初。《说文月刊》1941年10月在上海，1942年8月在重庆，先后发表了卫聚贤的《巴蜀文化》一文，第一次明确揭示了巴蜀文化的基本内涵。此后，学界对巴蜀文化的创新探究逐步深化、丰富和拓展，并由“巴蜀文化”向“巴蜀文明”“巴渝文化”两个方向发展。1989年11月，重庆博物馆编辑、重庆出版社出版第一辑《巴渝文化》，正式提出了“巴渝文化”的概念。1993年秋，重庆召开“首届全国巴渝文化学术研讨会”，使得“巴渝文化”这一地域历史文化概念的提出获得全国学界的广泛认同。到第四辑《巴渝文化》出版面世时，全国学界已对巴渝文化概念及其基本内涵取得共识，认为巴渝文化是指以今重庆为中心，辐射川东、鄂西、湘西这一广大地区内，从夏商以来的物质文化和精神文化的总和。

改革开放以来，关于“巴渝文化”各个方面的研究，已经有了长足的发展①。其中，刘术在《近十年巴文化研究进展及展望》[2]中特别指出，巴文化作为传统文化的重要一支得到更广泛的社会关注，研究成果显著，出版和发表了大量的研究著作和论文，相关学术会议频繁举行。巴文化考古发掘不断推进，新的考古成果为学术研究带来新的内容，学界在出土器物、巴文化起源及流变、巴人习俗、巴文化与其他文化交流融合、巴文化应用研究等方面进行了新的开拓。但是，没有专门对客籍作者对巴渝历史文化贡献方面的论述。蓝锡麟在《巴渝文库·总序》中详细论述了巴渝文化的形成、流变。蓝先生指出：“用系统论的观点考察种属，自古及今，巴蜀文化都是与荆楚文化、吴越文化同一层级的长江流域的一大地域历史文化，巴渝文化则是巴蜀文化的一个重要分支。”[3]3但是，“巴渝文化之于巴蜀文化具有某些异质性，更加不可避免。既有同质性，又有异质性，就构成了巴渝文化

① 截止到2020年9月，《中国知网》收录“巴渝文化”论文，大约有200篇。

的特质性。以此为根基，在尊重巴蜀文化对巴渝文化的统摄地位的前提下，将巴渝文化切分出来重新观照，合情合理，势在必行”。[3]3

二

2017年，历经6年，三易其稿的《巴渝文献总目》得以问世。《巴渝文献总目》以1911年为界限，分为古代卷和民国卷两部分。共收录著作文献7212种，单篇文献29458篇。其中包括古代著作文献1707种、单篇文献8989条，民国著作文献5505种7660条、民国单篇文献20469条。

蓝锡麟作为长期研究巴渝文化的重要专家，他认为“一方面，文化的发展与经济、政治的发展并不一定同步，通常呈现出相对滞后性和相对稳定性，而在特定的社会异动中又有可能凸显超前。另一方面，不管处于哪种状态下，文化都对经济、政治等具有能动性的反作用，特别是反映优秀传统或先进理念的价值观念和行为准则，对整个社会多维度的，广域的渗透影响十分巨大。除此而外，任何文化强势区域的产生和延续，决然都离不开文化贤良和学术精英的引领开拓。这一切，在巴渝文化的演进流程中都有长足的映现，而巴渝文献正是巴渝文化行进路线图的历史风貌长卷”[3]5。

从《巴渝文献总目》著作类来看，各个时期的著作分布情况为：先秦到汉代7条，三国到魏晋南北朝17条，隋唐五代十国13条，宋元135条，明代203条，清代1332条，民国7660条。从《巴渝文献总目》单篇来看，各时期的文献数据分别为：先秦到汉64条，三国魏晋南北朝77条，隋唐五代十国867条，宋元1237条，明代1215条，清代5529条，民国20469条。可见，无论是从巴渝文献的数量来看，还是从作者时代来看，巴渝文化都是从隋唐宋以后，才开始真正出现量上的发展，直到清代，最后到民国，达到一个巅峰状态。

西南被华夏称为蛮的人群，分为许许多多的族群，其中最主要的有武陵蛮、巴郡南郡蛮以及板楯蛮。他们聚居在山间村落中，以种植、狩猎为生。

汉末时，迁移其民，设置郡县，推行中国式的礼仪教化，设学校推广经学，以及创造、提供华夏的历史记忆，让当地人能找到华夏祖源。这些民族政策有效地使当地上层阶级“中国化”[4]。西汉时庐江舒县人文翁官拜蜀郡郡守，“文翁化蜀”的记载，是一个有力的证明。

在巴文化刚刚融入中原文明之际，西晋后期出现的“五胡乱华”，混战与屠杀延续了近五百年，中国古代在秦汉人民创造的灿烂文明被摧残殆尽。但是，汉末移民，极大地改变了巴渝地区的民族状况，司马迁笔下的“西南夷”，到了隋唐，已经消失殆尽，取而代之的，基本上是汉人。唐代诗人王维有一首《晓行巴峡》：

> 际晓投巴峡，馀春忆帝京。晴江一女浣，朝日众鸡鸣。水国舟中市，山桥树杪行。登高万井出，眺迥二流明。人作殊方语，莺为故国声。赖多山水趣，稍解别离情。

其中，“人作殊方语”，可以知道，当时的巴人应该已经是汉人，但其语言，尤其是语音，与中原大有区别。

经过一百多年，在刘禹锡笔下，中原文化的影响，已经深入巴渝的穷乡僻壤。刘禹锡《竹枝词》其九：

> 山上层层桃李花，云间烟火是人家。银钏金钗来负水，长刀短笠去烧畲。

这里，“银钏金钗”是妇女的首饰，借代妇女。虽然没有具体描写，但大体可以想象，此时的巴地妇女，与中原汉族并无太大差异。

而刘禹锡最出名的《竹枝词》：

> 杨柳青青江水平，闻郎江上踏歌声。东边日出西边雨，道是无晴却有晴。

这里，巴人的乡音，已经不再是王维的“殊方语”，而是优美动听的歌声了。

概括而言，起自先秦，结于魏晋南北朝时期。这一时期上半段系上古巴国、两汉巴郡的存在时期，因而正是巴渝文化的初始时期；后小半段则为三国蜀汉以降，多族群的十几个纷争政权先后交替分治时期，“3世纪和4世纪的混乱对北方产生了社会和经济的深远而持久的后果，大批人逃亡（特别从西北），希望在四川、淮河和长江流域等比较安定的地区避难和寻求新生活”。“南方的大家族大都是从北方逃难来的，自以为与北人的气质迥然不同，鄙视北人，认为他们粗鲁、土气，是半野蛮人。他们称自己是汉文化的标准的继承者，并发展了一种特别典雅的文体、自己的哲学和佛学学派以及自己的温文尔雅的社会习俗。”[5]自隋唐、五代、两宋，其中的前三百余年国家统一，带动了巴渝地区经济社会大发展，特别是科举、仕宦、游历诸多因素，促成了包括李白、“三苏”在内，尤其是杜甫、白居易、刘禹锡、黄庭坚、陆游、范成大等文学巨擘寓迹巴渝，直接催生出两大文化硕果。一是形成了以“夔州诗”为品牌的诗歌，彪炳汗青，进入了唐宋两代中华诗歌顶级殿堂。二是发掘出了巴渝本土始于齐梁的民歌“竹枝词”，创造性转化为文人“竹枝词”。同时，宋代理学大师周敦颐、程颐先后流寓巴渝，也将经学、理学以及兴学施教之风传播到巴渝，直到明清，文学、理学的成就，彰显着巴渝文化与中原文化的融合，达到一个前所未有的高度。

从1912年民国成立开始，到1949年11月30日，重庆的思想、政治精英已经站在全川前列，尤其是抗战期间成为战时首都，文化得到了空前的大发展。抗战时期重庆文化是中国大后方抗战文化的高地。抗战时期，以上海、南京为主体，包括北平、天津、广州、浙江等沿海地区的大批国立、省立和私立大中学校和研究所开始大规模地向以重庆为重点的内地迁移，出现了中国历史上教育中心由东向西的大转移。随着重庆成为战时中国政治、经济、文化中心，重庆也就自然地成了全国的教育中心。在这种特定的历史条件下，重庆教育不但没有衰落，反而出现了空前繁荣的局面，各级各类学校都得到极大发展。大批重要的自然科学和社会科学的研究机构、全国性学术团体陆续迁往重庆，加上具有研究功能的高等院校，科技精英云集重庆，使得重庆科学技术呈现出具有国家水平、学科覆盖面广、理论研究与应用研究并重等显著特点，使重庆地区的科学研究能力空前壮大。在自然科学中，不少领域都取得了令人瞩目的成果。尤其以物理学、地质学、动物学、植物学、医药学、气象学等学科为显。社会科学成就更是斐然，尤其是哲学、政治学、经济学、历史学等领域，成就了一批享誉中外的学术大师，产生了一批影响深远、名垂青史的著作。文学艺术是抗战时期重庆文化领域的标杆，在中国的文艺史册中留下了辉煌的篇章。无论是诗歌还是小说，无论是报告文学还是杂文、散文，也无论是戏剧还是电影、音乐、舞蹈、美术，以及新闻出版、图书馆、博物馆及考古事业、体育，当时重庆所创造的繁荣与辉煌都是同时代其他区域难以企及的。

三

《巴渝文献总目》的收录原则，最终定为“巴渝人写”“在巴渝写”“写巴渝”三个大类。所谓的“巴渝人写”，指籍贯在巴渝地区（原则上巴渝古代地域，以秦汉时期的巴郡、晋《华阳国志》[6]所载“三巴”为限；民国地域则以重庆直辖后的行政区划为准），“在巴渝写”即指籍贯不在巴渝，但长期生活在巴渝地区。

以这两个原则为基础，《巴渝文献总目》收录了大量“巴渝人写”“在巴渝写”的文献目录。以下以《巴渝文献总目》古代卷著作与单篇和民国卷著作类为例，详细分析“巴渝人写”“在巴渝写”数量对比情况，以此来反观重庆地区作者情况。

《巴渝文献总目》共收录古代单篇文献8989条，按内容划分为诗词歌赋类（6432条）、人物传记类（203条）、碑刻文献类（1279条）、序跋赠题类（254条）、历史地理类（38条）和杂记综合类（783条）6个大类。碑刻文献类由于太多作者不详或作者籍贯不详，不便于纳入分析。在此，我们选取了最具代表性的诗词歌赋、人物传记、序跋赠题、历史地理、杂记综合五类作为我们分析的样本。诗词歌赋类共有6432条，其中巴渝作者627位，写有2556条；外地作者835位，写有2969条；作者不详575位，写有907条。人物传记类共计203条，巴渝作者40位，写有62条；外地作者50位，写有106条；作者不详或作者籍贯不详70位，写有73条。序跋赠题类254条，巴渝作者70位，写有116条；外地作者92人，写有111条；作者不详或作者籍贯不详的有25位，写有27条。历史地理类38条，全部是外地作者13位所写，巴渝本地人为0。杂记综合类783条，巴渝作者172位，写有292条；外地作者

160位，写有257条；作者不详或作者籍贯不详的有225位，写有230条，此外，还有4条是政府发文。

对于作者不详或作者籍贯不详这两种情况，从初步的数据分析来看，这部分资料大部分都是选自地方志书，很多都是当地寂寂无闻的作者，仅留下了作品被选入，姓名却无从考证。也有一些本身即是巴渝本地人，编辑志书的人在收集资料的过程中，就省略了籍贯，仅留下姓名。为慎重起见，本文在统计的时候，还是把这部分作者归入了不详。还有一些作者是在巴渝地区任职，有姓名有官职，但籍贯却没被记录下来，这部分也归入了不详。

从以上统计来看，客籍作者创作的作品占全部单篇文献的34.3%。除杂记综合类外，其他的四类，外地作者无论是人数，还是文章数量，都多于巴渝本地作者。特别是最具代表性的诗词歌赋和序跋题赠两类，几乎占了全部单篇文献的74.3%。

从《巴渝文献总目》著作类各个时期的作者情况来看，分别为先秦到汉代7人，三国魏晋南北朝8人，隋唐五代十国9人，宋元57人，明代130人，清代792人，民国2613人（机构）。

《巴渝文献总目》古代卷著作类共收录1707种文献，除去作者不详的69种，共有953个作者。在这953人中，有118个生平不详。这118个生平不详的作者，一是来源于《四川丛书采访书目录》[7]有关重庆各区县的文献，其次是从各地县志中的艺文志辑录出的书目，再者就是各种家谱的编纂者。由此可见，所谓的生平不详，几乎都是重庆各区县的本地人士，只是不能确定其具体籍贯而已。剩余835个籍贯非常明确的作者，有559个是籍在巴渝（包括祖籍是巴渝地区，或者祖籍非巴渝地区，后出生在巴渝地区，并且改籍为巴渝），占总数的67%，276个是籍不在巴渝，只是迹在巴渝或“写巴渝的”，占总数的33%。276个“外籍”作者中，有152人是任职于当时重庆各地，担任知县、知州、知府、县令、巡抚、御史等官职，由他们牵头，组织人员编修了126种重庆各种地方志类型的书（不包括《四川总志》和《华阳国志》等）。

中国官方修史，由来已久，可以追溯到唐代。唐代的史馆、宋代的翰林学士院，都有修撰官，掌修国史。元朝仁宗延祐初年，山东历城人张起岩（1285—

1349），字梦臣，参加元朝的首次科举考试，考中进士第一名（状元），特授集贤院修撰。此后，明、清两代科举制度，一直沿袭此制，凡是进士试一甲第一名（状元），即授翰林院修撰。虽然“修撰”大多时候只是一个虚衔，却也显示了朝廷对于史志编修的高度重视。

明朝的统治者对方志编修工作极为重视。洪武三年（1370），朱元璋“诏儒士魏俊民等类编天下州郡地理形势，降附颠末为书”[8]。明成祖即位后，永乐十六年（1418），诏修《天下郡县志书》，命户部尚书夏原吉，翰林学士杨荣、金幼孜总领其事，并“遣官编诣郡县，博采事迹及旧志书”[9]。

清朝也延续了重视修志的传统，康熙二十五年决定编纂《大清一统志》，广泛搜求历代旧志，同时多次诏编新志，各省府都要设立志局或志馆，由省府长官领衔主修，聘当地学士名流主纂。

可以说，每一个地方编纂的地方志，都是由当地的长官牵头，聘请地方上的重要名流，收集整理当地的疆界、区域、山川、河流、物产、户口、风俗、城郭、官署、街坊、闾巷、寺院、古冢、坟墓、艺文等资料，编纂成一部重要的地方百科全书。

如（乾隆）《巴县志》，就是由（清）王尔鉴修，（清）王世沿、（清）周开丰等纂。王尔鉴，河南卢氏人，乾隆十六年，从山东调到重庆，担任巴县知县。作为知县的王尔鉴，官阶虽然非常低，但他在业余闲暇时间喜欢舞文弄墨，征文考献，创修《巴县志》。但乾隆十八年（1753），王尔鉴被罢免官职，直至乾隆二十年复任，他继续主持修纂，终于在乾隆二十五年修成《巴县志》。

而周开丰作为土生土长的巴县人，是康熙五十九年（1720）举人，曾担任福建龙岩州判，后与龙为霖、何元鼎等结诗社于东川，并主讲东川书院。王尔鉴担任巴县知县主持编修《巴县志》时，就聘请贡生王世沿代笔，巴县乡贤周开丰具体负责资料采集及校订。所以，在《巴县志》的编纂过程中，王尔鉴的身份是朝廷命官，代表的是官方，是志书编纂的主持者，故署名“王尔鉴修”；周开丰的身份是被聘请的方志大家，是志书编纂的具体执笔者，故署名“周开丰纂”。

其他的125种地方志，几乎都是和（乾隆）《巴县志》一样，由“迹在巴渝”的知县、县令、知府等代表官方主“修”，“籍在巴渝”的地方乡贤主纂。如：（嘉靖）《云阳县志》，由贵州威清卫（今属贵阳清镇县）人，明嘉靖十七年（1538）任云阳县知县的杨鸾修；云阳县（今重庆云阳县）人，明嘉靖七年（1528）举人秦觉纂。（乾隆）《江津县志》，由广东东安（今云浮县）人，清乾隆三十年（1765）江津知县曾受一修；江津高牙铺人王家驹纂。

除地方志外，另外还有58种书名为“蜀”或“四川”“川”“华阳”“巴蜀”的，如《蜀中边防记》《蜀藻幽胜录》《巴蜀耆旧传》《四川名胜记四卷》《华阳国志校勘记》等，这些书的章节中包含有巴的内容，这部分作者共有74人，“籍”和“迹”都不在巴渝，只是内容有关巴渝，属于“写巴渝”有完整章节的，也一并收录入《巴渝文献总目》。所以，外籍作者276人中，又分为担任重庆各地地方官的152人，撰写四川内容涉及重庆的74人。这74人中，主要是四川人，或在四川担任巡抚、学政、教谕、总兵等职务的官员。

从《巴渝文献总目》古代卷著作类的作者来分析，在1912年前，主要体现为本籍作者为主，客籍作者为辅的一个状况。而所谓的客籍作者，也主要是为官重庆或者四川，从而组织编纂地方文献的这样一个单一情况为主。但是，就影响而言，本籍作者却远远不如外籍作者，如蓝锡麟先生的《巴渝诗话》，就是一个有意义的代表性的证明[10]。开埠后以及民国年间著作类作者情况，与古代相比，更是有过之而无不及。

巴渝地区，直到重庆开埠前后，才出现了2个英国人和4个日本人：阿绮波德·约翰·立德乐、阿绮波德·立德、安东不二雄、山川早水、米内山庸夫、竹添进一郎。立德乐写巴渝的著作，分别为《中国漫游实记》《巴蜀旧影》《云南四川踏查记》《栈云峡雨日记二卷诗草一卷》和《经过扬子江三峡游记》《穿蓝色长袍的国度》。文献的存在，也反过来证明了英国和日本在重庆开埠这一重大事件上的捷足先登的事实。

1875年马嘉理事件发生后，在1876年的中英烟台谈判中，英国乘机提出开重庆为通商口岸，以此作为解决马嘉理事件的条件之一。对于这个十分露骨的侵略要求，清政府只能以“川江峡滩险阻，轮船万不能行”来搪塞。经过十余年准备后，1883年2月，在英国政府的支持下，英国冒险家立德乐与妻子搭轮船先到汉口，又从汉口乘木帆船溯江航行40天到达重庆，考察川江航道。在通过的每一处沿江暗礁险滩，立德乐都仔细观察、测量并做好记录，而后将所见所闻所做，写成《经过扬子江三峡游记》《峨眉山》等书，在西方引起轰动，立德乐也受到热捧，被称誉为“西部中国的英国开路先锋”。立德乐成功通航长江三峡到达重庆的事实，迫使清政府于1890年3月31日签订了《烟台条约续增专条》，正式确定重庆开埠。

1895年，立德乐自筹资金，在上海订造“利川号”轮船，出厂后首航上溯长江。1898年2月15日从宜昌上驶，历经险滩恶浪，于3月9日抵达重庆。

此后，立德乐夫妇在重庆建立洋行，并游历了中国多个省份。1901年，立德乐夫人在中国的游记作品《穿蓝色长袍的国度》也正式出版，此书的第十章阎王爷的府邸：丰都、第十一章传教士的穷日子、第十二章在重庆农村的生活、第十三章西南地区的排外暴动等，都写到了在重庆的见闻录。

日本自明治维新以后，逐渐走上向亚洲邻国进行侵略扩张的道路。1874年出兵侵略中国台湾，1875年武装入侵朝鲜，次年逼迫朝鲜签订《江华条约》，1879年并吞琉球，改为冲绳县，至19世纪80年代末期，以侵略中国和朝鲜为主要目标的大陆政策基本形成。与此同时，日本也派出大量人员以考察为名，深入中国腹地。来华的人中，有间谍、政治家、外交官、旅游者、僧侣、军人、浪人、学者、作者、工程师、商人、藏书家和机构（如满铁调查部、东亚同文书院、日清贸易研究所等）组织的人员等。

1875年，竹添进一郎随日本驻清公使森有礼常驻北京，他非常向往四川山水。1876年5月，竹添进一郎与同乡人津田君亮、翻译侯志信一起，扮作喇嘛，从北京出发，经西安，过秦岭，自汉中入蜀，又从剑阁、成都、重庆，乘船经长江三峡，到上海。竹添进一郎沿途逐日作记，并配以诗文，用汉语写成了《栈云峡雨日记二卷诗草一卷》。竹添进一郎在书中，除记录了汉中云栈景色和成都风物外，还浓墨重彩写下了三峡景象。

中日甲午战争后前后，进入四川、重庆的日本人逐年增加，如1906年日本重庆领事馆记载在四川的日本人就多达71人，其中以教习与商人为多，如安东不二雄1892年写成的《中国漫游实记》、山川早水1905年的《巴蜀旧影》等。

1910年7月，辛亥革命前夕，日本米内山庸夫在东亚同文书院第8期毕业后，即从上海出发赴云南，8月9日从昆明出发经茶马古道于9月6日抵达宜宾，9月29日从宜宾北上探访自流井，再赴峨眉、成都，10月9日从成都坐船顺岷江而下，11月返回上海。米内山庸夫一路徒步考察，拍摄了大量照片，并有写生绘图及调查日记，最后编成《云南四川踏查记》。

此后，日本人进入中国内地勘查的人数越来越多，直至抗日战争爆发前，达到了最高峰。从《巴渝文献总目》民国卷著作类统计，这个时期共有63个日本人或机构撰写了有关巴渝的文献。

进入民国以后，《巴渝文献总目》著作类作者明显增多，共计2613人，其中集体或机构作者740个，外国作者176人，本地作者235人，其他作者（主要是迹在巴渝或写巴渝的，但不包括外国作者）1561人。

随着重庆地位的逐渐上升，特别是抗战爆发后，国民政府迁都重庆，大量的政府机关、工矿企业、大中小学、研究机构等迁入重庆及周边地区，这些机构出版了特别多有关重庆的各类文献。如中央各军事学校毕业生调查处、中央警官学校、中国陆军军官学校、中国预防医学研究所、中华妇女福利社、中农所四川工作站、中华医学会、中华儿童教育社、中国经济学社，等等。

客籍作者也由古代卷的276人主政重庆或四川的政府官员这一单一来源，增加到抗战时期的1638人。这些人既有因政府机构迁入重庆而随同来到重庆工作的，也有随学校、工厂、研究单位等迁入重庆的，还有为躲避日本的侵略，逃难或投靠亲友来到重庆的，可以说他们来到重庆的原因多种多样。

这些人来到重庆后，不少人撰写了大量的著作文献。这些文献既有在重庆写的，也有写重庆的，这其中很多还是代表作。如老舍于1944年1月开始创作长篇小说《四世同堂》，在重庆写完了前两部《惶惑》和《偷生》，巴金1945年在重庆创作的《第四病室》，徐訏的《成人的童话》《春韭集》《从上海归来》，冯玉祥的《川南记游》《川西南记游》等。

外国籍作者或机构，也由古代卷的4个，增加到176个，具体情况如下表：

表1　抗战时期外国籍作者或机构统计

国别	人或机构（个）	备注
日本	63	
美国	48	
英国	26	
苏联	16	
法国	7	
德国	4	
其他	12	包括希腊、荷兰、哈萨克斯坦、比利时、印度、瑞典、匈牙利、捷克、挪威等国
总计	176	

抗战时期的重庆，是中国的战时首都，也是中国的政治、军事、经济、外交中心和世界反法西斯远东战场的指挥中心。到1943年底，在重庆设立大使、公使馆的国家有苏联、美国、英国、法国、波兰、比利时、荷兰、挪威、巴西、智利、古巴、葡萄牙、丹麦、秘鲁、瑞典、瑞士、墨西哥、芬兰等国，另设印度专员公署一处。重庆的对外事务增多，外交往来十分频繁。

除常规的外交人员外，各国记者、情报人员、军事顾问、科学家、旅行者等，络绎不绝来到重庆，如美国记者白修德、艾格尼丝・史沫特莱，英国现代生物化学家、科学技术史专家李约瑟，美国罗斯福总统特使威尔基，印度开国总理贾瓦哈拉尔・尼赫鲁等。他们在重庆期间，或短期访问，或长期生活，但都将自己的所见所闻写入了著作中。如威尔基的《天下一家》第八章“自由中国用什么抗战”，就详细记述了他在重庆的所见所闻。白修德的《来自中国的惊雷》，收录了“重庆——风云聚会的焦点”“人民拥护蒋介石吗？”“史迪威事件内幕”等有关重庆的章节。

而日本人对重庆的研究，也从最初的《栈云峡雨日记》《中国漫游实记》《巴蜀旧影》等游记类文献，因战争的需要，转变到以研究国民政府重庆政权为对手的文献，如《重庆政权的分析》、《重慶の抗戦力》（重庆的抗战力量）、《断末魔の重慶》（垂死挣扎的重庆）、《我的重庆政权观》、《重庆はいつ陥落するか》（重庆何时陷落）等。

从《巴渝文献总目》著作类整体来看①，从古至今，共计有3665个作者（机构），其中重庆本地作者794人，客籍作者2013人，其他籍贯不详的118人，集体或机构作者740个。通过文献数据不难看出，《巴渝文献总目》著作类文献，超过70%系客籍作者所创作。

四

从大禹治水开始，巴渝文化就是中国传统文化不可分割的一部分。武王伐商，巴渝文化得到中原文化的基本认同，开始融入中华文化；秦汉到隋唐，是中国由盛而衰、合而分、分而重合的过程，文化是由一个单一趋向多元，集中趋向于分散，分散之后又重新整合，这整合工作在隋唐时期，终于能逐渐完成。而巴渝地区，在唐宋时期，形成了独具特色的巴渝文化。但是，在元朝的残酷屠杀过程中，巴渝文化开始失去自己的特色，更主要的是，在明末清初30年战乱后，原有的巴渝人口，十不存一；巴渝地区文化遗存，十不存一。清康雍乾以后的巴渝文化，主要是随着湖北、湖南、江西、福建、广东等地大量的原住民的迁入②[11]，带来他们原有的儒、道、佛三家融合的思想，严格说，与传统的巴渝历史文化，没有太大的联系。抗战期间，超过三分之二的“下江人”涌入战时首都重庆③，极大地改变了重庆本土的作者结构[12]。数不胜数的全国一流的文化贤良和学术精英会聚到当时重庆和周边地区，毫无疑问，这是巴渝文化凸显鼎盛、最为辉煌的一个阶段，前无古人，后世也难以企及。客籍作者，在中原文化与巴蜀文化、巴渝文化冲突与融合中，起到了决定性的作用。巴渝文化的辉煌，是中原文化与巴蜀文化、巴渝文化上千年融合的结果。

实际上，客籍作者对巴渝历史文化的贡献远非其作品可以全部囊括。特别是抗战时期，在民族生死存亡的重要关头，无数的客籍作者会聚重庆，与重庆人民一

①《巴渝文献总目》民国卷单篇类作者，情况基本相同。

②清朝初年，经过数十年动乱和杀戮，巴渝地区人口，统计数据表明，本地人口不超过7%。

③1937年前，重庆市人口不足40万，到1944年，一度达到125万。

起，最终取得了抗日战争的最后胜利[13-15]。

参考文献

[1] 崔瑞德，鲁惟一，杨品泉．剑桥中国秦汉史［M］．北京：中国社会科学出版社，1992：493．

[2] 刘术．近十年巴文化研究进展及展望［J］．四川文理学院学报，2018（6）：29-37．

[3] 蓝锡麟．巴渝文库·总序［M］//巴渝文献总目·民国卷．重庆：重庆出版社，2017．

[4] 王明珂．汉人形成：汉代中国人的边疆异族意象［M］//华夏边缘：历史记忆与族群认同．上海：上海人民出版社，2020：362．

[5] 崔瑞德．导言［M］//剑桥中国隋唐史．北京：中国社会科学出版社，2016：5．

[6] 常璩．华阳国志［M］．张佳胤刻本，1563（明嘉靖四十二年）．

[7] 四川丛书编纂处编．四川丛书采访书目录［Z］．抄本．重庆图书馆藏．

[8] 张廷玉等．明史：卷97［M］．北京：中华书局，1974：2405．

[9] 永乐十六年六月庚辰［M］//明实录：明太宗实录：卷201，台北："中央研究院"历史语言研究所，1962．

[10] 蓝锡麟．小序［M］//巴渝诗话．重庆：西南师范大学出版社，2020：1．

[11] 王志昆．清代合川人口来源考［J］．重庆地方志，1989（6）：3-7．

[12] 程朝云．战时人口内迁与重庆［C］//中国社会科学院近代史研究所青年学术论坛，2002：148-173．

[13] 中国教育科学研究院．抗战教育的历史贡献与深远启示——纪念抗战胜利70周年［J］．教育研究，2015（9）：4-9．

[14] 唐正芒，高文学．国内近十年抗战文化研究：一个文献综述［J］．重庆社会科学，2012（9）：94-101．

[15] 王志昆．重庆市现存抗战大后方文献及其特点［J］．图书馆界，2011（3）：58-61．

全面抗战时期游记中的重庆印象与内迁生活[①]

李冰冰[②]

重庆作为山城，自古给人的印象可谓“片叶浮沉巴子国，双江襟带浮图关”[③]。全面抗战爆发后，随着内迁重庆的知识分子增多，这种仅从自然地理角度的“山城”形象描述就不再能够完全涵盖内迁人士的重庆印象了。对于这些内迁者而言，刚到之时虽然还不知道重庆“有什么可爱之处”，却已在开始接受和爱它[④]。随着战时重庆城市的发展、地位的提升，内迁而来的大量知识分子开始对重庆的城市形象进行丰富和完善，其中游记是最为重要的表现形式之一。

游记作为一种纪实性作品，既不同于具有官方色彩的严肃新闻报道，又不同于具有强烈个人色彩的私密日记。大多数游记虽“未涉及国家政治大事，但从中可以看到些陪都社会生活的概况”[⑤]。对于作者而言，将“耳目见闻”的感触写作、发表，“这是我应尽的职责，而且也是有相当意义的事情”[⑥]。正因如此，游记能够很好地展现一个城市的形象构建过程，但在以往的相关研究中对于游记

①基金项目：国家社科基金抗日战争研究专项工程项目“中国抗战大后方历史文献资料整理与研究”（项目编号：19KZZD005）、重庆市社科规划抗战专项“战时璧山实验地方法院资料整理与研究”（项目编号：2019YBKZ19）成果。原载于《中华文化论坛》2021年第6期。

②李冰冰，西南大学历史学院博士研究生。

③龙为霖．登涂山绝顶［M］//彭伯通编．重庆题咏录．重庆：重庆出版社，1997：183．

④林如斯．重庆风光［M］．林平译．重庆：大公书店，1942：12．

⑤扬帆．陪都小简［J］．大众生活，1941（26）．

⑥张之蜀．新都随录［J］．西南导报，1938：1（1）．

的阅读和分析尚少[①]。因此，本文即以全面抗战时期描绘重庆的相关游记作品为样本，考察内迁人士的重庆印象及其内迁生活，以期追溯当代重庆城市印象的缘起以及当时社会语境中的日常生活状态。

一、游记中重庆的人文与自然

全面抗战爆发后，大量人口迁居重庆，这些人既有为坚决抗战、执行抗战而来的公职人员，也有为自身谋生存而来的商人、知识分子。这些内迁者的到来为重庆城市增添了发展的活力，而重庆则给他们留下了深刻的印象。正如张恨水所说，“虽走马观花，亦必有二点印象，不可磨灭。其一为山，其二为雾”[②]。

（一）山上的城市

众所周知，“山城”一词并非特指重庆，对于同样依山而建的济南、昆明、桂林等城市均有山城之称。不过对于重庆而言，城市建筑在山上的布局特点确实令人印象深刻，特别是在以水运为主的抗战时期。从朝天门码头登岸后，便需拾级而上，这就是内迁者对于重庆的初步印象——“搭舟登岸肩舆换，石级骇人数百重”[③]。

从地理形态上看，重庆之所以被称为山城，是因为她建在嘉陵江与长江交汇处，三面环水，地势南低北高。内迁者对这种地形有形象的描述：渝中半岛“形状恰似一只牛角，斜卧在江水的中间”，市区内的一切城市建筑“都挤在这牛角的尖上”[④]。正因重庆地处嘉陵江与长江的交汇处，是“长江上游最重要的一个

---

①以往的相关研究中，大多从文学作品的角度分析战时重庆的形象及其塑造，如王学振《再论抗战文学中的重庆城市形象塑造》（《文学评论》2010年第2期）、陈永万《大后方文学中的重庆》（西南大学2012年硕士学位论文）、蒋智娟《抗战戏剧中的陪都重庆形象》（西南大学2017年硕士学位论文）、李永东《战时国都重庆的文学想象：从“我城”到“他城”》（《西南大学学报》2020年第1期），同时也有以城市地位为视角的论述，如张瑾《“新都”抑或“旧城”：抗战时期重庆的城市形象》（《四川师范大学学报》2015年第6期）。

②张恨水．重庆旅感录［J］．旅行杂志，1939：13（1）．

③寓庸．重庆杂咏［J］．华西月刊，1937（9）．

④褚问鹃，谢唯一．轰炸中的重庆市［J］．大风，1939（39）．

城市，四川进出口货的咽喉”，因而一些人将其比喻为香港[①]。当然，在烟云笼罩下的重庆虽然同样拥有“像蜂巢样的房屋”，但却并没有香港那样的“美丽与崇伟”[②]。实际上，这座山城给人的印象是复杂多样的，“在同一个市里，可以看到不同世纪的情形，几家用原始生产工具地小工场和大银行的七层大厦并立着”[③]，因此，“比起上海、南京、汉口，当然重庆古旧得多了”[④]。总之，“重庆并不像一般人心目中的旧而且古，也不像我们有时幻想的那样新”，它“是一个可以代表中国都市的山城”[⑤]。

正因为重庆是一座新旧参半的山城，对于初到重庆的“下江人”而言，“大概没有几个人能够得到好的印象”，“他们很容易叠起几个指头，数说八九个重庆的缺点”[⑥]。山城固有的住房问题即是其中一个突出缺点。虽然重庆的建筑“平房是很少的，大抵是三四层的楼屋”[⑦]，而且房屋建筑密集，以至于使外来者“常觉得异常的紧迫”，但整个市区“住”的问题仍相当突出。住宅问题难于解决，一方面是因为重庆人口稠密、建筑面积有限，按人口与建筑的比例而言，“实在是我国居民最多的城市，市内的房子，都重重叠叠地建筑在山坡上”[⑧]。另一方面则是人口持续增加，特别是到豫湘桂战役之后，“难民近二三十万，先后抵渝，故家家是客满”[⑨]。在这种情形之下，想要在城内长期居住者，“非请熟人设法，很难找到适当的住所”[⑩]。

总之，对于下江人而言重庆是一座名副其实的山城，其城市建筑形态与香港甚为相似。当然，这种山城印象不仅是来自其地形南北落差和建筑错落分布，更

①沧一. 重庆现状［J］. 宇宙风，1938（69）.

②张静庐. 初写新都［J］. 大风旬刊，1938（7）.

③陈际云. 中国的新都［J］. 上海儿童，1938：1（1）.

④施步祥. 新重庆［J］. 众生，1938（3）.

⑤沈弢. 忆重庆［J］. 旅行杂志，1941：15（8）.

⑥陈公博. 对重庆说些话［J］. 国魂，1938（22）.

⑦蒋沅瑛. 抗战中的重庆［J］. 文艺月刊，1937：1（4）.

⑧箐. 重庆剪影［J］. 闽政与公馀非常时期合刊，1938（13）.

⑨重庆的旅馆［J］. 时兆月报，1945：3（1）.

⑩吴庆堂. 漫忆重庆［J］. 友讯，1939（30）.

为重要的是寻找住所的困难加深了重庆作为“山城”的印象。

（二）雾城重庆

就宏观地理位置而言，重庆地处四川盆地东部，属亚热带季风气候。江浙沿海内迁而来的人士看来，重庆的气候夏季酷暑难忍而“冬季实在不冷……棉袍是够对付的了”①。虽然重庆冬季并不似东部江浙地区严寒，但“冬季之太阳，在渝地似为冬眠时间，十日之中，仅一日得见阳光，而此仅有之一日，亦只限于一瞬间始有太阳神下降耳”②。实际上，秋冬季节的重庆绝大部分时间都是雨雾天气，“大概从九月到明年二月，是很少给你看见太阳光的，不是雨下得气闷煞人，便是阴霾得可怕之至”③。这种雨雾天气，构成了重庆与南京在气候上的不同之处，与南京相比，“雾在重庆，几乎天天都有，尤其是清晨和晚上”④。

重庆的雾日持久并非内迁者个体感受的夸大，根据当时的研究，自1928年至1942年的14年间重庆“一年中最多之雾日数可达一百八十一日”，平均每年有83天是雨雾天气，比伦敦、巴黎等地的年平均雾日数多二三十日⑤。雨雾天气给内迁者带来了“水土不服”的生理问题，在很多游记中都会提到一种由于潮湿气候引起的皮肤病，“初来的人，无不发一种红色的湿块，奇痒难忍”⑥。在心理上，见惯了艳阳高照的内迁者同样面临着考验，如一位叫王绍之的内迁者在成都住惯之后，对于重庆感觉最不适应就是“空气污浊和煤炭的恶作剧……恶劣的空气随时在威胁”⑦。另一位内迁者则对重庆的大雾更是感到压抑，“每天一早起来，我就感到窒息。……我非常气闷，气闷使我不能再忍受下去，于是我决定走了”⑧。对于离开重庆，这些内迁者“好像因离别了这样一个闷人的地方，而松

①可震．新都点滴［J］．新阵地，1938（17）．
②亚士．四川的上海——重庆［J］．上海人，1938：1（13）．
③心符．重庆三年（一）［J］．共信，1937：1（5）．
④蒋沅瑛．抗战中的重庆［J］．文艺月刊，1937：1（4）．
⑤郑子政．重庆之雾［J］．气象学报，1943：17（1-4）．
⑥可震．新都点滴［J］．新阵地，1938（17）．
⑦王绍之．纪重庆生百世区之游［J］．生百世，1937：1（22）．
⑧白飞星．成渝道上（地方印象）［J］．职业生活，1940：2（23）．

了一口气”[①]。

雾给内迁者带来生理和心理上不适的同时，也带来了安全感。连日阴雨、烟雾弥漫确实会使人感到不能忍受，“但因能使日本轰炸机不敢飞来，所以现在重庆居民很欢迎它，叫作‘防空天气’”[②]。在防空功能之下，雾成了对抗日寇的一大功臣，“有了它，可以减少敌机残暴的空袭，同时也可消除炎夏暑气的难受；有了它，许多学校开学了，多少工场复业了；有了它，关闭已久的戏院的门也放了，街市也繁荣起来，人心也安定而活跃了”[③]。事实上，进入秋冬雾季之后疏散到乡下的“各种各样的职业人民，都陆陆续续回来了”，从而使得“首都在雾季又繁荣起来了”[④]。即便是在日机轰炸严重的1939年雾季，“当局虽用尽了种种方法，积极疏散人口，但是结果还不能达到预期的目的，人们依旧是如潮水般的拥挤在街头”[⑤]。

虽然目前没有日机轰炸重庆频率与重庆天气的确切关系数据统计，但雾季日机轰炸较少的感受确实使得包括内迁者在内的重庆市内居住者对雾有了一定的好感。“雾，虽然不像秋夜明月似的使人留恋，但也不像六月太阳那样的使人厌恶”，“它却尽了一分抗战的责任”[⑥]。正是因为雾适应了战时需要，因而大多数人都能克制其带来的暗淡情绪，甚至“欢迎那厚重的雾罩，唯恐其不久不密”[⑦]。正如陈树人的诗所描述的那样——“不羡江南丽日天，雾城风物四时妍”[⑧]，重庆作为雾城，开始为内迁者所接受、喜爱和传扬。

---

①如明．从重庆到自流井［J］．青年文会，1940：2（6）．
②重庆的防空天气［J］．少年时事读本，1939：1（21）．
③河海．陪都来鸿［J］．革命与战争，1942：2（9）．
④白桃．雾重庆［J］．儿童月刊，1941（14）．
⑤李润璠．重庆浩劫［J］．现代评坛，1939：4（19）．
⑥丰谷．重庆的早晨［J］．旅行杂志，1945：19（1）．
⑦思红．重庆生活片段［J］．旅行杂志，1940：14（4）．
⑧陈树人．雾城［J］．华侨先锋，1944：1（5-6）．

二、作为战时新都的重庆

1935年“川政统一”之后，四川因“其土壤的肥美，物产的丰富，地位的优越”而逐渐成为“我国抗战的根据地”[①]。扼守这块根据地的重庆，在国民政府迁入之后由一个平凡之地而一跃成为“抗战的主脑地”，“肩起了复兴的重任”[②]。在内迁者看来，全面抗战时期重庆的地位是由其政治、经济、文化等各方面的发展状况共同组成的。

（一）抗击日寇的司令台

重庆自清末开埠以来，在经济方面发展较快，逐渐成了四川乃至西南的经济中心，而其政治地位的提升则是在全面抗战爆发之后。实际上，重庆的地位是随着四川作为民族复兴根据地而逐步提升的，“大家都喊着四川为民族复兴的根据地，重庆遂为根据地的中心”[③]。整体而言对于全面抗战时期重庆的地位，无论是内迁的“下江人”，还是本土人，都有共同的认识——重庆“已经改变了它原来的形态，并且变换了它固有的素质”，它由“四川人的重庆”而“成为全国人的重庆，民族生死存亡所关全国的一部了”[④]。

与复兴根据地、后方重镇等称谓相比，重庆更为重要的一个头衔是“新都”。至少在国民政府尚未明定重庆为陪都之前，“新都”这个头衔就已经被加诸于重庆。作为战时中国的新都，重庆不仅成为“我们四万万同胞今天的抗战司令台”，而且还是“我们民族五千年历史重放光辉的摇篮地”[⑤]。这种表述还不能够完全描绘出内迁者对重庆的印象与推崇之情，在各种游记和介绍重庆的文章中，重庆开始被看作是世界历史上和现实中“复兴祖国的世界名城之一”[⑥]。如将重庆誉为中国的安哥拉，企盼其能“保证我们战胜倭寇，完成最后胜利的目的”[⑦]。

---

① 生气蓬勃的新都［J］．家庭与妇女，1940：1（6）．
② 蕴秋．支持抗战的新都重庆［J］．蜀风月刊，1938：4（3）．
③ 程步高．漫话重庆［J］．抗战戏剧，1938：2（1）．
④ 王晋伯．重庆的将来［J］．国魂旬刊，1938（22）．
⑤ 长江．在轰炸下进步［J］．导报增刊，1939：1（12）．
⑥ 方浩．抗战新都的重庆［J］．中美周刊，1939：1（15）．
⑦ 云伏．重庆——我们的安哥拉［J］．统一评论，1937：4（23）．

虽然“民族复兴的根据地”“中华民国的生命线”“中国的勘察加”等曾经被赋予南京、武汉的称号都加给了重庆，但这些称呼还仅限于重庆的国内地位。在被正式确定为新的陪都之后，重庆开始被称为战争大时代中的“东亚的一个高峰”，这个高峰上升起的是“中国民族解放战争的胜利旗帜”[①]。在内迁者看来，重庆这个高峰被人所仰慕、羡慕，并不是因为重庆的风物，而是因为其代表中国，“中国几百万战士在前线与日军拼命，中国几千万人民在后方为国家挣扎”，因而“在欧洲、在世界，重庆被人的重视，是事势因果的必然”。[②]正是由于重庆代表着整个中国，“在它怀抱里所发生或将要发生的事件，全世界人士正以极大的注意在等候着它”[③]。珍珠港事件之后，在游记中对于重庆国际地位的描述又有进一步的上升。重庆“站在中国的立场说，它是我们抗战的重心所在，站在世界的立场说，它是反侵略的重要堡垒”[④]。除了游记外，在一些公开刊登的家信中重庆也开始被称为世界反法西斯战争远东战场的指挥中心，“尤其在太平洋大战开始发动的今天，她不但是我国政治、经济、军事、文化的枢纽，而且已经成为民主国家在远东反抗暴徒的根据地，她是代表不屈不挠的坚强势力，也是公理、正义的发祥地”[⑤]。

当然，无论这些游记对于重庆地位的描述如何变化，其中展现出的都是中国人长期抗战的决心。“南京失守了我们固然要抗战下去，即使武汉失守了，我们还是要继续抗战。迁都重庆，就是对世界、对敌国，表示抗战到底的意思”[⑥]。正因如此，内迁者对于重庆政治地位谈得最多的还是它作为战时首都的地位，作为国人所仰赖的抗战司令台的地位[⑦]。

（二）经济文化的中心枢纽

近代重庆城市发展主要有两次突破：一是清末被开辟为商埠之后，“由省际

①新陪都颂［J］．新新新闻每旬增刊，1940：3（7）．

②程沧波．香港回望重庆［J］．战时记者，1940：2（9）．

③乐恕人．采访工作在重庆［J］．新闻战线，1941：1（3）．

④严济宽．新都行［J］．读书生活，1942：1（2）．

⑤河海．陪都来鸿［J］．革命与战争，1942：2（9）．

⑥我们的新都重庆［J］．老百姓，1938（10）．

⑦坚．重庆的城门［J］．大观楼旬刊，1943：3（10）．

贸易枢纽而为川省国际贸易枢纽”；二是全面抗战爆发后，“变成了战时首都，而为政治、军事、经济等的重镇”。[①]其中特别是第二次，作为“临时首都，不但一跃而成中国政治中心，而且已努力成为抗战期间一个重要的经济中心了”[②]。当然，重庆这个经济中心不单纯是“四川省的一个大埠”[③]。

在游记的作者们看来，全面抗战时期重庆能够成为中国的经济文化中心，主要是因为工厂、资本、工人、文化机关等因素的迁入。重庆“不只是一个城市，而是战时中国的心脏”，“后方经济建设以此为基地，工厂、商号与银行丛集，这是经济的中心”[④]。单就金融而言，“外来的人口，足足增加三四十万，以每人携带两百元计算，重庆的金融，就可增加六千万至八千万元”，“中央各机关的经费，还不在此限”，因此，“在别处的银行尚在限制存户提款的时候，重庆的几家银行，都是大大方方的任凭提取”[⑤]。地理位置的因素在战时重庆的经济中心地位方面同样扮演着至关重要的角色，战时四川土产的出口几乎全部经由重庆中转，重庆“已经是整个的四川，以及云南、贵州和一部分西北地区的进出口货底吐纳口”[⑥]。以桐油为例，战时以桐油为抵押的借款，就是“会集重庆，经昆明到缅甸出口”来抵偿[⑦]。

在这些游记中，重庆的这种经济文化中心地位不仅仅体现在这些总体性概况上，更多的是一种感性描述，如“重庆不愧为抗战时的首府，有大都会的风采，柏油马路、汽车、黄包车、霓虹灯、咖啡馆、电影院，应有尽有”[⑧]。这些描述中重庆经常被誉为内地的“小上海”，因其“有许多大洋行，教会的医院，学校与教堂也很多，市内大部分的建筑物，都非常现代化，所以四川人都称重庆为‘小上海’”[⑨]。这种比喻最初由四川人提出，随后被多数内迁者所接受。由于

①顾梦五．闲话战时首都［J］．旅行杂志，1939：13（11）．
②施步祥．新重庆［J］．众生，1938（3）．
③鲁悦明．后方的重庆［J］．抗战，1938（50）．
④夏炎德．今日重庆［J］．旅行杂志，1945：19（1）．
⑤默僧．镇定安详的重庆［J］．宇宙风（乙刊），1939（1）．
⑥包可永．重庆归来的印象［J］．时事半月刊，1940：3（21）．
⑦高绍聪．陪都重庆素描［J］．旅行杂志，1941：15（2）．
⑧殷一鸣．到首都重庆去［J］．现世报，1939（43）．
⑨箐．重庆剪影［J］．闽政与公馀非常时期合刊，1938（13）．

“重要的工厂的移设，国家银行和私人企业组织的移驻，俨然取得工商业中心的上海的地位，而在政治上则为全国的司令台，文化上又属于首善之区，南京、北平都黯然失色”[①]，因而战时中国的城市“自然当首推重庆为最繁华了”，“诚不愧为‘内地的上海’也”[②]。

由于大量机构和人员的迁入，使得一些内迁者眼见的是熟悉的人和商店，耳听的是熟悉的声音，仿佛“不觉得在这美丽的山城里行走，而是恍然到了我们的首都”[③]。同时，这种由内迁带来的突飞猛进使得“以前南京有的东西，现在重庆也有”[④]。这些描述给人以重庆已经完全现代化了的感觉，其实不然，游记中的重庆并非是完全只有繁华的景象，新旧交替同样是内迁者对战时重庆的印象。在战时的重庆，由20世纪的飞机换乘18世纪的滑竿是典型的新旧交替的缩影，这也是内迁者对于重庆印象中的“旧与新之间的永远矛盾”[⑤]。

三、战争之下的日常生活

全面抗战初期的重庆远离战场，因此大部分时间缺乏战争紧迫感。最初，内迁到重庆的下江人一般都“在歌舞升平地生活着”[⑥]。“尤其是在雨季的时候……一般人都认此地为安乐窝”[⑦]。不过随着战争的推进，越来越多的事物给内迁者以战争的感受——物价飞涨、货币贬值以及日机无差别轰炸，由此，内迁者虽身在后方，对战争也逐步有了较为切身的认识。

（一）饮食与休闲

在各类游记中，内迁者对于重庆饮食的最初印象是调味主料的不同。对于习

---

①蒋以勤．市府谭往［J］．新重庆，1947（1）．

②陈锡禧．上重庆去的路［J］．学生生活，1940：1（5）．

③王平陵．重庆——美丽的山城［J］．抗战文艺，1938：2（2）．

④翁赞平．新都之行［J］．公训通讯，1940：2（4）．

⑤石清．重庆素描［J］．美商青年，1941：3（2）．

⑥余颀．重庆的第一次警报［J］．大风旬刊，1938（3）．

⑦张之蜀．新都随录［J］．西南导报，1938：1（1）．

惯了以甜为主味的江浙人而言，重庆“重辣、重酸，花椒、辣茄成为主要的调味料，无菜没油”[①]的饮食习惯定然是难以适应的，有的游记作者在全面抗战前就迁居重庆，但仍以饮食为生活上最大的问题。由此，内迁者在重庆仍倾向于选择内迁而来的“下江川菜”馆，而真正的川菜馆在内迁者眼中反而是“营业暗淡，无可称述”的[②]。

重庆的食材也与江南有较大的区别，在主要食材中“猪都特别肥胖，鸡大概都是乌皮——就是我们这里说是吃了滋补的乌骨鸡，鸭比较得少”[③]。其中最缺乏的当属鱼虾之类，主要是因为“重庆三面为长江及嘉陵江围绕，以水流太急，遂致‘有水鱼难养’”[④]。鱼虾的缺乏使得一些人做起了投机生意，“特地掘了池塘养鱼”，并开设饮食店，“专以鲜鱼号召起来”[⑤]。更有甚者，趁日机轰炸时“投弹往往落江中，死鱼无数”的时机，“浮水而出，舟子俯拾，售之于市”，时人称之为“炸弹鱼”[⑥]。另外值得一提的是作为水果的柑橘，也给了内迁者深刻的印象。冬季“一到重庆最动人的，最刺眼睛的，便是那累累金黄色的柑子”[⑦]。这里的柑橘酸甜可口，可以与江浙人习惯的花旗蜜橘媲美，以至于留下了这样的记述：“记得我们刚到的时候，一元钱可买好几十个，大家一天会吃上一二十个，那甜味真是美。”[⑧]

除了饮食之外，休闲活动也是内迁者重要日常生活之一。重庆虽然没有上海、南京那样富丽的电影院、舞场、马场，但日常休闲仍有较多方式。打麻将是传统项目，“麻将牌的声音，到处可以听见”[⑨]。戏剧更是异常发达，“几乎

①心符．重庆三年（三）[J]．共信，1937：1（7）．
②张恨水．重庆旅感录[J]．旅行杂志，1939：13（1）．
③我们的新都重庆[J]．老百姓，1938（10）．
④可震．新都点滴[J]．新阵地，1938（17）．
⑤思红．重庆生活片段[J]．旅行杂志，1940：14（4）．
⑥重庆之炸弹鱼[J]．西南公路，1941（164）．
⑦徐泽人．从上海到重庆（完）[J]．时与潮副刊，1943：3（5）．
⑧沈弢．忆重庆[J]．旅行杂志，1941：15（8）．
⑨默僧．镇定安详的重庆[J]．宇宙风（乙刊），1939（1）．

每一条街都有游艺场的”[①]。喝咖啡、看电影当然也少不了，“黄昏直到晚上九点，咖啡店、电影院、饭馆、清唱馆，大街上都挤满了人”[②]。此外就是旅游观光，虽然重庆市内能够供人休闲、散步的公共场所较为缺乏，但生生花园、长亭茶社、余乐茶楼、中央公园等地还是有其独特之处。稍远一些，则有更多的名胜风景，“渡长江是南岸的风景区，走远点有南温泉、花溪、虎啸口、仙女洞等名胜，沿嘉陵江有土湾、瓷器口等的近郊小镇，以及文化区的沙坪坝和以温泉著名的北碚”[③]。

从游历者的角度来看，大后方的生活与战前的上海、南京并没有多少区别，甚至于有些富人“避难如游历”，“紧张的情绪总不及孤岛的一点毫末”[④]。车水马龙的山城，“人流踊进踊出，粉香汗臭，交相放射”，正如张芸所记述的那样，“假如没有广播机中透出‘我们自己处在抗战建国的第七年代’的警语，谁会相信我们是在战争紧张生活苦的时期里面”[⑤]。

（二）物价与生活状态

抗日战争全面爆发时，国民政府于1935年11月开始发行的法币尚未在四川全面普及，因此在一元法币兑换二十四千铜圆、一顿简餐仅需十余铜圆的情况之下，内迁者普遍感觉物价低廉。但随着战争的持续，“物价一天一天的往上涨”，“日子也一天一天的难过了”，1939年时“八块钱可以包一个月的饭”，次年“就涨到二十多元”[⑥]。虽然在整个前期的物价上涨中还没有出现粮食缺乏的问题，重庆物价也较昆明、贵阳低，但一般生活费用还是暴增，比沿海地区甚至“贵二倍半至三倍”[⑦]。

对于物价猛涨，除了货币增发带来的贬值外，在游记中提及更多的是战争、

①鸿左．由重庆到贵阳［J］．摩登半月刊，1939：1（3）．

②原壁．重庆雾城——战时艺术式生活［J］．民锋，1940：2（10）．

③沈弢．忆重庆［J］．旅行杂志，1941：15（8）．

④罗福馨．陪都来鸿［J］．萃英，1940（7）．

⑤张芸．重庆夏景［J］．重庆舆论周报，1943：1（2）．

⑥林玉清．“重庆人”与“下江人”［J］．民间，1946（1）．

⑦包可永．重庆归来的印象［J］．时事半月刊，1940：3（21）．

社会等因素。内迁人口增多导致的供需问题是物价上涨的一个重要因素，“因为人口的激增，消费力比例增长，各商店的货物，虽然涨了二三倍的价还是供不应求”[①]。日常所乘坐的滑竿，也因下江人来得多了，“轿夫要价的时候，至少要一角多钱”[②]。日军封锁是内地“洋货”涨价的另一因素，日军侵占广州、香港之后，“洋纱、五金、纸张、汽油以及其他日常用品的价格，莫不高涨起数倍”[③]。此外，商人的囤积居奇也是内迁者所痛恨的涨价原因，如大众服务社、公益服务社“向本地房主租来大批房屋，以高价出租给初来渝市的居民，极尽其垄断牟利之能事”[④]。日用品的囤积和抬价就更为严重，“普通的价格较平时贵一倍多，甚至四五倍的也有”[⑤]。

战时生活成本的持续增高在时人眼中已是一种常态，但“重庆人民的生活程度是相差得太远了”[⑥]。对于一般被认为生活苦楚的车夫、小贩、苦力等，因为能够有更多工作机会，“反比一般普通人如商店伙计，学校教员等宽裕得多”，而“其他如商人，金融界的人物及高级官员等当更不必说了”[⑦]。在1945年的一篇游记中，某银行职员称其“现在生活颇好，饮食起居，都能差强人意，消遣方面，除看看电影，还偶与同事打打桥牌”[⑧]。与之相对应，真正受物价波动影响较大的“一是教员，一是公务员”，“他们整天地辛劳，还不能得到一个温饱，吃的是粗糙的饭食，衣服是褴褛的”[⑨]。当然，学生也相当清苦，“重庆某大学的学生，每天只吃两顿稀饭，菜是每人分蚕豆”，“学校里三百多人，每天吃不到两斤油”[⑩]。

---

①张静庐．初写新都［J］．大风旬刊，1938（7）．
②郭其海．中国战时首都重庆［J］．少年时事读本，1939：1（35）．
③雪人．战时首都的重庆［J］．时代生活，1939（5）．
④徐詠平．满腹牢骚话新都——重庆［J］．决胜周刊，1938（6）．
⑤家宽．今日新都——重庆近况一瞥［J］．团讯，1939（26）．
⑥新傅．重庆人的生活［J］．星期评论，1941（21）．
⑦河海．陪都来鸿［J］．革命与战争，1942：2（9）．
⑧欢心．重庆银行员的生活［J］．礼拜六，1945（7）．
⑨平清．重庆热［J］．月刊，1945：1（1）．
⑩毅甫．山城杂色［J］．解放，1941（129）．

这种反差现象在1940年之后的游记中普遍被声讨，一方面记述者表达了对教员们“不能谋一家衣食的温饱，要靠卖书籍及西装来补贴”的同情[①]；另一方面对“行都歌舞升平之景象，及畸形之繁荣”及支撑这种繁荣景象的“大人先生太太小姐们”进行批判[②]。同时，投机分子也是被声讨的对象，记述者指责他们“希望战争打下去，无非是为了可在浑水中多摸几条鱼”[③]。

（三）空袭下的日常生活

如果说饮食和休闲娱乐的匮乏、物价的猛涨只是提醒着内迁者前线有着紧迫的战争，那么日军对重庆的无差别轰炸则使内迁者切身感受到了战争的残酷。1938年初之前的重庆都缺乏战争的氛围，在武汉、长沙、宜昌等地饱受日机轰炸时，重庆却“如进了桃花源一样，什么事都平静下来了”[④]。随着国民政府迁都重庆以及武汉、广州等地的陷落，重庆开始成为日军的轰炸目标。经过几次空袭之后，重庆“可以确切地当得起‘战时’的荣誉”，成了真正的“战时的首都”[⑤]。

1938年之后日军轰炸的日益频繁，使得重庆市内的居住者开始改变其生活习惯。部分富人开始再次迁居避难，“重庆市内除少数公务人员外，差不多都走完了，不像从前那样繁华了，是很静寂的”[⑥]。坚持留居市区内的居民则开始注重寻求稳定的防空设施，以至于“跑到每一个亲戚的家，亲友们除了共慰能相见外，首先发问的，一定是‘防空洞找到没有？’”[⑦]同时，留居者也开始改变作息时间，刚开始“有些商店上午老早闭了门，到九十点钟便把门关上，店员们纷纷过江，到南岸或者到北岸去。到下午四五点钟，他们以为敌机不会来了，才回到重庆来，重又开了门”[⑧]。后来慢慢演变成夜市，“从早上四五点钟以后，

---

①邵一民．闲话重庆［J］．礼拜六，1945（3）．

②钧．重庆杂话［J］．决胜，1940：4（24）．

③林华．重庆两景［J］．时代批评，1941：4（76）．

④沧一．重庆现状［J］．宇宙风，1938（69）．

⑤仲昂．在建设中的重庆［J］．战时青年，1939：2（1）．

⑥戴树清．重庆的夏天［J］．空幼，1941（6-7）．

⑦金叶．重庆在轰炸锻炼下［J］．中学生，1940（31）．

⑧叶至美．重庆的一天［J］．少年先锋，1938（3）．

市区是绝对没有人的，到夜间五六点钟，才慢慢的聚集拢一些人来”，“点着火把，开始做起买卖来”[①]。

游记作者们不仅记述了躲避空袭下的生活状态，也记录了后方群众对于空袭的反应。对于空袭，防空警报一响“重庆街上的秩序忽然乱了”，各种车声、喘息声、咳嗽声、哭声交织在一起，“组成了一幅恐怖网，紧紧的罩在市民们的头上”[②]。在记述者看来，这些满城乱跑乱窜的“多半是外省人，吃过敌机苦头的”，“那些本地人，除了智识分子以外，却多半是不躲的，他们一是不甚惧怕敌机，二是相信命运”[③]。当然，真正使重庆市内的居住者感受到战争残酷的是1939年的五三、五四两次大轰炸，“炸得最惨的要数四号的一次”，“只要有说一声警报，大家不问究竟就会奔跑”，“凡是能够逃出城区的人都是在往城外跑，几条通乡下的道路一晚到天亮挤满了搬家逃难的人，看起来就像流水一般，往城外奔流”[④]。

慌乱之外，面对日益频繁的空袭，重庆的居民逐渐表现出的是一种“愈炸愈强”的乐观主义精神。在记述者看来，“重庆在被‘炸’声中反养成了更坚韧的‘弹’性”，“炸弹虽那样凶残，而民众仍是极度地镇静”，“在最艰苦的锻炼中，他们才可能争取得最理想、最自由、最舒适的生活和娱乐”[⑤]。这些人虽然饱受轰炸的威胁，但他们“说话的态度却仍是幽默，而不是悲惨”，这就是“是支持了三年多的骆驼般的力量”[⑥]。甚至在躲避轰炸中，他们还能寻找出一些精神上的享乐，将避空袭变成防空洞中的避暑，把“苦斗”和“在暴力下挣扎生存”变成一种享乐[⑦]。

---

①唐迦．重庆生活现状［J］．浙东文化，1941（3）．
②周文熙．空袭在重庆［J］．奋勉周刊，1938：1（10）．
③褚问鹃，谢唯一．轰炸中的重庆市［J］．大风，1939（39）．
④时进．重庆的大轰炸［J］．现代农民，1939：2（6）．
⑤昔庸．空袭下的生活和娱乐［J］．益友，1941：4（10）．
⑥冰心．从昆明到重庆［J］．妇女新运通讯，1941：3（1-2）．
⑦王岚．空袭下之陪都享乐［J］．享乐图画月刊，1941（1）．

四、结　语

全面抗战爆发之前，重庆虽然是长江上游的第一大口岸，但在全国的地位、声誉、影响等并不突出。抗日战争的全面爆发使得重庆这个山城成了战时中国的政治、经济、文化的中心，其“繁华热闹，并不亚于港沪”[①]。也正是由于战争的影响，使得大量人口内迁定居于此，内迁者们用自己的笔记录下了战时重庆的点点滴滴。

正如前文所言，内迁者在游记中所记录的重庆印象是复杂的，既有初来时对物产、饮食等的新奇感，又有久居之后对气候、物价的强烈不适感。特别是结合到战时的社会背景，内迁者对重庆的感受更是具有剧烈反差，她既被看作是秋冬时节终日雨雾笼罩的缺乏战争氛围、“畸形发展和物质享受”的内地小上海，又被视为坚持“反侵略的重要堡垒”。不过，真正加剧内迁者形成战时重庆印象和生活感受的是日军的无差别轰炸。日军的空袭成了内迁者、本土人共同的可怕记忆，在日常谈论中常常“自然是关于空袭的事”[②]。

当然，空袭带来的不仅仅是牺牲和破坏，也造就了包括内迁者在内的重庆人的抗战精神。在经历了无数次的轰炸与反轰炸之后，生活在重庆的中国人，在精神上“大家充满了最后胜利的信心”，秉持着“最后胜利终属于我”的信念[③]。在行动上以苦干代替抱怨，“市面上修建房子之多，无异于以建设答复敌人的破坏；重庆人口之众，无异于以兴旺答复敌人的毁灭”[④]。正是居住于重庆的中国人在这种精神上、行动上的坚持抗战，重庆被看作是“风暴中的灯塔”，“照着‘同舟共济’的人们，争渡自由幸福的彼岸”[⑤]。时至今日，虽然全面抗战已经结束70余年，但当年内迁者所记述下的重庆印象及其所蕴含的抗战精神，仍是这座城市的文化内涵之一。

---

①雪人．战时首都的重庆［J］．时代生活，1939（5）．

②曙明．轰炸下的重庆［J］．海王，1939：11（29）．

③原壁．重庆雾城——战时艺术式生活［J］．民锋，1940：2（10）．

④徐盛圭．重庆之行［J］．抗敌，1940（69）．

⑤王平陵．两重庆之夜［J］．东方杂志，1943：39（2）．

重庆，如何成为抗战文学的动力①

——论端木蕻良抗战写作对重庆资源的利用

范庆超②

九一八事变后，端木蕻良（以下简称端木）开始了抗战写作。长篇小说《科尔沁旗草原》《大地的海》，短篇小说《鴜鹭湖的忧郁》《爷爷为什么不吃高粱米粥》《遥远的风砂》《浑河的急流》等篇章，构成了作家最初的抗战文学实践。这些作品，大多便捷取材于端木所熟悉的东北故乡，因而带上鲜明的东北文化印记。随着端木1938年8月来到战时的首都重庆，[1]其抗战书写风格发生突变——"东北风"褪去，"重庆风"尽显。在居留重庆不足两年的时间内（1938年8月—1940年1月）[2]，端木创作出长篇小说《新都花絮》，短篇小说《找房子》《嘴唇》《火腿》《生活指数表》等带有鲜明重庆印记的抗战文学。重庆资源，在端木笔下，并非只是点缀性、背景性的形式化存在，而是更多担负起增进"抗战动能"的功利性使命。尽管重庆资源的"功能化"倾向，存在文学性弱化的风险。但端木还是努力结合自身的生活遭际、审美情感和象征布设能力，对重庆资源进行了形象化开发，从而在一定程度上实现了对抗战写作的"文学挽救"。

一、重庆的气候：战时心绪的隐喻

抗战时期，人们的心绪很难见于正史记载。因心绪多属感性、隐秘、复杂的

---

①基金项目：本文系国家社会科学基金青年项目"抗战时期满族文学的民族国家意识研究"（项目批准号：14CZW066）的阶段性成果。原载于《文艺争鸣》2021年第4期。

②范庆超，长春师范大学文学院。

体验。心绪的感官体验性质，决定其很难得到官方正史的表述。但这种性质，却使心绪成为文学的亲和对象。抗战文学，充当了真实记录抗战时期人们心绪的角色。作为一种艺术载体，抗战文学对战时的社会心绪进行了感性记录，在某种程度上折射出抗战时期的民间真实。

端木的抗战写作，参与了记录战时心绪的过程。从《鴜鹭湖的忧郁》的开始，端木便试图以“忧郁”的氛围来隐喻战时心绪，如：“雾的浪潮，一片闷都都的窒人死命的毒气似的，在凄惨的大地上浮着，包育着浊热、恶瘴、动荡不停。上面已经稀薄，显出无比旷敞，空无所有。月还是红憧憧的，可是已经透着萎靡的苍白。”[3]烘托“忧郁”心绪的诸种载体，如雾、大地、天空、月亮，蒙上了更多的“东北色彩”。来到重庆后，由于端木个人经历的变化（辗转流亡、与萧红新婚等）、抗战时局的变化（1938年10月至1943年7月，抗战进入战略相持期。[4]端木居留重庆时期，正属这一阶段），以及战时首都重庆特殊的自然地理和政治人文环境，决定了端木的个人心绪及端木所要表达的社会心绪，都发生了变化。总体是朝着复杂多样的方向发展，已不止于“忧郁”。虽然心绪的内容变得复杂，但隐喻的习惯却未改变。只不过隐喻所依托的载体变了，已不是带有“东北色彩”的自然环境，而是带有“重庆色彩”的自然环境。在重庆的自然环境中，气候无疑是一种凸显的要素。初到重庆的异乡人，对重庆气候的印象一定是最深刻的。东北人端木也是如此。而且，自然气候还是影响文学的关键要素。[5]因此，作为文学家的端木，自然对重庆的气候异常敏感。一个重要的表现，就是他常常描写重庆的气候，并将其作为战时心绪的隐喻。

重庆的气候属亚热带湿润季风气候，“具有夏季炎热、冬季温暖、雨量充沛、空气潮湿、多伏旱、日照少、秋季阴雨绵绵、全年云雾较多等特征。夏季炎热，7月和8月大部分地区平均气温为27.0℃—28.0℃，是全国著名的高温区。重庆降水丰沛，降水的季节分配不均，集中在夏季。降水昼夜分配不均，春季多夜雨。重庆秋季降水日数量最多，降水强度不大，形成秋雨绵绵的气候景色。冬季多云雾，主城区及郊区雾日60天以上，是著名的‘雾都’。”[6]可以说，闷热、多雨、潮湿、多雾，是重庆气候的显要特征。对于习惯了东北天朗气清、日照充沛、干燥少雨气候的端木来说，重庆的湿热（在冬季多为湿冷）多雾气候让他感到不适应、不习惯，而这种突兀的气候感受、这种生理上的违拗和不适，又极易与端木颠沛流离的战时心境、与萧红新婚的复杂心绪发生勾连和黏合。其结果便是：气候成为心绪的表征。

当然，端木在抗战写作中描写重庆的气候，完全可能是一种外乡作家初来重庆的直觉诉说。这是必须要强调的。但除此以外，也完全存在着端木有意借助重庆气候进行战时心绪隐喻的艺术可能。《新都花絮》一开篇，端木便用大量的笔墨描写重庆的气候，为主人公宓君出场进行铺垫。这些气候描写，突出了重庆冬天的湿冷："云顶山上是冷的，二月的天气，是很会变异的，不一会儿，雨点似的冷风，便悄悄地刮了过来。山上的阴影，一点一点地扩大了，水田里的湿气慢津津的腾上来，在山谷里横了一道一道的白道。"[7]再通过"燠郁味""苔痕斑驳""粘着""湿漉漉的"[8]来强化重庆的潮湿（潮闷）。又写到重庆的多雾："冷雾来时是慢的，游离的，……雾气是滚腾的，一会儿扩大，一会儿缩小，一会儿也自消了的。"[9]以及由湿冷、潮闷、多雾形成的"郁闷""壅塞""恍惚而凄迷"[10]的氛围。这样的气候描写，固然包括端木对重庆气候的印象式流露，也可能是作家初到异地、初婚不久之复杂心境的外化，但更可能是端木对抗战相持期社会心绪的隐喻。之所以这样讲，是因为：端木在进行了上述气候描写之后，立刻让小说的主人公——一个从沦陷的北平而来，"天天想着内地，想着把自己的力量贡献给国家"[11]，想要"投到抗战的洪流去"[12]，"想做一个有用的公民，贡献出自己的服务的热情"[13]，但却迟迟不能为国家、为抗战尽力尽责而感到空虚迷惘的七小姐宓君——这个与抗战有关的"符号"，出场：

> 小小的别墅的草坪上，热郁也是扶疏的，草木都影影绰绰散出--种湿霉，七小姐的心情也是壅塞着的，而且感到夜景里的淡淡的苦味的凄迷。[14]

很显然，前面有关重庆气候的阴冷、潮湿、多雾的描绘，以及"郁闷""壅塞""恍惚而凄迷"的气候感性化，主要是为了铺垫性引出"七小姐的心情也是壅塞着的”。换句话说，有关重庆气候的描写，是为了隐喻七小姐宓君的心情。从文中的内容可知，宓君由于不能为抗战时期的国家、社会尽责而郁闷、而“壅塞”、而恍惚迷茫。所以，宓君的心情，不简单是一种个人化的心绪，而是一种社会化的心绪，代表着一群初到陪都，不知该如何为抗战、为国家尽力尽责的青年的普遍心绪（当然也包括端木的这种心绪）。这种抗战相持期的普遍心绪，如果平铺直叙，则必然显得浅露。利用重庆的特殊气候进行隐喻性表征（牵出），无疑会扩张反射弧，延长感应时间、拓展想象空间，从而在艺术的延留中突出本体——不知如何为国家尽责而迷惘空虚的战时心绪。

端木的另一篇重庆题材小说《嘴唇》，展示了另外的一种战时心绪，即流徙中的担忧、空虚与不平安。七七事变后，随着日军步步蚕食中华国土，迁徙流亡成为突出的战时现象。端木也加入了“流亡大军”，经历了“上海—武汉—临汾—运城—西安—武汉—重庆—香港—广州—澳门—桂林—遵义—重庆”[15]的战时流徙。因而，对流徙，以及流徙中的惊惶、不安、担忧、空虚、迷茫等战时心绪，端木有着切身感受，并利用文学手段予以表征。他所选择的具体方式，依旧是利用重庆气候来隐喻战时心绪。《嘴唇》中的莉莉，是逃到重庆的流亡者。她感到冷、饿，“而且心里没有着落”“常常发慌”[16]；她对她的男朋友说：“子可，我空虚极了，而且，我什么都逃光了。”[17]她的不安、担忧和空虚，逐渐升格，变成一种沮丧的怨气，撒到了“倒霉的破袍子”[18]上（因小方穿上了皮大衣，她却穿着破袍子）。此时，“倒霉的破袍子”，就成了不安、担忧、空虚、迷茫等战时心绪的象征符号。这个象征符号的核心语义特征就是“倒霉”，在突出这一特征时，端木借用重庆天气的湿霉，来双关小说人物“倒霉”的战时心绪。重庆的气候再次发挥了社会表征意义，充当了战时流徙心绪的隐喻符号。

二、重庆的景观：抗战意识的触媒

对于初到异地的外乡人来说，当地景观应是仅次于当地气候的“第二直观印象”。初到重庆的端木，不仅对重庆的气候印象深刻，还对重庆的景观多有注意。景观，“指某地或某种类型的自然景色”或“泛指可供观赏的景物”[19]。我们常说的“借景生情”“触景生情”，所“借”、所“触”之“景”，即是景观。景观是生发、触发感情的重要媒介。重庆的景观丰富多样，自然会给东北人端木以多种新鲜感受。但重庆的景观，对于“全国文艺界抗敌协会”成员、肩负抗战写作之责的端木来说，绝不止于“赏心悦目”的存在，而是常作为抗战功利性表达的物质寄托，或者说是激发抗战意识的触媒。

巴河是重庆的一道河流景观。其在重庆市合川区汇入嘉陵江，是嘉陵江左岸最大的支流。由于巴河弯曲的河道，宛如篆书的“巴”字，故巴河常被雅称为“字水”。“巴江作字流”遂成为巴渝江河的一种独特自然景观。[20]《新都花絮》在叙写宓君和婴君泛舟嘉陵江时，侧面展示了“字水”景观：

> 岸上的红石上，刻着很大的白字。
>
> “字水”[21]

并未描写“巴江作字流”的具体状貌，而是通过两个“很大的白字”——“字水”，促发景观想象。紧接着，又通过两个大字——“涂山”，侧面托出“涂山”的现实景观：

> 稍远在绿色的草木间，有刻着“涂山”两个淡黄色的字的小山峰，历史上说禹疏九河，娶涂山氏之女，看了令人起一种邈远的缅怀古人之感。[22]

据《华阳国志·巴志》记载：“禹娶于涂，……今江州涂山是也”；《水经注》载：“江之北岸有涂山。”[23]又有当今学者考证，大禹“娶于涂山”中的“涂山”（即端木所述之“涂山”），“乃江州（现为重庆）涂山，非此莫属”。[24]另据小说后文的叙述，即宓君和婴君上岸后，“吃了一口茶，便到南山去。南山是清幽的”。[25]可推知，文中的涂山，确乃重庆景观，即是重庆之南山（涂山，又名南山。位于现在的南山风景区）。[26]在这里，需要强调的是：涂山（南山），“是重庆抗战文化遗址最集中之地”[27]。端木将创作视野投向涂山，似乎有“抗战用意”。果然，在通过两个“很大的白字”——“字水”、两个大字——“涂山”的铺垫之后，四个“很大的大字”出现了：

> 快到对岸，白石写着很大的大字是：
>
> “抗战到底！”[28]

显然，刻着“字水”两个大字的岸边红石（及所牵发的“字水”景观）、刻着“涂山”两个大字的山峰（及所牵发的“大禹娶于涂山”的历史景观），都是为了牵引出刻着四个“很大的大字”——“抗战到底！”的白石景观。这样，“字水”——“涂山”——“抗战到底！”，就构成了一个语义关联递增的抗战意识链，并连同承载这些“大字”的红石、山峰、白石景观，整体构成了激发抗战意识的触媒。

如果说，刻有“字水”的红石、刻有“涂山”的山峰、刻有“抗战到底！”的白石，是利用“大字警醒”手段、正面催发抗战意识的触媒的话；那么，“有一半都是用竹竿架空了，像马来人的房子”[29]的沿江房屋，以及“高大的桂花树，棕榈树，芭蕉树”[30]，这类带有“闲情逸致”意味的重庆景观，充当的则是反面激发抗战意识的触媒。

首先，来看“有一半都是用竹竿架空了，像马来人的房子”的沿江房屋。从端木的描绘来看，这沿江的房屋应是重庆的吊脚楼。“明清至民国时期，重庆民居建筑以吊脚楼居多，是主要的建筑形式。……由于重庆依山傍水，土地紧张，因地制宜，利用木条、竹方，悬虚构屋，取‘天平地不平’之势，陡壁悬挑，‘借天不借地’，加设披顶，增建梭屋，依山建造出一栋栋楼房。”[31]可见，竹制、悬空构制，是重庆吊脚楼的显著特点。这和端木“有一半都是用竹竿架空了”的观察相一致。加之《新都花絮》作于1939年5月（民国时期，重庆的民居以吊脚楼居多），且端木又将沿江房屋与“马来人的房子”作了类比（马来人的传统民居也多为搭制，且悬空设置，外形与吊脚楼颇为近似），可推知这沿江的房屋即重庆典型的景观——吊脚楼。从叙述口吻来看，端木对吊脚楼的观感是“闲情逸致”般的，因为它们“远远看去非常别致”[32]。但是，紧跟着这“闲情逸致”的描写，“抗战到底！”四个大字立刻出现（二者为上下句关系）。这说明：端木笔下的重庆吊脚楼景观，并非真的“闲情逸致”之所寄，而是充当了抗战书写的提示性资源。具体来说，就是“抗战白石”的对比性（差异性）景观：一方面是“抗战到底”，一方面是“心情别致”。端木意欲利用重庆的吊脚楼景观，来牵出抗战时期那种“事不关己，心情别致”的苟安心态。让这种回避抗战之责的自我享乐心态，在“抗战到底！”四个大字面前显出轻浮。从而将语势和价值判断引向“抗战到底！”这样，带有“闲情逸致”色彩的重庆吊脚楼，便成为反面激发“抗战到底”的触媒。

其次，来看“高大的桂花树，棕榈树，芭蕉树”。端木写到的这些树种，都是典型的重庆林木种质资源。桂花，属木樨科，重庆各地广泛栽植，常见品种包括木樨（桂花）、丹桂、银桂、四季桂、金桂等。[33]棕榈，属棕榈属、棕榈科，也是重庆的常见树种。[34]芭蕉，属芭蕉科，多产于西南至东南及台湾的热带及亚热带地区。[35]在重庆也较为多见。这些典型的重庆树木，对于东北人端木来说，一定是新奇且令人心愉的存在。但诉诸《新都花絮》中的描绘，却是一种相对克制的、带有明显“抗战理性”的功利笔法：

> 宓君和婺君一路看着高大的桂花树，棕榈树，芭蕉树，草长得也长而丰茂，心理非常有趣。
>
> 但是快乐仍然掩盖不住宓君内心的阴郁，她很想对着旷野唱歌，但终于没有唱。[36]

一方面，这段描绘出现在“抗战到底！”的后文（文本距离贴近）；另一方面，即使这段描绘中出现了“宓君和婺君一路看着高大的桂花树，棕榈树，芭蕉树……心理非常有趣”的闲笔，但随即话锋一转，写到了“宓君内心的忧郁”。宓君为什么忧郁？从小说内容可知：这种忧郁是不能为中华民族伟大的解放战争尽力、不能为民族国家尽责的“抗战忧郁”。所以，“高大的桂花树，棕榈树，芭蕉树”引发的“有趣”和“快乐”，是“带着包袱”而不能尽释的。或者说，这种不彻底的“有趣”和“快乐”，更多出于一种功利性的设计：即引出“抗战忧郁”，呼应前文的“抗战到底”。在这个意义上说，“高大的桂花树，棕榈树，芭蕉树”这样的重庆林木景观，充当了反向激发抗战意识的触媒（由“有趣”和“快乐”，反向凸显“抗战忧郁”、强化“抗战到底”）。

三、重庆大轰炸：战争之害的透镜

相较于重庆的气候和景观，重庆大轰炸无疑给端木更为强烈的冲击性印象。端木于 1938 年 8 月来到重庆；10 月，重庆市区便首遭日机空袭。[37] 重庆大轰炸，给初到重庆的端木一个“下马威”，使其充分感受到战争之害。对于这样的战争典型事件，肩负抗战写作之责、且切身经历大轰炸之惊扰的端木，自然要对其进行文学聚焦。

重庆大轰炸，是重庆在抗战时期所经历的最为严重的战争创伤，是重庆“抗战记忆”中最为沉痛的部分。“日军对重庆实施的无差别轰炸，其轰炸时间之长、次数之多、手段之残忍、造成灾难之深重，不仅居于中国各大城市的首位，而且在世界反法西斯各国城市中也十分罕见，制造了与南京大屠杀、731 部队细菌战等同样非人道的血腥暴行，给中国人民造成了巨大的人口伤亡和财产损失”[38]；“日军空袭重庆达 218 次，出动飞机 9513 架次，投弹 21593 枚，炸死市民 11889 人，伤 14100 人，焚毁房屋 17608 幢，损失资财难以计数，仅市区工商界的直接损失即达 500 万美元。”[39] “日军对重庆的轰炸呈现出非人道的恐怖性和残暴性，主要表现在以下几个方面：（1）以城市和市民为轰炸目标，对包括绝无军事目标的住宅区、商业区、文化区等在内的所有区域进行狂轰滥炸；（2）轰炸时间长达 5 年半，大规模的地毯式轰炸和长时间的疲劳轰炸持续 3 年之久；（3）针对重庆城市多为木质结构建筑的特点，每次轰炸不仅投下大量爆炸弹，而且还投下许多燃烧弹，对城市平民设施进行大破坏；（4）甚至低空使用机枪对密集人群进行扫射；（5）虽然没有使用化学炸弹和细菌弹，但也准备了这两种武器。”[40] 通过这些记述，足见重庆大轰炸给战时重庆的伤害之深、破坏之重，确为抗战时期突出的战争暴力事件。这种典型的战争暴力事件，自然进入抗战文学的视野。老舍的《残雾》《谁先到了重庆》；梁实秋的《北碚旧游》《回忆抗战时期》；[41]萧红的《放火者》，白朗的《在轰炸中》，安娥的《炸后》，梅林的《以亲爱团结答复敌人的狂炸——新“五四”血债三日记》等作品；[42]均写到重庆大轰炸。端木作为重庆大轰炸的亲历者和抗战文学的积极践行者，也对这种突出的战争暴力事件进行了文学透视。重庆大轰炸，在端木笔下，仿佛是面高倍透镜，清晰照见了战争之害。

重庆大轰炸，作为一种无差别的突发空袭，对人们的生活秩序感、安定感造成了严重破坏。它的不确定性和随机性，使战时重庆人的生活计划被打乱、生活常态被打破。《新都花絮》写到宓君去城里玩，本计划游玩更长时间，但是，“因为来了一次警报，她才又回到山上来。”[43]《生活指数表》中的茵明，之所以要结束与史同意犹未尽的谈话、坚持当晚要回家去，一重要理由即是：“我爸爸说，今天夜里也许还要来警报呢。”[44]这都说明，是大轰炸打乱了人们的生活计划；而《新都花絮》又通过程妈对“修房子”（防空洞）的解释：“这一带都正在修房子哪，因为怕城里轰炸，将来好往这儿迁徙。”[45]折射出大轰炸对于人们居住常态的打破。追求常态、追求安定、追求按部就班的规律生活，是人类的基本诉求、普遍诉求，但战争会剥夺人类这方面的诉求。这当然是一个简单的道理，但端木“文学说理”的凭借是重庆大轰炸——一种任意性、突发性、破坏性极强的极端战争行为，且细致捕捉了重庆大轰炸下一般性的生活细节（如游玩、交往、居住等），从而增强了说理力度，突出了“战争对人类生活秩序和安定感的破坏”这一道理。

端木还注意到了重庆大轰炸对人的精神和心理的破坏作用。这是重庆大轰炸更大的战争之害。日军开展重庆大轰炸的战略意图是：“不但要给予敌军及其军事设施以物质上的损害，更要对敌军及其普通民众形成精神上的威胁，让他们在极度恐慌之余产生精神衰弱”[46]这一战略意图的重点，显然倾向于摧垮民众的心理意志。在这种战略思想的指导下，重庆大轰炸表现出无差别性、持久性、随机性、地毯式等特点，这些轰炸方式给重庆民众造成了极大的精神压力和心理恐慌。萧红作为当时重庆民众的一员，已经切实感受到了大轰炸施加的精神压力和心理恐慌。

表现在散文《放火者》中，就是："街道是哑默的""路的两旁偶尔张着席棚或布棚，里面坐着苍白着脸色的恐吓的人""街是哑然的""无论你心胸怎样宽大，但你的心不能不跳，因为那摆在你面前的是荒凉的，是横遭不测的""街上像来了狂风一样，尘土都被这惊慌的群带着声响卷起来了"[47]这样的文学表述。萧红通过象征的、白描的、细节化的文学手法，表现出她自己的精神压力和心理恐慌，也折射出重庆民众普遍的精神压力和心理恐慌。这种精神压力和心理恐慌，对于她的丈夫——端木蕻良，一个和她共同流亡至重庆的"惺惺相惜者"来说，自然能够感同身受，且会发生相似的文学转移。《新都花絮》中的宓君，就是端木转移重庆大轰炸所施加的精神压力和心理恐慌的文学对象。宓君对重庆大轰炸的反应，不是表面意义的惊慌失措和外在恐慌，而是一种内心的忧郁和精神的衰弱：

> 外面炸防空洞的声音空空的响着，还有深宵的柝声柝柝的震鸣，隔壁的钟遥遥地响了两下，小小的台灯已由红色转为蓝色，光线有些淡了，屋子的阴影加大了。……
>
> 外面炸防空洞的声音，接串地响，使她简直不能入睡。[48]

> 夏意已经葱茏了，敌机的轰炸一天比一天来的勤了，宓君的窗子外面的法国梧桐已经合了荫了。……
>
> 宓君忽然的眼光又暗淡了，把头歪过去，一边说：
>
> "紫云，你给我定一张票子，我要到香港去！"然后趴在床上把脸藏在床上不起来了。半天半天她才把眼睛痴痴地注视在窗外的梧桐叶子上面，叶子已经绿雾似的扑到窗子上了，她叹了一口气，觉得时光过得真是快了。[49]

从引文的前后文语境来看，宓君的忧郁主要由情而起、因爱而生。但是，与忧郁相伴的，却总是重庆大轰炸。重庆大轰炸，让宓君不能入睡；重庆大轰炸，加深了宓君生活暗淡、时光匆促的悲慨。端木为何要这样写？一方面，固然是要说明重庆大轰炸对民众生活造成的日常性扰害；但更主要的目的，则是意欲凸显重庆大轰炸与“战争忧郁症”的关联。即重庆大轰炸所造成的持续性、弥漫性、日常性的精神恐慌和心理压力，已经渗透到民众的集体无意识当中，形成一种当事者浑然不察、愈演愈烈的精神衰弱。这种精神衰弱可能是外在的“无法入睡”，更可能是一种难以言表的、不绝如缕的“战争忧郁”。端木通过这样的勾连，超越了“重庆大轰炸对民众精神造成心理惊扰”这样的一般性陈述，以富于诗意的笔触，表现了极端战争事件对民众精神深处、隐微之处的刺痛和伤害。

四、重庆的“国都吸引力”：民族国家认同的象征

如果说，重庆的气候、景观和大轰炸给了端木现实的“重庆印象”；那么，重庆的战时国都身份，则赋予了端木观念的“重庆印象”。这种国都印象，作为一种先在的建构性想象，在端木赴渝之前便已产生，且成为驱动他奔赴重庆的重要原因。端木来到重庆后，观念中的国都想象和置身国都的现实叠加在一起，使其“国都”认同进一步加深。国都，作为民族国家的最高政权机关所在地，即国家的政治、经济和文化中心，是民族国家的重要表征。国都认同，在本质上就是一种民族国家认同。抗战时期，中华民族国家意识全面觉醒，并成为抗战文学的显性主题。这样的现实背景，加之端木对“国都认同——民族国家认同”的关联性体认，促使他能够围绕重庆的战时国都形象，来开展抗战写作。

1937 年 10 月，南京国民政府决定迁都重庆；1938 年 1月，南京国民政府机关（除军事及外交部门外）均由南京迁至重庆。至此，重庆成为中国的战时首都。[50] 1946 年 5 月，重庆国民政府决定还都南京。在国民政府存在的 24 年中，有 8 年时间是在重庆度过的，占据整个国民政府存在时间的三分之一。[51] 这一事实，也侧面说明了重庆的国都地位。作为战时的政治、军事、经济、文化中心，国共合作领导抗日民族统一战线的主要活动舞台，具有托庇价值的抗战大后方；国都重庆吸引、聚集了来自四面八方的力量。关乎战时军需民用的 1300 多家工业企业辗转迁渝；中国著名的高等院校、文化机关，成千上万的教授、学者、作家、艺术家、科学家、记者和几十万学生流徙奔波，踏上空前的中国文化教育

重心由东向西转移的悲壮征程；数以万计的沦陷区民众流离失所，扶老携幼，往重庆移动。[52]“到重庆去”，几乎成了全面抗战爆发后一种普遍的归趋。重庆，表现出前所未有的“国都吸引力”。这种“国都吸引力”，实质上就是一种民族国家向心力，“在国难期间，重庆作为战时国都、‘抗战司令台’‘精神堡垒’，代表民族国家”[53]。另外，蒋介石及国民政府很注重在官方言论中凸显重庆的民族国家象征意义，如早在1935年3月，蒋介石便称重庆为“中华民族立国的复兴根据地”[54]；1937年11月20日，南京国民政府正式发布《国民政府移驻重庆宣言》。在这份迁都宣言中，“民族独立”“中华复兴”“为国求生命计”“为民族人格计”“维护国家民族生存独立之目的”[55]等民族国家话语被强化，这就将迁都与民族国家认同紧密连接在一起。从而在官方舆论的角度，大大强化了重庆的民族国家象征意义。端木充分注意到了重庆的这种民族国家符号意义，并通过“国都吸引力”的艺术描绘，来象征性地表达民族国家认同。

舍家去重庆，是端木凸显重庆“国都吸引力”的一种方式。在中国“家本位”的传统观念下，家的地位至高无上。如果有什么力量，能驱使人舍家而去，那一定是反传统的现代力量。在五四文学中，这种力量常表现为科学、民主、独立、自由的思想；在抗战文学中，这种力量则常表现为民族国家意识。强调“国比家大！”[56]“破家立国”[57]，是抗战文学进行民族国家意识表达的惯用途径。老舍的《四世同堂》《桃李春风》《谁先到了重庆》等作品在这方面进行了反复操作。端木的抗战写作也开展了“破家立国”叙述，具体途径是：“离家出走——奔赴国都”。《新都花絮》中的宓君离开了北平的家，“离了这斑斓的古城，辞别了爸爸，妈妈，小弟弟”[58]“所以她宁愿自己找到和自己不相干的人来相处，愈不认识的人愈好，离开亲人愈远愈好。”[59]她毅然来到了重庆，完成了“离家出走——奔赴国都”的过程。宓君为什么要舍家去重庆？这是端木的书写重点。显然，更注重抗战文学之文学性的端木，为宓君舍家去重庆首先设置了一个幽怨的理由——离开她和“路”的爱情伤心地。但这个理由，更像是“舍家”的理由。为什么要去重庆而不是别的地方？端木又给出了更为重要的理由：“那时她自己天天盼望想出来，天天想着内地，想把自己的力量贡献给国家”[60]

“所以就选择了重庆。在内地的青年，一提起重庆，都感到有一种火热的感觉，像有着磁力似的吸引着。宓君也是无条件地吸引了来……”[61]显然，这个理由就是：重庆作为战时国都，是民族国家的象征，有着磁石般的“国都吸引力”。正是这种“国都吸引力”，才是宓君舍家去重庆的真正理由。她要用投身国都、投身民族国家怀抱的社会实践，来抚平她所经历的感情创伤。国都重庆，就这样成了民族国家怀抱的替代物，代表着民族国家认同的方向。

流徙至重庆，是端木表达重庆“国都吸引力”的又一种方式。战时大批国民流徙至重庆的历史（前文已述），是重庆“国都吸引力”的事实确证。端木借助这一历史事实，进行了凸显“国都吸引力”的象征性描述。《嘴唇》的凸显方式是“万里大逃亡”：“子可，我逃了两万多里了。我现在想起来，真是可怕，两万多里了，我是拿着什么勇气来跑了这么长的路呀！我几乎都不相信我自己了。”[62]使用“两万多里”的里程、“勇气”，以及反问、感叹、否定的句式，来强化流亡至重庆的高昂成本，从而象征性地凸显国都重庆的民族国家向心力。《火腿》再次写到“逃亡至重庆”的情节。魏小川从义乌逃难至重庆，义乌距重庆1500多公里，因此可说是“千里大逃亡”。而且，“火腿专家”[63]魏小川在逃亡至重庆的途中，吃掉了他所准备的绝大部分火腿（只剩下四只），说明他的“流亡成本”同样不菲。这不菲的成本，再次反衬“重庆值得来”，进而凸显国都重庆的民族国家向心力。《找房子》没有直接叙写“流亡至重庆”，而是通过黄桂秋对重庆的“拥挤想象”：即“这回到重庆，一定是进了沙丁鱼罐头。于是她眼前浮起一片人的海，许多脑袋在那儿钻动，许多脚板在那儿摇摆，比长江的水还要混浊，还要翻腾。”[64]来象征性地暗示战时大量人口迁渝的史实（“抗战期间重庆人口增长是惊人的，1938 年重庆市人口已达 53 万。”）[65]从而间接凸显重庆的“国都吸引力”。端木之所以通过“流徙至重庆”来凸显重庆的“国都吸引力”，一方面是存在战时大批国民迁渝的史实依托；另一方面则是为了强调作为民族国家象征的国都重庆之庇护国民功能（托庇价值）。流徙至重庆，固然是为说明重庆的“国都吸引力”；但在深层意义上，则是为了表达对“民族国家庇护国民”的认同。

离开重庆的感伤，是端木表达重庆“国都吸引力”的另一种方式。这是一种反向表达方式，也是一种更复杂、更微茫、更富文学意味的表达方式。《新都花絮》的末尾渲染了宓君离开重庆的感伤：她目光暗淡，长久地痴望着窗外的梧桐，慨叹时光流转。她就要离开国都重庆飞赴香港、离开民族国家的中心，也就意味着她再难实现“想把自己的力量贡献给国家”的社会理想。端木用凄婉的笔法，渲染了宓君离开重庆的感伤。愈感伤，愈突出重庆的“国都吸引力”绵延不绝。这种感伤，或许就是萧红、端木离渝赴港真实心境的写照，一种对战时国都重庆的留恋、一种离开民族国家怀抱的感伤。

五、结 语

同许多战时居留重庆、从事抗战写作的作家一样，端木对重庆资源进行了文学的开发和利用。端木所利用的重庆气候、景观、大轰炸、“国都吸引力”等重庆资源，应该说并不新鲜，别的作家也都不同程度地予以利用。但端木对这些重庆资源的利用方式，却有与众不同之处。他更注重结合自己的生活实际、真实心绪、审美情感来利用重庆资源，而且特别注重使用更富暗示性、隐喻性、象征性的文学手段来促进重庆资源的活化、形象化，努力遵循“所有文学创作都是象征的”创作规律，从而最大限度增强了其抗战写作的文学性。

端木富有文学性的抗战写作，激活了重庆的城市地理。使重庆的自然、人文、社会、历史等元素得以立体呈现，有助于重庆形象的传播和再造。同时，端木对重庆资源的有效开发，也充分说明重庆地理对于抗战文学的动能意义。这一认识，有助于推进地理学视角下的抗战文学研究。

参考文献

［1］［2］曹革成．端木蕻良年谱［M］．沈阳：春风文艺出版社，2020：70，89．

［3］端木蕻良．鸶鹭湖的忧郁．端木蕻良代表作［M］．北京：华夏出版社，1998：12-13．

［4］《中国抗日战争史简明读本》编写组. 中国抗日战争史简明读本［M］. 北京：人民出版社，2015：2.

［5］曾大兴. 文学地理学概论［M］. 北京：商务印书馆，2017：55.

［6］李庆. 重庆旅游资源概论［M］. 上海：上海人民出版社，2015：26.

［7］［8］［9］［10］［11］［12］［13］［14］［21］［22］［25］［28］［29］［30］［32］［36］［43］［45］［48］［49］［58］［59］［60］［61］端木蕻良. 新都花絮. 端木蕻良代表作［M］. 北京：华夏出版社，1998：217，217，217，218，226，248，269，218，285，285，286，286，286，286，286，286，305，228，256，362，226，265，226，265.

［15］钟耀群. 端木蕻良小传. 端木蕻良文集［M］. 第1卷. 北京：北京出版社，1998:5-7.

［16］［17］［18］［62］端木蕻良. 嘴唇. 端木蕻良文集［M］. 第3卷，北京：北京出版社，1999：300，300，301，301.

［19］中国社会科学院语言研究所词典编辑室. 现代汉语词典［M］. 第7版，北京：商务印书馆，2016：691.

［20］周书浩. "字水"命名溯源——"寻踪觅迹米仓道"之七［N］. 巴中日报，2020-4-11（2）.

［23］田飞，黄波，李七渝，李果. 寻城记·重庆［M］. 北京：商务印书馆，2014：82.

［24］黄中模. 大禹"娶于涂山"考［J］. 重庆社会科学，2000（3）.

［26］黄晓东，张荣祥. 重庆抗战遗址遗迹保护研究［M］. 重庆：重庆出版社，2013：315.

［27］《走遍中国》编辑部. 重庆［M］. 北京：中国旅游出版社，2017：77.

［31］重庆市设计院《中国建筑文化遗产》编辑部. 重庆建筑地域特色研究［M］. 北京：中国建筑工业出版社，2015：58.

［33］［34］吴亚. 重庆林木种质资源［M］. 重庆：重庆出版社，2011：101，199.

［35］中国大百科全书编辑部．中国大百科全书［第二版精粹本］［M］．北京：中国大百科全书出版社，2013：61．

［37］唐润明．重庆：中国战时首都大事记［M］．重庆：重庆出版社，2017：44．

［38］潘洵，周勇．抗战时期重庆大轰炸日志［M］．重庆：重庆出版社，2011：1．

［39］隗瀛涛，沈松平．重庆史话［M］．北京：社会科学文献出版社，2011：115．

［40］［41］［46］潘洵等．抗日战争时期重庆大轰炸研究［M］．北京：商务印书馆，2013：343，345，342-343．

［42］郝明工．陪都重庆文化与文学考论［M］．北京：中国社会科学出版社，2015：134-135．

［44］端木蕻良．端木蕻良文集［M］．第三卷，北京：北京出版社，1999：407．

［47］萧红．放火者，萧红全集［M］．散文卷，北京：北京燕山出版社，2014：308-309．

［50］周勇．重庆通史［M］．第二册，重庆：重庆出版社，2014：150-153．

［51］［55］张国镛，陈一容．为了忘却的纪念——中国抗战重庆历史地位研究［M］．重庆：西南师范大学出版社，2005：23，43-44．

［52］《老城记》编辑．老重庆［M］．北京：中国文史出版社，2019：136-137．

［53］李永东．战时国家之城的形象建构——老舍的重庆想象与民族国家观念［J］．文学评论，2018（5）．

［54］张宪文等．中华民国史［M］．第三卷，南京：南京大学出版社，2005：38．

［56］老舍．老舍全集［M］．第九卷，北京：人民文学出版社，2008：516．

［57］旷新年．个人、家族、民族国家关系的重建与现代文学的发生［J］．中国现代文学研究丛刊，2006（1）．

［63］［64］端木蕻良．端木蕻良文集［M］．第三卷，北京：北京出版社，1999：329，286．

［65］董学文，张永刚．文学原理［第二版］［M］．北京：北京大学出版社，2014：136．

浅谈王十朋知夔州的官与诗

田成才[①]

“易任夔子国，身犹在重湖。梦魂辄先往，临江观阵图。奇才盖三国，壮志吞两都。惜哉功不遂，英雄为欷歔。胡为恍惚间，微茫见规模。清时耻谈兵，武侯其戏予。”这首《梦观八阵图》是王十朋踏上夔州之行夜宿章田时所作，人未到心先到，借奉公守节，鞠躬尽瘁之例行为官之念，以梦观八阵之诗启发为任之举，反映出王十朋知夔州的决心。

一、南宋的王十朋

王十朋（1112—1171），字龟龄，号梅溪，生于北宋政和二年十月二十八日，温州永嘉四都左原（今浙江省乐清市）梅溪村人，南宋绍兴二十七年（1157）中状元，乾道七年（1171）以龙图阁学士致仕，任太子詹事，正三品。是年七月初二在家乡逝世，享年60岁，封乐清开国男，

王十朋画像

①田成才，重庆市奉节县文化和旅游发展委员会。

谥号“忠文”，《四库全书》总目载曰“十朋立朝刚直，为当代伟人”。

他寒窗四十，为官十四，四任郡守，三做京官，两担詹事，一出佥判。是历史上著名的政治家、诗人、学者、文学家和教育家，爱国名臣，南宋大贤。著有《梅溪集》《诗集二十九卷》《家政集》和《春秋》《论语》讲义8篇等名作传世。

白帝城十贤堂雕塑

二、王十朋为官夔州

王十朋四任郡守（饶州、夔州、湖州、泉州），所到之地均留有功德典传：两遇“断桥留行”复建纪念桥，饶州“王公桥”和泉州“梅溪桥”；两建“功德祠堂”纪念勤政为民，湖州“六客堂”和夔州“三贤祠”；两次戒石明志：乾道三年（1167）因灾疫赈济免赋复产时，立戒石警戒同僚，切莫萌生贪念。乾道四年（1168）秋，王十朋知泉州，又一次以戒石明志：“君以民脂膏，禄尔大夫士。脂膏饱其腹，曾不念赤子……清源庭中石，整顿自今始。何敢警同僚，兢兢惟敕己”。所到之处留有官民同苦同乐的诗篇：离任湖州时面对父老“捧炉焚香”送别场景，赋诗《父老》“父老何自处，同来送使君。手中一炉香，敬为使君焚……”，记载下令人难忘的场面；访农救灾留有：“风伯吹云不成雨，稼穑如焚谁守土。铃斋夜闻水车声，遥想田间老农苦。”为官秉守其父的“居官当以廉为本”教导，成就了“立朝有直声、治郡有政绩”的名臣，后人以“清廉之气、奉公之节、文学之笔”的警句来赞颂和传承。

据《梅溪先生后集卷十》载：“七月九日自饶易夔，十一月初一至夔。”“蜗舍三年别，夔门两岁除。”在知夔州期间勤政爱民，兴利革弊，政通人和，深受拥戴。先后推行“接筒引水”，破解城郊饮水难。《王十朋全集》记曰：“以己俸补公帑，免费为民提供义泉。”亲自组织能工巧匠开井挖池，竹筒引水进城入村，颁布免费饮水令。并作《义泉》《给水》诗警醒后任延续；上奏“马纲状”拯救生灵。冒丢官之险为消除江峡运马船务，向朝廷启奏《夔州论马纲状》和《再论马纲状》，因他两次极力奏章，终在乾道三年（1167）废止了经长江运输川秦马匹的制度，避免了一年上百人生命和数百匹马的损失；带头“捐资买山”绿化江河。《梅溪先生后集卷十》曰：“种柳：东至夔唐，西至社坛，瀼水东西十里余，亲手种柳二千株。”在那个朝代就重视水土流失，胸怀江河绿化，义务植树，可见其远见卓识；倡议“治教兴学”的为官要务。他每到一郡都筹资办学，重建或修复学府贡院，每月初一、十五按时到学院督学诲导。在夔州他充分利用历有的“十八牌坊”劝诫教化士民“心清向善，知书达礼”，并分坊赋诗宣传教育民众；还主持实施“修葺城墙”“重修社坛”“兴建武侯庙”“弘扬踏迹”文化等举措。两年零几天的为官，在时近千年的今天，还有这么多事迹流芳于世，尊为佳话，可见王十朋为官理政在民众心目中的地位。

《宋史》载：“凡历四郡……所至人绘而祠之，去之日，老稚攀留涕泣，越境以送，思之如父母。”《王十朋全集》记载：“七月移知湖州……十七日离夔，有诗别同官，夜宿瞿塘。”临行之日，夔州百姓扶老携幼聚集在十里柳林拦行，纷纷哭啼，依依难舍，拼相挽留，十朋也为情所感，舍不得离开，欣然留宿一晚，以谢众恩。第二天洒泪而别，并挥笔写下《七月十七日离夔州是夜宿瞿塘》“邦人送别亦伤情，杨柳阴中涕泣声。我亦怜夔不忍去，一

奉节凤凰山王十朋浮雕图

宵留宿旧江城”记之。走之后，夔人立祠塑像怀念，著书撰典讴歌，并将“西瀼水”改为“梅溪河”，桥为“梅溪桥”以示纪念。

三、王十朋诗咏夔州

王十朋一生留有诗词1700余首，赋7篇，奏议46篇，记、序、论文、行状、墓志铭等散文、杂文140多篇。自饶州到夔州启程至夔州移知湖州止，创作了大量的诗、词、歌、赋。《王十朋全集》二十九卷诗集中有六卷是夔州诗，共290多首，其中在赴夔州途中10首（第19卷），任职期间261首（20至23卷），自夔州移知湖州途中19首（第24卷）。《夔州诗全集》收录了王十朋的诗词203首，是历代夔州诗中除杜甫之外数量最多的一位诗人。其诗词艺术具有题材丰富、语言平朴和写实为主、崇尚理趣的特色和怀古励行、咏物寓志、借景抒情、酬唱互勉等特点。

（一）怀古励行

怀古咏史是诗词中最重要的题材。王十朋的怀古诗占他诗集比例最大，具有依史典勉励其行，树立良好的品行内涵。三国中的诸葛武侯形象，是他怀古诗的聚焦点，用诗凭吊先贤，敬仰诸葛亮的才智和忠心。《夔州诗全集》收录的203首中写三国的诗14首，有11首是歌颂赞赏诸葛孔明的奉公守节，鞠躬尽瘁的，居历代诗人之最。《梦观八阵图》中的“奇才盖三国，壮志吞两都。惜哉功不遂，英雄为欷歔。”既表达对诸葛亮的雄才伟略敬佩之情，又感叹未能完成统一大业遗憾不已。充分体现出诗词同行，如其为人，精忠勤政的品质。

（二）咏物寓志

这种手法在诗词创作中广为所见。王十朋的咏物寓志诗词较多，最典型的是将平生所为，崇拜于所爱的梅花品格之上，自号“梅溪先生”，他一生写下近百首咏梅诗词。梅格即人格，对梅花品格的审美追求，显示出王十朋卓然独立的清廉形象。夔州诗中的《雪梅》是他咏梅诗的经典代表，“同僚文字三杯酒，腊日江山八阵台。冷有人嫌吾似雪，清如尘染客如梅。”用梅花与冰雪为意象，意境深远，既赞赏了梅花的高贵气节，又喻人的高洁忠贞。这与诗人身上的忠正耿直和效法高洁的人格有关。

（三）借景抒情

“景生情，情生景”，情景交融，浑然一体是诗人惯用的手法。王十朋每到一地把自身所见所闻表达在触景寄寓，喻理执政之中。赴任离任途中所见的自然景观吸引着他的欣慰，为官执政中感受的艰苦生活触动着他的情思。来回夔州和执政前后创作了100多首写景借景抒怀诗，真实记录下了夔州的所见所闻所感。《自鄂渚至夔府途中记所见一百韵》是王十朋赴任途中，自湖北江陵至夔州借景抒情的长诗，是目前所见的宋代夔州诗中字数之冠。

（四）唱和互勉

借同僚挚友聚会或书信酬唱情怀。有50多首与亲朋好友及同僚之间的赠答共勉诗词。乾道二年秋，同在蜀地任职的同榜状元、榜眼、探花“三鼎甲”拜会夔门，同游卧龙山，诵少陵、论三国酬唱情谊，他当场写下“丁丑同年友，三人忽此逢。符分俱握虎，簪盍偶成龙。抚卷神山远，衔杯瑞雪浓。一壶胜太白，形影月从游”《三友堂》诗纪念，并把三元聚会的客堂命名为“三友堂”流传至今。

宋代理学家、大儒朱熹在《梅溪王忠文公文集》序中称颂诗文：“浑厚质直，恳恻条畅，如其为人。不为浮靡之文，论事取极己意。……盖其所禀于天者，纯乎阳德刚明之气，是以其心光明正大，疏畅洞达，无有隐蔽，而见于事业文章者一皆如此。海内有志之士闻其名，诵其言，观其行而得其心，无不敛衽心服。”正好是对王十朋在夔州治国理政，体恤民众和诗文创作的写照，给后世产生了深远影响，对研究勤政为民和文化艺术有着重要的意义。

巴渝地区虎纹演变及应用研究①

黄贵婷　刘根良②

文中对“巴渝地区”的界定依据刘豫川、扬明在1999年发表的《巴渝文化》中对“巴渝文化”地域的界定，主要包含现今的重庆、川东、鄂西、湘西地区，所研究的对象主要包含青铜器、画像石、画像砖、纺织品、民间绘画中的虎纹形象。

《山海经》中记载“大皞生咸鸟，咸鸟生乘厘，乘厘生后照，后照是始为巴人”。在远古时期，巴渝地区原始信仰主要是蛇、白虎、鱼、鸟图腾，从“廪君死，魂化白虎”开始，虎便是巴人最重要的本土信仰。东汉时期，道教传入巴渝地区，而后蜀汉时期，佛教相继传入。汉朝后巴渝地区的宗教以“儒释道三教合一”为主，“三教合一”的宗教信仰现今依然在巴渝地区的节庆、婚嫁、丧葬等多种民俗活动中扮演着重要的角色。

从文物出现的历史时间线来看，在春秋、战国时期，巴渝地区虎形象多出现在青铜兵器上，如虎纹铜戈、虎纹铜柳叶箭、虎纹铜弓耳矛、虎形铜带钩；重庆万州、奉节等地出土了战国、东汉时期的用于战争和祭祀的青铜虎钮錞于、用于生活的虎纹铜缶；战国漆器中“虎座立凤”是最典型的图像；汉代雕刻：石馆、画像石、画像砖上也常出现虎纹；明清及近现代时期，土家族地区用于丧葬仪式

① 基金项目：2020 年度重庆工程学院科学普及活动项目“电子绘本《巴渝地区野生动物图像化演变与应用》科普”（项目编号：2020xkpz02）。原载于《课程教学与管理研究论文集》（四），2021年11月。

② 黄贵婷、刘根良，重庆工程学院。

的绘画作品中也频频出现虎形象；巴渝地区现代家具装饰、服饰、帽饰上的虎纹也独具一方特色。

先秦时期，巴渝地区出现的虎纹主要依托于青铜兵器和乐器，常见的有青铜戈、弓耳矛、虎钮錞于、柳叶箭、编钟等。先秦青铜器上的虎纹样式丰富，主要有全身虎纹、虎头纹、虎斑纹、虎食鱼纹、虎食羊纹等。

巴渝地区出土的虎纹戈约占出土巴式铜戈的80%左右，虎纹多独立出现，或作为主图及附图出现。造型生动，神态夸张，以浅浮雕、阴刻为主，双面对称纹饰居多，具有较强的艺术研究价值。在战国时期的青铜戈上虎头纹是常见的纹饰。多刻画在戈援本部，其虎纹样式主要采用浅浮雕阴刻的工艺。主要刻画虎头的纯正面角度，精细突出眉、耳、鼻、舌、须、齿等部分。最具代表性的有现保存于重庆中国三峡博物馆的“战国虎纹铜戈”，出土于重庆万州新田镇，是巴渝地区铜戈中常见的样式，直内，有胡，长条援，器身有四个穿孔用以拴系戈柄，戈身两侧装饰对称虎纹、星月纹。此外，重庆云阳李家坝出土的“巴蜀文字虎纹铜戈”也是经典器型和纹样，戈身直援、方内，两侧装饰的虎头运用潜浮雕技法，虎耳向后伸，张口瞠目，口中含有一条鱼，属于典型的虎食鱼纹。

弓耳矛是巴人的特色兵器，在重庆云阳李家坝出土的“战国虎纹铜弓耳矛”上，骹部双面均装饰有巴蜀符号，虎身密密布满多种不规则的斑纹装饰，虎尾装饰相对简洁，虎头、面为手心纹，另一面纹饰复杂，从左至右分别为洞穴、老虎、神像、羽人建鼓，这仿佛是廪君故事的再现。此外，巴渝地区出土的大量青铜矛上含有虎纹，主要采用阴刻技法，多全身虎纹，张大虎口、摇晃粗壮的虎尾，做匐身攻击状；有浅浮雕虎纹，虎头虎身和虎尾的花纹形成一种强烈的疏密对比；虎身呈“S”形摆动，腿部动作生动，似猛虎下山。

巴渝地区出土的柳叶剑，分布地域广，巴式青铜柳叶剑在中国古代冷兵器时期有着较高的地位，柳叶剑以扁茎、无格为特色，剑刃曲线流畅。主要采用浑铸法，剑身铸有规则的斑纹，剑身近柄处的纹饰常见虎纹、虎斑纹、手心纹、水波纹、船纹、鸟纹、鱼纹等，具有丰富的文化内涵。其中虎纹柳叶剑的工艺丰富，铜铸虎纹工艺和铜鎏金虎纹工艺柳叶剑均有出土。

战国晚期巴渝地区最具有代表性的全身虎纹作品是虎钮錞于。錞于始于春秋时期，盛行于战国至西汉前期，隶属打击乐器、行军器、祭祀器，多使用合范铸造工艺，巴人故地发现最为密集，錞于也是巴文化最具特征性的器物。重庆万州出土的“战国青铜虎钮錞于”是典型的巴渝地区錞于代表，其形体完整、造型厚重、音质优良，是錞于中的经典代表。其上部的钮为全身虎形，栩栩如生，不怒而威，以纹修饰虎身毛发。虎钮的周围，分布着五组“图案”：椎髻人面、羽人击鼓与独木舟、鱼与勾连云纹、手心纹、神鸟与四蒂纹，其中的舟、鱼、鸟纹样均是巴族文化中常见的图纹样式，仿佛在诉说着巴人始祖的故事，是巴人虎崇拜的又一重要例证。

在涪陵小田溪一号墓出土的战国青铜礼器——十四枚铜编钟，大小比例均匀，钟面饰以错金变形蟠虺纹，钟架虎头以纷繁复杂的错银云纹装饰，展示出高超的制作工艺。

在出土的巴人兵器剑、矛、戈等器物上，也出现了虎形纹、手心纹等各种精美纹饰。这些青铜器上的各种花纹图案，不仅代表了当时青铜工艺的特点和工艺，还由于代表不同区域民族表现出形态各异文化的习俗和风格。巴渝地区发现的青铜器大多属于先秦时期，巴人尚武，且崇尚白虎图腾。巴渝地区发现的虎纹青铜器多与巴人是廪君后裔及其图腾信仰相关。

巴渝地区出土的汉代雕刻，画像石、画像砖、石棺中常见虎形象。汉代石棺雕刻中的虎纹形象主要采用阴线刻和浮雕的雕刻技法，虎纹形象、造型抽象、线条简练，主要运用夸张的处理手法，画面张力十足，具有驱邪避害的象征意义。《西王母龙虎座》是巴渝地区汉代画像石、画像砖中常见的图纹样式，虎呈瞠目张口、昂头挺胸的一种形象。两汉时期画像石中的虎纹意指道教阴阳五行观念中的白虎，是西方方位的代表和保护神。白虎也是战神、杀伐之神。具有驱邪、避灾、祈丰、惩恶、扬善、致富等多种神力。受传统宗教的影响，白虎形象多雕刻在石墓门上或墓室过梁两侧，用以辟邪，及护佑逝者升天。在巴渝地区，也有巴人先祖“廪君化白虎”的传说，因此白虎也是巴人的重要图腾，常出现在巴人的活动范围，石棺中的虎形象也无形中多了一层含义。

重庆北拱水盈岩墓出土的东汉时期的“虎形铜带钩”系古人身上皮带扣具。既有实用性又有美观效果。虎形雕铸腾空飞跃状，透出百兽之王的雄威，充分展示巴渝人民英勇尚武的精神，具有较高的文物价值和艺术价值。

通过田野调查发现，在古巴人聚居地区，渝、湘、鄂、黔等地区明清时期的土家族丧葬绘画作品中常出现虎形象，其中的虎多为白虎，神态庄严、造型威猛。呈现出对逝者祭奠及对自然轮回的表达，在体现儒释道文化特点的同时，具有原始本土信仰的表现特点。在土家族建筑雕刻中，也常见虎的形象，常作为屋檐木的花纹出现，多以阴刻或浅浮雕的艺术表现手法，其目的是驱邪或求得到祖先荫护，反映出土家族先民对虎的尊重与崇拜。

在现当代绘画作品中，常以虎为主题，如《猛虎镇宅》《威猛双雄》，画面具有镇宅守家、保佑家人的寓意，这与猛虎自古就是镇山守宅的祥瑞动物观念有关。在日常生活中，人们常将虎作为吉祥纳福的装饰，在巴渝地区，长辈会给幼童制作虎头鞋、虎头帽等与虎形象有关的服饰，望孩子能得到虎的庇佑。

通过巴渝地区虎纹样式的演变，从侧面体现了巴渝文脉传承。春秋战国时期青铜器上雕刻的虎纹饰体现了中原文化和巴渝文化的融合；汉代雕刻中的虎纹体现了传统宗教在巴渝文化中的演变；清朝的土家族丧葬绘画作品中的虎纹体现了古代巴人的信仰；近现代的家居装饰中的虎纹应用侧面映射了巴渝地区虎纹社会文脉的发展方向。器物中的虎纹有整体的、局部的、繁复的、简洁的，有作为主体独自出现的，也有在特定场合与其他动物图像组合使用的；器物中的虎纹有指示符号中结构功能的作用，有象征符号中所指向的社会文脉，有形式美学符号中的造型、装饰作用。

参考文献

[1] 王慧，马健. 土家族民间丧葬绘画之虎图腾文化内涵[J]. 装饰，2017（7）：116-117.

[2] 朱世学. 巴式青铜器虎形纹饰的发现与探讨[J]. 重庆三峡学院学报，2014（2）：124-130.

GONGGONG WENHUA
公共文化

公共文化视角下城市历史公园景观演变、层积分析与遗产价值识别①

——以重庆市沙坪公园为例

肖　竞　马春叶　曹　珂②

2017年，国际古迹遗址理事会——国际风景园林师联合会（ICOMOS-IFLA）通过了《关于城市历史公园的文件》（后文简称“《文件》”）。该文件是国际古迹遗址理事会继1982年《佛罗伦萨宪章》后在风景园林遗产保护领域的最新纲领文件。文件提出了“城市历史公园”遗产概念，强调其之于城市历史形态与社会公共生活建构的重要价值[1]。本文将通过概念辨析与案例实证，提出公共文化视角导向的城市历史公园景观演变、层积分析与遗产价值识别方法，以为此类遗产对象的保护实践提供基础理论支持。

一、城市历史公园的遗产类属与核心价值

城市历史公园作为独立遗产对象因何时代背景而被提出？其与历史园林、历史名园、文化景观、城市历史景观等相关概念有何区别与联系？城市历史公园的保护、分析应以何种视角切入？明确上述问题是本文研究的前提。文章结合国际

---

①基金项目：国家自然科学基金项目（编号：52108042），重庆市教委科学技术研究项目（编号：KJQN201800824）。原载于《当代建筑》2021年11月。

②肖竞，重庆大学建筑城规学院副教授。马春叶，重庆大学建筑城规学院硕士研究生。曹珂，重庆工商大学公共管理学院讲师。

宪章、文件对其类别归属与价值侧重进行梳理、辨析。

（一）遗产类属：城市历史地段

《文件》将城市历史公园定义为“城镇、住区历史发展和规划的组成部分，具有广泛社会价值和使用价值的历史空间”，将其归属为“地段类”遗产[1]。这与《佛罗伦萨宪章》中将小型花园与大型公园统称为历史园林，将其归属为“古迹”类遗产[2]有所区别，是历史园林概念的细化。在我国，《风景园林基本术语标准》中“历史悠久，知名度高，体现传统造园艺术的园林”被定义为“历史名园”[3]。其保护管理通过文保单位方式操作，反映出我国名园保护认知仍停留在《佛罗伦萨宪章》阶段。此外，英国于1983年《国家遗产法》中提出的“注册公园和园林”概念则较早对公园和园林进行了区分，并将30年作为登录保护的门槛年限，以I、II*、II为价值划分的等级标准[4-5]。

（二）核心价值：公共文化景观

价值认知方面，城市历史公园可被理解为一种对城市公共文化生活具有记录和触发能力的“公共文化景观”。其与侧重建造者设计意图和审美逻辑证据价值的园林类“文化景观”①[6-7]有一定区别，更为接近城市历史景观的概念。其在发展衍化过程中与城市紧密伴生，并在与城市发展交互影响的过程中产生公共意义[8-9]。在记录城市历史变迁和传播公共价值等方面，城市历史公园较之“私域”类遗产更具优势，研究分析应遵循历史见证与公共文化共融、并重的视角[10]。

二、城市历史公园的研究内容与分析框架

针对城市历史公园历史与公共价值并重的原则，本文从演进时段划分、景观特征梳理、关联信息解译、遗产价值识别四方面建构其研究分析内容框架。

---

①1992年，联合国教科文组织在《世界遗产保护实施操作指南》“特殊遗产类别”（specifictypes）中首次提出“文化景观”遗产概念，强调其“自然与人类共同作品”“人化自然过程呈示”的属性。此后，遗产保护与园林史学界倾向于将文化景观下辖的“设计景观”子类作为园林类景观遗产的类别归属方向。

（一）演进时段划分

历史景观研究需首先划分研究对象的演变阶段，常用方法有“生命周期法”与“年代断代法”两种。前者以生命周期的生、长、盛、衰作为时段节点，适用于演化周期长的城镇类历史景观衍化机制研究[11]；后者以历史纪年为断代依据，适用于景观价值与时代背景关联密切的历史地段类景观研究[12]。因此，城市历史公园宜采用年代断代法进行时段划分。

（二）景观特征梳理

针对城市历史公园的景观构成特点，本文提出园城关系、园区结构、园景风貌三个方面的分析框架：园城关系为公园与城市的关系，反映公园之于城市的功能定位和区位价值，可从公园的区位分布、周边建成环境及同时期关联性空间要素三方面进行梳理。园区结构为公园内部空间布局和组织结构，反映特定时期公园功能关系与构园理念，可从其功能区划、用地构成、园路组织和场地、设施布置等方面分析。园景风貌即公园园景的风貌特征，是相应时期公园建造、使用主体价值取向与审美偏好的物化投射，可从公园造景的风格、形态、命名等方面综合梳理。

（三）关联信息解译

关联信息即与公园景观特征相关的公共文化背景信息，可从社会背景、时代功能、审美风尚等方面解译。社会背景即特定时期城市经济、政治、文化整体背景，决定公园建造或功能调整的原始动因，可结合城园关系与典型历史事件关联解译。时代功能是各时期公园之于城市的功能价值，可结合园区结构与相关城市功能要素的时代变迁进行内涵解读。审美风尚为特定使用主体的审美偏好，可从中式或西式、传统或现代、华贵或朴素、静观或游观等角度，结合园景风貌变化关联解读。

（四）遗产价值提炼

遗产价值即历史公园作为城市遗产的资源价值。传统价值分析按考古、科学、艺术、文化等专题纲目进行评定，缺乏对遗产公共属性的价值意识[13]。本文针对城市历史公园历史载体与文化触媒的双重属性，提出从公共历史见证和公共文化育化两方面识别公园遗产价值的系统方法：根据景观特征携载的政治、经济、社会历史背景信息梳理相关证据价值；从不同时期公园服务大众文娱生活、教化公共意识的角度总结其公共文化价值。

三、沙坪公园历史景观演进分析与价值识别

（一）时段划分：公园发展沿革与典型时期

沙坪公园位于重庆市沙坪坝区，前身为“渔庐”，是民国爱国实业家杨若愚所建的私家园林。1949—1955年，其作为中共重庆市第三区委办公地，后于1956年被扩建为苗圃公园，对公众开放。1966—1976年“文革”时期，公园成为接待站和烈士墓园，之后在“计划经济”向“市场经济”转轨过程中转变为消费性文娱场所，于1992年更名“世界风光公园”[14]。21世纪后，公园逐渐成为服务邻近社区的适老化康体游园。综上，本文将沙坪公园的发展历程划分为四个阶段：新中国成立初期的社会主义游园与苗圃基地（1956—1965年）、“文革”时期的接待站所与生产园林（1966—1976年）、改革开放后的文娱消费场所与主题游园（1977—20世纪初）、后城市化时期的适老化游憩空间（20世纪至今）。

（二）文脉演变：建成环境演进与城园关系变化

阶段1：社会文娱发展与苗圃基地建设

中华人民共和国成立初，以工业化为发展方向，城市规划与建设以服务工业生产和工人阶级生活、文化需求为重点[15]，城市文娱空间被赋予崇高的社会使命，成为无产阶级劳动人民恢复体力、育化身心和展现社会主义制度优越性的重要场所[16]。在此期间，重庆市于渝中“新城”①新建了劳动人民文化宫、大田湾体育场、山城电影院等文娱地标，并结合对礼园、王园、人民公园等民国私家园林、城市公园的改造创建出一批组团式分布的公共游憩空间。同时，为响应

①此“新城”概念相较于明清重庆府城（老城）而言，即今渝中半岛两路口至上清寺沿线区域。

“绿化祖国”的政治号召和“绿化结合生产”的绿地建设方针[17]，重庆市在该时期还兴建了沙坪苗圃、大坪苗圃、江北苗圃等城市苗圃生产基地，以为城市绿化运动培育苗木资源[14]。

阶段2：“文化大革命”运动与文娱场所破坏

“文革”时期，重庆城市公共文娱建筑、场所被全面改造：电影院、国泰戏院等文娱建筑被命名为劳动电影院、东方红影院；人民公园、北碚公园、江北公园内大量名贵花木、盆栽、历史景观被捣毁；枇杷山、鹅岭、沙坪公园、重庆市体育馆等停止对公众开放[14]。

阶段3：文娱空间生产与主题公园建设

改革开放后，我国城市文娱空间管理转向市场化轨道。受消费需求与盈利经营目标影响，重庆主城公园依据自身区位与资源条件开启了主题化“空间生产”路径：鹅岭、枇杷山、人民公园等历史公园延续公共文娱传统职能；新建的市花卉园、植物园、游乐园则成为重庆市首批以花卉、植物观赏和设施游乐为主题的专类公园；再之后建设的巴国城、珊瑚公园、海洋公园则以文化、风情为主题。在此背景下，香港远田有限公司注资沙坪公园，将其打造为游乐消费空间，并更名为“世界风光公园”。

阶段4：文娱生活分异与游憩场所分流

2000年后，我国人口结构老龄化和移动互联技术发展使不同年龄人群在数量规模与娱乐方式上显著分异，导致了城市游憩空间的人群分流。在重庆，时代天街、万象城、鹅岭二厂、北仓等城市商业综合体与文创公园因集成日常消费、亲子育教、创意设计等现代生活元素，成为注重个性、时尚、品质的中青年人群闲暇娱乐的首选场所，传统游憩空间因此被边缘化[18]。同时，为满足民众生态游乐、亲近自然的诉求，2009—2018年间重庆先后建设了鸿恩寺、彩云湖、照母山等大型城市森林和湿地公园，使公园游憩的概念更加郊野化[19]。沙坪公园、枇杷山公园等承载了各时期公共文娱生活集体记忆，与从新中国成立初便游乐、成长于其中的“当代老龄人群”游憩行为模式匹配的传统公园，则成为所在地周边老龄人群户外休闲的高频聚集场所。

（三）结构演变：阶段功能衍化与园区结构更迭

阶段1：生产生活协同与二元空间布局

建成初期，功能区划二元性显著，公园兼具游憩与生产职能：全园分为游览休闲与苗圃生产两大功能区：游览区位于中部，在“渔庐”基址上拓展而成，形成以青年湖、山茶花园、榕湖茶园为核心的水景、植物观赏和文娱休闲区域，占地5.5公顷；苗圃生产区建于游览区外围，面积为其三倍，培育观赏性苗木，为中华人民共和国成立初重庆最大的园林苗圃基地[14]。

阶段2：革命结合生产与二元功能演替

“文革”时期，公园仍保持两大功能区划，但两区功能发生了变化：游览休闲区作为红卫兵接待站，苗圃育植区转作药用等经济植物的种植空间。青年湖景区因1971年襄渝铁路修建被侵占，而逐渐废毁；山茶花园与盆景园因涉及“资修”问题而遭到破坏；其余空间荒置，园内无新增建设。

阶段3：多元游憩选择与功能拼贴布局

改革开放后，公园从群众活动场所转变为消费盈利空间，园区结构受多元需求影响而呈现出复合拼贴特征，重构为北、中、东、西四个风貌板块：北区以榕湖、茶园为基础，新建榕湖宾馆接待度假宾客；中区将山茶花园、盆景园、莲池用地改建为世界风光微缩景区，内设欧陆、东南亚、教堂、寺庙等主题区；东区及南侧大门入口地段改建为广场和儿童游乐区，空间标识性和活力增强；西区苗圃空间被改造为西山碧湖景区，延续中式园林造景风格，同时增建水上游乐设施。交通方面，增加了连接各片区的多条道路，形成套环式路网格局。

阶段4：游园主体调整与空间适老重构

近十年，沙坪公园游憩空间呈现出适老化重构趋势：北入口广场、憩园、风车林因用地平整，成为老年人群康体健身的集中区域；西山碧湖因环境宜人，成为老年人环湖健走区；榕湖宾馆与茶庄、蒲葵林因植被丰茂成荫，成为老年人喝茶聊天、棋牌娱乐等休闲活动集中区域；东门入口的儿童游乐空间与南部台地花园因噪声与高差因素，不适宜老龄人群活动，故逐渐被荒置。

（四）要素演变：时代审美流变与园景风貌易换

阶段1：集体文娱空间与社会主义游园景观

中华人民共和国成立初，“中而新”的时代建设语境①使公园造景聚焦“社会主义内容”与“民族形式”②[20]：以“青年、百花、齐放”等称谓为北园湖岛、亭阁景观命名，反映出时代朝气；效仿苏联文化公园模式新建了乒乓球室、棋牌室、阅览室、礼堂等文体育化、阶级联谊的活动场所；定期进行各类花展、灯会和露天电影放映；延续古典园林手法建造了莲池、小盆景园、兰亭、七步廊、八角亭等中式景点。

阶段2：阶级文化斗争与红色革命景观

“文革”时期，公园于西南隅修建了“八一五”烈士公墓（今“红卫兵墓园”）；另在倡导实用朴素、反对奢靡浮华的审美基调下，捣毁了大量前阶段修建、栽植的园林建筑和盆栽，砍伐园内花卉苗木，以功能性农植空间替代。

阶段3：摩登休闲时代与时尚生活景观

改革开放时期，城市居民对西式摩登生活与舶来时尚文化的青睐导致了公园造景风格与设施配置的西化调整：新建了自由女神像、悉尼歌剧院等世界微缩景点49处；新建了米兰歌舞厅、啤酒广场、游船码头、电子游艺室等西式消费场所和现代游艺设施；将东门、莲池、茶园等原中式景点改造为罗马柱门、许愿池、樱花园等西洋风格；仅在西山碧湖景区内保留了百花画廊、知秋亭、湖心亭、生肖石等中式传统景观。

阶段4：集体意识延续与簇聚活态景观

后城市化时代，因计划经济时代的集体生活、集体娱乐习惯在老龄人群中延续[21]，沙坪公园出现了极富年代感和生活气息的簇聚性活态景观：广场舞、传

---

①“中而新”的营造风格是梁思成先生在评价1958年国庆献礼十大工程时所提出的。即既体现中国文化特色，又表达新时代精神，是对中华人民共和国成立初期我国城市、建筑设计思想的概括总结。

②“社会主义内容、民族形式”是斯大林1925年提出的苏联文艺创作方针，即以无产阶级文化、大众精神风貌为创作主题，以地域、民族手法为表现形式。上述思想在中华人民共和国成立初期学习苏联的过程中被我国广泛借鉴，并运用到城市建设与文化生活的各领域。

统武术、小球运动等康体活动在广场、运动场地区簇集；棋牌休闲与乐器演奏类活动在休憩亭廊、滨湖座椅区簇集；群聚性饮茶与棋牌活动在茶园、蒲葵林区域簇集；园景绿化与小品建筑风格向自然、质朴的适老化方向转变。

（五）价值识别：历史见证与文化育化价值提炼

在分尺度、分阶段解译分析公园景观特征与关联信息的基础上，本节结合公共历史见证与公共文化育化两条线索对沙坪公园历史景观的遗产价值进行识别、提炼。

1.群众文娱乐园

伴随不同时代群众文娱集体记忆的历史层积，公园逐渐发展出以服务公众文娱生活为核心的首要价值。园中现存榕湖、莲池、茶园、游乐设施等景观和各类传统游憩活态景观是该项价值的载体要素。

2.城市苗圃基地

因沙坪公园在中华人民共和国成立初期作为重庆城市花卉苗木生产基地，遗留下桃园、樱园、百花园、盆景园、蒲葵林等景观要素，记录和呈示了园林工人“绿化祖国”的历史使命。

3.改革时代缩影

20世纪90年代因建设“世界风光公园”形成了米兰歌舞厅、榕湖宾馆、啤酒广场、花园餐厅等时代印迹鲜明的消费空间与多处世界微缩景点遗存，既是当时重庆市民窥览西方时尚生活与异域文化的“世界之窗”，也成为今天人们回瞻中国经济改革历程的“时空隧道”。

4.“文革”历史见证

因沙坪公园在无产阶级“文化大革命”期间作为红卫兵接待站和墓园留下全国现存唯一完整的“文革”墓群（2009年被评为重庆市级文保单位），是城市特殊时期历史的重要见证。

四、结语

作为一种与城市发展演进时空共构、交互影响的特殊遗产对象，城市历史公园具有普通“私域”类遗产所欠缺的“公共价值”，并且其公共价值持续演进，根植于公园与城市共同发展的历史进程之中。为此，文章建构了以园城关系、园区结构、园景风貌为分析尺度，以公共历史见证和公共文化育化为解译线索的城市历史公园景观、价值演进分析方法，将研究纳入城市公共生活与公共文化的整体时空框架中解析，突破了传统景观遗产研究孤立关注对象本体的视野局限。同时，文章还以重庆市沙坪公园为例证，对其各历史阶段景观特征与遗产价值进行了系统考据分析，相关方法、结论可为历史公园类景观遗产研究及其保护提供参考。

参考文献

[1] ICOMOS.Document on historic urban public parks [R].Delhi：ICOMOS，2017.

[2] ICOMOS.Florence charter on historic gardens [R].Florence：ICOMOS，1982.

[3] 中华人民共和国住房和城乡建设部．风景园林基本术语标准：CJJ/T91-2017 [S]．北京：中国建筑工业出版社，2017：7.

[4] 肖竞，曹珂．英国城乡历史环境保护的要素类型与操作方法 [J]．南方建筑，2019（1）：19-25.

[5] 肖竞，曹珂．英国城市更新进程中历史环境保护的观念流变与制度解析 [J]．西部人居环境学刊，2019，34（6）：9-17.

[6] UNESCO.Operational guidelines for the implementation of the world heritage convention [R].Paris：UNESCO World Heritage Centre，1992.

[7] 周向频，刘曦婷．英国历史公园遗产保护与发展策略：邱园的启示 [J]．国际城市规划，2014，29（1）：101-107.

[8] 肖竞，曹珂．基于景观“叙事语法”与“层积机制”的历史城镇保护方法研究 [J]．中国园林，2016，32（6）：20-26.

[9] UNESCO.Recommendation on the historic urban landscape adopted by the general conference at its 36th session [R].Paris：UNESCO World Heritage

Centre，2011.

［10］肖竞，曹珂．英国保护区评估方法解析——以格拉斯哥历史中心保护区评估为例［J］．国际城市规划，2020，35（1）：118-128.

［11］肖竞，曹珂，李和平．城镇历史景观的演进规律与层积管理［J］．城市发展研究，2018，25（3）：59-69.

［12］周向频．20世纪遗产视角下的中国近现代城市公园保护与发展［J］．中国园林，2013，29（12）：67-70.

［13］肖竞，李和平，曹珂．价值导引的历史文化街区保护与发展［J］．城市发展研究，2019，26（4）：87-94，2，37.

［14］重庆市园林管理局修志领导小组编纂．重庆市园林绿化志［M］．成都：四川大学出版社，1993.

［15］杨保军，汪科，陈鹏．城市规划70年［J］．城乡规划，2019（5）：11-15，19.

［16］肖竞，张晴晴，罗丹，等．1949年至今我国城市地标建设的旨趣演变与符号语义——以北京为例［J］．当代建筑，2020（11）：48-51.

［17］赵纪军．新中国园林政策与建设60年回眸（三）绿化祖国［J］．风景园林，2009（3）：91-95.

［18］肖竞，曹珂．矛盾共轭：历史街区内生平衡的保护思路与方法［J］．城市发展研究，2017，24（3）：38-46.

［19］肖竞，曹珂，李和平．基于适应性思维的山地城市绿地系统规划方法［J］．中国园林，2020，36（2）：23-28.

［20］赵纪军．新中国园林政策与建设 60 年回眸（一）“中而新”［J］．风景园林，2009（1）：102-105.

［21］颜玉凡，叶南客．新时代老年人的生活意义再造机理——基于对城市公共文化生活的考察［J］．社会科学，2020（6）：83-92.

公共图书馆开展视障读者服务的实践与思考[①]

——以重庆图书馆为例

赵进文[②]

1994年，联合国教科文组织与国际图联修改制订《公共图书馆宣言》，其中不仅规定“公共图书馆是各地通向知识之门，为个人和社会群体的终生学习、独立决策和文化发展提供了基本的条件”，还明确规定“公共图书馆应不分年龄、种族、性别、宗教信仰、国籍、语言或社会地位，向所有的人提供平等的服务”，尤其是“还必须向由于种种原因不能利用其正常的服务和资料的人，如语言上处于少数的人、残疾人或住院病人及在押犯人等提供特殊的服务和资料”[1]。因此，公共图书馆开展视障读者服务工作是全世界范围内所有国家达成的重要共识，与当今习近平总书记提倡的“构建人类命运共同体”有异曲同工、一脉相承之渊源。我国公共图书馆开展视障读者服务工作，不仅有法可依、有章可循，而且是构建和谐社会、推进全民阅读的重要内涵。近年来，国内公共图书馆积极开展了丰富多样的视障读者服务活动，不仅工作状态如火如荼，而且在理论研究和社会实践领域均取得了显著成效，这也为下一步工作的深入推进提供了重要阶段性成果。

一、公共图书馆与视障读者服务

党的十九大报告指出，“中国特色社会主义进入新时代，我国社会主要矛盾已

---

① 原载于《科技风》2021年7月。

② 赵进文（1979— ），重庆人，本科，助理馆员，研究方向：图书馆读者服务。

经转化为人民日益增长的美好生活需要和不平衡、不充分的发展之间的矛盾”[2]。人们对美好生活的向往和需求之中，就包括对知识、娱乐等精神文化的需求。公共图书馆是提供公共文化服务的主要场所，主要通过传播知识、传承文化、提供休闲等方式不断满足人民日益增长的美好生活需求。我国《公共图书馆法》明确规定："公共图书馆应当按照平等、开放、共享的要求向社会公众提供服务。”该法律还规定：“政府设立的公共图书馆应当考虑老年人、残疾人等群体的特点，积极创造条件，提供适合其需要的文献信息、无障碍设施设备和服务等。”[3]由此可见，公共图书馆提供文化服务具有均等性、无偿性和灵活性。因此，公共图书馆有义务开展视障读者服务，通过各种服务方式与关爱活动为视障读者提供均等化、便捷性的文化服务，这既是图书馆完善服务职能的自我要求，也是国家法律规定的重要使命，更是构建和谐社会、书香社会的重要途径。

近年来，国内外公共图书馆都围绕视障读者群体开展了丰富多样的文化服务，不仅给视障读者带去了知识与温暖，也给他们送去了点亮生活的勇气和信心。国内学术界也围绕“公共图书馆+视障读者服务”这一时代命题，进行了深入的理论探索和发展设想，并取得了一系列重要的研究成果。我馆在2014年完成《全媒体时代公共图书馆视障人士服务机制研究》课题，对公共图书馆开展视障读者服务进行了全方位、多层次的理论探讨[4]。2019年4月1日，由文化和旅游部主管、中国盲文图书馆牵头制定的《图书馆视障人士服务规范》[5]正式施行，这是国家相关部门专门为公共图书馆开展视障读者服务而制定的国家标准，是我们开展此项工作的重要依据和准则。

二、重庆图书馆开展视障读者服务的主要内容

重庆图书馆作为西部直辖市重庆的中心图书馆，是国家一级图书馆、全国文明单位，不仅典藏文献丰富，而且特别注重读者服务工作，其中就包括对视障读者群体的文化服务。近年来，我馆高度重视视障读者群体对知识文化的需求和对美好生活的追求，联合各方力量持续开展了一系列丰富有趣的活动，获得了视障读者和

社会大众的积极好评。

（一）重庆图书馆视障阅览室简介

2007年，重庆图书馆新馆正式对外开放，其中就专门开设有视障阅览室。在馆舍内还设置有盲道、无障碍通道，配备轮椅等辅助设备，门禁系统也加以人性化设计，以确保残障读者的行动便利和人身安全。经过10多年的不断发展，目前我馆的视障阅览室有盲文图书5629种、6536册，磁带4000余盒，无障碍电影及光盘1700余部，合计视听资料多达11093种、34852册。另外，我馆还投入专项经费，购买一键式智能阅读器、多功能数码助视器、盲文打印机、二代阳光听书机、扫描棒等先进设备，以及专为盲人使用的黑白棋、象棋等健康娱乐器具，全年免费为视障人士提供纸质盲文、电子文献、语音阅读、网上信息交流、技能培训等多元化服务[6]。我馆还专门配备2名专职工作人员，在视障阅览室悉心为视障读者提供服务。

（二）持续开展视障读者服务工作

近年来，我馆持续开展视障读者服务工作，主要通过阵地服务、延伸服务、网络服务和人性化服务等多个方面、多项举措，共同为视障读者提供知识传播和文化休闲服务。

1.强化阵地服务。在公共图书馆服务体系中，阵地服务是最重要、最核心的服务方式。对于视障读者群体，我馆通过划拨专项经费，采购盲文图书、视听资料、影音娱乐资源库等，为视障读者提供丰富的文献资源，满足其文化需求。同时，我馆还从硬件设施着手，购买、更新服务设备，优化馆舍布局，为到馆的视障群体提供便利、周全的全面服务。另外，我馆还通过开展为盲人讲解口述电影、制作盲人绘本等多种方式，积极做好馆舍内的视障读者服务工作。

2.拓展延伸服务。当今时代信息大爆炸，知识多元化，新媒体、自媒体层出不穷。为了更好地服务视障群体，公共图书馆不仅要做好阵地服务，还有转化服务理念，积极拓展延伸服务，联合各种有益社会力量，将知识文化送到学校、社区等，让视障读者更加便捷地享受公共图书馆带来的均等化、公益性的知识文化服务。2018年，我馆利用专项经费采购500台智能听书机，专供视障读者使用。随后，我馆联合市内多个区、县文旅主管单位、残联、公共图书馆、盲人协会等多方力量，持续开展“重庆市智能听书机使用培训暨集体外借活动”，不仅将智能产品、精神食粮送到我市视障读者手中，还耐心培训其学会使用智能听书机。该活动通过指导视障读者使用盲人智能听书机，有效发挥了公共图书馆的文化教育职能，便于营造良好、无障碍的社会文化环境，为视障读者提供全方位的优质服务。该活动得到了媒体的广泛报道，产生了积极的社会影响。

3.重视网络服务。“互联网+”服务是一种不可逆转的时代趋势，对各行各业的发展都产生了巨大影响。公共图书馆作为知识的聚合地和传播中枢，更应该融入充分利用“互联网+”的思维开展服务工作。考虑到视障读者的生理特殊性，尤其是不便单独到图书馆享受知识服务的现状，我馆积极利用官网、微博、微信等新媒体平台，为视障读者及其家人提供全天候、多途径的网络服务，借助网络平台和专题数字资源库，让他们足不出户即可享受互联网时代图书馆提供的公共文化服务。

4.提供人性化服务。公共图书馆提供的服务具有均等化、平等性和无偿性的重要属性，对于视障读者群体，我们更应该提供适当的人性化服务，才能实现实质意义上的均等化、平等化。在我馆的众多盲人读者中，有一位非常和蔼的马爷爷，他十余年来每天和老伴坚持到我馆“打卡”，听完了我馆典藏的6000册磁带和1000多张光盘，其乐观向上、伉俪情深的故事曾被央视、《人民日报》等数十家媒体报道转载[7]。在此期间，为了保障两位老人往返路途的人身安全，我馆工作人员多次义务护送其回家，或提供送书上门等人性化服务，时刻践行“全心全意为读者服务”的根本理念。

近年来，在全馆职工的努力下，在社会各界力量的共同参与下，我馆的视障读者服务工作取得了显著成效。除了前文所述视障读者马爷爷的事迹被各大媒体报道以外，我馆还先后获得了“全国文明单位”、首批“公共文化设施开展学雷锋志愿服务示范单位”等荣誉称号。我馆先后申报的两项帮扶视障读者服务项目，在中国青年志愿服务项目大赛中分别摘得了第一届“金奖”和第三届“银奖”。尤其是“红绿熊心阅读”项目，在全国首创自制盲文绘本，填补了低龄盲童课外读物的空白，并衍生出盲童与普通儿童一起阅读绘本的特别读书活动[8]。

三、完善公共图书馆视障读者服务的思考

通过对我馆开展视障读者服务工作的总结，笔者认为由于受到主客观诸多因素的影响，当前公共图书馆所开展的视障读者服务之中尚有若干不足之处。笔者思考认为，需要采取相应措施对此加以完善，主要体现在以下几个方面：加大财政投入，完善服务机制；优化服务方式，丰富服务内容；联合多方力量，共同参与行动。试分述如下：

（一）加大财政投入，完善服务机制

公共图书馆提供基础文化服务具有无偿性，源于公共图书馆的公益性、公办性，其经费主要来源于国家财政拨款。因此，公共图书馆开展视障读者服务，其前提也是国家财政的大力支持和持续投入。近年来，随着国家财政收入的增加，各级政府对公共文化事业的财政投入历年皆有增加。但是由于各地经济发展的不平衡性，不同地方对公共图书馆的财政投入各有差异，有些区县级图书馆就因为经费短缺，导致无法购买盲文图书、光盘等文献资料，或者没有专门的视障服务工作人员，或者缺乏相应设施设备等。因此中央和地方各级政府应该提高对视障群体享受文化服务需求的重视程度，通过安排专项经费，便于公共图书馆有条件开展视障读者服务工作。另外，国家已经制定《图书馆视障人士服务规范》国家标准，因此各级公共图书馆应该严格依照此标准，从程序、内容、效能等各个环节完善服务机制，从而积极有效地开展视障读者服务工作。

（二）优化服务方式，丰富服务内容

公共图书馆不仅是知识的典藏机构，更是知识的传播平台，以及知识的深度开发平台。因此在视障读者服务过程中，公共图书馆应该时刻把握以读者为中心的服务理念，不断转变服务理念，优化服务方式，丰富服务内容，提高服务效能。首先，在服务理念上从传统的被动等待服务到主动提供服务，通过送视障视听资料进社区、进学校，将文化服务送到视障读者手中，通过网络平台主动向视障读者及家

人推送电子文化资源，解答疑惑。其次，在服务方式上，需要将传统的阵地服务与现代的延伸服务、网络服务以及其他力量的合作服务结合起来，让视障读者群体不仅在适应物理环境方面无障碍，而且在获取知识信息方面也无障碍。再次，在服务内容上需要百花齐放，不仅提供传统的盲文图书、报纸等纸质文献，还需要提供光盘、听书机等有声读物和电子文献，特别是要注重大力推送经典文献、励志图书，以鼓励视障群体更积极地面对生活，更好地绽放人生色彩。通过以上举措，可以有效提升视障服务工作的效能和读者的满意度，完成公共图书馆应该承担的社会职责和时代使命。

（三）联合多方力量，共同参与其中

公共图书馆作为提供基础文化服务的重要机构，其除了自主开展日常服务工作以外，还经常会联合其他图书馆、文化馆等多方力量，共同开展大型活动，更好地服务社会大众。为了更好地开展视障读者服务工作，公共图书馆也应该认识到联合多方力量合作开展服务工作的重要性和必要性。我馆近年来在视障服务工作上之所以取得了一定的成绩，这与社会多种力量的共同参与和贡献都密不可分。比如，我馆曾联合多家区县图书馆举办视障读者讲座、口述电影活动，联合残联、街道、社区共同举办赠送智能听书机暨使用培训活动，联合盲人学校举办盲人绘本阅读活动，还积极参与、配合中国盲文图书馆主办的视障读者征文比赛活动等。通过联合社会多方力量参与视障读者服务工作，既能丰富活动形式和内容，更能呼吁社会大众都共同关注、关心视障读者群体，从物质层面到精神层面皆能提供必要帮助，从而营造出互帮互助、和谐进步的良好社会环境。

综上所述，公共图书馆开展视障读者服务既是法律规定的重要义务，也是社会进步的重要标志。在新媒体时代下，我们更应该把握全媒体信息环境的新契机，通过采取多种举措，争取多方努力，切实解决视障读者获取知识文化、享受阅读服务的困境，有效开展对视障读者群体环境无障碍、信息无障碍的全面服务。这不仅需要公共图书馆自身的积极行动，还需要广泛争取视障读者群体、政府机关、主管部门、盲校、企业等相关部门和个人的联合支持与共同参与，才能从根本上构建起信息无障碍的服务体系，从而帮助视障读者全面、平等地参与社会生活。总之，公

共图书馆应该严格履行对视障读者群体的公共文化服务职责，并广泛呼吁社会各界人士共同关注和关爱视障人群，从而促进社会和谐共融。

参考文献

[1] 联合国教科文组织，国际图联．公共图书馆宣言[Z]．1994-4-29．转引自：邵建萍编著．图书馆为弱势群体服务论[M]．南京：南京大学出版社，2009：213．

[2] 习近平．决胜全面建成小康社会，夺取新时代中国特色社会主义伟大胜利——在中国共产党第十九次全国代表大会上的报告．《党的十九大报告》辅导读本[M]．北京：人民出版社，2017：38-39．

[3] 柯平主编．《公共图书馆法》专家解读[M]．北京：国家图书馆出版社，2018．

[4] 王宁远．全媒体时代公共图书馆视障人士服务机制研究[M]．北京：国家公共文化服务体系制度设计研究办公室，2014：5．

[5] 文化和旅游部．图书馆视障人士服务规范（GB/T36719-2018）．http://std.samr.gov.cn/gb/search/gbdetailed?id=7643B2F25024267CE05397BE0A0AAF6A．

[6] 刘晓景．全媒体环境下的视障读者服务研究——以重庆图书馆视障读者服务为例[J]．图书馆学刊，2012，34（7）：114-115．

[7] 央视网．13年!盲人爷爷牵手老伴每天打卡图书馆[EB/OL]．http：//tv.cctv.com/2020/08/10/VIDEG8TpUWa55ENFRGB3yvFq200810.shtml．

[8] 张贺．重庆图书馆致力于文化志愿服务[N]．人民日报，2017-2-16．

重庆图书馆志愿者服务的现状与分析①

张保强②

随着经济发展，人们对图书馆的需求日益增加，越来越多的志愿者加入公共图书馆的志愿服务工作中，共同推动公共图书馆的事业发展。图书馆的公益性已成为世界图书馆的共识，自愿性、无偿性、公益性是志愿服务行为的3个基本特征。图书馆志愿服务工作日渐成熟，如何更好地巩固志愿者服务阵地，使图书馆志愿服务得以长效发展是探讨研究的主要内容。

重庆图书馆志愿者协会于2010年11月成立，经过几年来的成长，重庆图书馆志愿者协会现有重庆理工大学、重庆邮电大学、重庆第二师范学院、城市管理学院等4所高校志愿者基地，渝高中学寒暑假志愿者服务基地，并与东方海外集团、科普志愿服务总队等社会机构建立了良好的合作关系，除此以外我们还有其他社会个人志愿者，为重庆图书馆提供各类文化志愿服务。

一、志愿者队伍建设和管理现状

重庆图书馆志愿者协会的志愿者队伍虽是非正式组织，但自协会成立以来，仍十分注重加强对其进行管理，经过不断探索，打造出了一支真正具有志愿精神的志愿者队伍。

在志愿者招募过程中，注重志愿者成员的多样性，总体以高校志愿者为主，

---

① 原载于《内蒙古科技与经济》2021年10月第20期总第486期。

② 张保强（1974—　），馆员，硕士研究生，任职于重庆图书馆，研究方向：图书馆学研究。

同时广泛吸纳社会人士和馆内党团员加入，确保志愿者在数量和质量上都能满足馆内的志愿服务需求。

注重加强对志愿者进行相关的业务知识培训，增强他们的业务技能和服务能力，提高读者服务满意度，为适应志愿者工作扩展到图书馆的深层次服务，还可以涵盖说话艺术、仪态、礼节、正确的义务服务观念等，同时考核志愿者的学习进度，定期举办测试，以提高志愿者工作的质量，体现志愿者服务工作的价值。

强化对志愿者进行考核。严格对志愿者的服务时间和次数进行考核，经考核合格后颁发志愿者服务证书。

每年组织开展志愿者年会，对优秀的志愿者予以表彰，提升他们对协会的归属感和对志愿服务工作的积极性。

开通志愿者微信，及时上传更新相关信息，让志愿者第一时间了解重庆图书馆最新的志愿服务动态，同时也为志愿者们进行交流学习搭建了一个良好的平台。

二、志愿服务品牌发展现状

（一）周末、寒暑假志愿者——服务普通读者

周末、寒暑假志愿者主要是利用周末、寒暑假的空闲时间，参与重庆图书馆的志愿者服务，服务对象为普通读者，为他们提供借还书、图书整理、读者咨询、阅读秩序引导等服务。周末和寒暑假志愿者是重庆图书馆志愿者队伍的主力军，他们日复一日地重复着简单平凡的工作，在自己的岗位上践行着“奉献、友爱、互助、进步”的志愿服务精神。为我们提供周末志愿服务的主要是重庆理工大学、重庆邮电大学、重庆师范学院和城市管理学院4所高校志愿者服务基地，重庆理工大学还专门成立重庆图书馆志愿者服务队。寒暑假志愿者主要是渝高中学和社会个人志愿者构成。

（二）周末故事会——故事姐姐伴我成长

“周末故事会”是重庆图书馆与重庆第二师范大学、重庆大学合作推出的周末少儿活动，由志愿者扮演故事姐姐来演绎经典绘本、讲述精彩故事、表演优秀童

话剧，用讲故事和音乐童话剧的方式来演绎这个充满幻想而美好的世界，培养学龄前儿童阅读兴趣。自该活动推出以来，参与志愿者服务人数2000余人次，演出400余场次，参与活动的小朋友和家长近2万人次，深受广大小读者和家长的喜爱。

（三）英语角志愿者——开辟英语交流新天地

重庆图书馆英语角自开办以来，已举办100多期，共有300余人次外籍志愿者参加英语交流志愿者服务，和读者一起交流外国文学、美食、旅游等，了解世界各地的风土人情，提升英语交流水平。除此以外，每期英语角活动还有四川外国语大学的志愿者前来参加，帮助读者与外教老师更加顺畅地沟通。

（四）蒲公英梦想书屋——放飞留守儿童梦想

蒲公英梦想书屋——乡村留守儿童关爱行动系列活动，通过线上领取梦想公益活动、建立流动亲情聊天室、建立E路共享数字阅读平台、开设相伴成长巡回讲堂等特色活动，着力解决乡村留守儿童纸质读本、电子读物等学习资源严重匮乏问题。计划建成50个乡村留守儿童学校“蒲公英梦想书屋”，覆盖重庆40个区县。重庆图书馆志愿者协会联合山城志愿者、海外的“泉心基金”“爱德基金会”等社会志愿者组织，特邀重庆电视台TICO少儿频道和欧文英语等机构100余人次参加活动。为乡村留守儿童送去图书、开展心理辅导、开展有趣的少儿活动等。

（五）志愿者讲座还原

重庆图书馆志愿者协会专门成立了一支讲座还原志愿者队伍。他们以严谨、认真的工作态度，不辞辛劳地将馆内开展各类精品讲座通过现场文字记录或将录音转化为文字的形式将讲座还原。这不仅让未能到现场参加讲座的读者也可以通过文字了解到讲座内容，增长相关的知识见闻，同时也让到达现场听取讲座的读者能够再次重温讲座内容，进一步加深对讲座内容的熟悉度，从而提升对相关知识的认识和理解，深受讲座爱好者好评。

（六）馆内党团员志愿者帮扶弱势群体

馆内有一支由党团员组成的志愿者服务队伍，他们主要参与重庆图书馆的弱势群体服务项目。如视障读者服务、蒲公英梦想书屋、农民工服务联盟以及敬老文明活动等。

（七）视障服务志愿者关爱视障人群

重庆图书馆志愿者协会还专门成立了视障读者志愿者服务队，先后参加了“重庆图书馆视障读者专用设备展览活动”“重庆图书馆无障碍影院服务”“无障碍行走体验”“重庆图书馆视障读者免费电脑培训”等活动，为数百名视障朋友提供特色志愿者服务，让他们共享社会发展新成果、新文明。

三、志愿者服务存在的问题及原因分析

充分肯定成绩的同时我们也发现，在推动学雷锋志愿服务工作持续深入开展中，我们还存在一些问题和一定差距。①志愿者资源优势不明显，作为志愿者主力军的大学生，不能完全满足文化志愿服务的专业化水平需求。②缺乏志愿服务专项资金，志愿服务工作的开展依赖行政运行经费。③志愿服务管理关系不顺。文化志愿者中大部分是在校大学生，他们参加图书馆的志愿活动很大程度上是因为他们在各自的学校本身就属于志愿者协会。这些协会基本都是每年进行一次换届，吸收新成员加入。这就导致这些大学生在一年期满退出协会后也会退出图书馆的志愿者队伍。图书馆缺少建立与志愿者长期合作的机制，造成一段时间后人员大量流失，只能重新招募，影响了工作的安排。

四、志愿者服务的改进措施

（一）立足本职岗位，将学雷锋志愿服务融入日常工作

加强学雷锋、做雷锋的思想自觉，弘扬雷锋同志在平凡的工作岗位上“干一行、爱一行、钻一行”的奉献精神。在本职岗位上，不断提高业务水平，始终把普通工作岗位作为实现人生价值的舞台，在平凡的岗位上做出不平凡的成绩，充分展示敬业爱岗、自强不息的精神风貌和甘于奉献、勇当先锋的良好形象，让“雷锋精神”贯穿到我们日常工作生活的全过程，为构建和谐文明社会和建设全面小康社会做出自己的贡献。

（二）进一步完善志愿服务长效制度

只有在志愿者招募、管理、培训等方面形成一整套制度，建立完善长效工作机制和活动运作机制，才能使学雷锋志愿服务活动常态化，才能使志愿服务工作持续、健康、长久地发展。还要有配套的志愿者权益保障、志愿服务经费保障、志愿服务激励机制等。建议从国家立法角度来切实保障志愿者权益，健全志愿服务评价激励机制，如在特定的非营利组织从事志愿服务，志愿服务时间可以抵税。志愿服务满一定时间的，可以评星级志愿者，根据星级不同给予奖学金，对于星级志愿者在就业、升学上给予倾斜；对于已有社会工作的志愿者，应在职务评审、职称晋升上享受优先，以及使用社会公共设施等方面的优惠措施。以此建立长效的志愿服务激励机制，鼓励志愿者终身服务。

（三）加大对志愿服务组织的财政扶持力度

建议设立志愿服务专项保障经费，并纳入公共财政预算。在完善政府购买志愿者服务的基础上创新资金筹资渠道。加大公共财政向社会工作领域倾斜的力度，通过政府拨款、接受社会项目赞助等渠道解决组织开展志愿服务的活动经费、阵地、专业指导人员等问题，确保志愿服务的正常开展。

参考文献

［1］徐恩元，黄黄．我国图书馆志愿者研究综述［J］．图书馆论坛，2011（6）：102-108，114.

［2］许美荣．公共图书馆志愿者队伍管理的改进［J］．图书馆杂志，2007（6）：32-35，37.

［3］王建新．公共图书馆文化志愿者服务探析——以南京图书馆为例［J］．江苏科技信息，2015（19）：12-14.

重庆广播电视安全播出监测系统设计与应用

练　巧　何　毅

一、前言

广播电视监测监管是政府对广播电视行业监督的重要手段。中央要求广播电视的监测监管要从维护国家安全、文化安全、社会稳定的政治高度，全面加强广播电视安全播出的管理。加强广播电视监测监管和安全播出管理工作是提升广播电视信息战、舆论战能力的需要，是促进广播电视行业健康有序发展的需要，也是保证公众良好收听收看权益的需要。我们应该从维护国家安全的政治高度，肩负起政府对广播电视行业实施监管的职责。

为此，我台基于分布式架构、IP化云概念等关键技术研究设计了重庆广播电视安全播出监测系统。

二、系统设计

（一）系统架构

重庆广播电视安全播出监测系统覆盖重庆主城区和33个区县，能够针对辖区内播出的所有广播电视信号，包括有线数字电视、地面数字电视、模拟开路/有线电视、调频/中波广播信号等进行安全播出质量监管，实现技术指标监测、节目质量监看、异态报警分析等核心业务功能，保障辖区内所有广播电视节目安全播出。

总前端监测系统配备了机箱电源、多通道DVB-C有线数字电视监测解扰卡、多通道ABS-S直播卫星数字电视监测卡、多通道DTMB国标地面数字电视监测卡、多通道高标清监测转码卡、多画面监测系统等设备，可完成重庆广电监测台总前端的有线数字电视信号、地面数字信号、卫星信号等传统广播信号的监测，实现技术指标监测、节目质量监看等功能。

除总前端外，系统还覆盖33个区县前端。以一个区县前端监测系统为例，该区县前端监测系统配备了机箱电源、多通道DVB-C有线数字电视监测解扰卡、多通道AM/FM广播监测编码卡、多通道高标清监测转码卡等设备，用于实现将区县前端的传统广播电视信号回传至中心平台，完成对辖区内广播电视信号技术指标参数的监测，以及实时指标测量和指标存录回溯。

系统能够对广播电视监测前端实时上报的信号指标参数进行收集并实时展示，实时掌握辖区内播出的所有广播电视信号指标参数，第一时间发现、判定和处理指标异常、新增频点等异常状态，确保辖区内所有广播电视信号安全且高质量播出。广播电视监测前端实时上报的具体指标包括有线数字电视技术指标和地面数字电视技术指标。

其中，有线数字电视技术指标又分为信道指标和地面数字电视技术指标。信道指标包括信号电平、调制误差比（MER）、误码率（BER）、误差向量幅度（EVM）、载噪比（C/N）、星座图、频率偏移、符号率偏移等，码流指标则包括TR101-290三级码流错误、带宽、PID数量、PSI/SI等。

地面数字电视技术指标分为信道指标和码流指标。信道指标包括信号电平、误码率（BER）、载噪比（C/N）、频率偏移、符号率偏移、载波模式（单载波、多载波）、帧头模式（可变、固定）、前向纠错码率、交织深度、净码率等。码流指标包括，TR101-290三级码流错误、带宽、PID数量、PSI/SI等。

同时，对辖区内所有广播电视信号播出的指标参数进行统一的可视化直观展示。能够展示任意一路信号的信道指标，通过曲线图展示不同指标参数的变化趋势，并进行纵向比较分析；通过星座图直观了解信号质量；可以对码流从TR101-290三级码流错误、带宽、PID、PSI/SI等维度进行深度分析。同时也可以对信号按类型分组，通过列表集中展示指标参数，便于进行横向比较。能够对选定信号在指定时间范围内的指标变化进行统计，以曲线图进行呈现。通过分析信号指标变化，掌握指标变化趋势。当指标异常时，按照雨雪衰降的逐渐劣化、设备故障导致突然停播、受到干扰导致电平升高等不同异态成因的指标特有变化趋势进行分类判断分析。当信号播出异常、指标超过门限时，进行异态告警，并记录异常指标参数、故障录像和报警信息以做进一步分析处理。系统还能够对各个前端采集信号指标进行存录，按照预定格式和路径保存指标数据，根据实际需要进行调用或长期保存，查询回溯指定前端、指定信号在指定时间范围内的指标参数，并支持导出下载。

系统还具备实时监看功能，能够实现监测前端回传节目实时视音频的监听监看。通过频道列表，能够显示前端下所有监测的频道，并按照监测前端和信号类型进行分组，支持根据频道名称进行查询检索。通过频道列表可以选择任意一个频道在线播放前端回传的节目实时画面，对节目视音频内容进行监听监看。同时可以展示节目基本信息，如频点、服务号、视频类型、音频类型、分辨率、声道数等。

（二）系统所用关键技术

1.分布式架构

系统采用分布式架构设计，部署于区县的监测前端设备完全基于高稳定性的嵌入式设计，能够自动完成信号采集监测任务，并将数据上报至中心平台，支持远程控制、调度，满足监测前端无人值守、7×24小时稳定运行的需要。

2.平台化设计

中心监管系统采用开放的平台化体系架构设计，通过业务抽象，将整个平台层次化、模块化，实现了数据的统一采集、统一存储、统一处理，为业务的融合提供了良好的基础，可以方便后续新业务系统的增加。

3.灵活显示调度

采用基于IP化云概念设计的分布式显示控制系统，实现监看画面灵活上屏展示调度。所有音视频信号以网络化的方式接入系统交换机，通过分布式输出节点机输出到大屏实现拼接显示，在实现信号一体化调用的同时，大幅降低布线、维护的复杂度。此外，可视化的触控操作方式可对显示信号进行跨屏、叠加、缩放、漫游等操作，所有操作信号以及大屏可实时预览，真正做到“所见即所得”。

三、取得的成绩

2020年，重庆市全市各级播出传输单位圆满完成元旦、春节、清明节全国哀悼日、全国两会、十一国庆节等共18天安播重保期保障任务，确保了22场重大现场直播安全播出，实现了重大活动、重点时段和重要节日安全保障“零停播”目标，安全播出态势持续向好。

四、未来展望

重庆广播电视安全播出监测系统尚未实现对网络视听、两微一端等媒体业态的全覆盖，存在监管缺位现象。此外，自动化、智能化的监管手段不够完善，缺乏云计算、大数据、人工智能等新一代信息技术的应用，无法满足当前广播电视全媒体融合智能监管的要求。未来，系统扩容时将会考虑以上问题，开发建设以大数据、云计算技术为依托，以人工智能为重点，智能化全媒体、全业务、全业态的监测调度指挥系统。

五、结束语

本文从重庆广播电视安全播出监测系统架构出发，介绍了总前端以及区县前端监测系统实现辖区内广播电视信号技术指标参数监测等功能。文章还对系统所用关键技术进行了分析，同时对重庆广播电视监测台安全播出监测系统的未来监测方向以及趋势提出了一些建议，希望能够为今后同类系统的建设提供参考借鉴。

参考文献

［1］刘凤霞．关于省级新闻出版广播影视综合监管体系建设的架构思考［J］．广播与电视技术，2017，44（3）．

［2］张之虹，缪真伟．广播电视综合监管平台专用网络设计与建设实践［J］．广播与电视技术，2015，42（2）．

［3］高丽红，王雪纯，周洁．传统广播电视融合新媒体的实践研究［J］．新闻研究导刊，2020，11（15）．

［4］李铁强，张勇．省级广播电视多业务一体化综合监管平台的设计［J］．广播与电视技术，2016，43（2）．

［5］李铁强，李海昌，孙丽沙．省级广播电视多业务一体化综合监管平台的设计：第23届中国数字广播电视与网络发展年会暨第14届全国互联网与音视频广播发展研讨会论文集［C］．2015．

重庆广电网络CMTS网络优化经验案例介绍[①]

廖光权[②]

一、CMTS网络优化前存在的问题

重庆广电网络CMTS工作频点数由最初的4频点扩至8频点，到最后扩至12频点，由于现有频率资源紧张、所用频率并不连续，因此重庆广电网络采用了三段频段，每个频段4个频点，即522MHz~546MHz、586MHz~610MHz、794MHz~818MHz，频率跨度达296MHz，但随之也出现了一些问题。

（一）2.0单频点CM体验差

版本为2.0的单频点CM用户上网，时而正常，时而缓慢。重启后，CM下行频点如果获取高电平，则低频率的530MHz上网快，如果获取低电平，高频率的818MHz下行频点上网慢，影响用户上网的网速和体验。社区经理上门不能解决此故障，经常发生上门时故障已好，刚一离开故障又重现的情况，用户不满意，报修量也激增。

（二）3.0多频点CM体验差

版本为3.0的多频点CM的大带宽用户上网体验差，例如200Mbps带宽在测试时实际达不到该标准。CM下行本来工作在8个频点，但其中会有两三个下行频点指标不合格（SNR、CER、CCER），造成用户体验不佳，达不到百兆宽带效

---

① 原载于《广播电视网络》2021年第9期总第381期。

② 廖光权，中国广电重庆网络股份有限公司。

果。社区经理上门维修也不能解决故障，导致公司在与其他电信运营商竞争时处于劣势。

二、产生问题的原因

针对宽带用户大量报修的情况，运维部组织相关技术骨干进行了技术攻关，找到了问题原因所在。

随着重庆广电网络大带宽业务的开展，需要CMTS输出更大的带宽，CMTS的工作频点由4个频点扩展到8个频点再到12个频点。由于频点资源不足，8频点时公司CMTS信号有4个频点工作在794MHz、802MHz、810MHz、818MHz，下行光发射机当时最高工作频率为860MHz，会对800MHz以上的信号进行削波。

CMTS输出的电平值随工作频点数增加，下行板卡射频端口输出电平值反而降低，即CMTS内部增加了一个8端口混合器，造成了CMTS板卡射频端口输出电平值由120dBμV左右下降到106dBμV左右。公司又从8频点升到12频点，此时的CMTS下行板卡射频端口输出电平值再次下降到104dBμV。

CMTS输出电平值降低后，CMTS到下行光发射机链路损耗并未改变，造成了CMTS信号进入光发射机激励电平不足，导致下行光发射机输出的CMTS信号MER值劣化，CM接收的CMTS下行信号SNR下降，在网管上发现CM出现CER、CCER值升高现象，影响了客户宽带体验，主要表现为如下几点：CMTS输出的下行频点电平值随着频点增加降低了6dB左右；机房电缆对高频损耗过大，导致光发射机安装位置距CMTS设备安装位置的最远的光发射机输入的CMTS信号818MHz与522MHz电平值相差4dB，使下行光发射机输出的下行SNR、CER、CCER值严重劣化。

三、针对存在问题的改进措施

针对重庆广电网络CMTS网络中出现CM接收下行信号信噪比低和CER、

CCER高的情况，经前期在西部分公司所做网络调研和实践，并根据有线电视传输的一些基本原理，找到了问题的症结，提出了解决方案，现就支撑理论和实践结果做如下分析。

（一）CM技术指标理论分析

1.DOCSIS标准

DOCSIS标准中对256QAM调制方式的下行接收技术提出了如下要求：采用256QAM调制方式，当接收电平为－6dBmV——15dBmV，Eb/No为33dB；当CM接收电平为－6dBmV——15dBmV，Eb/No为30dB，BER值要求为1.0E－8。

其中，Eb/No为CM解调门限，定义为每比特能量除以噪声功率谱密度。Eb为每比特信号能量，Eb=S/R（S是信号能量，R是业务比特速率）；No为噪声功率谱密度，No=N/W（W是带宽，N是噪音）。

2.Eb/No≈SNR≈S/N≈MER的理论关系证明

Eb/No是比特能量与AWGN的噪声功率谱之比，它和SNR还存在以下的关系：SNR=（Eb×Rb）/（No×W）。其中，Rb是信息速率，W是等效噪声带宽，SNR表示的是整个带宽内的功率之比。因此，在数字通信系统中，经常采用Eb/No来作为统一的衡量标准。

在数字通信中，Rb/W为频谱效率，SNR和Eb/No之间只是有个差值，W是等效噪声带宽，在不严格的情况下，SNR和Eb/No可以通用。一般情况下，信道都被归一化，两者相等，即SNR=S/N=Eb/No。MER是调制误差比，定义是矢量幅度的有效值与误码幅度的有效值的比值，采用分贝法表示。

在有线数字电视传输系统中，SNR（信噪比）的定义是I/Q信号均方值的平均功率与误差矢量的均方值平均噪声功率的比值，可简称为 I/Q 信号功率与噪声功率之比，用分贝（dB）表示。

SNR值与MER值计算关系如图1所示，其中，I、Q是理想位置矢量，$\delta I_j^2+\delta Q_j^2$是误差矢量。

由计算公式分析得出，SNR仅比MER在分子和分母前多加了一个I/N的符号（N代表星座点数），也即在计算和估算系统SNR时，如果不考虑MER包括的

$$MER=10lg\left[\frac{\sum_{J=1}^{N}(I_j^2+Q_j^2)}{\sum_{J=1}^{N}(\delta I_j^2+\delta Q_j^2)}\right]dB$$

$$SNR=10lg\left[\frac{\frac{1}{N}\sum_{J=1}^{N}(I_j^2+Q_j^2)}{\frac{1}{N}\sum_{J=1}^{N}(\delta I_j^2+\delta Q_j^2)}\right]dB$$

图 1 SNR 值与 MER 值计算关系

C/N=SNR-10lg{(1- α/4)/(Rs/BW)}

SNR=C/N-10lg{(1- α/4)/(Rs/BW)}

=33+10lg{(1-0.15/4)/(6.952/8)}

=34.44（dB）

图 2 CNR 与 SNR 之间的计算公式

其他抖动干扰，仅考虑噪声影响，则取所有星座点的均方值进行计算，其结果就是射频信号传输系统的SNR。如果传输系统的显著影响是由噪声引起的，则SNR≈MER。

通过以上的论述，我们可知，Eb/No≈SNR≈S/N≈MER。

由BER与C/N之间的瀑布曲线可知，采用256QAM调制方式时，BER要求为1.0E—8，C/N要达到34dB左右。

3.CNR与SNR的关系

CNR与SNR之间的计算公式如图2所示，由此推论可得出结论如下。

MER≈SNR≈Eb/No≈C/N+0.443≈4.44dB

根据以上理论可知，CMTS若采用256QAM调制方式，则CM接收电平在±15dBmV时，要求SNR要达到35dB，即MER≥35dB。

4.重庆广电网络对MER值的分配要求

重庆广电网络对CM要求SNR达35dB，即CM下行接收电平的MER值要求达35dB，根据公司规定，下行光发射机输出的CM接收数据信号MER值应大于等于39dB。

5.CM下行接收电平的信噪比与CCER的关系

CM的SNR从28dB升到38dB时，CCER也同时从大于40降到了1以下，退出告警区，从CM的PING包可以看出时延抖动也变小了，由此可说明信噪比与CCER有一定关系。

（二）下行光发射机最佳激励电平的确定

根据下行光发射机的工作原理可知，CMTS信号进入辅助口后先衰减12dB，再与放大后的主信号混合，经全一系列控制电平后进激光器变成光信号，在进DFB激光器前有一个20dB检测器，用于检测输入激光器的激励电平值。以雷华厂家低输入光发射机为例，出厂调试状态为59路模拟频道+40路数字频道，且激光器加载电平是59路模拟频道，单个频道电平为76dBμV，而40个数字频道的单个频道电平为66dBμV。

$$\Delta P(dB) = 20log_{10}(\sqrt{63}\Big/\sqrt{(X_A+\tfrac{1}{10}X_D)}) \quad (1)$$
$$=20log\sqrt{63/13.8}$$
$$=6.6(dB)$$

$$\Delta P(dB) = 20log_{10}(\sqrt{63}\Big/\sqrt{(X_A+\tfrac{1}{10}X_D)}) \quad (2)$$
$$=20log\sqrt{63/6.6}$$
$$=9.8(dB)$$

图3 下行光发射机最佳激励电平

以重庆广电网络实际为例，确定光发射机最佳激励电平。按照上述加载信号种类进行加载及信号电平调试，下行激光器处于最佳激励状态。按照8个模拟频道+58个数字频道加载时，激励信号电平的变化值计算如图3中公式（1）所示。其中，X_A=8为加载信号的模拟频道数量，X_D=58为加载信号的数字频道数量。

58个数字频道的激励电平为：

PD+ΔP=66+6.6=72.6dBμV

其中，PD为单个数字频道出厂最佳激励电平。

按66个数字频道加载时，激光器最佳激励电平计算如图3中公式（2）所示。此时，58个数字频道激励电平为：

PD+ΔP=66+9.8=75.8dBμV

64QAM信号峰值因子较256QAM峰值因子高4dB左右，考虑到峰值功率是影响激光器加载特性的主要因素，因此为保持峰值功率相近，系统调试时应该将256QAM信号电平（与64QAM信号比）调高3dB~4dB。

当58个频道64QAM信号输入时，256QAM光发射机的辅助口输入电平经计算为72.6+12+3=87.6dBμV；当66个频道64QAM信号输入时，256QAM光发射机辅助口的输入电平经计算为75.8+12+3=90.8dBμV。

表1　CMTS射频输出口电平值随加载频道数电平值变化表

CMTS单端口输出电平与调制频道数关系=10×$\log_{10}$（频点数/2）+3（3为修正值）		
频点数	计算公式（递减值）	CMTS输出电平（dBmV）
1		60
2	4	56
3	2	54
4	2	52
8	5	47
12	2	45
16	1	44
30	2	42
40	1	41

（三）重庆广电网络CM下行信号质量劣化关键症结分析

随工作频点数的增加，CMTS射频端口输出电平降低。在CMTS内部，频道数增加，每个射频端口内部均有一个电子混合器，混合器随着频道数增加而增加。同理，如二混合器变成四混器、八混合器、十六混合器，输出口电平虽不像分配器一样成倍数级增加，但也是会相应增加的，增加损耗值的计算方法为10×$\log_{10}$（频点数/2）+3dB，如表1所示，这就是CMTS射频端口电平值降低的真正原因。

（四）重庆广电网络调试文件规定

总前端/区县中心机房1550nm光发射机的输入信号应为平坦输入，即在频率范围内所有模拟频道或所有数字频点中最大电平值和最小电平值相对两者平均电平的正负偏差，在112MHz~1000MHz全频带范围内应满足±0.5dB的要求。从公司调试文件可知，要求进下行光发射机电平要平。目前，重庆广电网络直播信号从155MHz至690MHz，频率相差跨度大，若要保证进下行光发射机电平平坦输入，则前放就必须带斜率输出。

（五）西部分公司实验案例

CMTS工作的射频频率降为了600MHz左右，以12个频点为例，一个CMTS的下行射频端口带4个下行光发射机，一个下行光发射机带4个光站，即1个CMTS下行端口带16个光站。另外，在进下行光发射机辅助口时，有一个四混合器用来混合VOD信号和其他信号（大学城内部的信号输入等），另预留了一个输入口。未改造下行光发射机前，下行光发射机激励检测口电平如表2所示，由CMTS输出电平及最远端下行光发射机检测口激励电平可以看出，因进下行光发射机输入电平不足造成了下行光发射机激励信号的MER值不达标。改造后，新下行光发射机（取消轻辅助口－12DB衰减）的下行光发射机检测口MER值都达39dB左右，符合计算标准。

四、工程实施

为了做好本次网络优化工作，重庆广电网络在其运维部组织下成立了优化项目部。为了找准网络质量问题的症结，先派遣运维部骨干对网络进行实地分析测

表2　改造前后的下行光发射机激励检测口电平表

西部分公司网优前后下行光发射机检测口电平值、MER值变化						
频率（MHz）	CMTSL输出电平（dBμV）	MER值（dB）	下行光发射机优化前电平值（dBμV）	下行光发射机优化后电平值（dBμV）	下行光发射机优化前MER（dB）	下行光发射机优化后MER（dB）
522	105	40.4	70	72	33	39
530	104.6	40.8	70.2	72.1	33	39.3
538	105	40.8	68.1	72	32.5	39
546	105.4	40.7	65.9	72	29.2	39
554	105.2	40.7	66	72	29.1	39
562	105.2	40.7	67.2	72	30.8	39
570	105	40.7	66	71	71	39
578	105	40.8	68	71	30.1	38.9
586	105.3	40.9	67.9	71	32	39
594	105.1	40.8	68.5	71.2	31.5	38.9
602	105.2	40.8	67.3	70.9	30	38.9
610	104.8	40.8	66.1	70	31.8	39

试，找准问题，然后尝试多种解决方案进行试点，找到既能解决问题又可以节省材料成本和人力成本的方法。最后，在西部分公司找到一个机房进行试点，采取了以下优化措施。

（1）为了使CMTS下行频点能工作在连续的频点内，重庆广电网络下决心关断在现有全数信号网中传输的7套模拟节目，为CMTS腾出可用频点。

（2）对全市CMTS进行扩频，由4频点升级到12频点。

（3）对全市CMTS网络下行频点由800MHz分段分布，降为500MHz开始的连续频点。

（4）进行3.0CM Partial Service服务优化。

（5）上行配置跳频组。

（6）对3.0CM下行负载均衡阈值调整。

（7）对全市CMTS网络下行光发射机进行升级改造，由860MHz升级到1000MHz，取消原下行光发射机辅口—12dB衰减。

（8）对全市网络制定新的网络调试标准、调试流程，引入新的管理指标。

（9）制定新的网络质量考核标准。

（10）按新标准对全市进行网络优化，全网络调试，量化各分公司考核标准，达到运维部考核目标任务。

表3　网络优化前后严重错误降级指标对比表

重庆广电网络CMTS网络2018至2020年上、下行错误率统计		
时间	最大错误数据（MH）	错误下降百分比
2018年2月24日至3月3日	5500	
2018年6月28日至7月5日	3500	较未换下行光发射机下降36.36%
2019年10月15日至22日	2250	较未直播（PBN）优化下降59%
2020年11月28日至12月5日	1800	较 2018 年未换下行光发射机、未进行直播优化下降 67.2%
2018年2月24日至3月3日	上行最大75000	上行网络严重降级，下降了33.33%
2020年11月28日至12月5日	上行最大50000	

（11）对社区60分模拟信号519.25MHz干扰CMTS信号522MHz进行关断。

（12）对总前端直播信源进行了优化，解决了363MHz长期MER值低的问题。

（13）对机房进行了优化调试，更改了某些设备的摆放位置，从而避免了进入下行光发射机直播电平高低不平；更换了PBN前置放大器，把原来无均衡哈雷前放更换成带9DB的均衡的前放，使进入下行光发射机的电平更趋一致。

（14）对CMTS网络进行了资源清理。

（15）开发CMTS网络上、下行通道，以及单个CM网络指标的实时质量手机运行工具。

（16）对一线社区经理、干线人员进行了大规模反复培训。

五、优化后的效果

CM的接收频率由原来的810MHz下降到610MHz，接收电平值也由原来的－10.9dBmV上升到2dBmV，下行SNR由原来的28dB上升到38dB，CER、CCER也由98%降低到0.01%，用户上网体验好了，网络稳定了，宽带报修量也大幅下降。

从表3可以看出，重庆广电网络经过三年的网络优化后，其网络降级指标得到了很大的提升，用户体验越来越好。

六、结语

重庆广电网络以实事求是为原则，不断对网络进行优化，不断挖掘现有网络资源潜力，为公司创造更大的利润，以最小投入为代价，最大化利用好现有网络为公司下一步全光全IP打下坚实的经济基础，在激烈的市场竞争中以现有同轴电缆网络与其他电信运营商进行竞争。愿此文对各位同人有所启示！

双城经济圈建设背景下成渝公共图书馆协同发展研究①

杨前进　李缙云②

一、成渝两地公共图书馆协同发展背景

2020年1月，中央财经委员会第六次会议提出："推动成渝地区双城经济圈建设，在西部形成高质量发展的重要增长极。"[1]这是中央首次对成都和重庆给出"成渝地区双城经济圈"建设的提法，并且提出了要形成"高质量发展的重要增长极"的新要求，这是在《成渝经济区区域规划》《成渝城市群发展规划》的基础上我国区域协调发展的再一次战略性升级。这样更高的要求从长远目标来看，意味着党中央、国务院对成渝两地的发展更加关心和重视，意味着成渝两地的建设和发展在西部地区的引领责任更加重大，辐射带动任务更加艰巨。

2020年5月，重庆市委在落实"成渝地区双城经济圈"建设工作会上提出："要提升城市能级，加快城市有机更新，彰显城市品质建设，着眼于满足人民群众对美好生活的需要，进一步提升城市经济品质、人文品质任务建设。"[2]这些目标任务的实现，不但离不开物质财富的创造和积累，而且也离不开精神文明的支撑和良好文化条件的保障[3]。早在2017年4月，党中央、国务院在深入推进京津冀协同发展战略部署，提出雄安新区建设时，习近平总书记就雄安新区建设作出重要

① 原载于《四川图书馆学报》2021年第2期总第240期。

② 杨前进（1978—　），大学本科，副研究馆员，任职于重庆图书馆教育培训中心。研究方向：公共图书馆协同发展；李缙云（1978—　），女，大学本科，馆员，任职于重庆图书馆教育培训中心。研究方向：公共图书馆协同发展。

指示："提供优质公共服务，建设优质公共设施，创建城市管理新样板。"[4]因此，公共图书馆服务不仅关系到中华优秀文化的传承和人类社会文明的进步，也对人文品质的提升、人民群众美好生活的实现具有重大影响。由此可见，在成渝双城经济圈建设背景下，成渝公共图书馆协同发展不仅有政策的引领，也迎来了难得的协同发展机遇。但从目前两地公共图书馆协同发展的现实情况来看，政策间的壁垒、制度间的约束、技术间的阻碍、发展目标的认同等因素还在一定程度上制约着成渝两地公共图书馆的协同发展。因此，探究成渝公共图书馆协同发展现状，分析图书馆协同发展实践难题，推进成渝公共图书馆协同发展是当前的一项重要工作。

二、公共图书馆协同发展内涵

协同发展起源于协同论，1971年，德国学者赫尔曼·哈肯提出：协同是指通过同一系统内部不同的组成部分相互协调、相互配合、合作或同步的联合作用，而产生"1+1>2"的效果的一个有机关系体的过程[5]。我国学者孙长青认为"协同创新"是指不同创新主体以合作各方共同利益为基础，以资源共享或优势互补为前提，合理分工，通过创新要素有机配合，相互作用，产生单独要素所无法实现的整体协同效应的过程[6]。正是基于协同发展理论的广泛应用，以及公共图书馆评估定级和公共图书馆服务效能评估活动的开展，直接导致图书馆协同发展进入快速发展轨道。国家图书馆联合编目中心、吉林省图书馆联盟、广东省文献资源共建共享协作网等图书馆联盟的成功运行，在实现图书馆资源共享、跨越信息鸿沟、促进信息获取公平、提高资源利用效率等方面，图书馆联盟的作用与日俱增。但由于受管理体制、技术条件等因素的限制，我国公共图书馆事业发展"各自为政、自我建设、以我为主"的发展现象依然存在，这在一定程度上导致了公共图书馆建设和服务工作中人力、物力、财力的浪费。随着我国经济社会改革的深入推进，当前一些图书馆联盟的发展已经跟不上时代改革的需要，出现了一些瓶颈。公共图书馆在双城经济圈建设背景下怎样提供高质量、高时效的服务，提供的公共文化服务怎样才能达到双城经济圈建设高质量发展增长极要求，是图书馆协同发展必须要思考的问题。

三、成渝两地公共图书馆协同发展现状

（一）成渝两地公共图书馆基本情况

从表1可以看出，成渝两地公共图书馆事业发展基础设施设备、资源建设、服务效能等方面都走在西部公共图书馆前列，预计都高于全国平均水平。

表1　2018年成渝两地公共图书馆基本情况

区域	公共图书馆数量（个）	每万人拥有公共图书馆面积（m^2）	人均藏书量（册）	人均年购书经费（元）	公共图书馆活动场次（次）	人均享有公共图书馆服务场次（次）	2018年评估定级情况		
							一级图书馆（个）	二级图书馆（个）	三级图书馆（个）
成都市	22	120.3	1.2	2	2876	0.61	22	0	0
重庆市	43	110.6	0.54	1.16	4552	0.5	35	3	4

注：表中统计数据是根据2018年公共图书馆行业年报统计而得，评估定级情况根据国家文化和旅游部第六次全国县级以上公共图书馆评估定级结果通知统计而得。

（二）成渝两地公共图书馆协同发展现状

成渝两地在相同独特历史背景下，区域内的人民群众有深厚的文化基础和相似的文化认同感，一直以来都有合作的传统。就公共图书馆发展而言，成渝两地公共图书馆业务发展互有合作，具体协同发展情况如表2。

从表2可以看出，成渝两地公共图书馆协同发展互有往来、互有合作，但最近几年主要还是在各自行政区域内开展，并以联盟建设、项目合作为主要模式。但成渝两地公共图书馆无论是联盟建设还是项目合作，之所以能兴起与发展，主要还是得益于国家的政策优势。早在2003年，国家在西部大开发的区域规划中就非常重视成渝地区，当时就有了“成渝两大都市中心、双核城市群”的提法。2011年5月，国家发改委在《成渝经济区区域规划》中指出：“在深入推进成都、重庆全国统筹城乡综合配套改革试验区建设中，要推动基本公共服务均等化。”2016年3月，国务院《成渝城市群发展规划》通过时，成渝地区经济社会人文联系密切，川渝合作进程逐步加快，这个时期成渝两地间的区域性系统内联盟、跨区域系统内的联盟建设也加快发展，出现了多个协同发展模式的图书馆联盟。

表2　成渝公共图书馆协同发展情况表

区域	协同发展模式	名称	成立时间	成员数（个）	发起者	运行情况（特点）
重庆市	区域性系统内联盟	重庆市公共图书馆"一卡通"	2012. 5	9	重庆图书馆	读者只需通过一张卡就能在主城区任意一家公共图书馆实现通借通还。
成都市	区域性系统内联盟	成都市公共图书馆联盟	2014. 12	21	成都图书馆	以通借通还为目的，读者凭"一卡通"借阅卡在21家图书馆任意借还。
重庆市	区域性系统内联盟	重庆市区域性图书馆联盟	2014. 12	13	13个区（县）图书馆自发组建	建立联采文献保障体系、网上联合目录、链接地方文献数据库，开展馆际互借，出版联盟馆风采文集。
四川省	区域性系统内联盟	四川全民阅读图书馆联盟	2015. 5	22	四川省图书馆	联合推出"四川省公共图书馆数字阅读榜"。
重庆市	项目合作	区域性统一服务电话	2016. 4	11	重庆图书馆	读者只要拨打电话400—822—3776，就能享受11家公共图书馆查阅、续借、读者证挂失等实用信息服务。
成都市	项目合作	成都市公共图书馆联盟短信服务平台	2016. 5	14	成都图书馆	图书到期、过期，免费短信催还服务，读者证到期通知。
西部地区	跨区域系统内联盟	西部省级公共图书馆联盟	2017. 2	12	重庆图书馆	统筹、协调中国西部地区公共图书馆资源，促进区域内公共图书馆之间资源共享、协作联动、互补多赢。
重庆市	区域性系统内联盟	重庆主城区图书馆联盟	2017. 4	9	重庆九龙坡图书馆	在联盟章程框架下，各馆之间分享优质图书、讲座和展览资源，共享共建，开展学术合作和经验交流。
遂渝地区	跨区域系统内联盟	遂渝区域性公共图书馆联盟	2020. 5	19	遂宁市图书馆	联合开展阅读推广、联合搭建资源平台、馆员交流，拓宽资源和信息的互通互享。

四、成渝两地公共图书馆协同发展存在的实践困境

（一）以联盟为形式的协同发展模式运作理论机制研究缺乏

一般说来，以联盟为形式的图书馆协同发展模式在联盟成立之初就会在联盟章程中对联盟组织架构、运作机制、合作内容等作出明确规定，但常常缺乏与之相配套的评估机制，因为没有评估机制，也就不能对图书馆联盟构成的理论支撑、基本要素及其相互作用进行了解掌握。公共图书馆作为我国公共文化服务体

系的重要组成部分，在开展全民阅读、提供文献服务、参与学习型社会建设等方面做出了重大贡献，但目前以联盟为形式的协同发展模式与建设社会主义文化强国的战略要求还有明显不相适应的地方。我国公共图书馆界对协同发展模式的理论研究还不足，虽然有论著对一些联盟发展模式做了相应的理论研究，但多是一些区域性、单一的案例研究[7]。从全国层面来看，公共图书馆间的协同发展制度创新缺乏，特别是在行政力量间的壁垒、部门间的协调联动、政策与法律法规之间的衔接等方面的制度研究都还需要有开拓性的理论视野。而就成渝两地公共图书馆而言，在成渝双城经济圈建设背景下，两地公共图书馆的协同发展已经具备了特殊的政策理论支撑，对此，两地的公共文化行政管理部门、公共文化服务机构需要进一步就两地公共图书馆协同发展的目标规划、经费来源、服务架构、信息技术、设施设备、人力资源、运行数据、学术成果等之间的共享理论机制进行深度研究，让成渝两地公共图书馆协同发展有符合双城经济圈建设要求的、创新的、深入的制度支撑。

（二）公共图书馆协同发展缺少统一规划和管理

公共图书馆作为公共文化服务供给的重要单位，协同发展就是联合不同区域的公共图书馆，整合公共文化服务资源，聚合公共文化服务力量，共建共享文献信息资源，最终的目标就是向广大人民群众提供优质的公共文化服务。为了实现这一目标，成渝地区公共图书馆从2012年起就相继成立了公共图书馆联盟，并以此为协同发展模式，构建了适合成渝两地公共图书馆可持续发展的，能够服务于成渝经济圈建设的联盟服务平台。通过这个平台，成渝两地公共图书馆共建共享业务开展得如火如荼。但从现实情况来看，由于缺乏系统规划和统一管理，参与联盟的各主体仍然以各自的利益为重，直接导致当下的协同发展模式还处于表面的协同，协同的深度和广度都不够。另一方面，由于缺乏统一的考核评价机制，联盟的发起者看中的是联盟参与主体的规模、参与主体单位的多少、媒体宣传报道以及亲临领导的级别等表面的政绩现象，而忽视了联盟内在运行所需的理念、管理、技术、权利、读者满意度、认可度等问题。因此，需要勾勒和描绘出公共图书馆协同发展的理想目标规划，制定出协同发展统一的管理规范和考核评价机制，公共图书馆之间的协同发展事业实践才能遵循明确统一的行动方向。

（三）公共图书馆协同发展质量离提质增效的双城经济圈建设要求还有差距

当前，以提质增效为主要目的的成渝双城经济圈建设是党中央赋予成渝地区的重大使命，是成渝地区发展的重大机遇。抓好双城经济圈建设，最根本的是各行业各司其职，集中精力把本行业的事情办好。最关键的是各行业系统内要加强协同合作[8]。最重要的是通过成都、重庆两大中心城市的高品质建设，进一步提升社会发展所必需的精神文化品质，人文需求品质以及人民群众的生活品质，而这些品质的提升与公共图书馆服务息息相关。成渝公共图书馆应该抓住成渝双城经济圈建设重大历史机遇，构建成渝公共图书馆组织协同、管理协同、资源协同、服务协同等协同合作网[9]，而不是仅仅只以单一的联盟合作为形式，制定约束力不够的联盟章程，成立执行力不强的联盟秘书处，召开几次不能解决实际问题的联盟工作会。这种以联盟为模式的协同发展表面上是协同发展，实际上公共图书馆协同发展所需的公共文化服务资源尚未完全激活与整合，公共图书馆协同发展运行的生产要素尚未完全有效汇聚，公共文化行政管理和行政服务主体之间的壁垒也尚未完全打破，公共图书馆彼此间的人才、资本、信息、技术尚未完全释放。这样的公共图书馆之间的协同发展质量，远远达不到成渝双城经济圈建设提质增效为主题的战略要求，也不能提升广大市民的文化幸福感。

五、推进成渝公共图书馆协同发展应遵循的基本原则

2013年，原文化部印发《“十二五”时期公共文化服务体系建设实施纲要》，提出要促进公共文化资源整合和共建共享，加强对特定地域、特定群体的公共文化服务，促进公共文化服务均等化[10]。那么在特定地域的成渝地区，相同的历史渊源、地理环境、资源禀赋、区位优势、政策红利和市场要素都给成渝两地的公共文化服务协同发展带来了天然的优势力量，特别是两地相同的文化基因和广大人民群众对巴蜀文化相同的文化认同都赋予了成渝两地构建西部文化高

地、共建长江上游文化中心的历史重任。因此，在成渝双城经济圈建设背景下，推进成渝两地公共图书馆协同发展应遵循以下基本原则。

（一）科学规划和有序推进原则

当前在成渝两地的65个公共图书馆中，除四川省图书馆和重庆图书馆两个省级馆外，其他图书馆在资源、设备、人才、技术等方面的发展不尽相同，特别是重庆市一些贫困地区的公共图书馆在2018年评估定级中还有二级、三级图书馆存在，这些图书馆怎么参与到协同发展中来，是全盘加入协同合作发展还是有针对性、有选择性地参加协同与合作，必须进行充分的前期调研和严密的可行性分析。在科学论证的基础上，编制切实可行的成渝公共图书馆协同发展整体规划和方案，部署合作重点、合作内容、合作动力机制、合作保障机制、合作发展步骤，合理有序地推进协同发展，使彼此间的协同合作服务实现可持续发展。

（二）法治原则

2014年10月，党的十八届四中全会对我国全面推进依法治国作出了战略部署，从此我国的法律治理体系和治理能力上升到前所未有的高度。法治原则也成了社会各项事业发展必须遵循的基本原则。在公共文化服务领域，2017年3月正式实施的《中华人民共和国公共文化服务保障法》明确规定："地方各级人民政府应当加强对公共文化服务的统筹协调，推动实现共建共享。"[11]2018年1月正式实施的《中华人民共和国公共图书馆法》第四十八条规定："国家支持公共图书馆加强与学校图书馆、科研机构图书馆以及其他类型图书馆的交流与合作，开展联合服务。"[12]这两部法律的颁布实施也为成渝两地的公共图书馆协同发展提供了法律支撑。因此，成渝两地公共图书馆的协同发展必须在法律框架范围内和法律规定指导下开展。当前最重要的是要把成渝双城经济圈建设的重大战略决策要求和公共文化法律法规有机结合统一起来，以某种适当的方式打破成渝两地公共文化行政管理和行政服务主体之间的壁垒，并在法律许可范围内有效汇聚协同发展所必需的人才、资本、信息、技术等要素，从而有的放矢地开展协同服务。

（三）政府推动与社会力量参与相结合的原则

公共图书馆作为政府用公共财政建设的公益性文化服务机构，是国家科学、教育和文化事业的重要组成部分，越来越受到党和政府的重视。近年来，在国家现代文化大发展大繁荣方针的引领下，在国家公共文化服务体系建设的推动下，我国公共图书馆事业赢得了良好的发展机遇。图书馆如何有效利用国家资金，建设资源丰富、质量优良、服务协同、效能优化的文献信息资源保障体系，公共图书馆服务效能是政府和社会关注的重点。另一方面，公共图书馆文创产品的开发和协同发展平台的搭建需要社会力量的参与，因此，公共图书馆协同发展需要政府推动与社会力量参与。

（四）满足人民群众需求原则

党中央、国务院将成渝双城经济圈建设纳入国家战略，那么各行各业就要深刻认识这一战略的意义、目标、要求和保障。以公共图书馆为代表的公共文化服务在成渝双城经济圈建设方面完全可以提高城市建设人文品质，统筹好生产、生活、生态空间布局这一任务要求，为双城经济圈建设的高质量发展注入新的文化动力，增添新的精神活力，从而完成双城经济圈建设应有的公共文化保障任务。这就需要公共图书馆在协同发展、联合服务工作中充分考虑到广大人民群众的各种需求，包括调查用户的信息需求和他们利用文化信息资源的情况，了解广大人民群众如何更加便捷获取文化信息资源，向广大用户收集用户体验评价和反馈意见，并根据人民群众的意见和建议改善和提高服务质量。在协同服务工作中，尤其需要向广大用户主动进行资源推送和知识导航，以便用优质的公共文化服务吸引用户，让用户满意。

六、推进成渝两地公共图书馆协同发展的建议

公共图书馆协同发展是将成渝两地各公共图书馆在服务运行工作中各流程、各环节所需的各种资源和要素进行整合，同时实现服务资源的创新，并让这些资源在协同服务系统中健康有序流动，那么这样的协同合作服务就需要依托多种运行机制。因此应根据成渝双城经济圈建设战略的现实需要和目标要求，结合成渝两地公共图书馆协同发展的现实情况，按照“统一规划、政府推动、依法协同、优势互补、互利共赢、服务大局、共谋发展”的原则[13]，进一步统筹成渝

两地公共文化资源，挖掘合作潜力，强化优势互补，着力在成渝地区打造两地共有的巴蜀历史文化、抗战文化、统战文化、红色文化、移民文化、民俗民间文化等区域特色文化，让成渝两地公共文化服务的改革发展在统筹中协同，在协同中融合，在融合中创新，在创新中发展，切实提升跨区域文化发展的辐射力、影响力、引导力，切实提升广大市民的文化幸福感、获得感、满足感，全面提升成渝两地公共文化服务发展水平。

（一）政府应充分利用政策工具加强协同发展顶层设计工作，加快建设成渝两地公共图书馆协同发展机制建设

成渝双城经济圈建设是党中央、国务院给予成渝地区特别的政策红利，成渝两地不同层级政府、不同区域的文化行政管理部门应充分利用这难得的政策工具，从宏观层面加强成渝地区公共文化事业发展的“统筹规划、统一协调、相互协作、共同实施”的顶层设计工作，促使协同发展理念应用于成渝两地公共图书馆协同发展实践。一是主动加强与国家文旅部、国家图书馆等有关部门的沟通对接，尽快签署成渝两地公共文化领域协同发展战略框架协议，建立中央政府部门与地方政府之间、地方政府职能部门之间的政策协同协调机制，为成渝两地公共图书馆的协同发展提供稳定高效的政策环境。二是根据国家公共文化事业发展规划和成渝双城经济圈建设的战略目标要求，在国家文旅部的指导下与“十四五”文化发展规划前期研究和制定工作相结合，成渝两地有关部门共同开展图书馆事业发展专题调研，系统研究成渝两地公共文化协同发展整体规划，对接专项合作规划和实施方案，尽快编制《成渝地区公共图书馆事业“十四五”发展规划》。三是立足于成渝公共图书馆事业发展实际，逐步健全区域公共图书馆协同发展的地方法规体系。根据《公共文化保障法》《公共图书馆法》等有关法律规定，尽快出台与法律法规相匹配的地方性实施条例，以规范和保障成渝公共图书馆协同发展的顺利运行，从而提高地方公共图书馆服务的法治化水平。

（二）以协同发展平台搭建为抓手，促进公共图书馆服务资源合理流动和高效集聚，加快推动成渝两地公共图书馆协同发展任务落地见效

公共图书馆协同发展平台可以促进公共图书馆服务资源合理流动和高效集

聚，因此一是应加快公共图书馆协同发展项目平台建设，在公共文化行政管理部门成立统一协调机构，组织协同发展平台项目的前期论证、审核、推介、实施，并以这个平台为核心，优化重组目前已经实施的联合参考咨询、文化信息资源共享工程、地方联合编目等平台，并在这些平台基础上，由政府、公共图书馆、社会力量等多方牵头建立协同发展资金融资平台、宣传推介平台、合作交流平台、“内涵体验”虚拟平台[14]。当然公共图书馆服务运行的资金主要是公共财政支持，但公共财政毕竟有限，可以积极争取一些文化企业的资金来支持公共图书馆协同发展项目平台的开发建设。二是要根据公共文化资源的特点和公共图书馆服务需要，整合当前的微博、微信、在线服务等新媒介的资源来搭建公共图书馆服务宣传推介平台。利用这个宣传推介平台来宣传推广公共图书馆阅读推广活动、文化惠民活动等活动信息。三是搭建图书馆协同服务合作交流平台，通过这个平台来统一公共文化行政管理部门、公共图书馆服务主体等单位之间服务理念和工作流程，同时也可以利用这个平台搜集服务对象意见或建议，以此来适时调整协同服务的各项工作。四是利用网络技术、多媒体技术、数据库技术、声音和图像处理技术等搭建“内涵体验”虚拟平台。通过这个平台对公共文化信息资源进行二次开发和挖掘，以此来实现图书馆公共文化服务供给的价值和社会效益的评价。

（三）加强文献信息资源的联合建设，打通资源屏障，实现资源互通

在日常的图书馆服务中，除了要把文献资源迅速、准确地传递到读者手中，还要挖掘不同载体文献资源是否有能够协同传递的共同之处。也就是说我们要把这些文献资源本身藏匿于物理属性之内的价值属性挖掘出来，并利用现代信息处理技术，以人民群众乐于接受的方式表达出来，才能吸引广大人民群众对公共文化的消费。因此，成渝两地公共图书馆应根据目前现有的文献信息资源建设情况，以文献类型、载体形式、学科分类为标准，利用当前云计算、大数据、人工智能、5G技术等来实现图书馆文化服务的资源聚集，在此基础上，根据成渝双城经济圈建设文化保障条件需要和广大人民群众对公共文化服务的核心需求对这些文献信息资源进行二次开发和挖掘，让这些聚集的资源形成相互影响、相互依赖、优势互补的资源库，然后通过文献信息资源共享平台推动成渝两地公共图书

馆之间的信息服务更加便利、快捷。只有打破资源传递中的壁垒，打通资源流通中的屏障[15]，真正实现图书馆文献资源互通共享，才能不断推进成渝两地公共图书馆协同发展的可持续性。

（四）共同加强人才培养，在公共图书馆系统内推行“共享员工”用工制

成渝双城经济圈建设背景下，人才互联、政策互通、资源共享、人业融合是区域协同发展的必然要求。要把引进和培养图书馆专业技术人才摆在更加重要的位置。特别是图书馆协同发展理论的支撑设计、协同发展平台的设计、文创产品的开发设计、文献信息资源的二次开发和挖掘等，都应该培养知识渊博、精通政策、专业技能精湛的复合型人力资源队伍。成渝两地公共图书馆应同设有图书馆学、情报信息、文博历史等专业课程的高等院校和科研院所联合开展图书馆专业技术人员的产学研合作，增大图书馆系统与博物馆、文化馆及其他政府管理部门的人才交流力度。公共图书馆待遇不高，难以留住优秀人才，尤其是一些偏远、贫困的区（县）公共图书馆优秀人力资源队伍建设的“短板”依然突出。因此，应在成渝地区设立统一规范的图书馆专业技能人才培养中心，定期开展包括管理层在内的各项业务知识和技能培训。二是努力提高成渝公共图书馆人力资源配置效率，建立图书馆馆员人才协同发展馆际协调小组和联席会议制度，建设成渝联通的人才评价信息系统，夯实人才评价协同设施基础。破除政策壁垒，消除人才流动障碍。在公共图书馆系统内不改变馆员与图书馆之间的劳动关系、工资报酬、社会保险、职称评聘等权益，在图书馆系统推行“共享员工”用工制。在全民读书月、阅读推广活动周、区域大型阅读品牌项目推广、图书馆文化扶贫项目支持等方面互派员工，一方面为急需优质人力资源的图书馆增加适配的劳动力，解决人员不足的问题，另一方面减少这些图书馆多余的劳动成本，实现人力资源的灵活调动，以此促进成渝地区公共图书馆事业的协同发展。

参考文献

［1］杨英杰．区域协调　优势互补［N］．成都日报，2020-01-07（04）．

［2］杨帆，张珺．加快推进主城都市区高质量发展，在建设成渝地区双城

经济圈中实现新作为［N］. 重庆日报，2020-05-10（01）.

［3］王亚南. 和谐社会构建中的文化战略［EB/OL］. ［2020-06-03］. http：//www. gmw. cn/01gmrb/2007-07/28/content_647710. htm.

［4］共产党员网. 雄安新区建设是千年大计、国家大事［EB/OL］. ［2020-05-29］. http：//news.12371.cn/2018/04/02/A R TI1522643907267711.shtml.

［5］张晓锋，王新杰. 传媒协同发展论［M］. 北京：新华出版社，2006.

［6］孙长青. 长江三角洲制药产业集群协同创新研究［D］. 上海：华东师范大学出版社，2009.

［7］屈宝强. 图书馆联盟资源共享绩效评估研究［M］. 北京：科学技术文献出版社，2015.

［8］谢力. 贯彻习近平总书记重要讲话精神，加快推动成渝地区双城经济圈建设［N］. 重庆日报，2020-04-16（01）.

［9］周黎. 区域一体化进程中公共图书馆协同创新发展策略研究［J］. 农业图书情报学刊，2018（2）：114-117.

［10］国家数字文化网. 文化部关于印发《“十二五”时期公共文化服务体系建设实施纲要》的通知［EB/OL］. ［2020-06-04］. http：//www.ndcnc.gov.cn/shifanqu/fagui/201306/t20130616_681364.htm.

［11］全国人民代表大会常务委员会. 中华人民共和国公共文化服务保障法［M］. 北京：中国法制出版社，2017.

［12］全国人民代表大会常务委员会. 中华人民共和国公共图书馆法［M］. 北京：中国法制出版社，2018.

［13］葛立辉，李硕. 推进京津冀公共图书馆协同发展探析［J］. 邢台职业技术学院学报，2017（2）：74-77.

［14］谢梅，王世龙. 文博资源转化与利用——以四川省为例［M］. 北京：科学出版社，2018.

［15］李月. 成渝地区双城经济圈协同创新发展研究［J］. 区域经济，2020（6）：191-192.

WENHUA CHANYE
文化产业

5W模式下提升重庆红色文化影响力的思考[①]

谭晓鑫　代安琼[②]

习近平总书记在庆祝中国共产党成立100周年大会上指出："勇于自我革命是中国共产党区别于其他政党的显著标志。"[③]重庆是一块英雄的土地，有着光荣的革命传统[④]。这块土地孕育了丰富的重庆红色文化资源，如红岩精神、抗战文化等。其中，红岩精神是中国共产党人精神谱系的重要组成部分，体现了革命先辈们坚如磐石的理想信念、百折不挠的斗争精神、"出淤泥而不染"的政治品格和民主团结的统战思维[⑤]。所以研究如何提升重庆红色文化的影响力具有深厚的价值意蕴。当前，重庆红色文化在互联网上的传播还面临着诸多挑战。文章基于传播学5W模式，在深刻把握红色文化的网络传播规律的基础上，从传播主体、传播内容、传播媒介、传播受众、传播效果等方面对如何提升重庆红色文化影响力进行了思考。

---

① 原载于《新闻研究导刊》2021年11月第12卷第22期。

② 谭晓鑫，重庆医科大学马克思主义学院硕士在读，研究方向：思想政治教育。代安琼，硕士，教授，重庆医科大学马克思主义学院院长、硕士研究生导师，研究方向：思想政治教育。

③ 习近平．在庆祝中国共产党成立100周年大会上的讲话［N］．人民日报，2021-07-02（002）．

④ 习近平．用好红色资源，传承好红色基因　把红色江山世世代代传下去［EB/OL］．求是网，http：//www.qstheory.cn/dukan/qs/2021-05/15/c_1127446859.htm，2021-05-15．

⑤ 马奇柯．从红岩精神中汲取奋进的智慧和力量［J］．红旗文稿，2021（11）：39-41．

一、提升重庆红色文化影响力的价值意蕴

重庆红色文化是重庆人民的精神标识，也是引领重庆人民勠力前行的强大精神力量。提升重庆红色文化的影响力，具有深厚的德育、经济、文化等价值意蕴。

（一）德育价值：坚定理想信念，补足精神之钙

从大革命时期到新时代，红色基因在重庆这片热土上薪火相传，激励着一代又一代重庆人民开拓进取，书写重庆新篇章。重庆红色文化是新时代公民思想道德建设的重要资源，具有重要的德育价值。提升重庆红色文化的影响力，全面展示重庆的红色历史，能够充分发挥重庆红色文化的积极作用，帮助广大人民群众唤醒红色记忆、感悟革命力量，坚定理想信念、补足精神之钙，养成浩然正气、厚植家国情怀。

（二）经济价值：助力红色旅游，推动经济发展

重庆作为一座山城，吸引了无数国内外游客前来打卡，体验重庆的一城千面。近年来，重庆旅游市场热度不减，重庆不断提升旅游服务产业的红色文化供给，2021年，重庆有四条路线入选“建党百年红色旅游百条精品线路”。这四条路线展示了中国共产党在各个时期的奋斗历史，见证了重庆的发展足迹，不仅具有重要的历史文化价值，还具有非凡的经济价值。提升重庆红色文化的影响力，将红色文化资源融入重庆旅游产业，能够将红色文化资源转化为现实的经济收入来源，推动重庆经济发展。

（三）文化价值：提高文化底蕴，树立文化自信

习近平总书记指出：“没有高度的文化自信，没有文化的繁荣兴盛，就没有中华民族伟大复兴。”[①]可见，文化自信是国家发展强大的底气来源。重庆红色文化是中华民族优秀文化的重要组成部分，其中所蕴含的爱国爱党、自强不息等精神正是社会主义核心价值观的重要体现。提升重庆红色文化的影响力，提高重庆红色文化的知名度，不仅能够增强重庆的城市文化底蕴，提高重庆文化软实

---

① 习近平．决胜全面建成小康社会　夺取新时代中国特色社会主义伟大胜利［N］．人民日报，2017-10-28（001）．

力，还能够引领人民群众树立文化自信，自觉抵制历史虚无主义。

二、互联网背景下重庆红色文化传播面临的挑战

与传统媒体不同，互联网传播呈现出客体主体化、主体多元化、媒介多样化、内容海量化等特点。这意味着，重庆红色文化的互联网传播面临着诸多挑战，为提升重庆红色文化影响力增加了许多不确定因素。

第一，互联网传播具有客体主体化、主体多元化的特点，削弱了重庆红色文化传统传播主体的话语权。互联网尚未普及前，重庆红色文化多通过电视、报纸、广播等传统媒介传播，传播内容也需要经过层层筛选以确保内容的真实性和政治方向的正确性。而网络的互动性、参与性等特征打破了信息垂直传播模式，使得人人都能够自由参与信息的生产、传播和加工，人人都是网络信息的生产者、传播者和加工者。在互联网时代，重庆红色文化的传播主体不再拘泥于官方组织和机构，这在一定程度上削弱了重庆红色文化传统传播主体的话语权。

第二，互联网的传播渠道更加多样化，降低了重庆红色文化传统传播媒介的影响力。互联网拓宽了人们获取重庆红色文化的渠道，人们不再仅仅依靠传统渠道（电视、报纸、广播）获得重庆红色文化资源，也不再处于被动接受重庆红色文化的地位。此外，互联网传播的渠道更加智能化、技术化，对人们来说无疑更具吸引力，这些变化都降低了重庆红色文化传统传播媒介的影响力。

第三，互联网传播内容具有海量化的特点，这在一定程度上削弱了重庆红色文化的传播效果。在开放的网络环境中，各种思想文化、价值观点、意识形态相互交织，网络内容质量参差不齐，人们能够在短时间内获得大量信息。面对多元开放的网络空间，人们的文化选择更加自主和多样，重庆红色文化的传播效果受到了不同程度的削弱。

三、5W模式下提升重庆红色文化影响力的路径

重庆红色文化的互联网传播现状表明，只有深刻把握互联网的传播规律，才能有效提升重庆红色文化影响力。文章基于传播学5W模式，从主体、内容、媒介、客体、效果等传播要素入手，对如何提升重庆红色文化影响力作出如下思考。

（一）加强主体建设，形成各方合力

红色文化有多元传播主体，提升重庆红色文化影响力要从构建党委政府组织领导、机构高校协同、市民参与的格局入手，形成各方合力。首先，各级党委和政府要切实担当起提升重庆红色文化影响力的主体责任，整体推进重庆红色文化影响力的提升。各级党委、政府在提升重庆红色文化影响力中负有政治职责，要加强组织领导，打造重庆红色文化品牌项目，总体把握重庆红色文化对外传播的正确方向；要加大财政投入，制定重庆红色文化长效发展机制，吸引社会资金涌入提升重庆红色文化影响力的相关项目；要完善政策法规，结合重庆红色文化发展状况制定配套的政策和规定，加大提升重庆红色文化影响力的支持力度。其次，重庆各革命博物馆、纪念馆、革命旧址、烈士陵园等是重庆红色文化的另一重要传播主体，在提升重庆红色文化中起着基础性作用。博物馆、纪念馆、革命旧址、烈士陵园等地要结合自身特色办好主题展览，激发参观者的民族精神和爱国热情。同时，建立社会共建共享机制，与高校、科研机构共同开展重庆红色文化的保护、利用等研究，推动重庆红色文化的传承和创新发展。最后，增强市民的主人翁意识，扩大弘扬重庆红色文化的队伍。重庆红色文化的传播主体不应仅局限于官方机构、组织，还应包括每一位重庆市民。要提升重庆红色文化影响力，市民应不断增强主人翁意识，树立文化自信心与自豪感，把红色文化融入城市、融入生活，让红色文化成为广大市民凝聚共识、开拓进取的黏合剂，成为重庆对外宣传的亮丽名片。

（二）坚持“内容为王”，唱响红色主旋律

文化内容是重庆红色文化的核心，加强重庆红色文化内容建设，坚持“内

容为王”的原则，讲好重庆红色文化故事，唱响重庆红色主旋律是提升重庆红色文化影响力的重要途径。首先，加强重庆红色文化内容建设要不断丰富其时代内涵，推动重庆红色文化高质量发展。持续深化重庆红色文化跨区域合作，通过搜集、整理有关红色文物、红色档案、原始资料等方式，整合区域红色文化资源；结合时代主题，并从中汲取新的养分，激发重庆红色文化的新活力，进而拓展重庆红色文化的时代精神内涵，推动重庆红色文化高质量发展。其次，加强重庆红色文化内容建设要坚持正确的方向，讲好重庆红色文化故事，唱响重庆红色主旋律。利用重庆红色文化教育党员干部尤其是青少年增强历史定力、坚定理想信念，团结奋斗、坚毅前行，开创当代人的丰功伟绩和历史伟业。例如，重庆抗战文化对于中国取得抗日战争胜利乃至世界反法西斯战争胜利意义重大。宣传重庆抗战文化时要向世人呈现重庆在抗日战争时期的真实面貌，突出重庆人民在抗日战争中不畏强暴、敢于斗争、甘于奉献、视死如归的民族精神和英雄气概。教育广大人民群众从重庆抗战文化中汲取前进的力量，继续发扬“坚韧、顽强、开放、包容”的重庆人文精神[①]，主动担当时代重任，为实现中华民族伟大复兴的中国梦而不懈奋斗。

（三）丰富宣传媒介，巧用智能技术

在互联网时代，提升重庆红色文化的影响力，要丰富重庆红色文化的传播载体，利用现代智能技术提升红色文化的感染力和传播力，让红色文化真正“活起来”。首先，要丰富重庆红色文化的传播途径，把传统媒介与新兴媒介相结合。一方面，重庆要坚守传统媒体的红色文化宣传阵地，利用《重庆日报》、重庆卫视、重庆之声等官方媒介的广泛报道，营造弘扬红色文化、传承红色基因的浓厚氛围。另一方面，重庆红色文化宣传工作也要抢占新兴媒体平台的话语权，不断提升重庆红色文化在新兴媒体上的影响力。以微博为例，微博具有受众率高、时效性强、影响力大等优势，能够以视频、图片、文字等多种形式进行文化交流与传播，是宣传重庆红色文化的重要渠道。总之，传统媒介权威性突出，而新兴媒介时效性突出，提升重庆红色文化影响力要将二者有机结合起来，实现优势互

① 刘晓娜，李野．百年征程中重庆的红色基因［J］．今日重庆，2021（3）：66-69．

补。其次，利用智能技术创新红色文化的传播方式，改变人们对红色文化的传统体验。智能技术的快速发展，有助于红色精神的全景式呈现[①]。将现有的VR、AR、7D等技术与红色故事相结合，做到虚拟与现实相融，打造全景互动模式，增强现实体验，能够还原、再现红色故事，使参观者获得身临其境之感。一方面，可以增强参观者的体验感，使其更加直观地感悟革命先辈的精神力量；另一方面，红色故事的表达方式也会更加生动活泼，能够使红色文化真正“活起来”。

（四）积极引导受众，满足群众需求

提升重庆红色文化影响力的最终目的是发挥红色文化的思想政治教育功能，对广大人民群众产生积极的教化作用。重庆红色文化的受众是广大人民群众，因此，要充分考虑人民群众的主体性，为人民群众提供多样化的红色文化服务。首先，充分尊重人民群众的主体地位，满足人民群众多样的精神文化需求。网络实现了红色文化传播的对等性，这种变化在一定程度上增强了人民群众的主体意识，意味着人民群众的红色精神文化需求更加多样化。因此，重庆红色文化宣传教育要寓教于乐，在满足人民群众崇高精神追求的同时，立足于人民群众的现实生活和娱乐性诉求，实现重庆红色文化宣传教育“高大上”与“接地气”的有机结合，突出政治性与大众化的双向互动。其次，深入了解人民群众的认知水平和文化接受能力，通过人民群众喜闻乐见的方式宣传重庆红色文化，以增强重庆红色文化宣传工作的针对性和有效性。例如，高校学生的理论水平较高，针对高校学生可重点开展不同深度的理论宣讲活动；社区居民较多，其知识水平和理解能力参差不齐，针对社区居民则主要可采取红色文艺表演、红色故事宣讲等更为轻松活泼的宣传方式；针对抖音、微博等用户，则可通过短视频、图文解读等方式传播重庆红色文化，以符合网络用户碎片化的阅读习惯；针对电视节目固定收看人群，则可通过播放重庆红色影视作品、红色纪录片等提升重庆红色文化的影响力。

（五）推进效果反馈，建立长效机制

提升重庆红色文化影响力是一项系统性工程，传播效果是重庆红色文化传播的最后环节，也是反映重庆红色文化影响力是否得到了提升的重要标志，影响

---

①张红蕾．智能技术与红色精神培育的融合之道［J］．人民论坛，2019（20）：96-97．

并制约着其他传播环节的开展。因此，推进效果反馈，建立效果反馈长效机制，是推动重庆红色文化影响力有效提升的必由之路。文章在借鉴现有反馈机制研究的基础上，提出“收集—分析—调整—提升”反馈机制，旨在提升重庆红色文化的影响力和竞争力，更好地满足人民群众多样化的红色文化需要。首先，收集数据。利用大数据软件收集重庆红色文化影响力的线下、线上相关数据，建立集传播主体、传播内容、传播媒介、传播客体等内容于一体的重庆红色文化影响力数据库。其次，量化分析。通过对数据的量化分析，评估重庆红色文化的整体传播效果；横向对比重庆红色文化与其他省市红色文化的影响力，取长补短，学习借鉴其他省市红色文化宣传的成功经验。再次，调整方案。根据数据分析结果调整重庆红色文化宣传方案，以更好地满足人民群众的红色文化需求。最后，整体提升。基于前面三个步骤，促进重庆红色文化影响力的提升，这也是效果反馈机制的最终目标。只有完成目标，反馈机制才能真正发挥作用。但目标达成并不意味着反馈机制的停止，“评价—分析—调整—提升”模式是一个循环往复、螺旋式上升的过程，这表明提升重庆红色文化影响力是一个动态过程，需要久久为功。

四、结语

提升重庆红色文化影响力是一项长期且系统的工作，掌握正确的方法可以达到事半功倍的效果。文章基于传播学5W模式，从加强主体建设、坚持“内容为王”、丰富宣传媒介、积极引导受众、推进效果反馈等方面对如何提升重庆红色文化影响力进行了思考，符合重庆红色文化的传播规律，有利于有效提升重庆红色文化的影响力。

重庆市会展旅游的发展现状及对策研究①

秦普艳　陈　艳　涂　俊②

会展旅游是当下一种比较热门的旅游形式，因其能给会展举办地带来巨大的经济效益和社会效益而获得“旅游皇冠上的宝石”和“城市的面包”等美誉。据专家测算，国际上会展旅游的直接投入产出约为1：6，间接的产业带动系数约为1：9[1]。近年来会展旅游发展迅猛，各省市都将会展旅游纳入城市产业发展规划，大力支持会展旅游。北京、上海、广州等知名会展旅游城市都努力朝着专业化、国际化方向发展，先后举办了北京奥运会、上海APEC会议、上海世博会、广州亚运会等大型国际知名展会，也取得了显著的经济效益和社会效益。重庆在2009年《关于推进重庆市统筹城乡改革和发展的意见》便提出将重庆打造成为长江上游地区的“会展之都”。2016年重庆又提出建设国际商务会展与购物之都，加快会展平台建设，打造多层次的会展品牌，可见重庆对发展会展旅游十分重视。

在会展旅游概念的界定上，国外学者Martin Oppermann认为会展旅游从属于旅游业[2]。而国际上会展旅游的最通用提法是MICE（即Meetings，Incentives，Conferences，Exhibitions的简称），包括各类会议、展览和节事节庆等活动在内的综合性旅游形式。国内学者在对会展旅游的概念界定上主要形成了三个具有代表性

---

①基金项目：重庆师范大学研究生科研创新项目（YKC19001）。原载于《商展经济》2021年4月。

② 秦普艳（1996—　），女，重庆铜梁人，重庆师范大学地理与旅游学院硕士研究生，研究方向：区域旅游开发与规划；陈艳（1990—　），女，重庆长寿人，重庆师范大学地理与旅游学院硕士研究生，研究方向：区域旅游开发与规划；涂俊（1993—　），重庆云阳人，重庆师范大学地理与旅游学院硕士研究生，研究方向：区域旅游开发与规划。

的观点。许峰[3]、王云龙[4]等赞同会展旅游与MICE含义相对应。谷玉芬认为会展旅游是在各种展会活动举办的前提下延伸到旅游业的产物[5]。张建雄认为会展旅游是旅游业产业化、交叉化后必然出现的一种新的旅游活动方式[6]，这两位学者都认为会展业与旅游业联系十分紧密。还有一派学者提出了会展旅游是专项旅游产品的观点，如王保伦指出会展旅游是为会议和展览活动的举办提供展会场馆之外的、与旅游业相关的服务，从中取得一定收益的经济活动[7]；应丽君指出会展旅游是由于各种类型的会议、展览、博览会等活动举办而产生的一种旅游产品[8]；颜醒华等则认为会展旅游是以会展为外围吸引物，为满足会展客人需要而提供综合性服务的专项旅游产品[9]。本文中会展旅游的概念借鉴王保伦、应丽君等学者的观点，指以参加会议、展览会和博览会等会展活动为主要目的的专项旅游产品。

学者们对会展旅游的研究集中于会展旅游的概念辨析、发展现状、竞争力和发展模式等方面，而其中最多的就是对会展旅游发展的个案研究。在研究方法上，多采用实例研究法、对比分析法、SWOT分析法以及层次分析法等。比如一些学者采用SWOT分析法对西安[10]、南京[11]、桂林[12]等城市的会展旅游现状进行剖析并提出发展策略。

重庆近年来会展品牌逐步形成、会展旅游人才队伍的逐渐扩大、会展旅游的市场化率逐步提高，表明会展旅游发展态势趋于良好，但同时会展品牌影响力不大、会展旅游人才紧缺、身处激烈的市场竞争环境中等因素制约着重庆会展旅游的发展进程。可见会展旅游发展中的潜力与不足并存，如何推动重庆市会展旅游持续健康发展，是亟待解决的问题。本文通过对重庆会展旅游的发展现状进行深入分析，旨在针对相应问题提供一些合理的、具有可操作性的对策，促进重庆会展旅游的发展。

一、重庆会展旅游的发展概况

重庆市会展旅游始于20世纪90年代，发展十分迅速。重庆市政府先后出台了《关于进一步促进会展业改革发展的实施意见》《关于切实推进展会市场化专业化改革的指导意见》等文件用于支持会展旅游的发展，使重庆的会展旅游发展逐

表1 重庆市2012—2016年展览数量和展览面积

年份＼主要指标	展览数量（场）	展览面积（万平方米）	直接收入（亿元）	拉动消费（亿元）
2012	521	382.8	54.3	435
2013	581	500.4	61.5	490.3
2014	662	601.3	85.3	682.4
2015	749	702.3	108.3	868.4
2016	597	787.8	123.3	969.4

资料来源：根据中国会展业发展报告重庆市会展行业协会网站相关资料整理。

渐市场化和规范化。

衡量一个城市会展旅游发展状况的主要指标包括展览面积和展览数量以及经济效益等。本文针对重庆市2012—2016年的会展旅游发展的几个主要指标进行了统计（如表1）。由表1可知，重庆市近几年来的展览数量除了2016年以外每年都在增加，展览面积也逐年递增，表明重庆会展旅游发展势头较足。虽然2016年的展览数量减少，但展览面积仍大幅上升，可以看出重庆市正在努力通过扩大展会规模来促进会展旅游向大型化、品牌化方向发展，减量提质是重庆当下会展旅游

表2 重庆市主要展馆建筑面积和展会

展馆名称	建筑面积（万平方米）	展会面积（万平方米）
重庆国际博览中心	60	20
重庆国际会议展览中心	23	7
重庆农业展览中心	2.7	1.5
重庆中国三峡博物馆	4.5	2.3
重庆展览中心	4.5	2.5
重庆市规划展览馆	6	0.7

资料来源：根据百度网站资料整理。

发展的一个特征。从经济效益方面来看，直接收入和拉动消费这两项指标逐年上升，会展旅游市场直接拉动作用增强，有效带动了重庆市“吃住行游购娱”等相关行业的发展，综合效益明显增加。

场馆是会展旅游发展的核心吸引物。本文对重庆市已投入使用的几个主要展馆资料进行搜集（如表2）。重庆的展馆面积有大有小，能适应不同规模展会活动的举办需求。特别是建筑面积为全国第二、西部第一的重庆国际博览中心的投入使用，不仅能够承接大规模的展会活动，也极大地增强了重庆会展旅游的设施吸引力。除展览面积之外，重庆有的展馆本身就能作为旅游资源，如位于两江交汇处的重庆市规划展览馆，是国家AAAA级旅游景区，将展馆景观化，对参展人员的吸引力会更大。

二、重庆会展旅游的SWOT分析

（一）重庆发展会展旅游的优势

1.拥有良好的经济和产业发展优势

城市经济的高速增长常常伴随频繁的商贸往来，从而促进展会活动的举办。近几年来，重庆地区生产总值逐年上升，年均增长速度保持在10%左右（如表3）。良好的经济发展走势，为重庆会展旅游发展提供了强有力的保障，充满潜力的市场

表3　2013—2017年重庆地区生产总值及增长速度

年份	地区生产总值（亿元）	年增长速度（%）
2013	12894.26	12.3
2014	14393.19	10.9
2015	15872.23	11
2016	17740.59	10.7
2017	19500.27	9.3

表4　2013—2017年重庆三次产业占地区生产总值比重

产业 年份	第一产业	第二产业	第三产业
2013	7.8	45.8	46.4
2014	7.4	46.1	46.5
2015	7.2	45.3	47.5
2016	7.3	44.5	48.2
2017	6.9	44.1	49

资料来源：2013—2017年重庆市国民经济和社会发展统计公报。

环境将吸引更多的会展参与者，从而拉动会展旅游相关产业的发展。另外，近年来重庆的第三产业占地区生产总值比重越来越大（如表4）。会展旅游属于第三产业，因此，第三产业的发展态势良好必将成为会展旅游的明显优势。

2.独特的城市形象

独特的城市形象是城市在市场经济发展中的竞争能力的重要体现，对会展旅游的发展起着重要的作用。重庆山水相依，是有名的山水都市。因桥梁数量多、种类齐全，重庆还有“桥都”的美誉，桥梁文化十分丰富。此外，重庆温泉资源具有资源丰富、历史悠久和品质较高等特点，在2011年和2012年分别被评为“中国温泉之都”和“世界温泉之都”。重庆拥有其他城市所不具备的城市形象，将为会展旅游的发展提供有利条件。

3.发达的交通体系

会展旅游的快速发展会带来大量的人流、物流、信息流，这些流量的集中与分散离不开发达的交通体系的支持。重庆作为我国西南地区重要的交通枢纽城市，拥有集水陆空于一体的综合运输网络，路网密度西部第一，有力地保障了会展旅游经济的快速发展。

（二）重庆发展会展旅游的劣势

1.会展品牌建设滞后

目前重庆只有“立嘉机械展”“渝洽会”“中国国际摩托车博览会”等几个品牌展会，国内和国际的知名品牌展会很少。重庆所获得国际展览联盟认证的项目在数量上与其他国内城市相比，相差甚远，并且在2014至2015年间无变化（如表5），说明重庆会展品牌竞争力不强，重庆在会展品牌的建设方面任重道远。

2.会展旅游人才紧缺

重庆会展旅游发展迅猛，但会展专业人才缺口上万，会展高端人才尤为缺乏，这将成为制约其发展的瓶颈。目前，重庆高校有60多所，而开设会展专业的院校包括本科院校和职业院校在内共有14所，所占数量不足总数的三分之一，可见重庆会展教育未能跟进会展旅游的发展速度，会展专业人才储备略显不足。

3.会展旅游宣传不足，缺乏联合营销

重庆会展旅游的发展存在宣传力度不够、欠缺联合营销观念的问题。虽然会展旅游者到访城市的主要目的是参加展会，但作为专项旅游产品，会展旅游消费过程中总会涉及吃、住、行、游、购、娱等旅游要素。近年来重庆各行各业、大大小小的会议和展览数以百计，但会展组织机构常常只重视对会议或展览活动本身的宣传，对重庆会展旅游涉及的交通、住宿、旅游等行业并未过多联合营销。这导致旅行社、酒店、景区的被动接待，因此不能发挥产业之间的集约优势，缺乏相互宣传而不能提高重庆会展旅游的知名度。

（三）重庆发展会展旅游的机会

1.处于重要战略机遇期

重庆是西部唯一的直辖市，也是我国国民经济战略布局中承东启西、辐射南北的枢纽。重庆作为西部大开发的重要战略支点，又是“一带一路”和长江经济带的联结点，重庆不仅要建设成内陆开放高地，还将建设成山清水秀美丽之地，并努力实现高质量发展、高品质生活这两个目标。“两点”“两地”“两高”的建设规划，是重庆的各项事业发展的重大机遇。

2.重庆旅游业发展态势良好

据统计，2000—2016年重庆旅游总人数从0.31亿人次上升至4.51亿人次，2000—2017年这17年间，重庆市旅游总收入从137.05亿元增长到2645.21亿元，年均增长率为19.02%[13]。旅游总人数和旅游总收入的增长表明重庆市旅游产业发展十分迅速，这将会为会展旅游发展创造良好的环境。

（四）重庆会展旅游的威胁

1.国内其他省市的竞争压力

重庆会展旅游发展机遇与压力并存。北京、上海、广州等这三个国内会展旅游发展良好的城市，在展会质量、人才培养和会展品牌知名度等各方面都比重庆更胜一筹。邻近区域的

表5　2014、2015年部分城市获得国际展览联盟认证项目数量

城市	2014年（个）	2015年（个）
上海	20	21
北京	17	18
深圳	11	11
重庆	1	1

资料来源：2015年中国会展业发展报告。

竞争对手主要包括成都、西安、昆明等城市。这些城市与重庆同属中国西部内陆城市，城市经济实力水平相当，并且均重视会展旅游的发展，相互间竞争明显。

2.会展旅游行业市场化带来的国外竞争压力

随着全球经济一体化步伐的加快，国外一些大型会展公司已经进驻我国，开始抢占会展旅游市场份额，这将使国内会展旅游市场的竞争面临更加激烈的局面，这势必会给起步较晚并且也不成熟的重庆会展旅游的发展增加难度。比如，杜塞尔多夫展览公司是德国的会展公司，在国际上的知名度很高，它进驻重庆，使得重庆会展旅游将直接面对国际性的竞争压力。

三、重庆会展旅游的发展对策

（一）加强会展品牌建设

第一，对已有展会加大扶植力度，从追求展会数量向提高展会质量、扩大展会品牌影响力方向努力，将“渝洽会”“中国国际摩托车博览会”等本土会展项目培育成具有国际水准的品牌展会。第二，依托重庆工业制造优势，打造独具特色的地方品牌展会。比如，结合重庆的汽车制造、摩托车制造等优势产业，重点打造中国国际汽车工业展、中国国际摩托车博览会等大型品牌展会。第三，大力扶持区县品牌展会，如三峡中药博览会、“万开云”区域性商品博览会。第四，引进和举办更多的诸如像世界旅游城市峰会和全国糖酒会知名的国际性和全国性的品牌展会。

（二）加快会展旅游人才培养

第一，做好重庆会展旅游市场发展的第一手数据统计，明确市场人才数量以及业务人员素质的需求，科学规划人才建设目标体系。第二，加快建设校企实践教学基地，尽快在更多的院校开设会展旅游专业，培养会展旅游管理人才。第三，加大从业人员在职培训力度，积极开展“会展职业培训合格证书”认证工作，提高重庆会展旅游行业人力资源的整体发展水平。第四，引进高素质会展旅游人才，并与会展旅游发展良好的城市和有实力的会展企业加强合作交流。

（三）加大宣传力度，进行联合营销

首先，以国际会展旅游活动为平台，通过多种形式开展宣传，在国内外知名媒体和会展与旅游专业媒体上进行重庆本土会展品牌的宣传及重庆会展旅游接待能力的展示。其次，利用好网络媒体平台不断推出会展旅游的宣传文案、视频等，通过微博、微信、线上论坛和网络直播等营销方式，快速扩大重庆会展旅游的影响力。最后，会展组织机构应加强与旅行社、酒店、景区的合作，在展会活动之前，以及经营自己业务的同时加强联合宣传，在展会活动中共同组成接待小组，负责会展旅游者在活动期间的交通接送、酒店住宿、餐饮服务、景点游览等方面的设计与安排。

（四）设计特色会展旅游产品，增强竞争力

重庆可以依托丰富独特的旅游资源，结合会展消费者的消费特点，设计出一系列特色会展旅游产品。比如在会展旅游线路的设计方面，重庆拥有红色文化、山水都市、温泉等特色旅游资源，与旅行社加强合作，针对参展者受教育程度普遍较高的特点，推出文化体验型会展旅游线路：比如将红岩魂广场、渣滓洞、白公馆等景点统一包装，设计“会展+红色旅游”的主题线路；针对参展人员消费能力较强的特点，将重庆的都市购物景点如解放碑、朝天门等知名商圈相连，设计“会展+市区休闲购物”会展旅游线路；基于“五方十泉”温泉资源基础，开发“会展+温泉”的主题产品。

参考文献

［1］王丹. 青岛会展旅游发展研究［D］. 青岛：青岛大学，2006.

［2］Oppermann M.Convention destination images:analysis of association meeting planners' perceptions［J］.Tourism Management，1996，17（03）：175-182.

［3］许峰. 会展旅游的概念内涵与市场开发［J］. 旅游学刊，2002，17（04）：56-59.

［4］王云龙. 会展活动与旅游活动的比较——兼论会展旅游概念的界定［J］. 旅游学刊，2003，18（05）：47-51.

［5］谷玉芬．试论政府在发展会展旅游中的定位［J］．商业研究，2004（15）：173-175.

［6］张建雄．会展旅游发展中的条件问题［N］．中国旅游报，2004：1-3.

［7］王保伦．会展旅游发展模式之探讨［J］．旅游学刊，2003，18（01）：35-39.

［8］应丽君．关于中国会展旅游的思考［J］．旅游科学，2005（01）：10-12.

［9］颜醒华，谢朝武．基于价值链管理的会展旅游的关系营销研究［J］．商业研究，2004（18）：80-83.

［10］李树民，杨波，温秀．西安会展旅游市场SWOT分析与发展对策［J］．旅游科学，2003（02）：36-38.

［11］陈乡，张树夫．基于SWOT分析的南京会展旅游发展对策［J］．江苏商论，2006（03）：90-92.

［12］蒋伟．桂林市会展旅游SWOT分析及发展策略［J］．广西社会科学，2009（10）：24-27.

［13］李丽，张杰然．重庆旅游产业发展现状及评价研究［J］．现代商贸工业，2017（27）：17-18.

深化融合创新再构重庆媒体新业态的探讨[①]

汪震宇[②]

自2017年推进媒体深度融合工作座谈会召开以来，主流媒体的融合转型从初期探索进入深度攻坚的纵深推进阶段[③]。当前，重庆媒体融合已到了向“深水区”推进的关键时刻，更深入地创新发展是必由之路。这一阶段比起步阶段面临更多困难和挑战，必须更谨慎地选择方向、更科学地做好规划。本文试图从媒体融合的实践与发展路径着手，为建构重庆媒体融合新业态探路，找到适合本地实际的突破融合发展瓶颈之法。

一、重庆媒体融合现状

一是整体快速融合，舆论导向效果凸显，但发展瓶颈仍待破题。重庆媒体积极实践，从规划、观念、项目、人才、机制多方面真抓实干，融合发展初见成效，但传播、经营、体制瓶颈问题比较突出。

二是报纸融媒体建设提升传播能力初显，但融合深度仍待推进。重庆日报报业集团转型融合阔步向前，其他报纸积极跟进，但融合纵深不够。

三是广播电视重点项目升级传播手段初现，但渠道布局仍待整合。重庆广

---

① 原载于《新闻研究导刊》2021年10月第12卷第19期。

② 汪震宇，本科，主任记者，研究方向：新闻学。

③ 张金桐，屈秀飞．媒体融合的演进逻辑、实践指向与展望［J］．当代传播，2019（3）：65-69．

播电视集团（总台）发力重点项目升级传播手段，搭建融合生态圈，但内容、资源、渠道仍未一体化。

四是网站及新媒体技术创新提高传播效果彰显，但经营模式仍待创新。传统网站+“三微一端”合力，传播效果提高，VR等新技术得到应用，与网络服务商合作展开，但网站与新媒体盈利困难。

五是政府政策推进融合效果显现，但管理措施仍待完善。各级党委、政府尤其是宣传系统不断统筹规划，整合政策资金，“一媒一策”督导，各媒体融合亮点不断出现，但措施尚存不足。

二、建构重庆媒体融合发展新业态

要深化媒体融合创新，建构重庆媒体融合发展新业态，推动媒体融合向纵深发展，笔者认为实现路径有五条。

（一）更新观念，以战略新高度革新发展理念，调整发展方向

要深刻学习领会习近平新时代中国特色社会主义思想中关于媒体融合的精髓要义，准确把握马克思主义新闻观在互联网时代的新发展新动向；要培养和强化互联网思维、一体化发展理念，树立融合深度与广度意识；要不断完善科学规划和整体布局，谋求有自己特色的重庆融合模式。实现上述目标的具体措施有：

1.深化学习，实现重庆媒体融合认识意识突破

（1）扩大学习的覆盖面。要实现重庆主流媒体融合培训的全覆盖，让新闻媒体从业人员每年至少参加一次媒体融合的培训学习。建议将媒体融合相关学习培训内容纳入记者证换证时的必修内容。鼓励本市新闻媒体从业人员利用网络课堂、在线学习等多种形式进行媒体融合相关内容学习，并给予继续教育学分认可。

（2）提升学习的参与度。建立理论学习与新闻实践有机结合的深度参与学习制度。建议由市委宣传部牵头，每年组织新闻单位的管理和业务骨干结合自身实践，撰写媒体融合理论与实践总结的文章，及时总结媒体融合的经验和问题，并结集为《重庆媒体融合发展的实践与探索》出版，让全市媒体业务骨干通过梳

理自身实践经验和有关理论，达到深度学习的目的。

（3）强化学习的针对性。通过学习，强化新闻媒体从业人员的互联网思维，深刻把握大数据、人工智能、移动媒体的本质和特征，深刻触动其媒体融合理念，以解决部分从业人员把媒体融合视为任务、被动应付的思想态度。

2.深化交流，实现重庆媒体融合地位关系突破

媒体融合不仅要实践，也要交流碰撞和宣传，而业界和学界专业人士参加的专业会议就是最好的交流平台。建议由市委宣传部牵头、重庆日报报业集团和重庆广播电视集团（总台）两大集团出资，每年度召开“中国西部媒体融合论坛”，通过论坛建立与互联网公司、中央媒体和浙江、上海、广东等媒体融合先进地区的联系与合作，更大范围地“走出去、请进来”。建议在短期考察基础上，定期派出宣传系统和媒体单位的管理和业务骨干到中央媒体、互联网平台和媒体融合先进省区市进行三个月以上的交流学习，深入了解其他媒体的融合实践和日常管理细节。

（二）积极探索，以改革新手段激活体制机制，夯实发展基础

1.探索混合所有制模式，形成政府市场合力

建议重庆媒体通过合并、合作、相互持股、上市等方式引进国有资本等。由政府出面引入公有资本进入媒体的内容生产部门，大力引进公有或非公有资本进入广告、非新闻性节目制作等内容生产或传播领域。以新资本的注入加速市场化转型，确立媒体的市场主体地位，使媒体快速摆脱当前经营困境，全力投入融合转型。

2.建立创新创业机制，激发人员结构活力

（1）探索建立跨部门、跨媒体甚至跨行业的虚拟组织。虚拟组织人员编制仍在原单位，但以项目、产品和用户体验为导向重新聚集，重庆媒体为虚拟组织创新创业提供必要的资金、场地和技术等资源。创业成功，组织继续运行或转化为扁平化的团队自组织；创业失败，人员则回到原单位。这种模式有利于体制内人员无后顾之忧地创新创业。

（2）探索媒体内部创新转化机制。实施以项目或产品为核心的运行模式，允许以招投标或向员工购买成熟自媒体产品等方式将新闻媒体从业人员的创造

力、创新力转化为实在的生产力。

在上述两方面探索的基础上，可进一步将媒体的组织结构扁平化，使本市媒体能够更直接快速地面向用户推出内容产品或服务。

3.整合产业内外资源，优化重组发展借力

（1）破除重庆日报报业集团、重庆广播电视集团（总台）与其他媒体的条块分割，将其打散后重新组合。

（2）跨界整合外部资源。重庆媒体融合的首要任务是服务重庆本土用户的文化和信息需求，垂直化和专业化应首先做好重庆市场，再面向全国市场。如打造与本市汽车等支柱产业相匹配的同类垂直媒体。当前，政府和相关产业都有相应的流量入口，但政府和产业并不擅长做内容，媒体可以利用内容生产能力主动出击，为政府和产业的信息传播服务，从而获得宝贵的流量和用户资源。此外，媒体还应继续探索在移动互联网上提供便民的生活、交通等服务，进而获取流量。可进一步引入政府、产业的项目、资金或资本，将媒体融合发展深深融入经济社会发展中。目前，国内多家媒体的实践经验表明，在通过服务获得用户流量后，媒体才能使用电子商务、中介收费等多种经营手段把流量变现，通过流量变现补贴内容生产，化解当前内容生产者传播渠道缺失带来经营困难的结构性矛盾。

（三）紧跟潮流，以融合新深度拓展内容渠道，改变发展姿态

1.内容、形式、流程创新同步，以产品服务重构巴渝传媒形态

（1）构建融合型内容生产体系。建议市委宣传部或两大媒体集团建立原创内容奖励基金制度，对优秀的媒体融合类原创作品的创作者给予专项奖励，鼓励新闻媒体从业人员沉下心来创作精品。此外，还可依托重庆市甚至全国高校新闻传媒院系，充分利用高校教师、大学生、研究生丰富的人力资源生产优质内容。

（2）实现融合型内容形式。应注重利用新技术让移动端实现多媒体化，利用AR、VR等技术丰富表现形式，以活动、游戏、社交、奖励等多种形式增强内容的互动性，实现用户与内容融为一体，将内容做成连接用户的“中介”。

（3）构建融合型生产流程。在破除媒体间、部门间壁垒的基础上，面向产品和服务、面向移动互联网重构业务流程，进而实现媒体或媒体集团流程的集成

化、网络化、平台化。

2.大屏、小屏、移动端和PC端多渠道同步，以“互联网+”重构巴渝传媒生态

融媒体时代的跨屏传播经由PC端和移动媒体端等多媒体组接生成跨屏传播①，在坚持移动优先战略基础上，应由经信委牵头进一步推动本市传统互联网、移动互联网、广播电视网、电信网、物联网的深度融合，打通不同网络和终端。在做好手机这个小屏的同时，还要开发适应平板、智能手表等其他智能硬件的内容和产品，尽量扩大覆盖面。媒体融合必须以互联网为创新要素，将内容生产、传播体系、营运方式、盈利模式与互联网融为一体。终端的打通同样如此，比如，通过二维码、AR、声音识别、图像识别等技术实现传统印刷和广播电视渠道与网络渠道的合而为一。实现上述目标的最大障碍是底层的技术网络和信息网络尚未很好融合，如电信、有线电视有各自的渠道，导致用户和终端被分割，建议经信委等部门出台相关政策，促进网络融合，早日把重庆建设成完全互联互通的智慧城市，为媒体融合提供更好的技术支撑。

3.自建平台、社交平台同步，以用户参与重构巴渝传媒业态

举全市之力，在各媒体集团各自建设平台基础上，以华龙网为依托，建设跨媒体的市级平台，通过平台聚合用户、内容、产品、服务甚至企业、政府、高校等各类主体。但是，平台建设投入大、风险高、困难多，应认真研究本市现状，做好规划和建设。同时，要在当前实践基础上，利用好微博、微信、音视频分享甚至手机游戏等社交化商业平台。在与商业平台合作时，要利用好账户粉丝的数据等资源，最终将商业平台流量引向自建平台。除此之外，还要注意调查用户平台偏好的变化，不能一成不变地“三微一端”，要积极开发其他用户尤其是青年用户聚集的平台。

（四）锐意创新，以运用新思维提升技术创新，增强发展动力

1.利用大数据、云计算、人工智能、VR、AR，升级生产传播体系

在平台建设基础上，大力提升数据库服务器云计算能力，以大数据生成的用

① 张金桐，屈秀飞．媒体融合的演进逻辑、实践指向与展望［J］．当代传播，2019（3）：65-69．

户画像和分析作为满足个性化内容需求和精准传播的创新基础，健全大数据内容和传播评价体系；利用大数据技术挖掘外部的数据资源，以数据新闻和可视化等形式创新内容和传播；利用人工智能技术开发写作和智能问答甚至采访机器人，解决海量信息采编管理分发难题；利用人工智能等技术管理传感器、无人机，实现和物联网的连接，给用户呈现此前人类无法触及的新型新闻内容；通过VR、AR技术将新闻内容更真实地呈现给用户，通过把虚拟内容与现实混合给用户提供新的新闻或其他内容互动体验。

2.延伸内容广告新型业务，升级经营盈利体系

在做好传统的广告、用户付费、版权交易盈利的基础上，还应将媒体融合延伸至营销策划、项目运作、电子商务、商业服务等方面，以摆脱盈利困境。市委宣传部等部门在监督媒体做好采编和经营分离的同时，要鼓励他们在法律和政策允许的范围内做好多种经营，税务、市场监管等部门在监管的同时应给予政策支持。

3.建立技术研发引进共享平台，升级支撑驱动体系

建议由技术力量较强的重庆日报报业集团和重庆广播电视集团（总台）整合重庆大学、重庆邮电大学等计算机和通信等学科力量较强的高校，联合成立重庆媒体融合技术研究院，在技术上实现突破。或建立本市媒体融合内部交易共享和外部引进平台，实现一次引进或一次开发、多家使用，通过分享降低技术研发引进成本。

（五）服务为本，以制度新体系落实管理保障，优化发展环境

1.加强组织领导与扶持力度，着力形成政策推动机制

改变当前直接投入资金和直接扶持具体新闻单位的政策模式，以舆论引导和传播效果为目标，允许有资质的相关单位组建团队或设计产品、项目来公平竞标，获得媒体融合专项资金投入。金融手段在广东等地的实施已经被证明为行之有效的推动媒体融合发展的重要手段，重庆市也应用好金融手段推动媒体融合发展。建议联合两大媒体集团、其他主流媒体、互联网公司和政府资金，建立重庆媒体融合发展基金。发展基金还可大力吸纳非媒体金融、科技界相关资本进入，在市委宣传部等部门监督下由专业基金管理团队运营。通过媒体融合发展基金扶持和孵化优质媒体机构或项目，快速形成重庆“媒体+金融”深度融合的发展态势。

2.完善考评与知识产权保护体系，着力形成制度推动机制

在媒体融合考核评估时，着力协调社会效益与经济效益的关系，协调培育发展与传播效果的关系，引入第三方和专家评价机制；进一步完善本市媒体内容、软件、平台、知识产权保护交易制度；建立市级内容、软件、平台、技术、知识产权与优质项目交易平台，通过交易平台促进媒体融合生产要素的流通和保护。

3.实施智库与人才培养工程，着力形成智能推动机制

建议依托重庆市社科院、高校和大型传媒集团，组织市内外专家学者成立媒体融合专家咨询委员会和常设智库，定期撰写媒体融合调研报告，提供决策支撑，并为本市媒体培训人才提供服务。建议人力社保部门制定《重庆市媒体融合人才引进办法》，通过有力的政策引进媒体融合人才。建议适时推行媒体融合人才项目，将媒体融合人才列入市级人才计划，发掘并培养有潜力的媒体融合理论和实践人才，通过给予人才称号和科研经费、支持组建团队等多种支持方式促进人才成长。

三、结语

本文从重庆媒体融合的实际现状出发，分析了当前重庆媒体融合发展中亟待突破和解决的问题，并从战略高度、体制机制、内容渠道、技术创新、管理机制五方面提出建构重庆媒体融合发展新业态的路径，供同行交流参考。

科技期刊论文网络首发的问题及对策①

——以《重庆大学学报》为例

詹燕平　游　滨　王维朗　陈移峰②

科技期刊是国家科学技术研究成果发布与传播的重要载体。近年来，国家在科技期刊的数字出版、媒体融合等领域有相当大的投入，进展显著[1-4]。但是，目前我国学术期刊和国际优秀学术期刊差距比较大，特别是在出版时滞方面[5-9]。发表周期过长从一定程度上导致了我国学术期刊的出版内容也相对滞后，缺乏国际竞争力。据统计，《Science》一篇文章的发表周期2—3个月，《Nature》的发表周期仅12天，对于重要的稿件仅3天，而我国学术期刊的平均出版时滞达到了13.5个月[6]。近年来，虽然大多数科技期刊的出版时滞已大幅度降低，但仍然达到7.5个月[7]。王志珍、朱邦芬院士也曾经表示，发表周期过长是导致论文外流的关键因素之一[8]。中国知网（以下简称知网）的论文录用定稿网络首发仅仅需要1—2天，即可在网络上优先发表，此举有力地解决了我国学术期刊论文发表周期过长的问题。

2017年开始，知网推行网络首发工程，首批与436种学术期刊签署了网络首发的相关协议，以论文录用定稿的形式正式出版期刊网络版[10]。截至发稿时止，已有1888家学术期刊加入网络首发平台，尽管数量不断增长，但大多数期刊

---

① 基金项目：原重庆市社会科学规划重点项目（2014ZDCB20）；中国科技期刊卓越行动计划选育高水平办刊人才子项目——青年人才支持项目（2020ZZ111066）；教育部人文社科基金青年项目（18YJC860034）；中国高校科技期刊研究会项目（CUJS-QN-2018-004）。原载于《编辑学报》2021年6月第33卷第3期。

② 詹燕平、游滨、王维朗、陈移峰，重庆大学期刊社。

仍在观望。经研究发现，期刊编辑部不仅在稿件网络首发前有很多顾虑，在网络首发实践过程中，也遇到了不少问题。

2019年下半年开始，《重庆大学学报》（以下简称学报）对所有已录用和新录用的稿件以“录用定稿”的方式单篇进行网络首发。一年半的时间，学报网络首发的文章达到了211篇。本文对近3年来学报录用的文章进行分析，未采用网络首发时，稿件从收稿到发表见刊，平均发表周期约为320天；而采用稿件网络首发后，平均发表周期缩短到了52天，平均节省268天，节约了将近84%的时间，大大缩短了发表周期。发表周期缩短，期刊来稿量也持续增长。据统计，来稿量2019年比2018年增长了58.8%，2020年比2019年增长了2.9%。本文以学报为例，总结了学报在推行录用定稿单篇网络首发中遇到的问题及对策，以供其他期刊借鉴。

一、推行录用定稿网络首发的阻力

对大多数科技期刊而言，缩短论文发表周期是提高影响力和下载频次的重要途径。网络首发具有独特优势：一是定稿稿件实现网络首发，缩短了期刊发表周期，实现了学术成果的快速发表与传播；二是知网学术论文网络首发平台，即CAJ-N是具有正式刊号的网络期刊，网络首发的学术论文可视为正式发表的论文，一经刊出，均有知网电子杂志社与网络首发期刊联合出具的论文发表证书，论文首发权得到认可。

知网的学术论文网络首发工程优势很明显，若全面实现学术期刊网络首发模式，不仅能提升期刊自身的竞争力，而且能增强我国学术资源的国际竞争力，推动我国出版模式的改革与创新。但是，期刊的网络首发遇到了一些阻力，大部分期刊仍在观望。

（一）编辑核心资源的弱化

CAJ-N网络首发期刊是指以网络首发方式出版期刊网络版的学术期刊，也称为CAJ-N入编期刊。CAJ-N入编期刊在与知网签署的协议中规定，网络首发的论文在2个月内，编辑部不能上传至其他商业数据库，即使编辑部官方网站的OA出版也不能转载其完整版。可见论文的网络首发，期刊编辑部实际上让渡的是独家网络出版权和信息传播权等重要权利[11]。

CAJ-N是获得国家正式批准的网络期刊，网络首发的文章具有2个合法身份。随着学术期刊全面推行论文网络首发，网络首发的论文会逐渐被学术机构认可。因网络首发论文尚无纸质版，知网的网络刊号成为被识别的要素，这在一定程度上弱化了期刊刊号等核心资源，致使期刊的权威性可能动摇。

（二）编辑部人力资源的短缺

编辑部人力资源的短缺延缓了网络首发进程。论文录用定稿后快速网络首发，需要保证不出现明显的语言、逻辑等低级错误，这需要投入人力。期刊编辑部的人力资源十分紧张，会造成定稿后上传网络首发时间的拖延。更为重要的是，稿件网络首发需要录用1篇稿件就加工1篇稿件，不能集中校对。稿件首发工作只能穿插在烦琐的期刊定稿工作期间，使责任编辑推进网络首发的前期工作不堪重负，举步维艰。

（三）传统的出版流程不利于网络首发

知网的网络首发平台有录用定稿、排版定稿和整期汇编定稿3种模式。期刊编辑部在运用网络首发出版模式过程中，也会遇到一些问题。比如，论文的稿件质量在首发时就要求基本达到正式出版要求问题，还需符合新闻出版总署规定的“三审三校”出版流程。如果一篇稿件按规定走完全部流程、录用定稿后再上传，可能因时间问题丧失了优先快速发表的优势；如果不经三审三校和排版，直接将录用的稿件上传，则论文质量无法达到要求，也难通过知网的审核[12]。

在CAJ-N上传录用定稿，使研究成果在第一时间发表，这是网络首发缩短学术期刊发表周期的关键。但是，国内很多期刊习惯了传统的出版流程，若稿件录用后还要按传统模式三审三校，审核目录、封面等等，把差错率降到最低水平，将整期定稿后交付印刷厂印刷前才上传至网络首发平台，这无疑违背了网络首发快速发表的初衷。网络首发的论文只适宜适度加工，不宜将其编校质量提高至排版定稿时的要求；但网络首发的论文也必须保证质量，建议由作者和责任编辑认真地通读校对后，只要不出现明显的、低级的错误，即可上传至网络首发平台。文献[11]也建议网络首发稿件应该确定适度的加工标准，以加快首发速度。

二、网络首发实践中的问题及对策

（一）知网审核时的问题及对策

考虑网络首发论文内容的完整性与格式的统一性，确保一定的编校质量，学报的稿件在网络首发前，责任编辑将录用的稿件适度加工和粗排版后，发给作者校对，并对作者返回的稿件再次校对，无明显错误和疑问后才能以录用定稿的形式上传知网。一般情况下，知网在1—2个工作日就可审核完稿件。

学报在实行网络首发初期，上传“录用定稿”时会出现各种类型的错误，比如论文基本信息错误、格式错误、PDF转换时的错误和校对错误等等。为缩短稿件网络首发的周期，学报通过对入库、退修、编校、录用等环节的优化，不但最大限度地减轻了责任编辑的繁杂工作，还保证了稿件质量达到网络首发的要求。

1.录用前严把质量关

为了改善录用稿件的规范性，学报专门针对网络首发的稿件设计了模板，保证网络首发文章在格式上的一致性。在知网网络首发平台上发表的论文，被认定为正式出版论文，为了确保定稿网络首发的严肃性，论文一旦网络首发，其论文标题、作者（包括作者顺序）、机构名称、学术内容等原则上都不得更改，纸质出版时也只能基于编辑规范进行少量的文字修改。在稿件录用前，特别是针对新作者，责任编辑要以邮件的形式和作者再三强调，并将作者自查表（表1）发给作者，让作者进行针对性的检查与修改，以提高写作规范性。

2.编辑加工阶段仔细校对

论文录用后，责任编辑在适度加工和粗排版环节，通读全文，并对照“责任编辑自查表”（表2），对自查表中缺失的部分一一补充完整，不完善和存在疑问的地方通知作者修改校对。

3.录用定稿以Word格式上传至CAJ-N

学报的稿件处理严格执行国家规定的“三审三校”流程。一般录用的稿件在经过编辑排版之后再开始校对工作，而网络首发的稿件是没有经过排版和多轮校

表1　作者自查表

项目	具体要求	是	否
基本信息	按稿件首发模板修改格式	□	□
	第一作者及通信作者介绍完善	□	□
	若有基金项目，核对基金项目中英文名称及编号	□	□
摘要	按要求拟定中英文标题	□	□
	作者、单位的翻译正确，且一一对应	□	□
	摘要需要按目的、方法、结果、结论四要素撰写	□	□
	关键词数量为3—8个，且中英文匹配	□	□
正文	第一次出现英文缩写，有英文全称	□	□
	公式的大小写、粗斜体运用规范	□	□
	全文数值3位分节	□	□
	数值和单位之间空1个字符	□	□
	全文字体、字号、行距等按规范要求	□	□
图表	图表随文给出（先见文后见图表）	□	□
	图题、表题中英文对应	□	□
	表格为三线表	□	□
	图中标注为中文	□	□
	图中文字无遮挡	□	□
参考文献	参考文献总数量不少于15条	□	□
	参考文献英文文献数量过半	□	□
	参考文献近5年文献占比80%以上	□	□
	所有参考文献按顺序在文中依次引注	□	□
	中文参考文献为中英文对照形式	□	□
	参考文献格式符合要求	□	□

对的。在编辑部进行网络首发初期实践时，编辑部为了严格保证稿件的规范格式，将网络首发稿件发给专业排版公司集中排版，作者和责任编辑修改校对无误后，以PDF形式上传至网络首发平台，知网审核时仍会反馈很多错误。对知网反馈的各种错误，责任编辑和作者不仅需要一一修改，还要联系排版公司修改源文件，重新生成PDF格式文件，有时甚至需要反复校对和修改。网络首发工作本身也是穿插在烦琐的定稿工作之中，反复校对和修改更拉长了发表的周期。由于Word直接生成的PDF会出现各种意想不到的格式错误。此后，编辑部对网络首发的稿件以Word版本代替PDF版本，不仅避免了转换成PDF格式时的错误，而且减少了责任编辑与排版公司的工作量，缩短了发表的周期，还能在知网以HTML形式出版，满足了读者碎片化的阅读需求，提高论文的显示度与传播力。

（二）出版流程的优化

1.投稿模板的优化

正式发表的期刊论文，具有年、卷、期、页码等详细出版信息，网络首发的论文在网络上首发时无法确定该论文的纸质刊期，需要把年、卷、期等相关信息

表2 责任编辑网络首发定稿自查表

适度加工环节	粗排版环节
中英文标题合理	采用统一网络首发模板
作者、单位及其翻译一一对应	分配DOI号
摘要、关键词规范	首页要素齐全
章节、图、表、公式、参考文献序号连贯	页眉、页脚正确
第1次出现英文缩写，有英文全称	清除编辑痕迹
参考文献引用符合期刊要求	删除年、卷、期等信息
公式中大小写、粗斜体运用规范	图完整清晰，表是三线表
图片、表、公式显示无误，位置正确	图表随文后给出
提醒作者检查字句	全文排版合理

删除。鉴于此，学报对原来的投稿模板按照稿件首发的要求进行了修改，并将修改后的“网络首发投稿模板”上传至学报官方网站“作者下载”专栏，供作者下载参考。学报在作者投稿之初就建议作者按网络首发的投稿模板进行修改，若录用之前格式仍未达到要求，编辑可在录用退修前要求作者修改。实践证明，在稿件录用前解决或改善格式规范化问题，不仅可以有效地保障网络首发的速度，还能减少后期低级而重复性的工作。

2.优化DOI后缀格式

DOI编码是指数字化对象的唯一标识符，是一套识别数字资源的机制，是数字资源的“身份证”，具有唯一性和永久性的特点。DOI的主要体现形式有二维码、条形码等。DOI编码由前缀和后缀组成，中间用“/”分隔。前缀部分由国际DOI基金会确定，后缀部分由资源发布者自行定义。

由于受制于DOI，不少期刊无法真正实现网络首发[13]。目前，大多数期刊的DOI采用默认格式，后缀除了ISSN号外，还包括了出版年（4位），出版期（2位），论文在该期目录中的序号（3位），如DOI：10.11835/j.issn.1000—582X.2018.12.001。由此可见，需要确定一篇文章的DOI号，必须确定该文的出版年、期，以及该期目录等信息，而这些信息只有在排版定稿后才能确定。老版本的DOI编码规则无法满足期刊网络首发的需求，制约了其发展。基于以上困扰，学报更改了DOI后缀中的编码规则（如图1），以适应期刊网络首发的需要。

在新的DOI编码规则中，不再出现年、期、篇次等论文的详细出版信息，取而代之的是录用年份和录用流水号。文章在录用之初，就分配了唯一的DOI号，责任编辑可以自由分配时间处理该文的网络首发事宜，加快网络首发的进程。

三、网络首发后的思考

（一）网络首发成果认定的问题

CAJ-N是具有正式刊号的网络期刊（ISSN 2096－4188，CN 11－6037/Z）。网络首发的学术论文可视为期刊正式发表的论文，一经刊出，均有知网电子杂志社与网络首发期刊联合出具的论文发表证书，作者也可以下载、打印、引用该网络发表的论文。在毕业、职称评定、项目结题等方面，得到了大部分高校的认可。但是，在实践过程中，有很多学术机构在职称评审时仍需要纸质版刊物原件和复印件，以及论文的封面、目录等相关的出版信息。在学术机构认定时，将网络首发的论文与纸质版同等对待，需要突破多年以来论文必须见刊的传统做法，必须协调各方关系，克服现实的困难并体现到相关的政策中。

（二）网络首发引用统计存疑

以文献［14］为例，在知网提供的引用格式为："时元绪，邬晓光，黄成，李院军．箱梁剪力滞翘曲位移函数理论推导［J/OL］．重庆大学学报：1-13［2020－12－02］．http://kns.cnki.net/kcms/detail/50.1044.n.20190911.1719.002.html."；知网论文网络首发提供的引用格式为："时元绪，邬晓光，黄成，李院军．箱梁剪力滞翘曲位移函数理论推导［J/OL］.重庆大学学报．http://kns.cnki.net/kcms/detail/50.1044.n.20190911.1719.002.html．"。学报录用定稿的论文在网络首发时，都给定了DOI号，根据现行的参考文献引用规则，可以加上DOI号，引用格式也可为："时元绪，邬晓光，黄成，李院军．箱梁剪力滞翘曲位移函数理论推导［J/OL］．重庆大学学报．http://kns.cnki.net/dcms/detail/50.1044.n.20190911.1719.002.html.DOI:10.11835/j.issn.1000－582X.2020.201."。以上3种格式基本相同，唯一不同的是第一种增加了引用日期和页码，最后一种增加了

DOI号。论文随整期期刊正式印刷出版后，知网上的网络首发版本将被正式出版的版本覆盖，此后对该文的引用仅增加了年、卷、期、所在页码等具体出版信息。由此可见，虽然论文网络首发引用格式和正式发表的引用格式略有不同，但在引用归属上不存在问题，都被统计为同一论文的引用行为，但是统计时引用年限目前存在疑问。

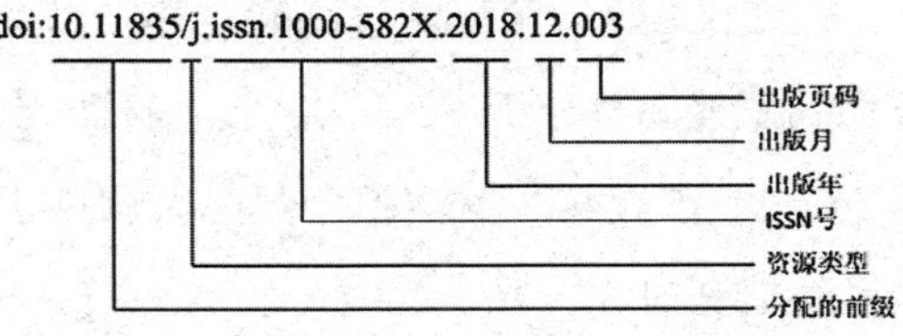

（a）更改前的DOI编码规则

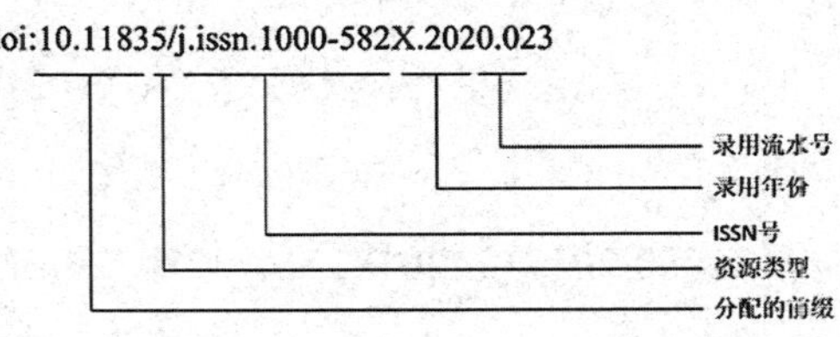

（b）更改后的DOI编码规则

图1 《重庆大学学报》论文DOI编码规则

四、结束语

录用定稿的网络首发实现了即时出版，突破了传统纸质媒介的束缚，实现了科研成果的快速出版，很好地解决了文献发表相对滞后的问题，从技术上实现了论文成果的快速认定，有助于增强期刊的学术影响力。希望期刊编辑部能够借助网络首发的新技术，优化出版流程，推动我国出版事业向前发展。

参考文献

[1] 黄先蓉，常嘉玲．我国出版产业转型升级趋势与政策建议：出版业“十三五”时期回顾与思考［J］．中国出版，2020（22）：19.

[2] 张新新．数字出版概念述评与新解：数字出版概念20年综述与思考［J］．科技与出版，2020（7）：43.

[3] 陈建华．媒体融合环境下我国科技期刊转型发展的困境及对策［J］．编辑学报，2020，32（2）：37.

[4] 刘静，翟亚丽，朱琳，等．我国科技期刊融合出版研究现状：基于CiteSpace的知识图谱分析［J］．中国科技期刊研究，2019，30（5）：49.

［5］尤骁，宋海艳，谈毅．基于2014—2018年JCR首次收录期刊的我国科技期刊发展态势分析［J］．出版发行研究，2020（4）：66.

［6］丁媛媛，翁洁敏．国内医学科技期刊在线优先出版状况调查［J］．中国科技期刊研究，2014，25（2）：243.

［7］田云鹏．《浙江医学》杂志2008—2017年载文情况和网络化发展情况分析［D］．杭州：浙江大学，2018：47.

［8］咏梅．怎样应对学术论文首发国际竞争：2017中国学术期刊未来论坛举行［EB/OL］．［2020—12—10］．http：//philosophychina.cssn.cn/xspp/xspp_20730/201712/t20171214_3780726.shtml.

［9］徐会永．期刊优先数字出版及出版时滞与科学发展的关系及其展望［J］．编辑学报，2014，26（4）：315.

［10］张震之．高校科技期刊网络首发存在的问题及完善策略［J］．新闻研究导刊，2018，9（7）：203.

［11］占莉娟，胡小洋．学术论文的网络首发：愿景·瓶颈·应对策略［J］．编辑学报，2018，30（3）：84.

［12］詹文海．针对中国知网网络首发对稿件录用流程的优化：以《无机材料学报》为例［J］．编辑学报，2020，32（2）：47.

［13］刘永强，杨嘉蕾，杨乐，等．科技期刊网络首发的实践与思考：以《热力发电》为例［J］．编辑学报，2019，31（3）：91.

［14］时元绪，邬晓光，黄成，等．箱梁剪力滞翘曲位移函数理论推导［J］．重庆大学学报，2020（3）：100.

出版集团转型发展路径分析与探索[①]

——以重庆出版集团为例

罗　炜[②]

近年来，在新闻出版体制改革不断取得新突破的背景下，在党中央、国家新闻出版广电总局和地方政府的强力推动下，新闻出版业的发展步伐明显加快。《2020年新闻出版产业分析报告》显示[③]，虽受新冠肺炎疫情影响，中国新闻出版业2020年总产出仍达到1.67万亿元，成为国民经济发展的新增长点以及国家战略结构调整的重要支点。对于出版企业而言，如何结合市场环境和自身实际，制定科学的转型发展战略，已成为当下迫切需要解决的问题。

受益于国家西部大开发战略，重庆文化产业呈高速增长的态势。《2019年重庆文化产业发展报告》显示，重庆文化产业连续五年增长速度超25%。重庆出版集团作为重庆唯一的国有独资综合性出版集团，正迎来新闻出版业全面发力、阔步前进的重要历史机遇，必须不断深化改革，加快发展创新。但由于出版业的特殊属性，目前重庆出版集团在转型发展中遇到不少问题，包括出版主业经济规模较小、多元化投资风险增大、产业链正处于整合期等。对此，重庆出版集团还需着力探索发展路径，促进持续、健康、快速发展，朝着成为国内一流、国际知名的大众图书出版集团的目标迈进。

---

① 原载于《新闻研究导刊》2021年12月第12卷第23期。

② 罗炜，硕士，高级经济师，重庆出版集团财务部副部长、资金管理中心主任，研究方向：战略管理、投融资管理。

③ 中国新闻网.2020年中国新闻出版产业规模下降　数字化业务收入保持增长［DB/OL］. https：//baijiahao.baidu.com/s?id=1719-378219480698160&wfr=spider&for=pc，2021-12-17.

一、当前行业竞争环境

出版业属于特殊的文化产业。随着改革的深入和市场力量的逐步增强，从中央到地方都在不断出台集团化、事转企和产权制度改革等多方面的政策措施，联合、重组、扩张已成为中国出版业发展的关键词。为进一步研究当前行业竞争环境，下文结合迈克尔·波特的“五种竞争力量模型”进行分析。

（一）潜在进入者主要来自国内和国际

我国虽对出版业实行严格的审批制，产业政策壁垒很高，但对于国内社会资本而言，由于民营发行渠道的合法地位已被承认，他们积极加强与持有书号这一特殊资源的国有出版企业合作。通过合作、协作等方式，成立文化公司或图书工作室，借道进入出版核心领域。这些文化公司既有国有出版企业资金雄厚、编辑力量强的优势，又具备民营企业与市场结合紧密、管理灵活的特点，因此吸引了大批进入和准备进入者。而国外资本也通过合作办刊、联合出版、版权引进、资本注入以及图书俱乐部等方式，逐步渗透和影响中国出版市场。目前，内外两股力量的渐进式进入对国有出版企业造成极大威胁，随着时间的推移，或将引起国有出版企业之间的资本结构和力量对比的变化。

（二）数字出版已成为传统出版的主要替代品

信息时代，数字出版物在传播信息的时间效率和功能上，以更直观生动和存储量大的优势向纸质图书发起挑战。传播技术更新换代越来越快，产品的出版周期越来越短且生产成本越来越低。读者的选择范围将不断扩大，自由度更广，能够在较短的时间内，以较低的价格获取信息内容。与此同时，其他各种新媒介也在不断侵入读者有限的阅读时间。信息选择的多样性和海量化将严重影响图书的生命周期，图书的信息传播功能将进一步弱化，对传统出版物产生深远影响。

（三）供应商的议价能力持续增强

供应商包括图书的生产供应者和作者。一方面，图书的生产供应者包括纸张供应商和印刷厂。由于市场竞争激烈、供应充分，诸多印刷厂面临很大的生存压力，对出版企业的议价能力不高，无法形成竞争压力，这对出版企业降低成本产生一定的积极作用。而纸张供应市场则属于强势市场，由于国内通货膨胀加剧以及工信部下达的造纸行业淘汰落后产能等原因，造成木浆、造纸、运输等各个环节价格联动大幅上涨，国内的纸张价格一路飙升，从普通的胶版纸、轻型纸到特种纸、铜版纸等每吨价格均维持在高位。纸张价格上涨带来的必然是图书成本的大幅上扬。另一方面，从作者资源来看，国内知名和有市场号召力的作者的稿费日渐攀升，持有好选题的作者的议价能力非常强，畅销书、长销书和双效书等书稿资源是众多出版企业争抢的目标。

（四）购买者的议价能力不断变化

购买者包括各省级新华书店、网络销售商、读者。由于图书销售市场竞争的白热化，购买者的议价能力都非常强，往往要求较大的折扣和价格让渡。首先是各省级新华书店，对于出版业利润最高的教材，政策规定必须进入各省级新华书店的一级发行渠道。由于各省级新华书店是唯一的、强势的，出版企业几乎没有议价能力，只能被动接受。其次是网络销售商，目前外资和民营资本纷纷进入分销领域，亚马逊、当当网、京东等几乎垄断了中国的图书网络销售，它们借助雄厚的资本和强大的销售能力，在二级发行渠道中往往给出极低的折扣，不断压缩出版企业的利润空间。再次是读者，由于读者的文化素养不断提高，除希望提供折扣外，还会以更挑剔的眼光审视图书产品，面对品种繁多的出版物，在内容和版式设计等方面的要求愈加苛刻。

（五）现有竞争者涵盖从中央到地方的各类出版单位

近年来，为优化出版结构，发挥规模化优势，从中央到地方纷纷成立出版集团。中国出版集团、中国教育出版集团和中国科技出版集团时常强势出镜，省级出版集团占据行业主流，如凤凰出版集团、浙江出版集团等都集“编印发”于一体，掌握本省的优势出版资源，在结构和目标市场方面没有明显区别，提供的文化产品替代性较强，甚至连多元化涉足的领域都很类似①。而专业市场则呈现较高的集中度，一些机制灵活、市场反应敏捷的小型专业出版社占有较大市场份额。例如中央部委下属的出版社，可依托行业优势进行专业化发展；一些大学出

① 张琦．中部地区出版传媒上市公司多元化发展战略模式分析［J］．出版广角，2017（8）：23-27.

版社拥有大学资源，占有较大份额，提高了该市场的进入门槛。总体来看，从出版资源到出版物，从中央到地方，从专业出版机构到综合出版机构，甚至地方出版集团之间的竞争无处不在。

通过对出版行业五种竞争力量的深入分析可以看出，出版企业主要竞争力量来自现有出版企业之间的竞争、购买者和供应商的议价能力等，随着时间的推移，潜在进入者和替代品的威胁将不断加大。

二、发展路径探索

（一）聚焦主业，精心打造大众图书品牌

出版集团立足的根本必须是图书出版，尤其是大众图书出版，只有树立品牌，多出精品，才能肩负起传承人类文明的历史重任，才能进一步增强行业影响力。以重庆出版集团为例，在目前的发展形势下，集团应充分发挥资源优势，精心打造大众图书品牌，可设立品牌战略中心，统一调动各种出版资源，专事品牌规划、研究和管理工作。品牌打造应突出“听巴山夜雨，品渝州书香”，出版重点应为马克思主义中国化理论研究及建设、社会主义核心价值体系和市场经济建设、中国特色社会主义理论、历史文化、文学艺术；引进国外先进的科技、经济、管理类作品；输出青少年读物、生活类优秀原创文学作品；反映党和国家重要政治活动和重大历史事件，着重宣传本土特色。

（二）优势对接，吸纳民营图书策划资源

图书产品的内容和质量始终是出版集团运营的核心，维护和发展企业品牌，优化图书资源，提升图书质量，始终是其致力的根本点。当前，民营图书领域不乏优秀的图书策划人，重庆出版集团可整合民营图书策划资源，实施主业“走出去”战略，以合资公司为示范窗口，作为出版策划项目的实施载体，把民营出版工作室推向前台，充分发挥其对集团大众图书发展的带动作用和辐射作用。合作出版的重点方向包括社科及文学经典、名家名作、畅销图书、外向型图书等。做到资本和资源相结合，广纳民间智慧，将有潜质的民营资源纳入出版平台中，以实现双方优势对接。

（三）巩固优势，扩大教材教辅市场份额

增加教材品种，推出租型和自有两种品牌，有利于打造基础教育出版平台，提高市场竞争力。因此，除维持人教版租型教材的垄断地位外，重庆出版集团还需进一步加大自主开发力度，加强对外合作，打造具有自有知识产权的义务教育及高中课程的课标教材，争取列入国家课标目录。集团可借助现有教辅领域的成功经验和资金、人力资源，成立合资企业，或以品牌输出等形式“走出去”，加强与外地教育主管部门和新华书店的合作，将现有的教辅产品打入新市场，积极扩大教材教辅市场份额，提高市场占有率。建议前期努力开拓四川、贵州、湖南、江西等有一定基础的新市场，在新市场寻找新读者，以开辟新的、可靠的、经济的和高质量的销售渠道。

（四）数字转型，搭建智慧出版平台

随着数字化时代的到来，人们的阅读习惯发生改变，传统出版向数字出版转型已是大势所趋[①]。构建数字出版内容资源传播体系，成为中国出版业升级的必由之路。传统出版集团要重视创新，通过网络化、数字化、信息化手段，搭建智能出版平台，将数字化编辑技术植入智能出版系统，从传统出版向现代出版转变；要充分利用数据分析挖掘能力，将数据更好地与业务场景相融合，形成“文化+创新”“5G+智慧”等对外服务板块，打造一个线上服务与线下服务融合、传统出版与新兴出版融合、数字经济与实体经济融合的智慧出版平台[②]；要加强内容创新，加快技术升级，加强与技术提供商的协作，多方面开发数字出版物，根据大众、专业、教育等不同的出版类型和需求模型，建立各种类型的数据库，促进全媒体融合。通过以上突破，使集团建立起相应的智慧出版商业模式和盈利模式，使数字出版所占比重不断提高，从而占据数字出版产业链的有利位置，加快传统出版向数字出版的转型步伐。

---

① 张宏.欧美出版上市公司转型期的经营战略、商业模式及其启示［J］.出版与印刷，2018（2）：14-20.

② 张新新.出版业融合发展的趋势与对策建议［J］.中国编辑，2016（5）：66-70.

（五）分类突破，做强教育类、科普类期刊

与图书出版不同的是，报刊资质实行集编辑和发行为一体的许可制度，拥有完整的出版产业链。重庆出版集团旗下的教育类、科普类期刊经过多年的市场培育，已积累一定的美誉度和影响力。未来，集团应进一步做好目标市场分析，找准市场切入点，针对各自特点实施差异化的竞争战略，以进一步扩大读者群体，推动自身发展。比如，作为教育类的《今日教育》，要以“深度影响教育生活”为办刊理念，在版面设计上着力打造高考、中考和作文大赛等三大核心板块，提供学习服务和互动交流，以弥补纸质期刊版面的不足，内容应涵盖学习规划、咨询、老师答问和互动社区等，打造一站式教育服务平台，为中小学读者提供心智成长辅导、知识教育指导和人生方向指引。作为综合性科普类的《农家科技》，要以服务“三农”为宗旨，多为农民读者提供产业研究成果和新技术的开发、应用、推广情况，重点介绍生活中和农业生产中实用性较强的技术与方法，积极为城乡统筹配套服务。

（六）掌握渠道，实施前向一体化

根据本地出版和发行的实际情况，重庆出版集团应以整体上市为目标，以市场为纽带，实施前向一体化战略，力争获得对分销商或零售商的所有权，以加强对销售过程和渠道的把控。出版与发行之间业务往来频繁，有利于整体资源的优化。实施前向一体化战略，则有利于建立真正意义上的集“编印发”于一体的出版发行集团，与行业发展主流同步，加快整体上市步伐，通过资本市场有效吸纳系统外的社会资本和境外资本，为集团实现跨越式发展搭建更高平台。发行方面，新华书店拥有本地最强大的图书发行网络，重庆出版集团可择机整合本地新华书店的发行资源，完善产业链条，打造长江上游最大的出版物流基地和连锁卖场，成立出版发行航母型集团，以带动重庆出版业的再次腾飞。需要注意的是，实施前向一体化应充分考虑市场竞争结构、竞争者规模、图书产品结构和重庆受众市场需求等因素。

（七）建立具有核心价值观的企业文化

重庆出版集团的发展路径应以弘扬社会主义核心价值观为宗旨，坚持正确的出版导向，多出精品奉献社会；坚持主旋律与多样化、社会效益与经济效益的有

机结合；突出精品化、市场化和地方特色，突出新技术、新服务和新的增长点，把社会主义核心价值观植入企业文化。通过对企业文化理念的实施和推广，把企业文化建设和企业经营发展的实际相结合，引导及营造和谐发展的企业氛围，使企业文化理念深入人心。同时，完善企业规章制度，创立企业制度文化，实现企业文化建设与管理制度一体化，肩负传播文明的历史使命和社会责任，推动企业与社会和谐共赢。

三、结语

重庆出版集团首先应通过塑造品牌来发展出版主业，强化核心竞争力，继而步入资本运作的良性发展轨道。换言之，其必须强调出版主业，通过进入数字出版等新兴领域来拓展产业链，寻求新的经济增长点。有了主业支撑，文化产业才能更加得心应手，实现产业布局的优化。通过掌握渠道，择机整合本地的发行资源，实施前向一体化战略，实现出版产业链一体化，确立自身在本地市场的领袖地位，进而实现跨越式发展，建成国内一流、国际知名的大众图书出版集团。

重庆綦江非物质文化“永城吹打”与艺术美乡村实践研究[①]

黄作林　何雨珩[②]

随着社会文明的快速发展，人们在满足物质生活的同时，精神文化的需求日益彰显。城市文明与乡村之间的文化差距也日渐凸显，为实现“文化进乡村、艺术美乡村”，同时为传承乡村特有的艺术文化与创新发展，亟待对乡村文化建设做出新的规划和有效的举措。艺术作为文化发展中必不可少的特色创新元素，在其介入乡村文化的创造发展中，能够在美育乡村中起到积极推动作用，能够作为乡村百姓精神需求内驱力，促使乡村特色文化的建设与现代艺术接轨，丰富乡民精神生活，缩小城乡文化水平的差距，提升乡民的文化艺术素养，这是艺术乡建的一种尝试。

一、艺术走进乡村的必要性

提到艺术，首先可能想到的是美术、音乐、传媒等相关专业的作品以及文化理论。这些专业内容不仅是艺术院校学生的专业修炼，更是在社会城乡文明、文化发展中有着不可取代的重要地位和作用。艺术乡建在早些时候就有不少的成功案例，对其理论研究的探索与尝试都有迹可循，这一概念的提出源于一场哈佛博士周韵与“碧山计划”发起人欧宁等人的辩论，由此各研究组织召开了相关的学

① 原载于《中国文艺家》。

② 黄作林，何雨珩，重庆师范大学。

术研讨会，对艺术乡建进行多维度、多层次的研讨。在振兴乡村文化以求乡村复兴的征途上，艺术作为其有力推手，走进乡村、美化乡村是文化发展背景下一种优质的选择。

（一）当代乡村建设的现状

我们不难发现，国家领导人非常重视乡村文化的发展，地方党委政府也高度重视乡村精神文明建设。全民小康生活不仅是满足老百姓物质文化的需要，同时也要满足精神文明的需要，文化进乡村、艺术美乡村也就势在必行。

（二）加强乡村传统特色文化建设，重建乡村文化自信

艺术不仅包含不同形式的文化体现，富含人文精神文化内涵。都市文明已融入“艺术展览馆”“艺术展演”“艺术院校公共开放”等形式，熏陶着丰富着人们的精神文化生活内涵。然而，乡村传统文化即将流逝在时代洪流下的劣势日益显现，“麻将文化”“坝坝舞”“侃大山”成了乡村农闲饭后的文化主流。为倡导健康文明的精神文化，我们必然要积极投身于艺术美乡村的文化建设中，充分考察当地的乡村传统文化，挖掘和传承当地本土的乡村特色文化，尤其是逐渐消失的民间艺术非物质文化等；同时以提升乡民的精神文化生活为出发点，结合适合地方发展的院校艺术手段，形成独有的艺术表现形式，让乡村艺术散发出自身的独特魅力，以求实现乡村文化振兴。

（三）提升村民的艺术感知，触发爱乡恋家情怀

乡村是我们民族最早的聚居方式，我们的祖先是农民，我们文化的根基在乡村。乡村，见证了我们国家和民族越来越富强，乡村也是众多文化遗产的发源地，它承载着我们五千年民族文化传承的深厚底蕴。农闲时节，乡民们有着最原始的艺术冲动，自娱自乐写写画画、唱唱跳跳、自编自演文化作品等方式表达着对艺术的向往和热爱。因此艺术走进乡村，用院校艺术融入乡村创新发展的方式，让乡村文化得以与城市文明接轨，与社会更加融合，是乡民们最强烈的文化艺术精神愿望。艺术创造的氛围和环境，能熏陶乡民们的内在涵养，丰富他们的精神世界，帮助他们了解到属于他们自己的农耕文化，树立他们对生活的文化自信，让居民对自己的生活产生幸福感，对所居住的环境有归属感也有认同感，不

会让乡民们觉得出自农村而自卑，而是洋溢在脸上自信的微笑。

二、艺术重塑綦江中华村的乡村文化特色

每个村落的历史都是既具有共同的民族文化色彩，又饱含自身的独特性。以重庆市綦江区中华村为例：中华村有着悠久的绚烂多彩的民族传统文化，尤其是綦江版画，源于明清年间的木版画，80年代开始复兴綦江版画艺术形式，2008年綦江版画更是引领风骚，被国家文化部命名为“中国民间文化艺术之乡”，盛极一时，造就了当时不一样的美丽乡村。时至今日国家号召“振兴乡村文化”，重庆市“十校结百村，艺术美乡村”政策导向，迎来了前所未有的发展机遇，重庆师范大学美术学院结对扶助中华村的人文艺术，以黄作林教授为代表的艺术家们将新鲜血液和人文艺术理念注入綦江文化、传统版画之中，让传统艺术与现代化艺术相结合，赋予艺术美乡村新的定义，让乡村文明新风更加拂动人心，让传统民间艺术滋养生息、孕育新生，复兴弘扬以綦江版画为代表的非物质文化遗产，使其光彩熠熠，温养人心。

在实践考察中，我院发现中华村的房屋建设较为单一，墙面白净，与当地艺术氛围的建设相比显得“格格不入”。好在村落的居民房因山区地势影响故而错落有致，且房屋前后有绿植相互交错，房屋道路间也有遮挡关系，这样的布局也为艺术的融合提供了便利。我院在此方向的创作设计中，决定用墙绘的艺术表现形式来丰富房屋墙面的改造。根据中华村的文化特色，作出了红色系列、綦江农民版画系列、“永城吹打”民俗系列等主题创造性构图设计。我们在绘图创作中，提取红军、吹奏、木版年画等多个元素进行画面的重构，按照这几个方向绘制了系列样图，结合了中华村自己的艺术文化，用视觉艺术的方式加以凸显，让整个村落的精神层面更加丰富，同时直观且强烈的视觉冲击使人感受到中华村与其他“艺术村”不同的地方特色和底蕴内涵。

艺术美乡村的实践发展，是本着保留当地特色，利用艺术的表现形式或内容表达来弘扬乡村文化并帮助乡村发展，响应“乡村振兴”的政策规划。凸显乡村

的乡风乡情，保留其自然风光的朴实感。除了綦江区的中华村，我院还为梁平区猎神村也制定了相关的艺术结合村落文化的系列设计方案，本文是以中华村为例的乡村艺术文化建设为例的乡建研究探索，具有符合当地传统文化的独特性，也能提炼出建设乡村艺术的主要方向。

日前重师美院对綦江中华村完成了初步的规划与方案设计，分别跟乡村的负责人进行了交流与沟通，将彼此的想法和构思融合进初方案里，并带领学生们开展了下乡艺术实践活动，把具有綦江中华村文化特色主题的墙绘丰富在村里的居民房屋上。学院提出的“教学植入、设计介入、艺术深入”理念，在项目设计与实践的过程中逐步得以实现。接下来的时间里，我们院也将继续跟进乡村文化的振兴之路，改善具体的操作方案，争取让乡民认同“艺术美乡村”的改造方案，提升他们的文化自信，为下一步乡村美化提供典型案例，以便在此领域有可供参考的理论依据以及实践结果。

三、正确认识乡村传统文化价值

乡村文化在如今的社会快速发展中，已然有些力不从心，它不应是“糟粕”被淘汰，而是“精华”未被正确地认识，适应当今的发展模式被遗忘。传承村落中逐渐消失的民间艺术非物质文化，发扬我们自己的民族传统文化，我们义不容辞。我们根在农村，我们的祖先都是农民，祖辈积累发展的财富，我们必须传承和发扬。由于建国初期改革发展的需要，物质文化得到了迅速的提升，而城乡文化发展却逐渐拉开差距，因此党和国家领导人提出了城乡融合发展，振兴乡村文化是符合国家发展的需要、老百姓精神文明的需要，是必然的，也是有必要的。艺术介入乡村是让乡村本有的特色文化邂逅艺术，弱化城乡艺术的界限，打破城乡文化交流的壁垒，以更贴合乡民们的审美文化、实用经济等形式来发展改变，孕载乡村深厚的本土文化底蕴，挖掘本土的发展资源，让我们满怀豪情，让乡村文化振兴之路在艺术人的参与下走向繁荣昌盛。

四、结语

在当代乡村艺术文化建设的进程中，从深入考察乡村当地传统文化、融合现代艺术呈现形式、发展独有的乡村文化内涵、提高乡民自身的艺术文化素养等方面去落实乡村文化振兴的艺术魅力，实现艺术美乡村的实践规划。中国国土上，乡村占地较为广泛，我国历史上也是从乡村到城市逐步发展壮大，这是我们文化的基点与根源，在快速发展的时代下，更应该重视乡村原有的传统文化，使基层文化现代化、艺术化、民众化，为更多的乡村艺术发展提供新思路。

参考文献

[1] 路艳红. 艺术乡建的主体性研究 [J]. 艺术百家，2020（05）：181-186.

[2] 韩立民，杜鹃. 地方艺术院校在乡村艺术文化建设中的作用 [J]. 艺海，2016（04）：111-112.

WENLV RONGHE

文旅融合

基于“两山”理论的重庆旅游发展路径研究[①]

刘 钇[②]

党的十九届五中全会提到，要坚持绿水青山就是金山银山理念，坚持尊重自然、顺应自然、保护自然，坚持节约优先、保护优先、自然恢复为主，守住自然生态安全边界。深入实施可持续发展战略，完善生态文明领域统筹协调机制，构建生态文明体系，促进经济社会发展全面绿色转型，建设人与自然和谐共生的现代化。从旅游业来看，要想促进经济社会发展全面绿色转型，必须盘活重庆现有的生态资源，发展更加生态、更加绿色、更加可持续的旅游。首先，重庆地处亚热带，多山多河，生态资源禀赋优越，发展生态经济有一定的物质基础。其次，重庆现阶段的旅游业发展很大程度上依托“网红”效应，成为热门旅游目的地，吸引了大批游客，成效颇丰。但尚存在诸多问题，比如“网红”地旅游变现困难、生态环境遭到破坏、“网红”景点昙花一现、重游率低、旅游业区域发展不均衡等。因此，重庆的旅游业发展也亟待转型，需要更多思考如何实现旅游的可持续发展，而转型的突破口便在于“两山”理论。因此，本文将在对前人研究的梳理基础上为如何利用重庆现有的生态资源发展生态经济、助力美丽中国建设提出对策建议。

一、“两山”理论概述

习近平总书记提出“两山”理论，以“绿水青山”和“金山银山”的论述点

---

① 原载于《学术论坛》。

② 刘钇（2001— ），女，重庆涪陵人，本科在读，研究方向：乡村旅游。

明发展与保护之间的关系，以及二者的取舍与共存问题。本文认为，“两山”理论可以从以下三个方面作出解读。

第一，“既要绿水青山，又要金山银山。”这一理念强调既要追求经济发展，又要注重对生态资源和环境的保护，保持经济增长与保护生态环境缺一不可。在要求经济增长的同时，对发展提出了新的要求，即保护生态环境，从两个不同侧面衡量了发展带来的效益，摒弃了以往只关注经济增速的功利短视的衡量尺度，更具有前瞻性，也更加符合整体发展的长远需要。

第二，“宁要绿水青山，不要金山银山。”这一理念着重强调了生态环境保护的重要性，在发展和保护发生冲突，只能取其一时，应该把绿水青山放在首要地位。发展经济应该以改善民生为出发点，如果只顾经济增长而忽略了发展对环境造成的损害，导致民众的人居环境受到破坏，那么这种经济发展模式就违背了发展经济的初衷。同时，只守着“金山银山”而抛弃“绿水青山”的行为也不是长久之计，违背自然规律开展的生产活动终将遭到自然的反噬，可持续的发展才是我们应该追求的发展模式。

第三，“绿水青山就是金山银山。”如前文所述，我们在发展中不能只顾一头，既要发展经济，又要保护环境，而保护的优先级要高于发展，二者不能兼得时，我们应该舍弃金山银山，保住绿水青山。然而，仅仅只有绿水青山并不能解决人民群众的生计问题，如果让人民群众守着绿水青山而不能获得富足的生活，不能享受到“绿水青山”给自身生活带来的红利，这也不是“发展”的应有之义。如何才能留住绿水青山，还能拥有金山银山呢？“绿水青山就是金山银山”便是提供了一个两全的整体发展思路，即转变经济发展方式，绿水青山同时也是金山银山，此举能兼顾经济增长与生态环境保护，一举两得。

在旅游业语境之下，坚持“两山”理论，发展生态旅游有利于促进经济发展与生态文明建设耦合。在山清水秀，自然资源禀赋较高的重庆，秉持可持续、负责任的理念发展旅游业，才应该是重庆旅游业对于当今时代的回应。

二、生态旅游

（一）生态旅游的概念界定

“生态旅游”概念最早由世界自然保护联盟（IUCN）于1983年提出，此后，学界对生态旅游概念做出了更多维度的阐释。吴楚材等（2007）从生态旅游产生的背景、市场、生态资源、生态旅游者的动机和目的等角度剖析了生态旅游的真实内涵；陈海波（2018）认为，生态旅游这一概念有两层含义，其一是吸引物为“生态”旅游活动，其二是符合生态学范式的旅游活动。上述对生态旅游的界定是传统意义上较为狭义的界定，除此之外，本文还认为，“两山”理论指导之下的生态旅游是一种旅游发展新理念，除了依托具体的生态资源发展的旅游业之外，还应该包括更广泛的利用独特地理环境发展的旅游业。因此，生态旅游的界定可以从“生态”和“旅游”二词入手，即秉承可持续发展观念，旅游者为了度假休闲、娱乐放松、保健疗养，通过生态友好的方式，到自然生态环境良好的目的地进行旅游活动和生态体验的旅游行为。

（二）生态旅游的类型

生态旅游的类型因生态旅游目的地的不同特征而异，种类繁多。马永杰等（2020）以江西省为例，考察了生态旅游资源类型及特征，认为生态旅游资源分为自然生态旅游资源、人文生态旅游资源和法律保护性生态旅游资源；才敏琪（2019）指出生态旅游地包含山岳、森林、草原、冰雪、湖泊、海洋、观鸟、漂流和徒步探险9类。值得注意的是，如今我国的生态旅游类型已经从原生景观拓展到半人工生态景观，除了上述学者提出的自然景观类型，还包括诸如田园综合体、观光农业、人造森林等人工自然型地域生态旅游系统，以及以历史文化遗产为代表的人造文化型地域生态旅游系统。

（三）生态旅游发展的影响因素

众多学者围绕生态旅游，从不同侧面研究了生态旅游建设和发展的影响因素。程励等（2021）采用fsQCA方法分析了生态旅游社区居民对轨道交通建设支持度的影响因素；李琳等（2021）对生态旅游中旅游者的体验进行了研究，认为同游者和生态旅游区类型对旅游体验有重要影响。

（四）生态旅游的开发模式

李宇佳等（2019）对森林公园开发模式进行了研究，认为应采取实力型开发战略，坚持生态文明理念，保持资源优势，优化开发模式，实现森林生态旅游的综合效益；费巍（2015）从利益相关者博弈行为视角构建了生态旅游开发中各个利益相关者的利益博弈模型，指出政府应加强对旅游企业和原住民的引导，加强开发与管理；杨芳（2013）从生态旅游规划、管理、利益分配三个角度探索生态旅游开发模式，从三个不同路径分析了社区参与生态旅游开发的保障机制。

三、生态旅游为重庆旅游新发展赋能

如前文所述，绿水青山始终处于核心地位，要金山银山的同时不可动摇绿水青山，而在现实中，守住绿水青山常常成为区域经济发展的束缚。绿水青山与金山银山绝非绝对对立的关系，生态旅游便为二者的有机统筹衔接创造了机会。

随着经济社会的发展，人们生活水平的提高，生活理念也开始向绿色生态转变，社会风气也从浮躁逐渐沉淀，越来越多的人乐于在山林中取静。网红效应来得快去得也快，重庆旅游业未来的发展动能绝不能再仅仅依靠“网红”，要更多关注内在，关注人们的心灵，生态旅游将是未来旅游的一大趋势。正值重庆旅游业发展转型期，发展生态旅游，重庆有着先天的优势。以渝东南片区的武陵山脉一带为例，该地区森林资源丰富，同时也是少数民族成片分布的区域，兼具自然和人文两类旅游资源。此外，该地区历来经济发展较为落后，交通条件也不太理想，故而“两老”资源的保存状况都很好，生态旅游发展条件充足。在该地区发展休闲度假旅游、健康养生旅游等将是让绿水金山真正变为金山银山的可取思路。现在已有武隆、石柱等地交出了令人满意的生态旅游发展答卷，利用山地水体、动植物景观、区域小气候开发集观光旅游、疗养度假旅游、山地运动为一体的旅游产品，武隆更是以一台“印象·武隆”演出成功打响品牌，为旅游业注入文化内核。在后疫情时代，短程旅游复苏迅猛，主城周边其他区县亦可结合自身条件和自身能力开发新模式，如潼南等地势较为平缓的地区借助田园综合体发展观光旅游也不失为生态旅游发展良策。

四、重庆旅游业发展的对策建议

（一）挖掘文化内涵，增加旅游的"厚度"

本文认为，重庆旅游业发展重游率低和变现能力低的原因都指向"快"。重庆利用互联网营销，通过火爆全网的短视频平台，很快打开知名度，一举成为"网红"，此外，短时间内密集的影视作品在重庆取景，很快"旅游+影视"的发展模式吸引了大批追逐时尚的年轻人慕名前来，整体来讲重庆的旅游业发展趋于浮躁。在网红打卡式旅游的心理驱使下，游客只要极短的时间到此一游便得到满足，快餐式旅游并不能创收。根本原因在于，重庆在打造旅游目的地时图"快"，并没有挖掘更深层次的文化内涵，只凭借感官刺激给游客新鲜感，而新鲜感往往是一次性、不可复制的，是奢侈品。本文认为，重庆的城市建设本身就是人与自然和谐共处的典范，"两山"理论在山城重庆被诠释得淋漓尽致，重庆人民在群山之中依靠勤劳和智慧守住了这片绿水青山，也获得了金山银山。旅游业发展应慢下来，思考更多文化的内核，让所有的感官体验寻到根，追溯码头文化，对接时代方向，打造旅游品牌，让旅游不仅仅是浮于表面，这才是重庆旅游发展的正道。发扬特色文化的同时还要对文化进行合理开发利用，通过多种方式、运用多样媒介外化展现，实现旅游增收。可以思考通过与重庆人文紧密结合、与潮流趋势相符合的特色纪念品，将其符号化展现。

（二）发展生态旅游，增加旅游的"广度"

当今重庆旅游主要集中在重庆都市圈，大量游客涌入重庆却散不开，造成了很多浪费。趁着网络营销带来红利尚未消散，发挥好重庆都市圈的带动作用，依靠都市旅游聚拢人气，在重庆主城周边条件具备的地区发展生态旅游，优化旅游资源组合情况，形成集聚效应，对于改善重庆旅游业发展现状有着重要意义。生态旅游为旅游者能在重庆"散得开"有着重要作用，是缓解旅游业区域发展不协调、推动全域旅游建设的有效方法，也是衔接乡村振兴、建设美丽中国的重要路径，更是关乎改善民生的重大选择。

从政府层面来讲，要加强生态观念的引导。充分利用准入、监管等手段，将保护生态环境的观念贯彻到旅游企业旅游开发的全过程。同时，通过引进生态旅游开发项目、发放生态补贴等方式，对将生态友好、可持续发展理念内化为原住民的主动选择，在此基础上调动社区居民的主观能动性，加入生态旅游建设中。此外，还应通过设立生态旅游专项资金、满足生态旅游用地需求、加强生态旅游配套自出设施建设、完善生态旅游开发项目投融资支持服务等措施，加大对生态旅游开发项目的政策倾斜，为生态旅游项目提供保障。从旅游企业角度来说，第一，加深对生态旅游市场的把握。通过大数据、云计算等技术手段，对生态旅游市场进行充分且全面的调研，对潜在目标受众进行刻画，明确生态旅游产品定位。在开发和设计旅游线路产品、旅游活动项目、旅游纪念品时，以市场为导向，寻找当地旅游资源与市场的契合之处，开发建设受旅游者青睐的，具有经济、社会双重效益的景区景点。第二，加大对生态旅游产品的开发。拓展产品开发思路，充分发挥生态旅游教育和学习的功能，发掘优质的旅游资源，围绕生态旅游资源，积极开发研学旅游产品，丰富旅游产品供给。重点开发温泉、山岳、森林、湖泊度假旅游模式，挖掘生态旅游文化内涵，丰富产品内核。第三，重视生态旅游产品营销。运用重庆作为网红旅游目的地期间积累起来的渠道和经验方法，结合目标受众的心理特征和行为特征，对营销方案做出恰当改进，将生态旅游产品推向市场。第四，打造生态旅游品牌。对现有生态旅游资源进行有效整合，加强区域联合，增强生态旅游产品吸引力和市场影响力。增强现有优质品牌的示范和带动效应，促进整个生态旅游业良性竞争和开发升级。

（三）存续“网红”优势，逐步实现引流

重庆旅游业在“网红”头衔的加持下已经积攒了很多人气，这为重庆旅游业的转型发展打下了坚实基础，在转型过程中，重庆的旅游流不断，才能保障旅游业能够实现平稳过渡。值得注意的是，在重庆旅游业转型发展中，现有的旅游目的地形象难免受到影响，因而需要对重庆旅游形象进行更宏观的统筹设计，并且及时追踪旅游者对于重庆旅游形象转变的反馈，循序渐进，在保持现有“网红”

优势的前提下，让网络营销的红利辐射更广阔的地区。

五、结语

“两山”理论背景下，发展好生态旅游，事关重庆旅游业良性发展，也关乎乡村振兴战略、美丽中国建设愿景，是重庆旅游业转型的突破口所在。

参考文献

［1］吴楚材，吴章文，郑群明，胡卫华．生态旅游概念的研究［J］．旅游学刊，2007（01）：67-71.

［2］陈海波．生态旅游的概念界定及理论内涵再思［J］．旅游论坛，2018，11（03）：25-32.

［3］马永杰，吕斌．江西省生态旅游资源类型及其特征［J］．农村经济与科技，2020，31（09）：5-9.

［4］才敏琪．综述生态旅游及其发展趋势［J］．智库时代，2019（20）：247，249.

［5］程励，许娟，刘勇．轨道交通建设背景下生态旅游社区居民支持度的复杂性影响——基于四姑娘山镇的实证［J］．山西师大学报（社会科学版），2021，48（04）：55-64.

［6］李琳，谢双玉，唐亚男，吴通宜，李艳．生态旅游游客体验类型及其影响因素研究［J］．华中师范大学学报（自然科学版），2021，55（03）：472-482.

［7］李宇佳，刘笑冰．基于SWOT-AHP模型的森林公园生态旅游开发研究——以北京奥林匹克森林公园为例［J］．林业经济，2019，41（01）：71-75，111.

［8］费巍．历史文化名镇名村生态旅游开发利益相关者博弈行为研究［J］．生态经济，2015，31（06）：143-146.

［9］杨芳．社区参与东洞庭湖湿地生态旅游开发模式研究［J］．企业经济，2013，32（04）：104-107.

文旅融合背景下重庆“双晒”活动的价值评析[①]

李岩虹[②]

一、引言

文化旅游因历史和时代双重文化元素而愈发具有市场吸引力。在破题文旅融合发展过程中，各旅游发展主体都大胆创新，有的从观念融合、职能融合、产业融合、市场融合、服务融合等方面开拓创新，有的从文旅建设项目、文旅文化宣传、文旅服务提升等角度思考努力，也都取得了一定的成绩。重庆“晒文化·晒风景”大型文旅推介活动（以下简称“双晒”），成为主动挖掘文旅资源，创新传播模式的新形式。

按照习近平总书记对重庆提出的“两点”定位、“两地”“两高”目标要求，（两点即西部大开发重要战略支点、“一带一路”和长江经济带重要联结点，两地即建设内陆开放高地，成为山清水秀美丽之地、两高即推动高质量发展、创造高品质生活），2019年3月25日—8月8日，重庆“双晒”活动以“书记晒文旅”电视短片、“区县故事荟”通版专题报道、“炫彩60秒”微视频等形式，向全国乃至全球游客推介重庆文化旅游资源，塑造其“山水之城·美丽之地”发展主旋律，社会反响强烈。

二、“双晒”活动概况

（一）主题定位

一是按照“推动高质量发展，创造高品质生活”的要求，深挖地方历史文化

① 原载于《现代商贸工业》2021年第2期。

② 李岩虹，河南大学。

资源，充分展示重庆自然风光、民俗风情、特色风物、人文风韵、城乡风貌之美。二是采取拍视频、讲故事等方式，宣传推介26个区县（自治县）和两江新区、万盛经开区（以下简称“各区县”）的形象特色和文化旅游精品。三是唱响“山水之城·美丽之地”，让八方游客在重庆“行千里·致广大”。

（二）内容形式

一是开展“书记晒文旅”专题宣传。各区县党委书记作为主讲人，现场讲述本区县精彩历史文化故事，推介本区县奇美的自然风光，制作成8分钟具有现场感、故事性的电视短片。二是组织“区县故事荟”专题报道。各区县深度挖掘文化旅游资源，精心撰写故事美文，精心遴选精彩图片，探寻和述说本地最具特色的优秀历史文化故事、风土人情故事、自然风景故事。三是举办“炫彩60秒”区县文化旅游微视频大赛。各区县深入挖掘提炼独具特色的人文精神标识和丰富内涵，结合自然风光、人文风韵等旅游资源，拍摄60秒微视频，同步剪辑30秒压缩版。

（三）宣传推介

一是刊播安排。“书记晒文旅”8分钟完整版在重庆新闻频道22：00至22：40时段开设专栏播出。“区县故事荟”在《重庆日报》一版做导读，要闻版用1个通版或2个整版首刊。“炫彩60秒”微视频大赛相关作品在重庆卫视重要时段开设专栏首播，每个区县作品连续播出3天。二是展示互动。华龙网、上游新闻网、视界网首页首屏突出位置，新重庆、上游新闻、第1眼等客户端首屏突出位置，开设“山水之城·美丽之地”专题，开通网上投票专区，引导网民点赞互动。三是传播推介。中央新闻网站，市属新闻网站及移动端，华龙网电子阅报屏，各区县新闻网站及所属新媒体平台，在首页首屏显著位置持续开展传播推介。

三、“双晒”活动的开展

（一）活动的受众量

根据重庆文旅委发布的区县专刊信息看，“双晒”活动实现了全市区县有效参与，活动翔实丰富，效果反映良好。活动充分利用了影院上刊灯箱、海报、银幕、户外广告牌游走字幕、电梯视频、户外大屏、楼宇广告等线下宣传媒体和重庆微博话题等线上宣传媒体。每个区县刊发的“双晒”及地区稿件在50篇左右，微博话题的阅读量较大，室外的线下宣传播放条数也在10万以上，营造出了强大的宣传氛围（见表1）。

表1　重庆各县区“双晒”活动的宣传及受众情况统计

序号	县区	刊发“双晒”及地区稿件（篇）	“双晒”及地区稿件阅读量（人）	“重庆发布”微博话题阅读量（人）	影院播放“炫彩60秒”受众（人）	室外媒体推“双晒”消息（条）	楼宇广告、大屏播放（条）
1	云阳县	54	447万	43.7万	8.9万	9万	13万
2	南川区	53	837万	76.7万	15.8万	17万	15万
3	长寿区	52	873万	146.5万	7.6万	21万	13万
4	秀山县	41	807万	170.1万	38.7万	26万	12万
5	璧山区	55	1137万	220.4万	10万	32万	14万
6	南岸区	49	1220万	248.4万	16.1万	34万	13万
7	忠县	50	1448万	282.6万	7.3万	37万	11万
8	奉节县	52	1354万	316.8万	12.3万	39万	11万
9	巴南区	57	1468.4万	353.1万	34万	39万	10万
10	北碚区	54	1459.3万	397.9万	58.2万	40万	14万
11	合川区	58	1383万	432.7万	15.7万	40万	13万
12	万盛区	47	1185.1万	460.2万	44.8万	45万	12万
13	涪陵区	71	2999万	505万	8.6万	46万	14万
14	永川区	62	4107万	537.5万	23.6万	48万	12万
15	梁平区	51	3718万	577.4万	8.6万	3.4万	13万
16	万州区	44	4087万	645.7万	16.5万	55万	12万
17	丰都县	53	3219万	709.2万	10.1万	57万	11万
18	黔江区	48	4601万	783万	15.4万	60万	15万
19	城口县	62	4885万	844.8万	6.6万	62万	12万
20	江津区	50	5157万	1128万	37.8万	64万	14万
21	大足县	39	6177万	1373.9万	9.4万	65万	15万
22	荣昌区	42	6719万	1442.6万	44.5万	66万	15万
23	大渡口区	55	6765万	1508.7万	13.4万	67万	14万
24	石柱县	55	7100万	1566.6万	21.6万	68万	14万
25	垫江县	53	7501万	1604.1万	9.7万	69万	15万
26	渝中区	54	7499万	1631.6万	21.1万	70万	15万

（二）活动的内容展示

根据重庆文旅委发布的区县专刊信息看，26个区县立足于电视专题推介、故事专栏、炫彩视频三个文旅作品，深入提炼本地区的文化旅游发展内涵，充分展示本地区的自然观光资源和历史文化资源，极大彰显了自己的旅游发展新形象（见表2）。

表2　重庆各区县“双晒”活动的内容展示

序号	区县	展示内容
1	云阳县	推介龙缸、三峡梯城等风景，讲述普安恐龙化石群、张飞庙等历史文化。
2	南川区	深挖“金佛山五绝”文化，升华龙岩城“不败之城”文化价值，推出“天下第一桌山”“地球生物基因库”“南国雪原”“中华药库”等名片。
3	长寿区	突出“长寿”主题。讲述文星拜寿星、巴寡妇清炼砂等故事，揭示长寿文脉。通过一贞妇、一夫子、一部书、一石梯、一电站、一天街翔实补充长寿文化。
4	秀山县	紧扣“边城”“边区”“老区”“民族”主题，展示花灯艺术和苗家歌舞的地域民族文化、“一锅煮三省”的美食文化、“一脚踏三省”的边城文化、“悬在云端的花园”的自然风情。
5	璧山区	将绿色作为城市发展底色，推动秀美绿城、活力水城、文化古城建设，以主城的花园、果园、菜园等优秀资源彰显公园之城的形象。
6	南岸区	“南岸，让生活成为风景”为主题，推介南山、南滨路、长江索道等山水人文风光，述说大禹和涂山女娇的爱情故事、国宝南迁、大禹耙土成岛等历史文化故事。
7	忠县	讲述巴蔓子、秦良玉、甘宁、罗广斌等为代表的古今忠义人物故事，诠释“忠文化”；围绕石宝寨、白公祠、三峡老街、三峡橘乡田园综合体等景点，展示其秀美山川、大美民俗和淳美乡风。
8	奉节县	唱响“三峡之巅诗·橙奉节”核心品牌，彰显以“三峡之首、高山仰止、万物成巳、秋兴赋八、厚重人文、神州唯夔”为精髓的夔州文化；呈现白帝城、瞿塘峡、天坑地缝、三峡之巅等风光，推介实景演艺《归来三峡》、“三峡第一桌”美食品牌、“三峡原乡”乡村旅游品牌。
9	巴南区	推介“乐享四季·生态巴南”文旅品牌，述说巴南逐水而居、踏水而行、拥水而兴的故事；凸显“春赏花、夏纳凉、秋摘果、冬泡泉”四季特色。
10	北碚区	晒“巴山夜雨、温泉故里、自在北碚”主题，展现千年名山缙云山、千年古泉北温泉等优美风景；推介中国西部科学院旧址、重庆自然博物馆、红楼等馆群和金刚碑等人文景点。
11	合川区	推介钓鱼城、涞滩古镇、龙多山三大人文美景，述说钓鱼城“延续宋祚、独钓中原”和涞滩古镇“众志成城、千年禅韵”等历史故事，诠释与理学鼻祖周敦颐、教育大家陶行知、中国船王卢作孚等人文渊源。
12	万盛区	讲述“溱州文化”“孝文化”，推出奥陶纪、青山莽、万盛石林以及红苗歌舞、中华震旦角石等特色民俗，推介“世界第一天空悬廊”的刺激。

续表

序号	区县	展示内容
13	涪陵区	展现文物错金编钟、巴式柳叶剑和焦石民歌、涪州川剧、涪陵榨菜的传承发展；讲述了神秘的三线建设丰碑——816地下核工程、荔枝古道与涪陵荔枝园的故事。
14	永川区	述说永川前世今生的人文风情、自然风光，讲述永川龙、永川豆豉、永川秀芽等永川故事，充分彰显了永川人民的文化自信和家国情怀。
15	梁平区	紧扣互融共生的非遗文化、农耕文化、禅宗文化等人文资源，讲述了“万石耕春”晒秋节、禅宗祖庭双桂堂、千载真儒来知德等精彩文旅故事。
16	万州区	隆重推介了万州水陆空立体交通网络，建成大三峡旅游集散中心，将以便捷的交通、优质的服务、优美的自然风光和人文景观迎接“品大美万州·游诗画三峡”各地游客的新风采。
17	丰都县	突出国家级非物质文化遗产“丰都庙会”，以及烟墩堡旧石器遗址、“鬼城”名山、苏公祠等文化遗产，展示“唯善呈和”的文化魅力和三峡移民的奉献精神，晒出了“人文丰厚”的绝佳气质。
18	黔江区	重点展示濯水景区、芭拉胡景区等核心景观，和“黔江精神”、红色文化等核心文化；讲述“黔江精气神”“天理良心镇”“孝在芭拉胡”“炫彩民族风”“诗画武陵山”五篇章故事。
19	城口县	讲述城口享誉重庆的“三个第一”和“一个唯一”的革命老区红色文化，展示市级非遗钱棍舞、三人锣鼓等特色民俗文化；推介了巴山湖水、九重山云海、黄安坝草场、倒流八百里的任河等独特生态资源。
20	江津区	以小家之爱、故土之爱、家国大爱为主线，展示千米长宴、白沙烧酒、塘河婚嫁等传统民俗和非遗，推介爱情天梯、四面山、黑石山、重庆影视城等秀美人文风景。
21	大足县	以“天下大足 福满人间”为主题，围绕大足石刻、龙水湖等旅游资源，和石刻文化、五金文化、革命文化、海棠香国文化等历史文化，隆重推介了传统五金锻打工艺和大足休闲自在的“慢生活”。
22	荣昌区	以荣昌陶、折扇、夏布三大国家级非遗为主线，以“游古镇、品非遗、享美食、健身心”为中心，展示“融巴蜀灵气 兴天下荣昌”的新形象。
23	大渡口区	以“义”字为创作主线，分为“友善仁义”“民族大义”两个重点，讲述汉阳铁厂铁血西迁、重钢环保搬迁，以及新时代大渡口的高质量发展的故事。
24	石柱县	聚焦“风情土家 康养石柱”的价值定位，介绍黄水大风堡景区、千野草场、万寿山景区等绿色康养圣地，展示吊脚楼建筑、摆手舞、西兰卡普、《天上黄水》特色演出等土家风情。
25	垫江县	集中展现山水牡丹之乡、古寨卡群落、石磨豆花之乡三大核心文旅精品充分展现了垫江独特的山水风光和历史人文。
26	渝中区	围绕“重庆母城 美丽渝中”主题，凸显重庆“母城”文化特质，紧扣“山城”“江城”“革命文化”“现代都市”等四个关键词，多层次展现巴渝文化、抗战文化、革命文化、统战文化等人文底蕴。

四、重庆“双晒”活动的价值评析

（一）高站位谋划，高起点实施

一是规格高，各地一把手出镜主动晒文旅家底，为文旅融合发展发声呐喊。二是规模大，全市各区县都参与到了“双晒”平台。全市246家影院上刊灯箱海报359块，1750块银幕播放“双晒”活动信息，5100余块户外大屏、3900余处楼宇广告等都在展示“炫彩60秒”活动，引发社会各界高度关注，群众反响热烈。三是传媒新，“书记晒文旅”专题宣传等，通过唯美文图、音画视频形式，各种新媒体手段被充分利用，生动展示本地文旅特色亮点，展现文化旅游发展的新成效、新形象。四是效果好，注重互动，注重以受众为本，从用户需求出发，晒出“地方宝贝”，秀出自然风光、人文风情和历史文化。

（二）高效化整合，故事化传播

各区县依托山水、古镇、建筑、非遗等资源，依据史籍资料，专家严格把关，深挖地区优秀历史故事、风土人情故事、自然资源故事。一方面，区县高品质的自然观光旅游资源和历史文化资源得到深度整合，“颜值”和“内涵”得到有效结合，文化旅游发展的主题和核心不断得到提炼，市场识别度不断提高。另一方面，立足于充分挖掘好、提炼好、表达好、展示好文化旅游资源，重庆市致力于依托故事发展产业，以故事化的形式提升吸引力和感染力，主动去占领市场。如重庆大足县，围绕大足石刻、龙水湖、昌州古城等自然旅游资源，深挖石刻文化、五金文化等历史文化，汲取市区两级专家学者、文化名人意见建议，群策群力，反复提炼，充分展示了被誉为“东方艺术明珠”的世界文化遗产大足石刻，提炼出“天下大足　福满人间”的旅游发展主题。

（三）立体式推介，创新式融媒

晒风景、晒文化，利用报纸、户外广告、互联网、客户端等多平台推出，以创新的传播手段，通过多渠道传播，全方位打造覆盖全媒体的内容传播矩阵。“双晒”活动中，重庆首次推出“电视专题推介+故事专栏+炫彩视频”的形式，专题推介树形象，故事专栏显魅力，炫彩视频强活力，从多个感官全方位传播旅游之美和文化之美。互动投票环节，形式多样、展示互动。在“书记晒文旅”中，各区县委书记作为代言人参与拍摄、出镜，甚至还全程配音，彰显让文化旅游走进生活，走进普通人身边的发展理念。“炫彩60秒”荟萃了各区县最炫酷、最靓眼的人文景观、旅游景点进行集中展示，赚足了眼球。

（四）驱动大产业，提促新消费

以旅游为基石，以文化为灵魂，以产业为驱动，培育旅游精品线路和文创特色产品，推动文旅产业融合发展，是推动重庆高质量发展、创造高品质生活的重要路径。“双晒”活动带来的全民参与互动效应和经济效应逐渐显现，2019年端午节三天小长假，涪陵区共接待境内外游客30.36万人次，同比增长48.25%，旅游收入同比增长83.57%；北碚区在“双晒”活动中浓墨重彩宣传的缙云山景区，也在端午期间迎来大批游客，接待人次同比增长达601.8%。但是，重庆旅游还存在人气高，消费不高的问题。2019年全市游客达6.57亿人次，人均消费比全国平均水平低170多元。

及时转变发展方向，提促经济消费力。2020年6月11日，重庆区县“晒旅游精品·晒文创产品”大型文旅推介活动（以下简称“双晒”第二季）已经在开州区正式启幕，全市各区县将通过“文旅精品90秒”“区县文旅精品荟”“区长县长带货来”“区县长带货直播”“云上文旅馆”等，在各大平台全方位展示文旅亮点，要把“双晒”影响力变为营销力，搞好服务、做好营销，把流量变现，把旅游精品和文创产品进一步推向市场，切实让绿水青山真正变为金山银山，实实在在增加群众收入。

五、结语

重庆市通过“双晒”活动，盘点文旅家底，盘活文旅资源，是以文塑旅、以旅彰文，推进文旅融合的好抓手，不断彰显了文旅融合带来的综合效应。“双晒”第二季必将在邀请游客共赏重庆旅游精髓的同时，卖好“可以带回家的风景”，以文旅盛宴增加旅游韵味、增强游客认同、带动产业发展。

参考文献

[1] 崔健，兰世秋，张畅．重庆“双晒”：用“诗和远方”讲好“中国故事”[J]．传媒，2019，(18)：27-29.

[2] 本报评论员．“双晒”第二季来了[N]．重庆日报，2020-06-12(001).

基于数字足迹的重庆旅游流空间网络结构研究①

鄢志武　陈依芳②　赵孟莹　丁午阳

旅游流是一个具有空间属性的旅游经济系统的神经中枢与纽带，是发展旅游产业的基础。研究旅游流可以完善旅游者行为和旅游空间经济理论体系，为旅游目的地旅游资源与设施配置、旅游项目开发等提供决策依据从而优化旅游空间布局，提升区域旅游经济综合效率[1]，促进旅游产业可持续发展。城市是旅游发展主要的资源载体之一，构建合理的城市旅游空间需要掌握城市内部旅游流的流动规律和结构特征。

一、研究综述

（一）旅游流

国外研究始于20世纪60年代，从最初的关注旅游者个体属性到近年来聚焦于旅游流模型的构建[2]、旅游流时空分布格局[3]、游客流量的预测[4]、游客的行为和模式[2]、旅游流的动力机制[5]等方面。国内研究开始于20世纪80年代，重点关注旅游流的空间结构与规律[6]、旅游流的集散与演变[7]、游客行为模式研究[8]、旅游

---

① 原载于《国土资源科技管理》2021年8月15日第38卷第4期。

② 鄢志武（1962— ），中国地质大学（武汉）经济管理学院教授，从事景观地貌与旅游资源评价、规划及应用研究。陈依芳（1996— ），女，中国地质大学（武汉）经济管理学院硕士研究生，从事旅游资源开发与规划研究。

流的概念梳理与评述[9]等方面。研究旅游流空间相关问题最具挑战性的是获得精确的旅游流数据和科学的测量方法[10]。研究初期一般采用问卷等传统测量方法和空间定位技术来测定旅游流，适用于大尺度的旅游流研究[11]。进入Web2.0时代，游客在新兴网络共享平台上产生旅游前的信息查找和关注，旅游期间发送的信息和通话记录，以及旅游后留下图片、文字等旅游数字足迹，适用于研究中小尺度的旅游流行为模式和空间流动规律[12]，有力地推动了旅游流空间特征研究往精确化、过程化和个体化方向发展。

（二）旅游数字足迹

国外运用旅游数字足迹进行研究较早，主要用于研究游客景区满意程度、旅行线路、旅游时空模式[13]等方面，大多以移动设备足迹和照片作为数据来源，如Girardin等利用游客拍摄的照片结合手机通信记录，对旅游流的时空特征进行研究[14-15]。国内主要利用网络文本，如游记、点评等信息来研究旅游地感知形象[16]和旅游者行为[17]，少量文献利用旅游数字足迹对旅游流进行研究，且集中在区域空间大尺度上[18-20]，对城市内部的研究较少。

二、研究设计

（一）案例地概况

重庆地处中国西南部，是长江上游的经济、金融、科创、航运和商贸物流中心，其历史悠久，文化多元，饮食独特，旅游资源丰富，拥有各类自然及人文景点300余处，“美食”“夜景”“美女”是重庆三大名片。近年来由于《少年的你》《重庆森林》等影视剧的热播以及凭借独特文化和景色在抖音等短视频平台上出圈，重庆成为网红旅游胜地，2019年国内旅游收入5564.64亿元，同比增长32.5%。旅游流量的急剧增加需要重庆对城市旅游空间进行合理的构建以促进城市环境和旅游经济的可持续发展。

本研究以重庆市渝中区、江北区、南岸区、沙坪坝区及九龙坡区等精华旅游资源集中的城区为代表研究对象，总面积约1335.63平方千米。

（二）数据来源及处理

目的地旅游网络关注度与客流量之间存在很强的正相关关系[21-23]，是现实客流量的前兆效应[24-26]。游记则具有很强的回溯性和详尽性，有利于尽可能完整地还原旅游流动过程。因此，选取网络关注度和游记分别代表出游前、后两个阶段产生的旅游数字足迹。网络关注度采集自百度指数平台。游记以“重庆”为关键词在携程和马蜂窝上采集，剔除攻略、营销推广、重复和无法提取旅游流向的游记后得到603篇游记。

根据到访的先后顺序将游客每天实际进行的行程拆分为有向节点，例如解放碑—洪崖洞—朝天门拆分成解放碑—洪崖洞、洪崖洞—朝天门，节点之间若存在一次直接流动则记为1，不存在则记为0，以此构造旅游节点流量流向数据矩阵。

通过清理游记信息，提取节点路径数据，本研究得到一个73×73的多值有向关系矩阵。由于网络包含太多次级节点，不利于突出整个网络的核心及关键点，为了使网络结构更加显像化[27]，本研究利用Ucinet V6软件，经反复尝试后，以5为断点值，得到一个39×39的多值矩阵，并运用NetDraw进行可视化处理，得到图1，图中节点越大，线越粗，表示该节点的旅游流量越大。

（三）研究方法

1.社会网络分析方法

社会网络理论与方法可以从宏观结构关系的角度精确呈现系统内各种关系，

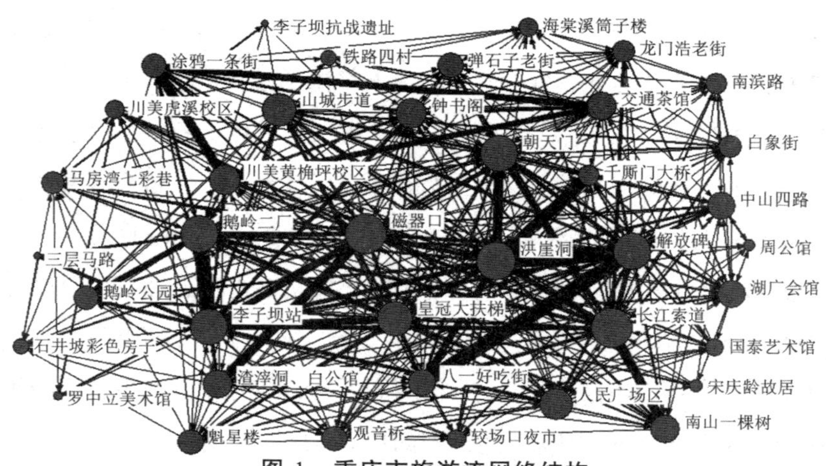

图1　重庆市旅游流网络结构

弥补传统旅游流研究的微观个体属性视角[28]。根据研究需要，选择规模、密度、平均路径长度、核心—边缘分析以及凝聚子群5个指标来分析整体网络结构，选择中心性、结构洞两个指标来反映网络节点结构特征。

2.GIS空间分析方法

地理信息系统（GIS）是采集、处理、分析、表达和应用地理信息的计算机系统，把地理对象的空间信息与相关属性进行结合。运用ArcGIS软件对重庆市旅游流网络空间分布形态进行可视化。

三、研究结果与分析

（一）旅游流客源市场空间特征分析

以“重庆旅游+重庆旅游景点+重庆旅游攻略”为组合关键词，在百度指数平台采集大陆各省市对重庆旅游的网络关注度，对区域、省、市3个层次地域单元的数据进行规模位序排序。由表1可知，客源市场分布表现出近域性。关注度最高的是西南地区，其接壤的省份和省会城市均进入前十；其次集中在东部沿海发达地区。沿海省份广东、江苏、浙江和山东占到前十名的40%；北京、上海、杭州、广州、深圳等发达的东部城市占到前十名的50%。

（二）旅游流网络空间整体结构特征分析

利用ArcGIS软件对重庆旅游流进行可视化呈现，节点越大表示流量越大，线段越粗表示两点间的流量越大。如图2，旅游流集中在渝中半岛；整体网络结构呈现出“四区一体”特征，其中以解放纪念碑附近流量最大，各核心区的流量随

表1　重庆旅游客源市场网络关注度规模位序排名

层级	排名									
	1	2	3	4	5	6	7	8	9	10
区域层面	西南	华东	华中	华南	华北	西北	东北			
省级层面	重庆	四川	广东	江苏	湖北	浙江	陕西	山东	湖南	河南
市级层面	重庆	成都	北京	上海	武汉	西安	杭州	广州	深圳	长沙

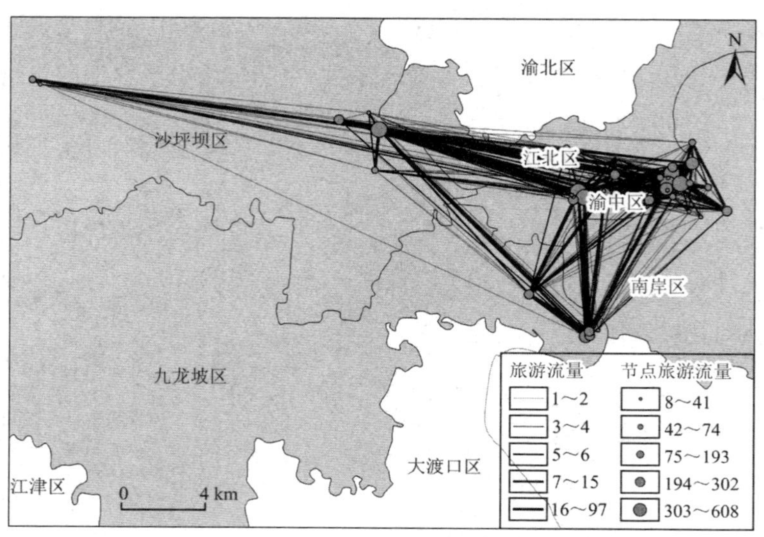

图 2　重庆市旅游流网络分布结构

与解放纪念碑距离的增加而减少。

1.网络规模、密度及平均路径距离

规模表示网络节点的数量，体现整体网络的大小。密度表示网络中不同节点间联系的程度，是实际联结数量与理论连接数量的比值。对于规模为39×39的网络，理论上的联结数量为$\boldsymbol{n}$（$\boldsymbol{n}$-1），即1482个，实际仅观察到567个，网络密度为0.383，表明重庆旅游流网络结构较松散，整体旅游线路较少。

平均路径距离$\boldsymbol{a}$表示连接任意两点之间最短途径的平均长度。如公式（1）所示，ds，t表示两节点之间的最短距离，$\boldsymbol{n}$为节点数量。经计算，该网络的平均路径距离为1.903，说明网络中各个节点具有较好的通达性和旅游便捷性，小世界现象显著[6]。

$$a=\sum\frac{d_{s,t}}{n(n-1)} \tag{1}$$

2.核心—边缘分析

核心—边缘分析可以深度衡量旅游流分布的空间差异，节点的集聚和辐射能力越强越接近核心位置。假设重庆市旅游流网络为“核心—边缘”网络，运用Ucinet V6软件中的QAP命令进行拟合结果检验，得到拟合指数为0.556，拟合指数较高，说明假设成立。将多值矩阵导入Ucinet V6软件中，得出重庆市旅游流网络核心—边缘的组成节点及密度矩阵。

根据表2可知，网络中仅有8个核心节点，大部分集中在渝中半岛上，是知名度高、吸引力强且交通便利的节点。边缘节点31个，其受众面有限，相互之间的联系受交通和距离阻碍较大。说明景区的知名度和交通通达性与其在旅游流网络中的地位有着显著关联。根据核心边缘的密度矩阵可知，核心节点与核心节点之间的密度是17.625，边缘节点与边缘节点之间的密度为0.869，说明核心节点之间旅游流量极大，边缘节点之间联系较少，网络存在明显的核心—边缘分区。核心节点与边缘节点之间的密度分别为2.625、2.746，核心节点与边缘节点之间的密度高于边缘节点之间的密度，说明核心成员对边缘成员具有一定的带动和辐射作用，居于“首属地位”，但“涓滴效应”不够显著。

3.凝聚子群分析

凝聚子群分析可以揭示网络内部的子结构[29]，深层次透视游客对线路组合的选择。***n***-派系是凝聚子群中一种建立在可达性基础上的分析，要求子群成员之间的距离不能太大，因此设定一个临界值***n***作为最大距离值。本文研究的是旅游流在两个空间节点之间的直接流动，因此设定***n***为1，对多值矩阵进行二值化处理后，通过

表2　重庆市旅游节点分类

分类	节点
核心节点	洪崖洞、千厮门大桥、朝天门、解放纪念碑、八一好吃街、长江索道、李子坝站、磁器口
边缘节点	湖广会馆、较场口夜市、观音桥商圈、海棠溪筒子楼、人民广场区、国泰艺术馆、魁星楼、鹅岭公园、鹅岭二厂、皇冠大扶梯、白象街、三层马路、钟书阁、石井坡彩色房子、马房湾七彩巷、山城步道、南山一棵树、龙门浩老街、长嘉汇弹石子老街、川美黄桷坪校区、涂鸦一条街、交通茶馆、铁路四村、川美虎溪校区、罗中立美术馆、渣滓洞与白公馆、中山四路、宋庆龄故居、周公馆、李子坝抗战遗址公园、南滨路

表3　凝聚子群之间的密度

子群	1	2	3	4	5	6	7	8
1	13.650	5.320	1.300	0.680	0.333	0.600	0.000	0.300
2	13.640	5.400	2.200	3.600	1.489	2.167	0.067	0.550
3	2.700	1.400	2.500	0.900	0.333	0.417	0.167	0.125
4	1.080	1.760	0.700	1.750	0.133	0.233	0.000	0.200
5	1.844	2.289	0.389	0.489	2.819	3.264	0.074	1.306
6	2.433	4.067	0.750	0.500	5.074	7.300	1.167	1.250
7	0.067	0.067	0.000	0.000	0.111	0.667	0.000	0.083
8	0.950	0.950	0.250	0.700	1.778	1.667	0.083	14.083

注：R^2=0.167。

Ucinet V6软件的CONCOR法得出该网络具有8个凝聚子群及相关密度数据。表3中8个子群分别为子群1：洪崖洞、千厮门、朝天门、国泰艺术馆、八一好吃街；子群2：魁星楼、较场口夜市、山城步道、解放碑、长江索道；子群3：湖广会馆、白象街；子群4：南滨路、龙门浩老街、海棠溪筒子楼、长嘉汇弹石子老街、南山一棵树；子群5：人民广场区、鹅岭二厂、钟书阁、观音桥、皇冠大扶梯、三层马路、鹅岭公园、周公馆、中山四路；子群6：李子坝站、马房湾七彩巷、磁器口、渣滓洞、白公馆、川美虎溪校区、宋庆龄故居；子群7：罗中立美术馆、李子坝抗战遗址公园、石井坡彩色房子；子群8：川美黄桷坪校区、涂鸦一条街、交通茶馆、铁路四村。

由表3可知：（1）内部联系紧密的子群分别为1、2、6、8，与图2中呈现的4个流量密集的区域重合；（2）子群1和8，1和2，2和6，5和6之间的联系密度大，表明游客在这些子群之间流动频繁；（3）子群7的密度为0，表明子群7内部没有联系。在旅游开发中，内部联系紧密的子群中的旅游节点适合联合开发，联系紧密的子群的内部的节点可以依据实际情况进行优化组合。

（三）旅游流网络空间节点结构特征分析

1.中心性分析

中心性指标分为程度中心性和中间中心性。前者反映一个节点对其他节点集聚与辐射的能力。后者反映一个节点对其他节点的控制和依赖程度[29]，一般用于衡量该节点是否担任重要旅游通道[30]。本文对矩阵进行二值化处理，依据公式（2）和公式（3）分别计算程度中心势C_{AD}和中间中心势C_{B}，得出表4。

$$C_{AD}=\frac{\sum_{i=1}^{n}(C_{AD\max}-C_{ADi})}{\max\left[\sum_{i=1}^{n}(C_{AD\max}-C_{ADi})\right]} \tag{2}$$

式中：$C_{AD\max}$为最大外（内）向中心度数；C_{ADi}为节点外（内）向中心度数。

表4 重庆市旅游流网络节点结构指标及角色定位

旅游节点	程度中心性		中间中心性	结构洞			角色定位
	外向	内向		效能	效率	约束	
磁器口	27	26	87.458	18.406	0.558	0.124	核心旅游节点、集散中心
长江索道	27	30	84.609	18.132	0.549	0.124	核心旅游节点、集散中心
鹅岭二厂	26	23	98.741	16.684	0.556	0.134	核心旅游节点、集散中心
李子坝站	26	28	98.981	16.370	0.546	0.134	核心旅游节点、集散中心
皇冠大扶梯	24	24	53.081	14.719	0.508	0.140	核心旅游节点、集散中心
人民广场区	24	18	35.825	12.143	0.467	0.151	核心旅游节点、集散中心
山城步道	23	21	51.563	12.670	0.469	0.151	核心旅游节点、集散中心
解放碑	22	28	56.450	15.150	0.505	0.135	核心旅游节点、集散中心
交通茶馆	21	9	16.444	10.733	0.467	0.176	半边缘旅游节点
朝天门	20	29	45.250	15.398	0.513	0.135	核心旅游节点、集散中心
钟书阁	20	17	23.990	10.770	0.449	0.168	半边缘旅游节点
渣滓洞、白公馆	17	11	18.594	10.250	0.446	0.182	半边缘旅游节点
八一好吃街	18	17	12.616	8.571	0.390	0.184	半边缘旅游节点
川美黄桷坪校区	17	19	21.135	10.028	0.418	0.169	半边缘旅游节点
洪崖洞	16	29	51.849	16.844	0.526	0.130	核心旅游节点、集散中心
涂鸦一条街	16	11	12.084	6.704	0.372	0.219	半边缘旅游节点
魁星楼	16	12	18.890	8.482	0.424	0.207	半边缘旅游节点
中山四路	15	15	18.117	9.567	0.456	0.188	半边缘旅游节点
弹石子老街	14	13	8.336	7.556	0.378	0.199	半边缘旅游节点
川美虎溪	14	7	15.969	6.810	0.486	0.272	半边缘旅游节点
湖广会馆	14	16	38.058	10.767	0.489	0.192	半边缘旅游节点、中介通道

续表

旅游节点	程度中心性		中间中心性	结构洞			角色定位
	外向	内向		效能	效率	约束	
观音桥商圈	13	15	10.346	7.607	0.380	0.203	边缘旅游节点
白象街	13	12	9.435	5.920	0.348	0.235	边缘旅游节点
龙门浩老街	13	12	9.419	7.060	0.415	0.231	边缘旅游节点
鹅岭公园	12	14	7.858	6.654	0.350	0.213	边缘旅游节点
南滨路	12	12	7.403	6.792	0.424	0.243	边缘旅游节点
马房湾七彩巷	12	10	54.198	7.841	0.461	0.236	边缘旅游节点、中介通道
海棠溪筒子	8	11	5.234	7.447	0.532	0.276	边缘旅游节点
南山一棵树	8	20	6.923	9.804	0.426	0.175	边缘旅游节点
较场口夜市	8	9	2.116	4.676	0.334	0.283	边缘旅游节点
国泰艺术馆	8	8	3.391	4.375	0.337	0.303	边缘旅游节点
铁路四村	8	5	1.714	5.346	0.486	0.342	边缘旅游节点
千厮门大桥	7	14	2.060	5.167	0.344	0.263	边缘旅游节点
石井坡彩色房子	7	7	5.503	5.357	0.487	0.355	边缘旅游节点
宋庆龄故居	7	4	1.079	2.682	0.335	0.466	边缘旅游节点
周公馆	5	5	0.895	2.450	0.350	0.517	边缘旅游节点
罗中立美术馆	3	3	0.478	2.167	0.433	0.687	边缘旅游节点
李子坝抗战遗址	3	1	0.225	1.750	0.438	0.828	边缘旅游节点
三层马路	3	2	0.683	1.600	0.400	0.787	边缘旅游节点
均值	14.538	14.538	25.564				
方差	49.069	64.146	805.670				
中心势	33.657%	41.759%	5.36%				

$$C_B=\frac{\sum_{i=1}^{n}(C_{AB\max}-C_{ABi})}{n^3-4n^2+5n-2}=\frac{\sum_{i=1}^{n}(C_{RB\max}-C_{RBi})}{n-1} \qquad (3)$$

式中：$C_{AB\max}$为最大中间中心度数；C_{ABi}为节点中间中心度数；$C_{RB\max}$为最大相对中间中心度数；C_{RBi}为相对中心度数，即C_{ABi} /（N－1）。

由表4可知，平均每个节点与14.538个节点发生联系，平均每个节点充当旅游流中介者次数为25.564，仅有12个节点的中间中心性超过均值，联系程度一般。内、外向度数中心势分别为41.759%、33.657%，说明节点的辐射和聚集能力差异较大，旅游流依靠少数节点转移扩散。中间中心势为5.36%，数值偏低，说明景区间互游比例较高，显著的中间景区节点较少。程度中心势高于中间中心势，说明网络中存在部分节点需依赖核心节点加以带动，这些核心节点掌握了主要流量的流动走向。结合方差指标看，重庆市旅游网络结构不均衡，旅游流过于集中。

2.结构洞分析

结构洞能够为其占据者获取“信息利益”和“控制利益”提供机会[29]，可帮助识别旅游流网络中的优势和劣势节点。本文通过Ucinet V6软件得出各节点的效能、效率和约束性水平，效能和效率高、约束性低的节点具有优势，反之则处于劣势。

综合各项指标，本研究将39个旅游节点分为三个系统：（1）核心旅游节点、集散中心。程度中心值和中间中心值最高，具有极强的辐射和聚集作用，其他旅游节点需要依靠它们建立联系。其效能最大，约束性最低，表明它们对其他旅游节点具有明显的竞争和非替代性优势。（2）半边缘旅游节点。联结节点数量高于均值或具有较高的中间中心性，具有一定的旅游流集聚与扩散能力。（3）边缘旅游节点。中心度和结构洞指标得分最低，辐射和聚集能力弱，在旅游流网络总处于劣势。

此外，洪崖洞、南山等节点以夜景闻名，因此表现出低辐射性与高聚集性并存的结果，属于接纳型景区。马房湾、湖广会馆的中间中心性值高于平均水平，表明其为重要的中介通道。

四、结论与建议

（一）结论

以重庆市为研究区域，基于网络关注度和游记等旅游数字足迹，分析重庆市旅游流客源市场空间分布特征和旅游流网络空间结构特征，研究结论如下：（1）重庆旅游流客源地空间特征表现出极强的近域性并且集中于东部发达地区。（2）重庆旅游流集中在渝中半岛，尤其是以解放碑为中心的地区，其他城区旅游流量较少，旅游流网络存在明显的核心—边缘分区。网络平均路径较短，各节点通达性良好，小世界现象明显。（3）重庆旅游流整体网络密度低，存在8

个凝聚子群，其中内部联系紧密的子群有4个，在空间上呈现出4个旅游核心圈，网络结构不平衡。（4）节点间转移和扩散的通畅程度差异明显，处于核心区的旅游节点对边缘旅游节点具有极强的控制作用，旅游流需要通过核心旅游节点进行集散。（5）重庆39个旅游节点可以分成核心旅游节点及集散中心、半边缘旅游节点、边缘旅游节点等3个系统，其中个别景点还承担着重要旅游通道的角色。

（二）建议

核心节点和高流量旅游活动区域的确认对区域旅游空间建设，特别是旅游服务和基础设施的空间布局，以及在旅游规划中为旅游节点职能的界定划分提供了科学依据。在旅游规划中，要明确冷热旅游节点的职能，通过协同合作加强各节点的联系，根据各节点的资源禀赋、区位条件、运营现状等建立长效合作机制，促进共同发展。（1）将核心节点作为重庆市旅游的综合枢纽，建设成旅游服务、信息、交通中心，向旅游者提供信息咨询、旅游商品等服务，引导旅游者进行转移。利用核心节点的辐射聚集能力，增强节点联动发展，同时注重核心节点的流量控制问题和应急预案机制的建立，避免旅游旺季市民生活不便。（2）半边缘旅游节点具有极高的旅游发展潜力，要抓住核心旅游资源打造特色景区，避免同质化，强化节点的吸引力，增加旅游流网络的密度与连接。（3）改善边缘旅游节点交通及基础设施状况，提供良好的发展环境；加强与核心旅游节点的合作，利用核心节点的辐射带动，融入旅游流整体网络中，实现自身发展；加强自身建设，寻求新的旅游吸引物，提升旅游者的游览体验，加大营销力度，实现边缘节点向中间节点的转变。（4）重视重庆旅游网络关注度低的地区，加强营销力度，借助互联网与新媒体等工具，提高传播效果扩大自身影响范围，依据该地区游客偏好进行针对性营销，将潜在旅游流转化为实质旅游流。

参考文献

［1］闫闪闪，靳诚．洛阳城区旅游流空间网络结构特征［J］．地理科学，2019，39（10）：1602-1611.

［2］Lau G，Mckercher B．Understanding tourist movement patterns in a destination: a GIS approach [J]. Tourism & hospitality research, 2006, 7 (1): 39-49.

[3] Connell J, Page S J. Exploring the spatial patterns of carbased tourist travel in Loouch Lomond and Trossachs National Park, Scotland [J]. Tourism management, 2008, 29 (3): 561-580.

[4] 阎友兵，贺文娟. 国内旅游流流量与流质的时空演化分析 [J]. 经济地理，2013，33 (4): 179-185.

[5] 杨兴柱，顾朝林，王群. 旅游流驱动力系统分析 [J]. 地理研究，2011，30 (1): 23-36.

[6] 张妍妍，李君轶，杨敏. 基于旅游数字足迹的西安旅游流网络结构研究 [J]. 人文地理，2014，29 (4): 111-118.

[7] 秦静，李郎平，唐鸣镝. 基于地理标记照片的北京市入境旅游流空间特征 [J]. 地理学报，2018，73 (8): 1556-1570.

[8] 李春明，王亚军，刘尹，等. 基于地理参考照片的景区游客时空行为研究 [J]. 旅游学刊，2013，28 (10): 30-36.

[9] 李君轶. 旅游数字足迹：在线揭示游客的时空轨迹 [J]. 思想战线，2013，39 (3): 103-107.

[10] Ahas R, Aasa A, Roose A, et al. Evaluating passive mobile positioning data for tourism surveys: an Estonian case study [J]. Tourism mangement, 2008, 29 (3): 469-486.

[11] 张江驰，谢朝武. 基于多源数字足迹的大陆赴台湾旅游流的时空特征及其成因分析 [J]. 旅游论坛，2019，12 (3): 42-51.

[12] 陈浩，陆林，郑嫱婷. 基于旅游流的城市群旅游地旅游空间网络结构分析——以珠江三角洲城市群为例 [J]. 地理学报，2011，66 (2): 257-266.

[13] 王章郡，温碧燕，方忠权，等. 徒步旅游者的行为模式演化及群体特征分异：基于"方法—目的"链理论的解释 [J]. 旅游学刊，2018，33 (3): 105-115.

［14］Yuan Hua，Xu Hualin，Qian Yu，et al. Make Your Travel Smarter：Summarizing Urban Tourism Information Manahement，2016，36（36）：1306-1319.

［15］Yan Tao Zheng Jun Zha，Tat Seng Chua. Mining Travel Patterns from Geotagged Photos ［J］. ACM Transactions on Intelligent Systerns and Technology，2012，3（3）：1-18.

［16］ Girardin F，Blat J，Calabrese F，et al. Digital Footprinting：Uncovering Tourists with User-Generated Conenet［J］. IEEE Pervasive Computing，2008，7（4）：36-43.

［17］Girardin F，Fiore F D，Ratti C，et al. Leveraging ex-plicitly disclosed location information to understand tourist dynamics：a case study［J］. Journal of Location Based Services，2008，2（1）：41-56.

［18］郭风华，王琨，张建立，等. 成都 “五朵金花”乡村旅游地形认知——基于博客游记文本的分析 ［J］. 旅游学刊，2015，30（4）：84-94.

［19］赵振斌，党娇. 基于网络文本内容分析的太白山背包旅游行为研究［J］. 人文地理，2011，26（1）：134-139.

［20］马丽君，肖洋. 典型城市居民国内旅游流网络结构特征 ［J］. 经济地理，2018，38（2）：197-205.

［21］于洪雁，刘继生. 基于流空间的东北地区城市旅游网络体系和空间结构研究 ［J］. 商业经济研究，2016，（11）：208-210.

［22］徐敏，黄震方，曹芳东，等. 基于在线预订数据分析的旅游流网络结构特征与影响因素——以长三角地区为例 ［J］. 经济地理，2018，38（6）：193-202.

［23］谢雪梅. 入境游客旅游地意向认知的性别差异研究 ［D］. 西安：陕西师范大学，2011.

［24］王晶晶. 旅游安全感知对赴台旅游意向的影响研究 ［D］. 泉州：华侨大学，2012.

［25］岑乔，黄玉理．基于旅游者认知的山地旅游安全现状调查研究［J］．生态经济，2011，（9）：147-151.

［26］张丹宇，李庆雷．云南旅游安全问题研究——基于国内旅游者安全认知视角［J］．学术探索，2013，（2）：136-139.

［27］马丽君，孙根年，黄芸玛，等．城市国内客流量与游客网络关注度时空相关分析［J］．经济地理，2011，31（4）：680-685.

［28］汪秋菊，黄明，刘宇．城市旅游客流量—网络关注度空间分布特征与耦合分析［J］．地理与地理信息科学，2015，31（5）：102-106.

［29］刘军．整体网分析：UCINET 软件实用指南（第二版）［M］．上海：格致出版社，2014.

［30］王朝辉，汤陈松，乔浩浩，等．基于数字足迹的乡村旅游流空间结构特征——以浙江省湖州市为例［J］．经济地理，2020，40（3）：225-233.

重庆古镇出游指数评价①

黄　雁② 王　姝　张海鹏　张少佳

古镇旅游作为人们出游的重要场所之一，市场发展总体来说也已经具有一定的雏形。然而，古镇旅游开展过程中出现了千篇一律，缺少各自鲜明特色的雷同性问题[1]。游客对古镇出游的选择更是普遍缺乏深入的了解。对此我们提出重庆古镇出游指数评价，通过构建指标，量化重庆古镇出游评价标准，为游客出游提供参考。

一、研究内容

（一）研究对象

古镇这个概念一直以来无官方一致认定。有学者认为，古镇是指在地理位置上独立，附属于大都市的周围。在历史文化方面，由古代市镇演化而来，并且较完整保存至今，承载一定的历史文化、民族或民俗信息的历史小城镇[2]。也有学者认为，古镇是介于城市与乡村之间的人类大型聚居地，是在一定的地域，经过一定历史时间逐渐形成和发展起来的由居民、街道、统治结构、军事建筑等组成的空间形态，是拥有独立的文化特征，文物丰富并且有重大历史价值或者纪念意义的古群落[3]。而另一种与古镇相关的概念是名镇，参考中国历史文化名镇

①原载于《地理空间信息》2021年12月第19卷第12期。

②黄雁，工程师，主要研究方向为地理分析、城乡规划、地理学。

名村评选要求，中国历史文化名镇是指保存文物特别丰富并且具有重大历史价值或纪念意义的、能较完整地反映一些历史时期传统风貌和地方民族特色的小镇。也有学者提出：历史文化名镇是指有着一定历史文化沉淀，保存有相对丰富文化遗产资源，能够反映当地某些历史阶段聚落景观和地域特色，由国家有关权威部门组织评选的古镇[4]。由此可见，古镇的精髓在于“古”。

本次研究对象的选取主要遵循2个基本原则：①历史悠久；②拥有能够反映一定时期历史和特色的载体。最后锁定30个目标古镇，包括重庆的23个中国历史文化名镇，以及7个在本地具有一定知名度和代表性，或是游客较为感兴趣的古镇（包含街区，以下统称古镇）（见表1）。

表1　评价目标古镇一览表

区域	区县	古镇（街区）
中心城区（13个）	沙坪坝	磁器口
	渝北	**龙兴古镇**
	九龙坡	**走马古镇**、铜罐驿古镇
	北碚	**偏岩古镇**
	巴南	**丰盛古镇**、木洞古镇
	长寿	三道拐
	江津	**中山古镇、白沙古镇、塘河古镇、石蟆古镇、吴滩古镇**
主城新区（8个）	荣昌	**万灵古镇**、安富古镇
	铜梁	**安居古镇**
	永川	**松溉古镇**
	合川	**涞滩古镇**
	潼南	**双江古镇**
	綦江	**东溪古镇**
	涪陵	**青羊古镇**
渝东北（4个）	万州	**罗田古镇**
	开州	**温泉古镇**
	巫溪	**宁厂古镇**
	巫山	大昌古镇
渝东南（5个）	黔江	**濯水古镇**
	酉阳	**龚滩古镇、龙潭古镇**
	石柱	**西沱古镇**
	秀山	洪安古镇

注：标黑的为重庆市中国历史文化名镇。

（二）研究方法与步骤

在指标体系构建与评价中，广泛查阅与古镇、出游、指数构建有关的资料，结合调查反馈，不断深化、提炼，构建了“1+8”的指标评价体系。“1”即1套指标体系，是对古镇本身资源情况、资源转化情况、热点关注情况的全面解析；“8”即指标评价的8个步骤，是利用客观科学的方法，对指标体系构建及结果的不断反馈、优化和验证。

1.指标体系

“1”套指标体系，包含3个一级指标，5个二级指标，27个三级指标，涵盖资源本底、产品服务、好要爆点3个层级（见表2）。

资源本底涵盖自然景观资源和历史文化资源2项二级指标，主要展现古镇自身的资源情况。其中，自然景观资源涵盖自然环境优美度、人工环境与自然融合度、特色自然资源与特色景观、气候舒适度、可连通的景区景点5项三级指标。历史文化资源包括核心保护区规模、历史街巷空间形制、传统建筑风貌、特色历史建筑、特色历史古迹、传统民俗文化（艺术）、特色手工艺品与美食、原住民生活场景共8项三级指标。

产品服务涵盖产品体验、服务配套、宣传推广3项二级指标，重点关注古镇资源转化成产品，服务于人们出游的情况，使历史文化资源可观赏、可体验、可感知。其中，产品体验包括物质文化体验、

表2　重庆古镇出游指数评价体系

一级指标	二级指标	三级指标
资源本底（120分）	A 自然景观资源	A1 自然环境优美度
		A2 人工环境与自然融合度
		A3 特色自然资源与特色景观
		A4 气候舒适度
		A5 可连通的景区景点
	B 历史文化资源	B1 核心保护区规模
		B2 历史街巷空间形制
		B3 传统建筑风貌
		B4 特色历史建筑
		B5 特色历史古迹
		B6 传统民俗文化（艺术）
		B7 特色手工艺品与美食
		B8 原住民生活场景
产品服务（110分）	D 产品体验	D1 物质文化体验
		D2 民俗文化体验
		D3 特色产品体验
		D4 重要历史事件和名人
	E 服务配套	E1 交通便利度
		E2 服务设施完善度
		E3 餐饮配套
		E4 住宿配套
	F 宣传推广	F1 电影电视取景地
		F2 目的地搜索指数
		F3 社会关注度
好要爆点（50分）		G1 历史文化与民俗风情爆点
		G2 资源营销 IP
		G3 自然景观爆点

民俗文化体验、特色产品体验、重要历史事件和名人4项三级指标；服务配套包括交通便利度、服务设施完善度、餐饮配套和住宿配套4项三级指标；宣传推广包括电影电视取景地、目的地搜索指数、社会关注度3项三级指标。

好要爆点关注古镇爆点资源和热点动向，重点关注古镇在历史文化、民俗风情和自然景观方面的突出影响力和吸引力，包括历史文化与民俗风情爆点、资源营销IP和自然景观爆点3项三级指标。

在上述指标体系下，根据指标的关注程度进行差异化赋值：资源本底共120分，产品服务共110分，好要爆点共50分，总分280分。

2.研究步骤

重庆古镇出游指数评价的“8”个步骤包含需求分析、资料梳理、指标体系构建、指标测算、专家评价、现场调查、公众调查、指数分析，如图1所示。

（1）需求分析。需求分析主要聚焦古镇和出游两方面的相关研究，对重庆古镇出游指数的内涵进行挖掘，建立的古镇是否适宜出游，主要考虑是否拥有能激发人们兴趣的建筑、民俗文化展示，或古镇是否附有传说和故事性，或是否拥有一定的山水资源，或与周边有一定的资源互动。

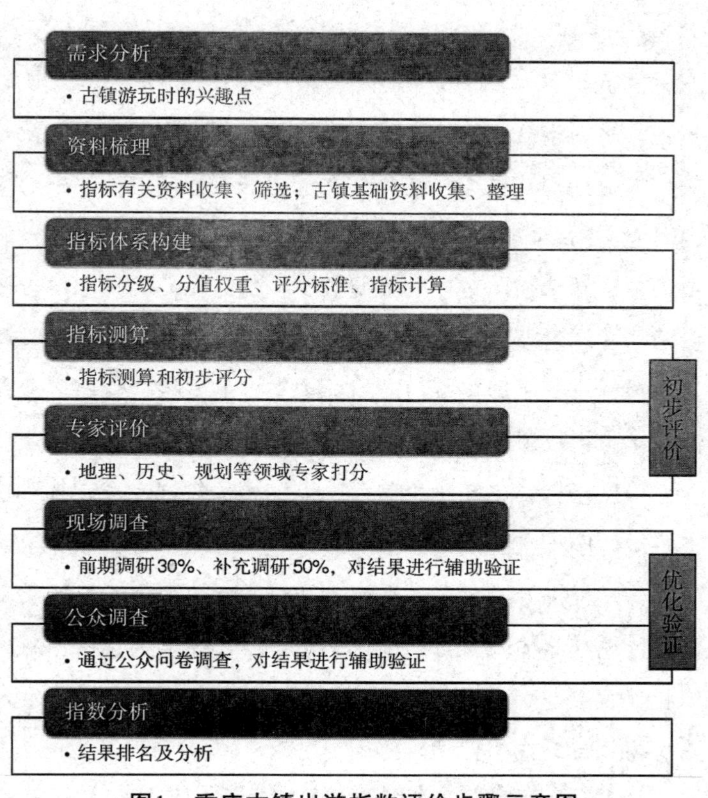

图1 重庆古镇出游指数评价步骤示意图

（2）资料梳理。资料梳理包括资料收集和资料整理两方面。资料收集过程中，以镇为基本单元，收集了历史文化名镇的申报材料、各镇保护规划等资料。基于指标体系，收集全市文物普查、历史建筑名录、非物质文化遗产、国家地理标志保护产品（PGI）、地理标志商标（GI）、农产品地理标志（AGI）等系列资料；借助网络资源收集各镇民俗文化、配套设施等资料。基于上述资料，以镇为单位，对应到指标评价体系对基础资料进行整理。

（3）指标体系构建。指标体系构建主要包括指标分级确定、各项分值权重赋值、评分标准制定和指标计算。指标体系构建的过程中，对相关专业领域的研究进行综合分析，如赵勇在《中国历史文化名镇名村保护理论与方法》一书中介绍了构建历史文化名镇（村）保护评价因子，把保护评价因子分为物质文化遗产和非物质文化遗产两类别下的自然环境、空间形态、建筑遗产、历史影响、民俗文化5个层级，为指标体系构建提供了借鉴和参考思路。在相关行业的标准中，文化和旅游部《旅游资源分类调查与评价2017》中，把旅游资源主要分为地文景观、水域景观、生物景观、天气与气候景观、建筑与设施、历史遗迹、旅游购物、人文活动八大类，结合分类运用到指标体系构建中。同时，查阅了有关古镇的研究文献，发现古镇研究主要聚焦古镇保护、旅游开发等方面，以单个古镇介绍为主，基于横向对比的数据较少，也为我们的指标评价体系构建和思路提供了参考。除了基于游客感知的指标以外，还重点对近3年来人们关于出游、古镇旅游的数据进行了搜集及有效指标识别，最后根据百度、搜狗、马蜂窝等相关搜索情况作为指数评价标准，并根据数据情况制定评分规则。

确定指标体系初步思路后，借助相关领域专家调查对指标进行修正、完善，主要邀请国土空间规划、地理信息、人文地理等领域专家对预选指标的重要性进行打分。根据专家意见，在原有初步指标体系中增加物质文化体验、民俗文化体验、特色产品体验、目的地搜索指数、媒体关注度等指标，整合传统民俗文化独特性和民俗艺术保存度指标，细分生活设施舒适性指标，同时修正部分指标权重，得到最终的指标评价体系。

（4）指标测算。指标测算是指根据指标评价体系及基础资料情况，利用地理格局分析法、地理空间分析法等对各古镇的自然地理环境、人工环境与自然的融合情况、历史街巷空间形制等进行综合研究。分镇进行内业初步评分，同时根据各镇评分进行初步排名分析。

（5）专家评价。初步排名之后，邀请地理、历史、规划等领域的专家对应指标评价体系对各镇进行打分。通过指标测算和专家调查，对各镇出游指数进行初步评价。

（6）现场调查。现场调查主要指以体验官的身份对30个对象古镇进行现场调研，对应指标体系进行现场打分，同时对基础资料进行补充说明，形成各个镇印象系列，如走马印象、中山印象，整理之后最终形成表格、文字、图片的整套数据库。在整个现场调查中，前期调研了40%的古镇、补充调研60%的古镇。

（7）公众调查（如图2—图4所示）。公众调查主要通过公众问卷调查的形式展开。公众问卷除了基本的年龄、性别和受教育程度以外，直接罗列出30个古镇的名单，对游玩过几次、是否想去/再次游玩进行调查，最终收集到161份有效问卷。结果显示，愿意再次游玩的前5个古镇分别为磁器口、偏岩古镇、中山古镇、龚滩古镇、安居古镇。现场调查和公众调查是对指标初步结果的优化验证。

（8）指数分析。指数分析是对30个目标古镇进行排名，以及对结果的规律进行总结分析。

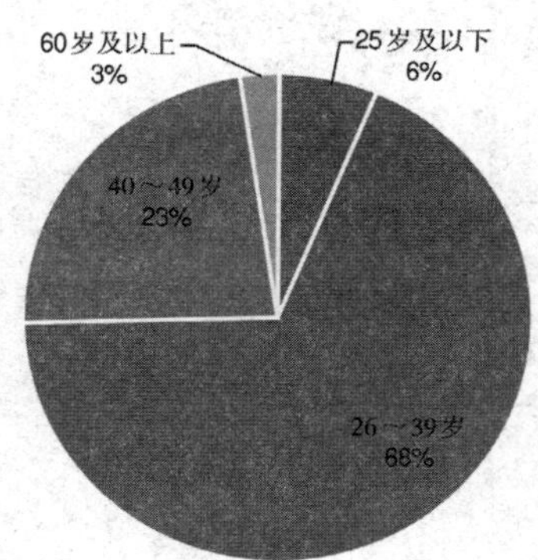

图2　公众调查年龄结构图

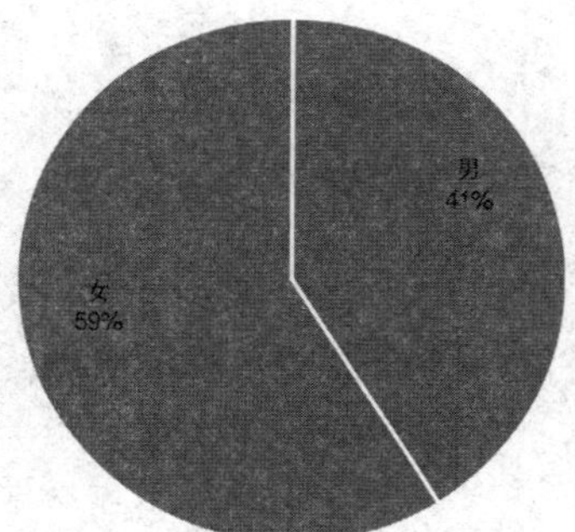

图3　公众调查性别结构图

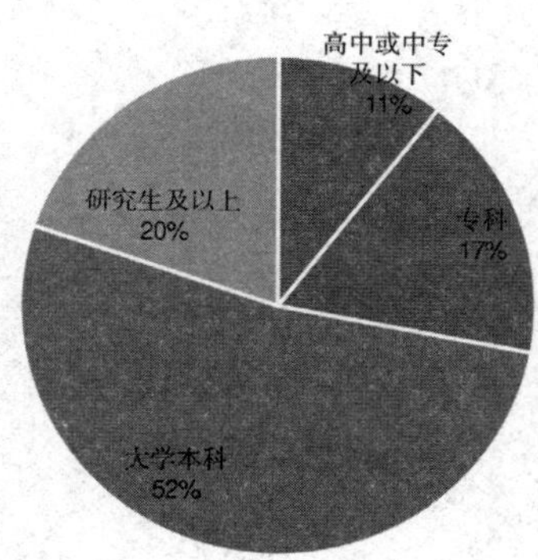

图4　公众调查受教育程度图

二、评价结果

重庆古镇好耍指数最终形成1套古镇好耍总指数和资源本底、产品服务2套分

表3　重庆古镇好耍指数

排名	古镇	好耍指数得分
1	沙坪坝磁器口	193
2	酉阳龚滩	181
3	铜梁安居	179
4	黔江濯水	174
5	江津中山	167
6	荣昌万灵	162
7	酉阳龙潭	160
8	潼南双江	153
9	合川涞滩	149
10	綦江东溪	149
11	永川松溉	142
12	石柱西沱	141
13	巴南丰盛	139
14	巴南木洞	135
15	江津塘河	133
16	江津白沙	128
17	秀山洪安	125
18	北碚偏岩	122
19	渝北龙兴	105
20	九龙坡走马	104
21	江津吴滩	104
22	长寿三倒拐	102
23	巫山大昌	98
24	巫溪宁厂	96
25	江津石蟆	92
26	荣昌安富	92
27	开州温泉	90
28	万州罗田	89
29	九龙坡铜罐驿	71
30	涪陵青羊	6

表 4　重庆古镇资源本底指数

排名	古镇	资源本底得分
1	酉阳龚滩	103
2	铜梁安居	98
3	酉阳龙潭	93
4	沙坪坝磁器口	93
5	黔江濯水	90
6	荣昌万灵	88
7	石柱西沱	87
8	綦江东溪	86
9	江津中山	85
10	巴南木洞古镇	80
11	潼南双江	80
12	永川松溉古镇	79
13	秀山洪安古镇	78
14	江津白沙古镇	78
15	江津塘河古镇	77
16	合川涞滩古镇	77
17	北碚偏岩古镇	74
18	巫山大昌古镇	71
19	巴南丰盛古镇	71
20	江津吴滩古镇	70
21	长寿三倒拐	69
22	巫溪宁厂古镇	69
23	万州罗田古镇	66
24	九龙坡走马古镇	65
25	开州温泉古镇	63
26	涪陵青羊古镇	54
27	江津石蟆古镇	51
28	渝北龙兴古镇	50
29	荣昌安富古镇	43
30	九龙坡铜罐驿古镇	42

指数。总指数从资源本底、产品服务和好要爆点3个维度进行了分析，是综合结果的展示。资源本底指数是古镇从自然风光、街巷格局、建筑风貌，到传统民俗等一系列特色资源独特性、代表性、流传度的综合体现，反映出古镇本身的资源丰富度、特色度。产品服务指数是古镇资源转换率的综合体现，可以切身感受到的民俗文化、设施配套的综合呈现。

（一）重庆古镇出游指数

分析结果显示，有“重庆名片”之称的磁器口凭借丰厚的实力位居榜首；而资源本底丰厚的龚滩古镇，和拥有九宫十八庙的安居古镇分别位列第二和第三名。分析发现，排名靠前的古镇普遍依山傍水，自然环境优美、历史底蕴丰厚，配套服务设施完善、观赏游览性强，特色明显、知名度较高，如表3所示。

（二）重庆古镇资源本底指数

重庆古镇大都分布于江河之畔，结合地形和周边的山水风貌，巧借因势，形成簇群式聚居格局。以穿斗房、吊脚楼、石板路、戏台、会馆、寺观为代表的建筑形态反映出极具特色的建筑风貌与文化内涵[5]。重庆古镇拥有大三峡、移民文化和地方民族文化的缩影，同时又受到周边

表5　重庆古镇产品服务指数

排名	古镇	产品服务得分
1	沙坪坝磁器口	100
2	黔江濯水古镇	84
3	江津中山古镇	82
4	铜梁安居古镇	82
5	酉阳龚滩古镇	78
6	荣昌万灵古镇	74
7	潼南双江古镇	73
8	合川涞滩古镇	72
9	巴南丰盛古镇	68
10	酉阳龙潭古镇	67
11	綦江东溪古镇	63
12	永川松溉古镇	63
13	江津塘河古镇	56
14	巴南木洞古镇	55
15	渝北龙兴古镇	55
16	石柱西沱古镇	54
17	江津白沙古镇	50
18	荣昌安富古镇	49
19	北碚偏岩古镇	48
20	秀山洪安古镇	47
21	江津石蟆古镇	41
22	九龙坡走马古镇	39
23	江津吴滩古镇	33
24	长寿三倒拐	33
25	九龙坡铜罐驿古镇	29
26	巫溪宁厂古镇	27
27	开州温泉古镇	27
28	巫山大昌古镇	27
29	万州罗田古镇	23
30	涪陵青羊古镇	13

地域文化形态的影响，兼收并蓄，显现出自然景观、历史文化、民族风貌的独特性、实用性和美学价值[6]。资源本底指数显示（如表 4 所示），排名越靠前的古镇，其自然景观资源、建筑风貌越丰富、越独特，其自身流传下来的地方特色民俗文化、特色手工艺品以及原住民生活场景也越丰富。其中，龚滩古镇资源本底最丰厚，自然环境与历史人文资源一应俱全。而渝东南的古镇普遍临山靠水，资源丰富、民俗独特。

（三）重庆古镇产品服务指数

从产品服务指数的结果显示（如表 5 所示），排名越靠前的古镇，其资源转换情况越好，产品体验越丰富、配套设施越齐全，自身关注程度也越高。在外部优势（良好的旅游大环境、便利的交通支持）和内部优势（优越的地理位置、丰富的文化资源、与周边旅游景点形成完整的旅游链等）的双重加持下，磁器口以明显的优势处于产品服务指数的第一名，游客在这里可以享受到完善的配套服务[7]。纵观整个产品服务指数，主城都市区古镇普遍配套服务较为完善。

（四）小结

评价结果显示，磁器口可以说是重庆古镇的代表，集自然景观、历史文化、产品体验、服务配套和宣传推广于一体，但同样位于中心城区的铜罐驿古镇却仍以原生态为主，产品服务方面十分匮乏。对于其他各区域而言，主城新区的安居古镇、中山古镇的宜游程度远超同区域的青羊古镇和三倒拐；渝东北的大昌古镇也远超温泉古镇；渝东南的龚滩古镇和濯水古镇也比洪安古镇更适宜出游。对比全市区县中古镇最多的江津区，所属的6个古镇也是参差不齐，中山古镇远比石蟆和吴滩古镇宜游，甚至超过颇有名气的白沙古镇。总之重庆古镇宜游情况不论是在市域范围，还是放眼于各区域甚至是各区县而言，水平都参差不齐。

三、结语

重庆孕育于大山大水之间，传承三千年巴渝文化，历经明清移民、开埠建市、抗战陪都、西南大区“三线”建设以及改革开放等不同历史发展时期，历史文化资源类型丰富、时代连续、总量富集、空间分散、特色突出[8]。重庆古镇是集自然历史与文化于一体的缩影。重庆古镇出游指数从满足人的精神、文化需求作为出发点，通过构建评价指标体系，运用科学的评价方法，深度挖掘重庆古镇的资源本底、资源转换以及热点情况，并对评价结果进行分析，提供一套重庆古镇出游指数。指数结果的横向对比可以一目了然地展现出重庆各古镇的优势和差异，使人们更全面地了解各个古镇，为人们在古镇出游时提供针对性选择，节省选择时间，同时对古镇规划提升提供一定参考和指导意义。

参考文献

[1] 张哲乐. 浅析成都古镇旅游的雷同性问题[J]. 商业时代，2007(6)：109-110.

[2] 张国茂. 古镇游客满意度测评指标体系构建与测评探讨——成都周边的古镇游客满意度实证研究[D]. 成都：西南财经大学，2008.

[3] 郭彩霞. 四川古镇旅游客源市场与影响因素分析及对策研究[D]. 成都：西南交通大学，2008.

[4] 邹启明. 历史文化名镇文化功能提升研究[J]. 重庆建筑，2018(17)：14-16.

[5] 毛长义，张述林，田万顷. 基于区域共生的古镇(村)旅游驱动模式探讨——以重庆16个国家级历史文化名镇为例[J]. 重庆师范大学学报(自然科学版)，2012，29(5)：71-77.

[6] 赵万民. 对巴渝历史古镇保护的区域性认识[J]. 重庆建筑，2003(4)：6-8.

[7] 汪良. 提升磁器口古镇旅游竞争力的研究[J]. 旅游纵览，2018(20)：112-113.

[8] 黄勇，石亚灵，黄瓴，等. 巴渝古镇社会族群构成与物质空间相关性诠释——以重庆安居、丰盛、松溉三镇为例[J]. 建筑学报，2017(增刊)：24-29.

重庆旅游形象的官方宣传与游客感知对比分析[①]

甄腾飞　熊诗意　罗兹柏[②]

一、引言

近年来，随着我国旅游业的不断发展，人们对它的关注度越来越高，旅游目的地形象的有关问题也成为业界研究的热点[1]。早在20世纪70年代，Hunt[2]就首次定义了旅游形象的概念，即个人对不是自己居住的地方所持有的印象，随之旅游形象成了国内外众多学者的研究对象，如Markin[3]认为旅游目的地形象是旅游者个人对某一目的地内化的、概念化的理解，Assael[4]认为它是随时间推移处理多种信息来源所形成的目的地整体感知。总体而言，国外关于旅游形象的研究主要集中在四个主题：目的地形象的结构、目的地形象的测量、目的地形象的形成及目的地形象对旅游者消费行为的影响[5]。但Kotler[6]另辟蹊径，将旅游形象进行了分类，提出其可分为“投射形象”和“接受形象”，前者是对旅游者进行传播的形象，后者是旅游者通过各种传播媒介或实地经历所形成的印象，从而对旅游形象做了更为细致的区分。国内关于旅游形象的研究是从20世纪90年代开始的，相比于国外稍晚，最初是从旅游地的角度出发，研究了旅游地的形象设计、形象策划和形象传播[7-13]，之后大多数学者从整体形象、情感形象以及认知

---

① 原载于《内江师范学院学报》2021年4月第36卷第4期。

② 甄腾飞（1994—　），甘肃天水人，重庆师范大学地理与旅游学院硕士研究生，研究方向：区域旅游开发与规划。罗兹柏（1956—　），重庆沙坪坝人，重庆师范大学地理与旅游学院教授，研究方向：区域旅游开发与目的地营销。

形象等方面进行研究[14-16]。近年来，我国学者对于旅游形象的研究逐渐关注到了宣传形象和感知形象方面的差异，如张文亭等[17]以福建永定土楼为例，对比研究了游客感知和官方宣传下的旅游形象；程珊珊等[18]以文化主题景区深圳、长沙世界之窗为例，对比分析了旅游形象的差异；郭爽等[19]以黄山风景区为例，对比研究了二者之间的差异，等等。差异化研究逐渐成为主流。

2018年开始，随着短视频软件的出现，重庆、成都、西安先后成了“网红城市”，尤其是以轻轨穿楼、洪崖洞为特色的重庆旅游景点，开启了霸屏模式。根据《重庆日报》与携程集团联合发布的《重庆五一假期旅游大数据报告》显示，重庆接待境内外游客数和旅游总收入相较于去年同比增长了21.6%和30.5%，并在其公布的全国最受欢迎、选择最多的十大旅游城市中，重庆由2017年的第11位成功越升至第3位[20]。2018年9月，根据《短视频与城市形象研究白皮书》显示，在城市形象相关视频播放量方面重庆以113.6亿次的播放量位居榜首[21-22]。城市形象作为旅游的重要拉动，已成为重庆旅游吸引力的重要表现，使得重庆这座“新晋”城市逐渐受到了更多游客的关注。目前对于重庆的旅游形象的研究中，如文捷敏[23]研究了游客感知的“网红”旅游目的地——洪崖洞的形象特征，张璐[24]分析了游客对于重庆景点的整体形象以及情感态度，徐金容[25]、杨秋风[26]分析了游客对重庆形象的感知属性，但是关于官方宣传与游客感知下的旅游形象的对比研究则比较少。因此，基于互联网信息传播交换的快捷性以及大数据时代的高渗透性[27]，本文以“新晋网红”城市——重庆为例，选取了官方微博、重庆旅游要闻网上的相关文本和马蜂窝、穷游网站上的游记，作为本文网络文本数据的来源，采用内容分析法研究了官方宣传形象和游客感知形象之间的差异，以期为重庆旅游形象建设提供参考。

二、研究设计

（一）研究区域

重庆，矗立于中国西南腹地的长江上游，是我国中西部地区唯一的中央直辖市和国家战略中心城市，凭借着神奇的自然风光、厚重的人文风韵、穿越的城乡风貌、多彩的民俗风情及丰富的特色风物，成了世界上独具魅力的山城、江城、立体魔幻城、火锅美食城以及历史英雄城。根据《2018年重庆市旅游业统计公报》显示，当年重庆市接待境内外游客59723.71万人次，实现旅游总收入4344.15亿元，同比分别增长10.13%和31.32%[28]；根据世界旅游及旅游业理事会（WTTC）发布的《2018年城市旅游和旅游业影响》报告显示，重庆在全球旅

表1　重庆旅游形象官方宣传与游客感知高频词对比表

官方宣传形象						游客感知形象					
排名	高频词（词性）	频数	排名	高频词（词性）	频数	排名	高频词（词性）	频数	排名	高频词（词性）	频数
1	旅游（动词）	7326	26	古镇（名词）	355	1	重庆（名词）	4094	26	文化（名词）	275
2	重庆（名词）	3119	27	智慧（名词）	355	2	火锅（名词）	973	27	好吃（形容词）	273
3	游客（名词）	2089	28	国家（名词）	352	3	洪崖洞（名词）	690	28	游客（名词）	269
4	景区（名词）	2033	29	生态（名词）	349	4	时间（名词）	592	29	大桥（名词）	262
5	发展（动词）	1596	30	提升（动词）	343	5	轻轨（名词）	510	30	体验（动词）	256
6	文化（名词）	1384	31	融合（动词）	334	6	解放碑（名词）	500	31	南山（名词）	251
7	温泉（名词）	913	32	索道（名词）	327	7	交通（名词）	496	32	景点（名词）	250
8	打造（动词）	853	33	线路（名词）	322	8	地方（名词）	488	33	李子坝（名词）	248
9	建设（动词）	805	34	中心（名词）	314	9	山城（名词）	464	34	分钟（名词）	245
10	乡村（名词）	720	35	管理（动词）	282	10	景区（名词）	461	35	旅游（动词）	238
11	接待（动词）	709	36	丰富（动词）	279	11	拍照（动词）	449	36	项目（名词）	230
12	项目（名词）	609	37	避暑（动词）	275	12	长江（名词）	436	37	选择（动词）	230
13	特色（名词）	590	38	景观（名词）	273	13	磁器口（名词）	411	38	历史（名词）	228
14	服务（动词）	562	39	金佛山（名词）	268	14	酒店（名词）	395	39	感受（动词）	221
15	体验（动词）	546	40	体育（名词）	266	15	夜景（名词）	367	40	到达（动词）	219
16	三峡（名词）	490	41	渝中区（名词）	264	16	小时（名词）	362	41	乘坐（动词）	215
17	资源（名词）	489	42	洪崖洞（名词）	259	17	美食（名词）	360	42	下午（名词）	204
18	长江（名词）	482	43	武隆（名词）	245	18	古镇（名词）	352	43	老街（名词）	198
19	交通（名词）	471	44	磁器口（名词）	243	19	特色（名词）	343	44	渝中区（名词）	197
20	实现（动词）	458	45	晚上（名词）	240	20	索道（名词）	339	45	前往（动词）	196
21	升级（动词）	416	46	南川（名词）	238	21	朋友（名词）	335	46	奥陶纪（名词）	196
22	休闲（动词）	414	47	精品（名词）	228	22	建筑（名词）	329	47	附近（名词）	190
23	景点（名词）	379	48	数据（名词）	223	23	晚上（名词）	317	48	一路（名词）	187
24	历史（名词）	373	49	美丽（形容词）	218	24	味道（名词）	297	49	旅行（动词）	184
25	巫山（名词）	372	50	时间（名词）	216	25	地铁（名词）	278	50	嘉陵江（名词）	185

游增长最快的10个城市排名中位居榜首[29]，旅游业已成为重庆的代表性产业。

（二）研究方法

内容分析法是通过简单快捷的方式，将质性材料转化为数据材料，从而能够进行量化分析。本文以官方宣传文本和网络游记为研究对象，利用武汉大学沈阳教授团队共同研发的ROST Content Mining软件进行内容分析，通过高频词分析、社会网络与语义网络分析、情感分析等功能，得出官方宣传与游客感知下的重庆旅游形象。

（三）数据挖掘及处理

1.样本获取

在国内主要UGC网站代表马蜂窝网、穷游网的游记板块中，以“重庆”为关键词进行检索，通过网络爬虫爬取了发表时间在2018年的游记并将其作为原始材料，通过整合，剔除了纯介绍性、重复发表、游记内容不足1000字的游记，最终得到了163篇较为完整且可用于分析的游记，共495585字。

政府官方旅游网站和旅游宣传媒介因其具有权威性、可靠性，成了游客获取旅游目的地信息的重要来源，本文在“重庆旅游要闻网”“重庆市文化和旅游发展委员会官方微博”中以“重庆”为关键词进行站内搜索，通过网络爬虫采集了2018年的官方传播文本，经过剔除重复内容、以图片为主的文本后，最终获得了803条有效官方传播文本，共515239字。

2.样本处理

为了保证研究的科学性，在运用ROST Content Mining软件分析前，先对文本进行处理。首先编辑了过滤词表，对文本中介词、代词、数量词等无意义的词进行了过滤；其次编辑了归并词群表，对语义相近的词进行统一，如将“川美”“川美黄桷坪校区”“川美大学城校区”统称为“四川美术学院”，将“二厂文创公园”“鹅岭贰厂”统称为“鹅岭二厂”；之后编辑了保留词表，如将“洪崖洞”“磁器口”“十八梯”“李子坝”等词进行了保留；最后则将预处理后的文本保存为ROST Content Mining软件能够识别的txt文件。

三、结果分析

（一）词性分析

通过ROST Content Mining软件对官方文本、游记当中的内容进行了分词处理，然后导入了分词后的词频文件以及预先设置的过滤词表、归并词表、保留词表，最后按照频数各选取了前50位的特征词（见表1）。

从词性来看，官方宣传形象下，前50的高频词中名词的比例最高，有34个，占总数的68%，主要反映的是旅游吸引物、旅游环境等；动词有15个，占总数的30%，反映的是政府部门在旅游宣传过程中的举措等；形容词在高频词中出现的次数最少，只有1个，占总数的2%，反映的是官方对重庆的总体评价。

游客感知形象下前50的高频词中名词的比例也是最高，有40个，占总数的80%，主要反映是旅游环境、旅游吸引物、旅游设施等；动词有9个，占总数的18%，主要反映的是游客管理；形容词有1个，占总数的2%，主要反映的是游客对旅游目的地美食的评价。

（二）特征词分析

从官方宣传形象中使用频率最高的六个特征词来看，“旅游”是被官方提及最多的词汇，体现了政府部门对于旅游业发展的重视；重庆作为案例地所在城市，则“重庆”词汇位列第二；排名第三的是“游客”。近年来，重庆逐渐成了“网红”城市与当下最火的旅游城市，政府对于游客的关注度自然是水涨船高。排名第四的是“景区”，景区是旅游发展的核心依托，重庆也不例外；排名第五的是“发展”，重庆旅游业正在经历着从量变到质变的发展过程，越来越注重品质的提升；排名第六的是“文化”，重庆是国家历史文化名城，有着巴渝文化、三峡文化、开埠文化、红岩文化等众多的文化资源，随着文化与旅游的融合，文化被提及的频率也是越来越高。

从游客感知形象中使用频率最高的六个特征词来看，“重庆”在游记中是被游客提及最多的词汇；火锅发源于重庆，目前它已成为重庆最具代表性的文化符号，来重庆吃火锅也已成为游客必然的选择，因此它排在第二位；排第三的是“洪崖洞”，洪崖洞是古重庆的城门之一，作为典型的巴渝吊脚楼建筑，在夜色的掩映下显得格外辉煌与壮观，洪崖洞已成为游客来渝必打卡的景点之一；排第四的是“时间”，游记当中游客提及的时间更多指的是自身空闲时间与旅游所花费的时间；排第五的是“轻轨”，重庆的轻轨穿山越岭，跨越两江，穿梭在街巷和楼宇之间，成为独具特色的风景线和城市名片；排第六的是“解放碑”，又名“人民解放纪念碑”，是重庆地标性景点之一，同时也位于重庆最繁华的商圈中。

（三）词云图分析

为了更加清晰、直观地展现出重庆旅游形象的构成特征，利用微词云软件，将官方宣传与游客感知分析得出的前50名高频词汇编辑成词云图（见图1、图2）。如图1、图2所示，具体效果呈现字体越大，说明出现的次数越多。从图1中可知，官方宣传下的词云图中，旅游字体最大，其次是重庆、游客、景区，等等。图2游客感知下的词云图中，重庆字体最大，其次是火锅、洪崖洞、时间等。

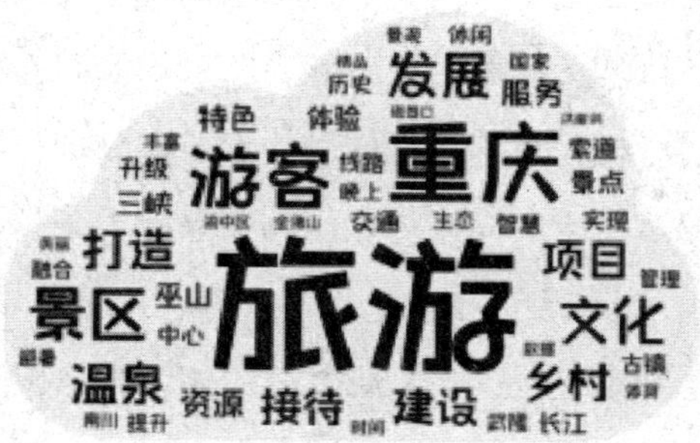

图1　重庆旅游形象官方宣传高频词词云图

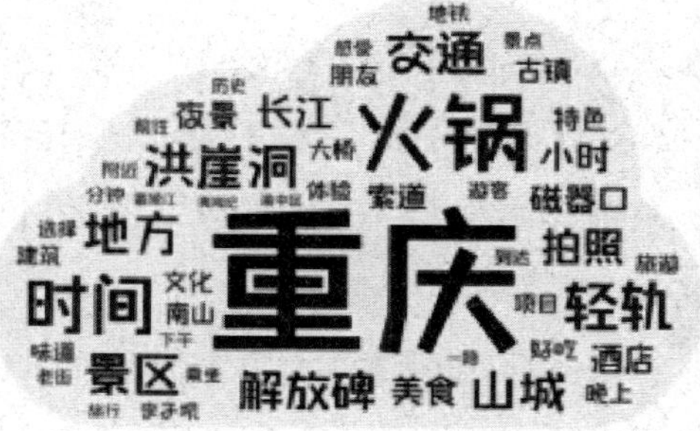

图2　重庆旅游形象游客感知高频词词云图

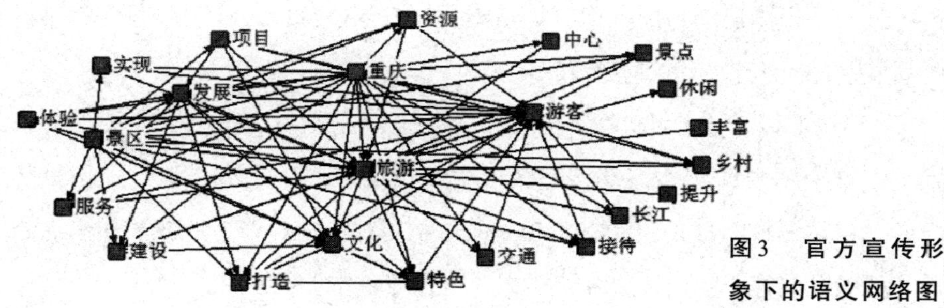

图3　官方宣传形象下的语义网络图

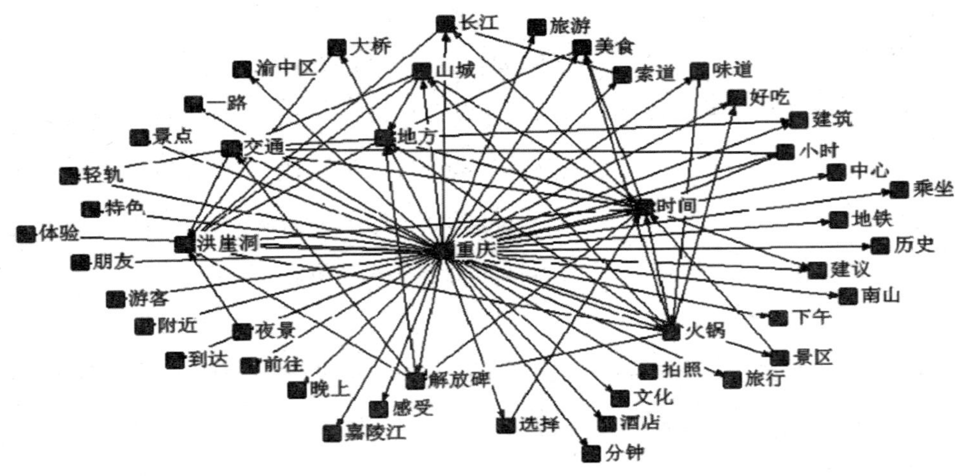

图4 游客感知形象下的语义网络图

（四）高频词语义网络分析

为了进一步挖掘词条背后的真实含义，找出词条中的关联性和指向性，使用了ROST Content Mining软件中的社会网络和语义网络生成工具，经过提取高频词、过滤无意义词、提取行特征、构建网络、构建矩阵等操作后，形成高频词社会网络语义图（见图3、图4），从而用来揭示文本中高频词之间的关系。线条越密集，则表明关系越紧密。

由图3可以看出，官方宣传形象下的语义网络有三个圈层之分。旅游位于语义网络图的中心位置且线条最为密集，是最为重要的节点，即为第一圈层——核心圈层；在一级核心圈层的节点外围，存在着若干的节点，如旅游、游客、景区、发展、打造等节点，它们都是对核心圈层的拓展，为第二圈层——次核心圈层；最后一个圈层为边缘圈层，如由丰富、升级、国家、乡村、休闲等节点构成的圈层，各边缘节点之间没有较多的联系。

由图4可以看出，游客感知形象下的语义网络中，重庆处于最为中心的位置，是整个图中的核心，次核心圈层主要以洪崖洞、交通、地方、山城等节点为主，相较于核心层来说，它所反映的事物更加多元，既有景观、美食，也有交通、基础设施等，同样，边缘圈层之间也没有过多的联系。

表2　重庆旅游形象官方宣传与游客感知文本情感分析

类型	分段	官方宣传文本		游客感知文本	
		分段比例	总比例	分段比例	总比例
积极	一般（0—10）	10.17	11.33	13.33	15.07
	中度（10—20）	1.16		1.74	
	高度（20以上）	0		0	
中性			86.34		80.87
消极	一般（－10—0）	2.33	2.33	3.48	4.06
	中度（－20—－10）	0		0.58	
	高度（－20以下）	0		0	

（五）情感分析

网络文本内容具有一定的情绪性，情感倾向分析具有判断其所表达的情绪是正面、负面或中性的功能[17]。利用Content Mining软件中的情感分析工具，对官方宣传与游客感知下的高频特征词进行了情感分析，得到了相应的情感分析表（见表2）。

在积极情绪方面，游客感知文本的比重（15.07%）要大于官方宣传文本的比重（11.33%），游客感知下的积极情绪以“美好、完美、清新”等词为主，官方宣传下的积极情绪以“美好、美丽、壮美”等词为主，两者都反映的是对于重庆旅游或是感知方面的总体评价。

在消极情绪方面，游客感知文本的比重（4.06%）要大于官方宣传文本的比重（2.33%），游客感知下的消极情绪以“疯狂、刺激、疲惫”等词为主，反映了游客对游玩项目的评价与自身状态的描述；官方宣传下的消极情绪以“刺激、假期、乡愁”等词为主，反映了官方对游玩项目的评价、游客空闲时间的关注以及景区主题化营造的宣传。

中性情绪在官方宣传文本与游客感知文本下的各类情绪中占比最多，前者的比重（86.34%）要大于后者的比重（80.87%）。官方宣传下的中性情绪以“发展、建设、接待”等词为主，反映了官方对于景区的发展的重视；游客感知下的中性情绪以“火锅、洪崖洞、山城”等词为主，表明了游客对于重庆旅游吸引物与总体方面的认知。

表3　官方宣传形象属性频次统计

主类目（占比／%）	次类目（占比／%）	高频词
旅游吸引物（18.18）	人文景观（10.03）	景区、景点、古镇、景观、洪崖洞、磁器口
	自然景观（8.15）	温泉、乡村、三峡、长江、金佛山
旅游环境（17.98）	区位环境（13）	重庆、巫山、国家、渝中区、武隆、南川
	社会环境（4.98）	文化、历史
旅游设施（2.27）	基础设施（1.34）	交通
	观光设施（0.93）	索道
旅游宣传（27.15）	旅游宣传（27.15）	发展、打造、建设、接待、项目、服务、资源、实现、升级、生态、智慧、提升、融合、线路、中心、管理、丰富、数据、体育
游客管理（7.21）	游客管理（7.21）	游客、晚上、时间
旅游体验（24.27）	旅游体验（24.27）	旅游、体验、休闲、避暑
旅游评价（2.94）	旅游评价（2.94）	特色、精品、美丽

（六）重庆旅游形象分类对比分析

为了更加清楚地了解官方宣传与游客感知下的旅游形象，本文对官方宣传与游客感知形象下前50的高频词汇进行分类归纳，分别得到官方宣传形象属性频次统计（见表3）和游客感知形象属性频次统计（见表4），共划分为7个主类目和10个次类目。

1.旅游吸引物方面

在人文景观方面，“洪崖洞”“磁器口”“古镇”“景区”“景点”是官方宣传和游客感知下的共同词汇，这说明了在人文景观方面官方宣传和游客感知下的旅游形象大体上是契合的；在自然景观方面，重庆的温泉是一个世界级的旅游资源，而重庆更是有着“世界温泉之都”的美誉，“温泉”自然成了自然景观的重点，但是这一重要的资源却未被游客感知到。除此之外，还有像世界自然遗产的“金佛山”，世界级旅游资源的“三峡”等著名的资源，皆未被游客感知到。

2.旅游环境方面

在区位环境方面，官方宣传下提及最多的是像巫山、武隆这样的国家全域旅游示范区以及主城的渝中区，而游客只感受到了渝中区，这也说明了渝中区是游

表4　游客感知形象属性频次统计

主类目（占比/%）	次类目（占比/%）	高频词
旅游吸引物（22.38）	人文景观（18.08）	洪崖洞、解放碑、磁器口、李子坝、奥陶纪、景区、景点、夜景、古镇、老街
	自然景观（4.3）	长江、南山、嘉陵江
旅游环境（23.63）	区位环境（21.15）	重庆、渝中区
	社会环境（2.48）	历史、文化
旅游设施（12.86）	基础设施（11.19）	轻轨、交通、酒店、建筑、大桥、地铁
	观光设施（1.67）	索道
旅游宣传（15.77）	旅游宣传（15.77）	火锅、地方、山城、美食、味道、项目、附近、一路
游客管理（15.68）	游客管理（15.68）	时间、朋友、小时、晚上、游客、分钟、选择、到达、下午、乘坐、前往
旅游体验（6.64）	旅游体验（6.64）	拍照、体验、旅游、感受、旅行
旅游评价（3.04）	旅游评价（3.04）	特色、好吃

客来渝游玩的主要区域；从社会环境来看，重庆作为中国著名的历史文化名城，有着巴渝文化、三峡文化、开埠文化、红岩文化等众多的历史文化资源，而“文化”和“历史”成了官方宣传和游客感知下的共同词汇，这说明在社会环境方面官方宣传和游客感知下的旅游形象是契合的。

3.旅游设施方面

在基础设施方面，官方宣传中只提到了“交通”这样泛化的词，但是在游客感知下则提到了“轻轨”“酒店”“建筑”等其他的基础设施词汇，尤其是轻轨2号线已不仅仅是简单的交通运输线，在游客眼里它更是一条旅游观光线，显然在这一点上官方对它的宣传是不到位的；在观光设施方面，被誉为“万里长江第一条空中走廊”的“索道”在官方宣传和游客感知下都提及了，说明在观光设施方面，二者之间是相互契合的。

4.旅游宣传方面

在旅游宣传方面，官方旅游宣传的比重远远大于游客感知方面的比重，况且官方的旅游宣传更多地侧重在景区管理方面，如“打造”“建设”“升级”“提升”“融合”等词汇，体现了政府部门对于景区建设及旅游发展方面的重视，因此旅游宣传自然也成为官方宣传形象下属性词频占比最多的类目，但是在游客感知方面，以饮食居多，如“火锅”“美食”“味道”等，这与官方宣传下旅游形象还是有较大的差距。

5.游客管理方面

在游客管理方面，不管是官方宣传还是游客感知都体现了游客的时间管理，如“晚上”“时间”，唯一不同的就是游客感知下的游客管理还涉及了游客的出游情况，如和“朋友”一块出游，以及游客出行的状态词，如“选择”“到达”“乘坐”“前往”，这也说明了在游客管理方面，官方宣传下的旅游形象游客部分是感知到的，但是关于更多游客本身的方面两者还是有差异的。

6.旅游体验方面

在旅游体验方面，两者都提及了“旅游”“体验”，官方宣传下还提到了“休闲”“避暑”这样整体性的旅游体验类型，但是这一情况却未被游客感知到；同样，游客感知下的“拍照”“感受”也未体现在官方的宣传中，说明二者之间还是存在一定差异的。

7.旅游评价方面

在旅游评价方面，“特色”是两者都提到的词汇，如传统川渝“特色”建筑，“特色”的美食等等，此外官方宣传下还有“精品”“美丽”，但是游客感知到的却只是对饮食的评价“好吃”，二者之间还是有很多差距的。

（七）差异存在的原因

1.宣传与感知的侧重点有所不同

官方宣传的旅游形象是一个更加系统化的体系，包含了旅游发展过程中的众多方面，侧重的是重庆整体旅游形象的营销，如旅游宣传主类目中出现的“发展”“打造”等词，以事实的发展情况向游客展现重庆旅游景区（点）的发展与变化等，并不只是宣传游客所关注的旅游环境、旅游吸引物等。但是对于游客而言，最吸引他们的往往是旅游目的地的特色景观、建筑、美食等，此类事物能够带给游客最为直观的感受，最符合游客期待中的旅游目的地印象，因此会使得游客的感知形象只是聚焦在某一特定方面，并不会对官方宣传的旅游形象全部感知。

2.宣传与感知的对象不完全匹配

官方宣传的目的是向所有的目标客户进行旅游形象的营销与推广，宣传对象包括少年、青年、老年等多样化的群体，但是感知主体鉴于是以游记为来源获取资料，因此它只针对的是部分特定群体，官方宣传大众化的营销并没有完全体现在感知对象中，而只是以某一特定群体记录旅游的“游记”方式来呈现，因而会使得宣传形象与感知形象的差异比较大。

3.宣传与感知的背景有所区别

旅游宣传向游客展现的是整体形象，它不仅是包括对当下旅游环境、旅游吸引物等的介绍，同时也涉及它们未来的发展与变化，是对“现在”与“未来”整体时段的旅游营销。但是对于游客而言，他们所感知的只是当下这一固定时间段下的旅游环境、旅游吸引物等的发展与变化，囿于特定的时间背景的限制，宣传与感知下的旅游形象会有所差异。

4.宣传与感知的情感性体现不同

官方的宣传网站、微博等平台是大众了解重庆旅游的窗口，因此它的宣传文本在文字及言语的编辑方面是中规中矩的，并不会有太大的情感方面的波动。但是对于游客而言，游记是其游玩后思想意识主观化的呈现，会对旅游过程进行细节式的描述，因而在它的文字或是言语中会保留明显的主观化痕迹，如“好吃”“味道”等相关词汇，以便充分体现游客在游玩过程中的情感变化，所以二者最终所呈现出来的差异比较大。

四、结论与建议

（一）结论

1.重庆旅游形象总体可归为7大主题和10个次类目。网络传播的重庆旅游形象可分为旅游吸引物（人文景观、自然景观）、旅游环境（区位环境、社会环境）、旅游设施（基础设施、观光设施）、旅游宣传、游客管理、旅游体验和旅游评价7大主题。

2.重庆旅游形象官方宣传与游客感知皆以中性评价为主。通过情感分析，发现官方宣传文本和游客感知文本都以中性情绪为主，消极情绪占比最少。

3.官方宣传与游客感知下旅游形象的一致性。表现在旅游吸引物下的人文景观、旅游环境下的社会环境和旅游设施下的观光设施这三方面。

4.官方宣传与游客感知下旅游形象的差异性。差异性主要表现在旅游宣传、旅游体验、旅游吸引物（自然景观）、旅游环境（区位环境）、旅游设施与游客管理等方面。旅游宣传（发展、打造、建设、接待、项目等词汇）在官方宣传下的旅游形象中所占的比重最大，其次则是旅游体验，然后是旅游吸引物旅游环境、旅游设施，最后是游客管理。总的来说，官方宣传与游客感知下的旅游形象的差异性还是比较明显。

（二）建议

1.加大旅游品牌建设

旅游品牌在提升旅游市场竞争力方面的作用是非常明显的，重庆作为世界上著名的内陆山水城市，两江与许多平行山岭在此交汇，形成了独具特色的自然风光，从而孕育了许多世界级的旅游资源，有着世界自然遗产的南川金佛山、武隆喀斯特地貌，世界文化遗产的大足石刻以及三峡等多样化的旅游资源，等等。除此之外，还有如轨道交通2号线这样独一无二的新型旅游资源，它们皆是重庆最为突出的旅游品牌，也是重庆最具魅力、最具代表性的旅游吸引物，因此，重庆要着力宣传世界级、特色性的旅游资源，打造“大都市”国际旅游目的地品牌，“大三峡”黄金旅游目的地品牌，“大文化”特色旅游目的地品牌，以建设具有竞争力的旅游景区景点为核心，强化品牌营销工程，提升旅游的整体形象，从而将其打造成为世界知名旅游目的地。

2.挖掘旅游文化资源

文化是旅游的灵魂，旅游是文化的载体，文化赋予了旅游别样的内涵与精髓。重庆作为中国历史文化名城，孕育了深厚的文化积淀、丰厚的文化底蕴、多彩的文化旅游资源，因此重庆应对特有的巴渝文化、三峡文化、开埠文化、红岩文化、抗战文化等资源加以深入挖掘，利用博物馆、艺术馆、展览馆等场馆，讲述好文化的脉络，凸显文化的内涵与精髓；传承好文化性的非遗项目，推进传统演艺、表演艺术进景区；打造一台具有地域文化的旅游演艺，将文化以故事化的方式呈现；开发特色性的旅游商品，对接文旅市场，对文化资源进行释能。

3.丰富旅游宣传方式与内容

旅游宣传是城市展现自我发展的一张亮丽名片，旅游宣传的方式和内容也应该多样化、丰富化。可以强化新媒体的全网传播，整合 OTA 线上推广渠道、抖音、今日头条、爱奇艺、微视及各大官微等，从视频端、新闻端、渠道端到自媒体端的全方位新媒体传播渠道；实施网红营销，发挥网红传播娱乐化、内容亲民化的平台优势，通过网红与潜在旅游者之间的沟通，形成游客对重庆城市旅游的品牌认知；同时利用好传统主流媒体。要使宣传内容更加的丰富化，包括旅游目的地景区景点的基本介绍、交通情况、天气状况、旅游特色吸引物等。

4.完善旅游基础设施

旅游基础设施是城市运营能力的体现，它的完善与否直接影响着游客对于旅游目的地的满意度，因此重庆要想建设成为世界性的旅游目的地城市，必须完善旅游交通网络，打造旅游绿色通道，构建轨道、高铁、陆路、水路四位一体便捷、通畅的交通网络体系，完善旅游巴士体系，串联起湖广会馆、李子坝、十八梯、磁器口等景点；完善停车系统建设，综合调控配建、公共、路内三大停车设施供给，增建公共停车场；优化住宿设施结构，着力培育和引进一批旅游投资集团、国际知名品牌酒店等企业，规划建设一批有特色的星级酒店和精品酒店；完善旅游观景阳台体系，依托重要的自然制高点，建设具有旅游观景功能的阳台建筑等；完善旅游景区、文物点等区域旅游综合服务引导标识，完善公交站点、旅游巴士站点、重要交通节点的交通导览图等，通过旅游基础设施的完善提升游客对重庆的旅游感知形象。

参考文献

[1] 王子晴，薛建红. 基于网络文本分析的旅游目的地形象符号解读：以

厦门鼓浪屿为例［J］. 内江师范学院学报，2019，34（10）：81-87.

［2］HUNT J D. Image：A factor in tourism［D］.Fort collins：colorado state university，1971.

［3］MARKIN R J.Consumer behavior：A cognitive orientation［J］.Annals of Tourism Research，1974，2（3）：4-8.

［4］ASSAEL H.Consumer behavior and marketing action［M］. Boston：Kent Publishing Company，1994.

［5］沈雪瑞，李天元. 国外旅游目的地形象研究前沿探析与未来展望［J］. 外国经济与管理，2013，35（11）：48-59.

［6］KOTLER P，BARICH H. A framework for marketing image management［J］. Sloan Management Review，1991，32（2）：94-104.

［7］林炎钊. 旅游形象设计：我国旅游城市面临的新课题［J］. 北京第二外国语学院学报，1995（3）：122-126.

［8］韩凯，邹欣庆. 基于空间感知规律的城市旅游形象比较研究：以南京为例［J］. 长江流域资源与环境，2003，12（4）：312-316.

［9］齐德利，肖星，陈致均. 甘肃丹霞地貌旅游形象设计研究［J］. 地域研究与开发，2004，23（1）：47-51.

［10］屈海林，邱汉琴. 香港都市旅游的形象与竞争优势［J］. 旅游学刊，1996（1）：24-28.

［11］黎洁. 论旅游目的地形象及市场营销意义［J］. 旅游论坛，1998，1（1）：15-18.

［12］金立，刘正浩. 关于旅游目的地形象包装战略浅析［J］. 北方经贸，2002（11）：104-106.

［13］李莉，付业勤. 旅游危机事件的网络舆情主体特征研究：以凤凰古城收费为例［J］. 重庆交通大学学报（社会科学版），2015，15（2）：65-69.

［14］王芳，陈浩，夏令凡. 基于网络游记的合肥市旅游目的地形象感知研究［J］. 曲阜师范大学学报（自然科学版），2018，44（3）：97-102.

[15] 尹丽，颜欣，田良. 基于网络文本分析的旅游目的地形象感知研究：以三亚市为例 [J]. 特区经济，2019（1）：100-102.

[16] 孟奕爽，邓森文. 基于网络文本内容分析的武陵源景区旅游意象感知研究 [J]. 重庆交通大学学报（社会科学版），2017，17（6）：59-64.

[17] 张文亭，骆培聪. 基于网络文本的目的地旅游形象游客感知与官方传播对比研究：以福建永定土楼为例 [J]. 福建师范大学学报（自然科学版），2017，33（1）：90-98.

[18] 程珊珊，夏赞才. 基于网络文本的文化主题景区旅游形象感知对比研究：以深圳、长沙世界之窗为例 [J]. 旅游论坛，2018，11（5）：111-123.

[19] 郭爽，余慧珍. 基于网络文本的黄山风景区旅游形象游客感知与官方传播对比研究 [J]. 湖北文理学院学报，2020，41（2）：70-76.

[20] 重庆日报，携程集团. 重庆五一假期大数据报告 [EB/OL]. [2018-05-04]. http://www.cq.gov.cn/.

[21] 抖音，头条指数，清华大学国家形象传播研究中心城市品牌研究室. 短视频与城市形象研究白皮书 [EB/OL]. [2018-09-11]. http://www.sohu.com/.

[22] 黄龙. 网红重庆的都市旅游个性体验及开发研究 [D]. 重庆：重庆师范大学，2019：2.

[23] 文捷敏，余颖，刘学伟，等. 基于网络文本分析的“网红”旅游目的地形象感知研究：以重庆洪崖洞景区为例 [J]. 旅游研究，2019，11（2）：44-57.

[24] 张璐. 基于文本挖掘的重庆市旅游评价研究 [J]. 重庆工商大学学报（自然科学版），2019，36（6）：65-72.

[25] 徐金容. 基于网络文本分析的重庆旅游目的地形象感知研究 [J]. 无锡商业职业技术学院学报，2020，20（1）：75-80.

[26] 杨秋风. 基于网络文本分析的重庆都市旅游形象感知研究 [D]. 重庆：重庆师范大学，2014.

[27] 闫瑶瑶，郑群明. 基于网络文本分析的张家界民宿体验感知研究

［J］. 内江师范学院学报，2020，35（4）：92-98.

［28］重庆市文化和旅游发展委员会. 2018年重庆市旅游业统计公报［EB/OL］.［2019-03-05］. http://whlyw.cq.gov.cn/.

［29］2018年城市旅游和旅游业影响报告［EB/OL］.［2018-10-26］. http://www.yidianzixun.com/.

重庆旅游资源空间分形结构问题研究①

程华胜　陈　俊②

2018年，国务院办公厅对全域旅游发展提出了指导性意见，这促使全域旅游在旅游资源丰富的地区得到了快速的发展，旅游区域一体化发展已经成为当前旅游产业发展的新趋势。在旅游区域一体化快速发展的大环境下，如何对旅游空间结构进行优化，提升旅游产业的市场竞争力成为学术界关注的焦点问题[1]。旅游景区是一种特殊的要素综合体，在旅游景区演化发展的过程中呈现出从简单到复杂、从无序到有序的特征，最终形成具有自相似特征的空间结构。将分形理论应用于旅游资源空间结构问题分析中，能够更为准确地反映旅游景区空间结构的复杂性，解释景区内在的演化发展规律[2]。基于此，文章对重庆武隆区旅游资源空间分形结构进行研究，探索其内在的空间特征，为景区的发展规划提供参考。

一、研究区域概况

武隆区地处重庆东南部，人文与自然旅游资源十分丰富，是国家首批全域旅

---

①基金项目：安徽省质量工程一般课题（项目编号：2020jyxm1840）；高职院校大学生工匠精神培育的路径研究：基于中国制造2025视角（项目编号：SK2017A0732）。原载于《安阳师范学院学报》2021年第2期。

②程华胜（1976—　），安徽潜山人，六安职业技术学院讲师，主要研究方向为旅游管理；陈俊（1969—　），安徽六安人，六安职业技术学院副教授，主要研究方向为物流管理。

表1 重庆市武隆区旅游吸引物分类表

类型	旅游吸引物
人文民俗	南川金佛山景区、瞿塘峡景区、聂荣臻元帅陈列馆、忠县石宝寨、人民大礼堂及人民广场、歌乐山烈士陵园、红岩革命纪念馆、云阳张飞庙、规划展览馆、湖广会馆、磁器口古镇、重庆中国三峡博物馆、洪崖洞民俗风貌区、龚滩古镇、潼南杨闇公故里景区、开县刘伯承同志纪念馆、重庆中国民主党派历史陈列馆景区、长寿菩提古镇文化旅游区、铜梁安居古城、潼南大佛寺、黔江濯水古镇、荣昌万灵古镇、江津陈独秀旧居陈列馆、梁平滑石古寨景区、黔江土家十三寨、南岸长嘉汇弹子石老街、彭水蚩尤九黎城
自然风光	大足石刻景区、巫山小三峡、武隆喀斯特旅游区、酉阳桃花源景区、万盛黑山谷景区、云阳龙缸景区、歌乐山森林公园、丰都名山风景区、缙云山国家级自然保护区、丰都雪玉洞景区、石柱大风堡景区、万州大瀑布群旅游区、綦江古剑山风景区、长寿湖旅游区、巫溪红池坝森林旅游景区、永川茶山竹海旅游景区、彭水阿依河景区、合川钓鱼城景区、铁山坪森林公园、北碚金刀峡景区、云阳三峡梯城景区、璧山观音塘湿地公园、奉节天坑地缝景区、巫山神女景区、涪陵武陵山大裂谷景区、开县汉丰湖、黔江蒲花暗河景区、涪陵武陵山国家森林公园、涪陵大木花谷林下花园景区、城口亢谷景区、石柱千野草场、黔江芭拉胡景区
休闲度假	江津四面山景区、北泉风景区、野生动物世界、南山植物园、统景温泉风景区、金源方特科幻公园、海兰云天温泉度假区、贝迪颐园温泉度假区、观音桥商圈都市旅游区、加勒比海水世界景区、上邦温泉旅游区、周君记火锅食品工业旅游体验园、东温泉风景区、铜梁黄桷门奇彩梦园

游示范区[3]。人文旅游资源方面，武隆区不仅有传统多民族（13个民族）特色人文资源，同时也具有丰富的红色旅游资源；自然旅游资源方面，其不仅有世界自然遗产喀斯特芙蓉洞和国家5A级旅游景区天生三桥，同时还有后坪天坑群、芙蓉江、白马山等旅游资源。

二、研究方法

（一）数据来源

根据重庆市旅游局网站2017年发布的A级景区名单，选择4A级及以上的86个旅游景区作为样本点，其中5A级景区8个，4A级景区78个。按照旅游吸引物的种类划分为三类，分别为人文民俗、自然风光、休闲度假。选择武隆区包含重大影响力的旅游资源作为吸引物系统中心，以此来划分得到3个系统旅游吸引物聚集分形维数特征。表1为重庆市武隆区旅游吸引物分类表。

（二）测算方法

分形理论中提出的无标度区间概念，是进行旅游资源分型特征分析的入手点。研究划分的3个系统聚集分维测算是在无标度区间范围内测算的，无标度区间方法有很多种，根据研究对象需要采用了较为常用的相对系数检验法和自相似比法。按照分形理论的阐述，符合随机分型规律的旅游吸引物的空间分布测算，是以其重心旅游吸引物为中心，其他相对次要吸引物与之欧氏距离为半径进行测量，考虑到旅游吸引物数量多少情况的差异，所以回转半径取值为平均数，计算公式为[4]：

$$R_s = \sqrt{\frac{1}{s}\sum_{i=1}^{s} {r_i}^2} \tag{1}$$

其中，R_s为平均回转半径，r_i为第i个吸引物到重心吸引物系统的距离，s为度量半径范围内的测点个数。

那么，测算分形维数D和平均回转半径R_s之间的关系为：

$$R_s \propto r^D \tag{2}$$

分形维数D也称为聚集维数，其反映的是在一定区域内旅游吸引物系统从重心吸引物系统向周围密度衰减的程度，通过分形维数D的大小来反映旅游吸引物系统的紧凑性特征。分形维数D的计算步骤如下[5]：

（1）重庆数字化遥感地图的制作；

（2）对86个测算样本点建立经纬度坐标表格，按照表1中划分的3个吸引力系统归类；

（3）以数字化遥感地图为底图，导入样本测算点，生成景点分布图；

（4）利用ArcGIS测量计算旅游吸引物回转半径，并根据测算样本量与回转半径绘制对数坐标图；

（5）确定三类系统中旅游吸引物无标度区间，得到聚集维数。

三、实证分析过程

（一）测算重心的选择

计算重庆旅游吸引物分形维数，首先要进行的是吸引物重心的选择，研究选择了重庆武隆区的芙蓉洞。三个吸引物子系统人文民俗、自然风光、休闲度假，分别选择了武隆区的武隆文庙、天生三桥和武隆仙女山度假区。武隆区作为重庆入选国家首批全域旅游示范区，区域内的人文与自然资源极具特色，且向周边辐射强，构成了区域旅游的重心。

（二）样本测算点与景点分布

研究了86个样本测算点，要通过这些测算点计算出聚集分形维数，关键是重庆卫星遥感地图的获得，它是景点分布图形成的基础。通过谷歌地图等软件获得地图之后，导入ArcGIS形成了景点分布的地图。而后，导入地图的分布景点，将表1中各景点通过坐标拾取器形成坐标Excel导入ArcGIS，执行软件操作形成景点分布图。聚集维数的计算，正是通过导入该软件各个测量点到吸引物重心的回转半径所得。

（三）重庆旅游吸引物聚集分形维数的计算

吸引物聚集分形维数包含两个类型，一是测算吸引物重心的分形维数，二是人为划分的3个子类的分形维数。前者能够显示出重庆全域旅游发展的核心所在，以及围绕核心的旅游吸引物的发展演变；后者显示出了重庆旅游吸引物的空间分布情况。

吸引物测算重心和3个子类的分形维数测算方式完全相同，即在表1各个景点坐标导入ArcGIS所形成的与重心吸引物的欧氏距离，作为欧氏半径r，通过公式（1）得到平均回转半径R_s。改变度量半径范围内的测点个数s可以得到一系列的R_s。将一系列点（s，R_s）绘制在双对数坐标图中。采用相关系数法确定每一个类别旅游吸引物系统的无标度区间，最终得到分形维数D。

四、结果与讨论

（一）重庆武隆区聚集分形维数

采用空间分析工具获取2017年重庆市武隆区86个4A级景区到武隆区芙蓉洞景区的欧氏距离r_i，将r_i由小到大计算平均回转半径R_s，将（s，R_s）绘制成双对数散点图，如图1所示。

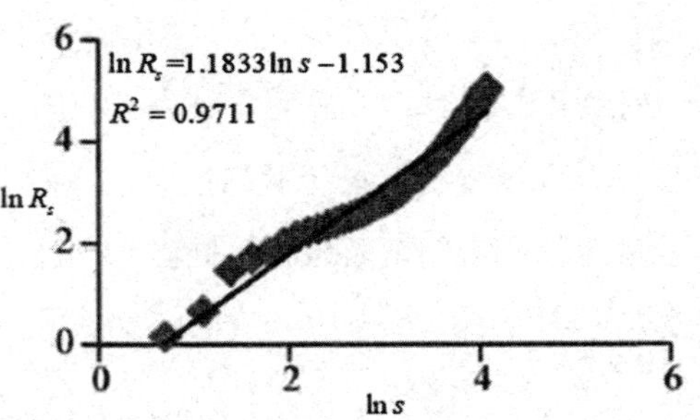

图1　聚集维数双对数图（武隆区芙蓉洞景区）

由图1可知，R^2=0.9711，拟合精度高，重庆市武隆区芙蓉洞景区聚集分形维数为1.1833，大于1小于2，显示出了重庆以芙蓉洞为核心的旅游吸引物呈现出聚集状态。重庆以武隆为核心的全域旅游发展具有较强的凝聚力，能够较好地推动重庆全域旅游的发展。

（二）人文民俗、自然风光与休闲度假空间分布特征

采用空间分析工具分别获取2017年重庆市武隆区86个4A级景区到人文民俗、自然风光、休闲度假三个吸引物系统的欧氏距离r_i，将r_i由小到大计算平均回转半径R_s，将（s，R_s）绘制成双对数散点图，如图2所示。

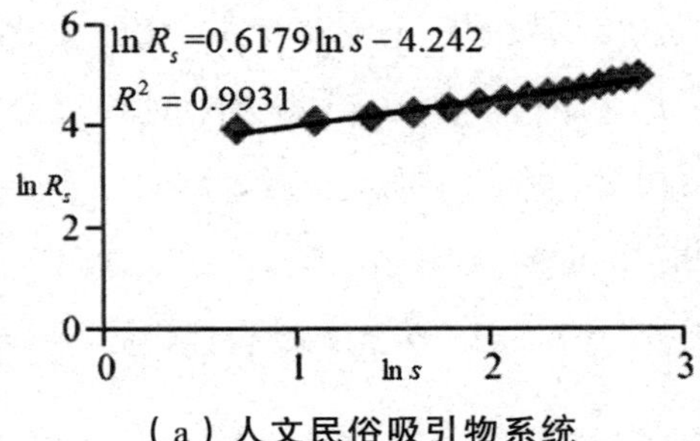

（a）人文民俗吸引物系统

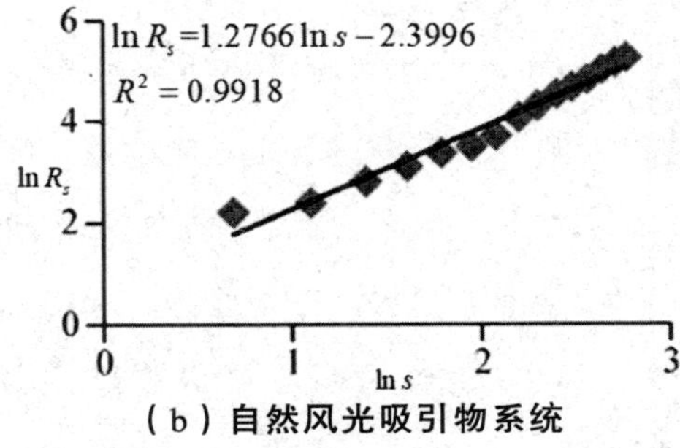

（b）自然风光吸引物系统

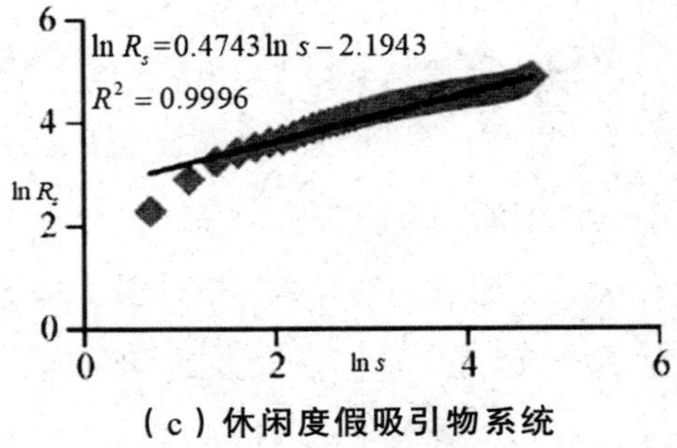

（c）休闲度假吸引物系统

图2　3个吸引物系统的聚集维数双对数图

由图2可知，三种情况拟合精度均比较高。人文民俗吸引物聚集分形维数为0.6179，休闲度假吸引物聚集分形维数为0.4743，均小于1，说明在全域发

展背景下，重庆市武隆区的人文民俗和休闲度假旅游资源空间分布比较集中，结构上存在不足，难以支撑起以其为核心的全域旅游发展，只能更多依赖于其他资源。自然风光吸引物聚集分形维数为1.2766，凝聚状态较好，吸附能力强，能够较好地以其为核心推动全域旅游发展。

五、结语

文章采用分形理论对重庆市武隆区旅游资源结构进行研究，结果表明重庆以武隆为核心的全域发展具有比较强的凝聚力，能够有效推动重庆市全域旅游的发展。不同类型的旅游吸引物的凝聚力表现出了不同水平，自然风光具有较强的凝聚力，有助于推动全域旅游的发展，人文民俗和休闲度假虽然聚集维数水平较低，但在腹地呈现出递减状态。武隆区乃至重庆市在推动全域旅游发展的过程中要充分发挥自然风光旅游资源优势，才能更好地确保全域旅游的健康发展。

参考文献

［1］李春莹，林彩斌，林明水，等. 县域全域旅游竞争力评价研究：以福建省为例［J］. 福建师范大学学报（自然科学版），2020，36（4）：81-92.

［2］刘菥雯. 湖北省旅游中心地规模结构演进研究：基于分形理论视角［J］. 武汉职业技术学院学报，2019，18（5）：103-108.

［3］张建军. 探索“五域路径”发力全域旅游［N］. 山西日报，2020-07-14（11）.

［4］赵军勇，王昕，丁梦云，等. 基于分形理论的旅游吸引物空间特征研究：以皖南国际旅游文化示范区为例［J］. 青海师范大学学报（自然科学版），2019，35（1）：59-65.

［5］邱盈，刘春霞，李月臣. 基于分形理论的重庆市A级旅游景区系统空间结构演化研究［J］. 湖北文理学院学报，2019，40（5）：45-53.

主流媒体跨界合作寻找媒体融合发展新机遇探析[①]

——以厢遇参与重庆李子坝网红楼升级改造为例

李勇强　严一格[②]

近年来，主流媒体纷纷开展广泛的跨界合作，涉足云计算、4K智能终端、金融以及物流等服务产业，走多功能复合型的发展道路。对此，厢遇APP增强自身平台的开放性，在升级为融媒体社交平台的同时加强服务功能，积极参与重庆李子坝网红楼的升级改造。

重庆轨道李子坝站，列车穿楼而过，在我国独此一处。既是久别重逢，又是再次相遇，让人产生对于缘分的浪漫遐想。而厢遇的目标是打造重庆最大的线上线下婚恋社交平台，让陌生人终成有缘人，“相遇”和“有缘”是两者的共通处。本文通过厢遇参与李子坝网红楼的改造升级，探讨主流媒体如何发挥媒体融合优势实现跨界合作，如何通过跨界合作实现与合作方共赢发展。

一、厢遇发挥优势打造服务型融媒体平台

随着移动互联网的快速发展，媒体仅仅提供简单的信息资讯远远不够，只有通过多样化的服务才能聚集并留住用户。一些主流媒体利用自身的公信力及影响力，聚合本地资源，通过提供多功能服务，聚合用户，提升用户黏性，发展综合产业链。对于新闻传媒企业而言，也应当“以产业化的实现为目的，持续革新自

---

① 原载于《新闻研究导刊》2021年1月第12卷第2期。

② 李勇强（1968—　），重庆人，本科，《重庆晚报》助理编辑，研究方向：新闻传播。严一格（1974—　），重庆人，本科，《都市热报》高级编辑，研究方向：新闻传播。

身的运营机制，保持与时俱进的发展理念，强化自身的发展力量"①。对此，厢遇APP在逐步升级为融媒体社交平台的同时，发挥两个优势，尝试跨界合作，寻找媒体融合发展新机遇。

（一）优势一：为用户解决社交刚需

据统计，95%的APP存活时长不超过5个月，而厢遇APP已经运营近四年，知名度越来越高，其最重要的原因是为用户解决了刚需。厢遇优先解决的是社交刚需，尤其是轨道族的婚恋交友。每次迭代升级，厢遇都会把主要的资金投入社交体验上。厢遇的原理是通过手机GPS定位来实现的，只要下载并安装了厢遇APP，它就会记录什么时间、什么地点，和谁相遇过，并提供一个平台让彼此认识交流。使用时间越久，缘分的真实性就越高，越有价值。而且，每次使用时，用户都会有新的发现，找到新的缘分。可见，厢遇在架构设计上一定程度帮用户解决了社交刚需。此外，厢遇还通过"线上+线下"活动来实现用户互动，留住用户。目前，厢遇每周举办一次主题相亲会，少则30—50人，多则100—200人。另外，还有线上相亲和线上红娘，尤其是线上相亲会，在新冠肺炎疫情期间成为一大亮点。2020年，厢遇累计举办的大小活动共计100多场，这在重庆地区是较为少见的。

（二）优势二：深耕轨道，升级为融媒体平台

新闻传媒企业要想全面提升自身的核心竞争力，还应当致力于深度挖掘自身的发展优势，找好挖掘方向和发展理念②。厢遇APP这款融媒体产品，主要用户是轨道族，未来的规划是实现"深耕轨道，融媒发展，助力成渝地区双城经济圈建设"。厢遇的最大优势是拥有重庆轨道资源。比如，轨道视频，在轨道沿线的车厢、站台拥有1.3万张屏幕；轨道语音，在轨道500个站点可以实现语音播报。此外，还拥有轨道的很多其他资源，未来将升级为厢遇融媒体社交平台。具体来说，是以厢遇为龙头，《都市热报》和轨道短视频为重点，集合轨客网、官方微信、微博、抖音、头条等新媒体平台，一起构成轨道全媒体传播体系。这个平台涵盖报、网、端、新媒体、视频、语音，加上网状布局的线下服务中心等，如此多载体体现了真正意义上的媒体融合，这在全国都是少见的。

---

① 吴杨．新闻传媒核心竞争力构建的新出路［J］．新媒体研究，2018，4（21）：97-98．

② 毛黎强．试论新闻传媒核心竞争力的开发［J］．传播力研究，2018，2（24）：37．

二、重庆李子坝网红楼的重要文旅改造价值

重庆轨道交通2号线李子坝站是国内第一座与商住楼共建共存的跨座式单轨高架车站，于2004年3月建成。车站与商住楼同步设计、同步建设、同步投用，采用“站桥分离”的结构形式，不仅铸就了全球独一无二的列车穿楼景观，更使其成了城市土地资源集约利用的典型样本。继洪崖洞、民国街、磁器口等都市旅游景点走红后，凭借单轨穿楼的独特景观，借助抖音、火山等移动媒介的扩散，李子坝单轨楼已成为自带大IP的重庆当下最具人气的都市旅游“打卡”站点之一。

2020年1月，重庆日报报业集团和重庆市轨道交通集团强强联合，委托两大集团的合资子公司重庆轨道传媒公司《都市热报》整合两大集团优势资源，对李子坝网红楼1—6层10000平方米以“文旅文创+轨道元素”为核心进行整体打造。厢遇，是《都市热报》融媒体发展的核心品牌，也是重庆市优秀数字出版项目，因此，该项目将充分发挥厢遇全媒体平台宣传优势，提升李子坝列车穿楼而过的文创价值，让其从网红打卡地升级为重庆城市爱情新地标，成为一个可持续发展的文旅产业。同时，拉动就业500—1000人，成为渝中母城文旅产业的响亮名片，“两江四岸”风貌建设的璀璨明珠。目前，“厢遇李子坝”项目已经得到了重庆市渝中区区政府的大力支持，该项目十年产值（不含合营业态的产值）预计约2.82亿元，利润约8000万元，利税约2000万元。

三、“厢遇李子坝”项目升级改造的具体实施

通过2020年初的调研，厢遇掌握了李子坝轨道站点的人流及个性化旅游特性，结合重庆市“两江四岸”建筑外立面整体改造的政策背景，在渝中区区政府的大力支持下，对李子坝站进行了全新的业态布局。

（一）取名为“厢遇李子坝”

李子坝网红楼有了新名字——“厢遇李子坝”，“厢遇”两个字精准概括了重庆李子坝列车穿楼而过的意义。“厢”，是指车厢，列车；“遇”，是指穿

楼，也指浪漫邂逅。这是一个浪漫之地，也是万千游客打卡膜拜的原因。一句话概括："列车穿楼而过，有缘终会'厢遇'。"具体到李子坝网红楼，每一个商铺，都是一节有文化特色的车厢，让消费者"遇"到最好的体验。在这里，消费的是文化，是具有长期生命力的IP价值。

（二）定位为"重庆城市爱情新地标"

这一措施从三个方面着手：一是对轨道李子坝网红楼内外的升级改造；二是创意主题活动天天有；三是整合婚恋上下游产业。

具体来说，第一，重新包装列车穿楼，让网红打卡地升级。改造内容主要有：2—5层打造全玻璃观景台，让每层楼观看列车穿楼的感觉都不一样；设计玻璃栈道，连接轨道楼和区域文化景点，形成新景观；每层楼都设计浪漫元素，增加打卡地、留言墙。其目的是实现不同角度（远、中、近）和立体式看穿楼；融入鹅岭二厂、三层马路、李子坝抗战遗址组成的"山城慢生活"文旅区；完善配套，升级为3A景区；最大限度延长游客驻留时间，让好的文化体验带动消费。

第二，每日开展创意主题活动。这是区别其他文创楼和商业楼的最大特色，宣传上不愁亮点和趣点，是整栋楼的核心发动机。活动分几大类——主题类：汉服主题、动漫主题、桌游主题……节庆类：情人节、5·20、妇女节……专场类：政企、医教……定制类：大龄、离异、单亲……

第三，打造重庆首个"厢爱"产业园。包含婚介、婚庆、婚纱、摄影、旅游，把婚恋上下游产品整合在一起，会加深文创楼"爱"的主题，带来更好的消费体验。这些行业都自带引流属性，适合线上邀约新的顾客。

（三）实现"一站式浪漫消费新体验"

"厢遇李子坝"项目1—6楼层以厢遇的"厢"字布局，分别是：1F厢聚、2F厢食、3F厢娱、4F厢爱、5F厢遇、6F厢识，具体为——

1.一楼：厢聚。设置轨道游客服务中心、游客互动体验、火锅文化体验区、山城邮局。设计开发轨道主题明信片、邮票、信封、手绘地图等主题商品，延长游客驻留时间，提升游客浏览兴致。

2.二楼：厢食（特色小吃美食城，已开业）。以年轻人喜欢的美食为主，包括奶茶、酸辣粉、重庆小面、钵钵鸡、网红化石饼、炒饭、羊肉粉、烧烤炸串、冰激凌、糕点、旋转小火锅等特色小吃，游客在厢食可以买到各色重庆土特产，还可以一边欣赏江景，一边享受美食。

3.三楼：厢娱（5G、电竞、游戏体验区，轨道主题风民宿）。引进声光视听兼具的游戏体验；设置轨道特色民宿或轨道主题酒店。一面背靠单轨穿楼的独特环境，一面背靠嘉陵江沿江江景，结合轨道主题特色装修以及房卡免费乘坐轻轨等主题设计，提升民宿或酒店的独特性和游客入住体验感。

4.四楼：厢爱（文创展示区）。设置山城茶馆、山城小酒馆，设计列车式包厢，为游客和本地市民提供游览小歇、感受山城文化，购买永川秀芽等重庆特色产品的场所。

5.五楼：厢遇（厢遇线下服务中心、品牌发布厅）。厢遇是整个项目的“发动机”，将持续开展各类活动。不仅针对脱单，还解决情感困惑，同时还会设置直播中心，使其成为对外宣传通道，带动整个商业流量。

6.六楼：厢识（特色图书馆）。在厢识，不仅可以汲取新鲜的知识，还能与各文化艺术行业的大咖偶遇和交流。可以说，这里是文艺范儿最好的社交平台。

以上项目有的已经完工并营业，有的正在建设中，预计整体改造完成时间大约在2021年3—5月。未来，“厢遇李子坝”将成为最具重庆特色的轨道文创体验点和都市休闲游览地、重庆核心景点中的特色文创产业园，重庆重要的对外文化展示窗口。

四、结语

目前，重庆李子坝网红楼已成为自带大IP的重庆最具人气的都市旅游“打卡”站点之一。未来，厢遇将充分发挥自身优势，不断强化“厢遇李子坝”项目，并将其融入重庆都市旅游产业链，助推重庆文旅产业高质量发展，对重庆经济拉动消费做出巨大贡献。同时，厢遇在跨界合作参与改造过程中，也将进一步完成融媒体升级，成为富含价值的融媒体社交平台。

重庆博物馆文旅融合发展策略初探[①]

蒲　勤　周万炯[②]

博物馆是一座城市的灵魂，蕴藏着丰富的历史文化底蕴和精神财富，是城市文化软实力的重要载体。新形势下，博物馆作为重要平台，有着举足轻重的地位和作用。重庆市各大博物馆，结合各自文化属性，吸引着大量游客旅游观光，充分发挥了“文化+旅游”的社会功能。

2018年，在全面贯彻党中央深化党和国家机构改革决策部署中，重庆市文化和旅游发展委员会应运而生，为推动重庆文化旅游事业高质量发展提供了强有力的体制机制和组织保障。重庆坚持以文旅融合发展为主线，打好“三峡、山城、人文、温泉、乡村”五张牌，2019年实现全市接待境内外游客6.57亿人次，旅游总收入5739.07亿元。人文旅游影响力日益扩大，区县“晒文化晒风景”等大型文旅推介活动社会反响热烈，重庆成为最受欢迎文旅目的地以及网红城市。站在新的历史起点上，博物馆文化和旅游迎来了前所未有的黄金发展期。

重庆城市形象宣传推广促进文旅火爆的同时，也凸显出历史底蕴挖掘不足、文化实力不相匹配等短板。重庆市各大博物馆文旅融合质量发展的高低，直接关乎重庆文化软实力提升以及重庆市文化强市、旅游强市建设。截至2019年，重庆市拥有博物馆103座，基本建成以历史、革命、抗战、工业、自然等“五大博物

①原载于《东方收藏》2020年第19期。

②蒲勤，重庆红岩革命历史博物馆副研究员；周万炯，重庆红岩革命历史博物馆社会教育部部长。

馆群”，且门类丰富、特色鲜明、分布广泛，但与西部成都、西安等城市相比，还存在思想保守、体制滞后、融合不深等现状，亟待从以下几个方面推动重庆博物馆文化和旅游真融合、深融合。

一、立足“两点”转变观念

首先转变观念是解放思想、树立正确发展理念的关键。重庆是西部大开发的重要战略支点，处在“一带一路”和长江经济带的联结点上，在国家区域发展和对外开放格局中具有独特而重要的地位。只有打破安于现状的旧观念，将思想认识统一到习近平总书记对重庆提出的“两点”定位、“两地”“两高”目标上来，统一到重庆文化和旅游深度融合的战略部署上来，才能守正创新，立破并举，肩负起新时代使命任务。

在清晰认知重庆市区位优势、生态优势等同时，还要正确面对文化短板中全市博物馆综合实力整体较弱的客观事实。在西部地区12省横向纵向对比中，重庆市博物馆总量，在西部第9位；年度举办展览数量，西部第7位；国有馆藏文物总数上，西部第4位；年接待观众人次，西部第4位。2019年全国博物馆接待人数13.42亿人次，占国内旅游人数60.06亿的22.3%。2019年全市博物馆接待人数3870万人次，占重庆市游客人数6.57亿的5.89%。

转变观念归根到底是人的问题。推进文旅融合高质量发展，人才队伍建设是关键。博物馆文旅融合发展离不开人才融合，本地人才培养战略与高端人才引进战略的结合、文化与旅游人才的融合、策划创作与经营管理人才的融合、文物保护与开发利用人才的融合等是重中之重。只有推动观念、意识上的融合，才能切实做到人才凝聚、共赢发展。

二、立体融合联点成线

面对文化和旅游融合发展的广阔前景，重庆博物馆在全市布局上要从提升总量、新建扩建向结构合理、特色鲜明转变；在旅游开发上要从点状开发、线路统筹向区域联动、跨区联动转变；在资源整合上要从行业资源、横向融合向纵横交错、立体融合转变，充分发挥出博物馆文化旅游在优化结构中的强大引擎作用。

要有目标、有计划地打造一批国家定级博物馆的后备梯队，从政策层面在全市博物馆布局上对资源短缺地区倾斜，如梁平、丰都、垫江、彭水等区县应尽力填补本地没有博物馆的空白，为当地民众就近参观博物馆、享受公共文化服务提供便利。宏观调控引导，提升区县博物馆甚至打造区县龙头效应，分区化引领、带动、辐射周边地区博物馆事业发展。针对区县博物馆以综合类、革命类比重偏大等特点，应在丰富博物馆种类上下文章，结合鲜明的重庆行业特色、地域特征等，打造具有独特个性的博物馆，努力克服区县博物馆千篇一律。要结合地方特色，建设重庆漆艺、梁平竹帘、铜梁龙灯等专题博物馆，逐步形成主体多元、结构优化、特色鲜明、富有活力的博物馆体系。

打造和发展重庆博物馆文化旅游，可以从四个方面努力：一是重视博物馆文化旅游顶层设计。将博物馆旅游业的发展，纳入各地旅游发展规划，并对博物馆旅游景区进行星级认定，从战略层面为博物馆发展旅游进而繁荣博物馆文化事业提供政策支撑和保障，从旅游项目资金上予以博物馆大力的支持。二是强化博物馆旅游项目研发和包装。加大各类博物馆文化项目的开发和利用，设计和打造符合博物馆自身文化特色、适应旅游市场需要、满足游客文化消费需求的丰富多彩、参与性强、意义特别的博物馆文化旅游消费项目。三是注重客源的挖掘和发展。根据博物馆的现代社会生活功能，要在观众和客源上下功夫，要努力培育和发展休闲度假、游览观光、社会交友、文化教育需求的观众群体。要抓重点对象群体，开展好相关活动。如结合时代和现实需要，紧抓中小学生群体，开展研学实践活动；紧抓党员干部队伍，开展党性教育活动等。四是转变服务观念，提高服务水平。发展博物馆文化旅游，就要树立旅游服务行业的服务标准，要从基础设施、游购娱服务配套、观众接待、参观讲解、活动组织等方面抓起，用五星服务标准来开展工作，提升服务水平，树博物馆行业的旅游新形象。

重庆红岩革命历史博物馆20年来，以红岩文化为核心，整合全市革命文化资源，辐射区县及省外，在打造红色旅游立体融合、连点成线上取得了显著成效。2019年接待游客达1150万人次，在全国5535家博物馆中排名第二，仅次于北京故宫博物院。不但强化了红岩文化的传播、提升文化品牌吸引力，发挥了文化的育人功能，而且在赢得社会效益的同时也赢得了经济效益，为红岩文化事业的发展注入了新的活力，为全市乃至全国博物馆的文化旅游发展提供了典型范例。

三、深挖活用提升品牌

重庆有着以重庆中国三峡博物馆为代表的巴渝文化、三峡文化，以重庆红岩革命历史博物馆为代表的红岩文化，以重庆抗战遗址博物馆为代表的抗战文化，以重庆工业博物馆为代表的工业文化……拥有着148万件文物，将文物内涵外化，让文物鲜活起来，把文化彰显出来，把精神传承开来，使文化品牌深入人心，对重庆长远发展有着重要的现实意义。

博物馆能否吸引人，是否有人气，既取决于博物馆的特色、博物馆藏品的数量和文化价值，也与博物馆的陈列布展、活动组织等公共文化服务项目水平密切相关。

2015年重庆自然博物馆新馆建成并对外开放，仅一年，接待观众306.8万人次，成为全国游客接待量最大的自然类博物馆之一，其基本陈列展览“地球·生物·人类”荣获2016年全国博物馆十大陈列展览精品奖。精品展览实现了社会效益和经济效益双丰收。

此例证明了原创精品展览对于一座博物馆文化旅游事业发展的重要性。重庆市博物馆应加大原创精品展览策划、展陈力度，有效利用资源整合、互补，推陈出新。2017年6月至10月，重庆市开展全市馆藏文物“镇馆之宝”评选活动，评出了354件/套“镇馆之宝”。这些文物不仅具有较高的历史、艺术和科学价值，也体现出重庆各地区的文化特色，如旧石器“巫山人”左下颌骨化石，是目前中国境内发现最早的人类化石。整合全市文物精品资源联合推出精品特展，甚至进而开展全国巡展，或以互联网+科技等手段智慧精品展览，其影响力可以预见。

博物馆文旅融合还要在提升文化旅游项目品牌、增强博物馆文化旅游核心竞争力上下功夫。各博物馆尤其是特色博物馆要积极开发品质保证、特色鲜明、竞争力强的旅游产品（项目），满足游客地方特色文化消费需要。如红岩情景剧、寻找红岩发声人、送烈士回家、小萝卜头进校园等系列品牌策划推广，极大增强博物馆文化旅游吸引力。博物馆文旅品牌体系建设是一项系统工程，集影视、演艺、图书、文创、研学、培训、休闲等新业态于一体，需要统一布局，突出特色，将融合向多样性、个性化、市场化方向努力。

当前，重庆市博物馆文化旅游发展在机制体制、政策条件、发展基础等方面具有较大优势，迎来了大有作为的战略机遇期。只要坚持以保护为主和合理利用为原则，以服务人民、增强人民群众幸福感为根本，以开放、创新、双赢的市场观念为指导，以提供更多更好的公共文化服务项目为抓手，积极鼓励和推动文化资源整合、文化品牌建设和文旅深度融合，重庆博物馆文化旅游发展将会迎来一个阳光灿烂的美好明天。

参考文献

［1］赵川．文化旅游融合创新典型案例研究［M］．成都：西南财经大学出版社，2019．

［2］卢欢．长效推进西安文旅融合发展［N］．西安日报，2020-08-17．

［3］单霁翔．文化的力量［N］．人民政协报，2019-12-16．

［4］张洪斌．以坚定的文化自信推进文化强市建设［J］．重庆行政，2017（3）．

［5］杨倩．文旅融合下的博物馆：发挥独特优势让文物活起来［N］．中国文物报，2020-07-31．

［6］梁红．文旅融合背景下博物馆的转变与创新［N］．中国文物报，2020-06-09．

基于乡村文化振兴下的文旅融合模式浅析[1]

罗　瑶　汪秋寒　吴　楠　肖　路[2]

一、乡村旅游发展概况

（一）分布特征

从空间上，我国经济东西部发展差距较大，农村地区的不均衡性在乡村旅游的发展中日益凸显，整体呈现出东部地区、中部地区、西部地区经济逐渐减弱的态势。

具体而言，由于大城市具有资源丰富、区位环境条件较好、交通方便、市场广阔等优势，因此呈现出以大城市为中心"点—线—面"的延伸发展态势，使得大城市的经济发展较好。

乡村旅游的内容主要包括观光农业旅游、民俗文化风情旅游、休闲度假消遣旅游以及自然生态旅游。其中，新型旅游业区域性和综合性逐渐凸显；根据目的地的区位条件分为城郊地区、自然风景区周边地区、特色村寨以及农牧林业基地。

---

①原载于《山西农经》2022年第10期。

②罗瑶（2002—　），女，四川达州人，成都理工大学在读本科，研究方向为旅游管理与会展策划；汪秋寒（2001—　），女，土家族，贵州铜仁人，成都理工大学在读本科，研究方向为旅游规划与开发；吴楠（2001—　），土家族，四川成都人，成都理工大学在读本科，研究方向为油气田开发；肖路（2003—　），四川眉山人，成都理工大学在读本科，研究方向为货币金融市场。

（二）发展趋势

综合考虑现阶段我国乡村旅游发展现状，归纳为以下三个方面。

第一，乡村旅游具有欣赏田园风光、休憩娱乐等特点，旅游项目可分为赏田园乡村文化、尝特色菜、买纪念品、学习农技、体验劳作及农民生活等，但旅游功能较少。

第二，乡村旅游具有全域化、精品化、特色化的特点，乡村地方可共同规划、协同发展。乡村旅游区大多集中在经济较发达的城郊地区、自然风景区和特色农牧林业区，并展现出乡村旅游与大城市、市场聚拢的特点。

第三，我国现阶段的乡村旅游行业正处于起步阶段，新产品、新业务、新模式层出不穷。农业旅游项目占比较大，并与民俗旅游结合并存。

二、乡村文化的内涵和发展前提

（一）内涵

文化是与政治、经济、社会相并立的一个名词，涵盖地理、历史、传统习俗、风土人情、艺术文学、行为规范、思维方式、价值观念等多个方面，可以概括为一种地域性生活要素形态。

乡村文化很受广大乡民欢迎，在民族心理、文化传承和弘扬的过程中具有独特意义。乡村是传统文化的发源地，乡村文化是村民在农作和日常生活的过程中逐渐形成的道德品行、社会心态、民俗习惯、是非标准、行为方式、理想追求等。乡村文化是乡民生活不可或缺的重要组成部分，更是乡民生活的精神寄托和情感慰藉所在。

如今，工业文明和城市文明快速发展，已成为社会盛行的主流文明，不少乡村文化被大众忽视，被主流文明边缘化。但事实上，乡村文化有其独立的价值体系、特殊的社会意义、情感价值和精神价值。大部分城市人口虽然身处繁华的都市，但心里却牵挂远方的故乡，处处以乡村为心灵的归属，时时以“乡愁”为心中的羁绊。所以，发扬、传承和创新乡村文化，使之与城乡统筹发展相匹配，与文化大发展、大繁荣相适应，是亟待深入研究的时代课题。乡村旅游作为旅游业的重要组成部分，是实施乡村振兴战略的关键力量。

乡村文化振兴的内在本质不仅是传承和发扬传统文化的有效路径，而且是打造人们精神家园的强大支撑和增强民族文化自信的有效方法。

（二）发展前提

由于文化资源的发源特点具有天然的稀缺性和不可再生性，因此，在开发利用乡村文化资源过程中，应该秉承保护性开发的原则，注重对文化资源的传承、弘扬、合理利用，最大化展现出生态型文化自信。

三、文旅融合发展

随着大众旅游时代的到来，我国旅游业迎来了一个黄金发展期，消费者对旅游业有了更高的标准和要求。在大众旅游时代，在文化和旅游两方面的发展和研究实践中，“文旅融合”一直是一个高频词，人民群众旅游消费需求从低层次向高品质、多样化转变，旅游业发展成果不仅要与百姓联系密切，与百姓共享，而且要在富国裕民的道路上发挥出更加积极的作用，成为与时俱进的幸福产业[1]。

从全球范围来看，文旅融合仍然是大趋势，联合国世界旅游组织表明，全世界大约有37%的旅游活动涉及文化因素，文化旅游者每年增长15%。文旅融合发展更需要因地制宜、合理利用、优势互补，实现最大公倍数，以促进经济发展[2]。

（一）内生逻辑

习近平总书记提出“要望得见山，看得见水，记得住乡愁”，这一理念成了发展乡村旅游的指向标，乡村旅游应将这一理念贯彻始终，以文促旅，以旅彰文，利用先天优势，紧紧围绕乡村文化的乡土情结，以丰富的形式方法革新乡村旅游的文化底蕴，打造创新驱动空间。据此，保留农村地区文化特色即保存其生存范围，发展独一无二的特色旅游经济[3]。

发展文旅融合是指文化产业、旅游产业各要素间打破原有要素边界及产业边界，通过交叉重组、有机整合、互相渗透等方式形成共生体的过程[4]。旅游产业和文化产业二者之间具有相似性和差异性，这是形成文旅融合的前提条件。在此基础上两大产业的相关资源、功能、服务等要素不断交集渗透、流动交换，产生较强的产业叠加效应[5]。

在文旅融合的过程中，根据两大产业主导地位的不同，可以分为文化产业向旅游产业延伸融合、旅游产业向文化产业延伸融合两种模式。文旅产业融合示范区根据区域规模和产业融合形式可以分为六种，分别是文旅新区、文旅小镇、文旅产业园区、文旅综合体、景区（度假区）、文化旅游带。

（二）乡村文化的机遇和挑战

1.机遇

第一，政策的大力支持。党的十九大报告指出，坚持优先发展农业农村，追求产业兴旺、生态宜居、乡风文明、治理有效、生活富裕的总目标，建立健全城乡融合发展体制机制和政策体系，全面推进农业农村现代化[6]。2020年3月6日，在决战决胜脱贫攻坚座谈会上，习近平总书记着重强调，要全力以赴推进全面脱贫与文化振兴有效衔接[7]。“十四五”时期我国将进入新发展阶段，全国文旅行业发展呈现“文旅融合、高品质生活、高质量发展”的“一融两高”新态势。从国际层面上来说，作为第三产业的服务业是否占主导地位，是衡量一个国家、地区发展现代化的重要标志之一。

第二，文旅融合是乡村旅游关键发展新动力。文旅融合是新时期乡村文化振兴的转折点。文化自信的支柱性作用日渐重要，建设文化强国为旅游业明确了发展方向。要求坚持以文塑旅、以旅彰文的路线，推动文化旅游深度融合发展。

2.挑战

第一，产品融合不深入。大多属于自发性融合，缺乏系统和科学的理论指导，未形成完整的产品体系，一是文化内涵停留于表层，产品类型比较单一；二是乡村文化缺乏创新性，与市场需求脱轨，形在“融”意在“合”。目前很多文化景区、文化街区出现了过分商业化、同质化、表面化等问题，运营模式和旅游项目雷同，缺乏独特的文化吸引力和号召力[8]。

第二，融资渠道较少。对文化古迹等进行保护性开发需要大量的资金支持。

旅游涉及众多产业，在开发中需要一定的配套服务设施，并且对开发资金有较大需求，且旅游投资回报周期长，融资相对困难。

第三，乡村文化体系不健全。文化产业和旅游产业虽然属于两个不同的产业，但在很大程度上互相融合、互为补充。然而，在文旅融合的发展和研究中，无论是业界还是学界，大多都在分析融合现状，对文旅产业融合的思路、方式、结构等方法论体系缺乏深入分析，需要探索科学系统的融合方式，实现文旅产业的良性可持续发展。

四、文旅融合模式浅析

文旅融合发展的模式主要有三种，分别是“文化+旅游”“旅游+文化”“文旅+其他”，全方位、多层次、宽领域的产业链融合，有助于为文旅融合注入新的发展动力，促进区域经济增长[9]。

（一）“文化+旅游”

实现文化资源的旅游化利用，推动文化价值向旅游业延伸，这是文旅融合的重要模式之一。我国国土资源辽阔，历史文化悠久，物产丰富，并且能够衍生出丰富的文化资源，但随着时代发展，极易被遗忘或流失，通过与旅游业联合发展，能够对其进行活态保护。

（二）“旅游+文化”

在现代旅游发展基础上，引入文化内涵，弥补旅游产业发展缺陷，提升旅游品质。例如绵阳仙海风景区将沉香孝道文化融入旅游产业中，打造“百米商业街区+美食与民俗+民间场景演艺”文化产业链条，包括社区旅游、民俗旅游等旅游项目，通过将优势文化要素融入旅游景区，赋予旅游独特的生命力，有利于增强文化竞争力和吸引力，从而展现高度的文化自信。

（三）“文旅+其他”

推进文旅与其他产业深入结合，延长产业价值链，如农产品加工体验店，形成文旅融合新业态，引领文旅新发展，摆脱发展乡村旅游依赖资源的现状，实现乡村旅游形式的多样性，满足人民美好生活的需要，彰显文化自信，提高游客“回头率”。

1.文旅+创意”

将文化元素融入实体设计，结合创新产业打造超级文化IP。比如结合文旅与产品，定制纪念品、土特产、周边文创产品、手工艺产品和DIY设计产品等文旅产品。

2.“文旅+影视”

随着大量喜剧电影的火爆上映，“开心麻花”已然成了国内电影、戏剧领域中的超级大IP，能够满足深层次、多群体、多元化的文化需求，精准地满足了上班族、学生、“80后”、“90后”、“00后”以及新兴家庭群体的文化消费市场需求，为实体商业和消费者提供了更多的可能性，实现“欢乐演艺+综合效益+粉丝经济+00后”的文化市场。比如与动漫结合形成经典动漫影视作品、与演出行业结合打造实景体验项目。

3.“文旅+健康”

以人民群众的身体健康为出发点，使得旅游产业与健康产业融合形成康养小镇，并借助酒店品牌IP营造温泉养生产业。

4.“文旅+教育”

随着国家政策的引导、经济的快速发展、人民生活水平的显著提高和教育理念的转变，未来研学旅游的市场发展空间较大。比如以企业为主导开发、以传统文化为核心的研学小镇；光合文旅集团潜心打造帕兰研学小镇，使得传统文化和红色文化深入人心。

5.“文旅+科技”

打造“传统景区+科技光影+分散式沿线情景演艺”的文旅景点；借助云技术、“互联网+”等技术，通过VR、AR、3D或4D等高科技手段静态展示或科技体验，宣传推广历史文化或民风民俗。

6.“文旅+地产”

结合“民宿群落+集体分权+分时销售”的模式，进行“伴城伴乡”民宿改造，探索“文化+旅游+乡村”模式，实现农家乐系统化发展，从而打造民宿村，把普通的旅游地产变成民宿集群，并促进乡村地区的经济发展，激发文化旅游真正的魅力。

7.“文旅+休闲”

依托当地的自然资源和历史人文底蕴，以满足游客需求为导向，将古镇、山水、度假、游乐等不同产品相融合，使乡村文化旅游逐渐由资源驱动型向创新驱动型发展。

致力于将景区打造成集自然观光、休闲养生、会议商务等拥有众多功能、一站式服务的旅游目的地，实现“旅游景观+大而全的休闲度假文化基地”。比如在传统民俗的基础上，策办一场旅游节庆活动，让人们重视对文化根脉的追寻，并向高端旅游项目过渡，由农家乐逐渐演变为休闲农庄、农业科技园、民俗村、田园综合体等，但要秉承保护传统文化的原则，合理开发利用乡村资源。

五、结束语

“问渠哪得清如许，为有源头活水来”，乡村振兴要引入“活水”发展和创新乡村文化。文化是城市的本质特性、城市发展的原动力、构成城市竞争力的重要内容，美国学者托夫勒曾说过“哪里有文化，哪里就会出现经济繁荣，哪里出现经济繁荣，文化就更快地向哪里转移”。在新时代发展的大背景下，不能一成不变，不能一味地追求经济效益，而忽略了对社会效益的综合考量，应秉承因地制宜的原则和理念，积极推动文化与旅游的深度融合和发展，让乡村文化更具新意，让乡村旅游更具诗意，让乡村经济更具活力，让乡村文化振兴更具生命力和号召力。

参考文献

［1］国务院关于印发“十四五”旅游业发展规划的通知［R］. 中华人民共和国国务院公报，2021.

［2］张彩虹，段朋飞，尹琳珊．文旅融合视角下乡村振兴路径研究［J］．当代农村财经，2018（12）：4-7.

［3］舒伯阳，马静．中国乡村旅游政策体系的演进历程及趋势研究——基于30年数据的实证分析［J］．农业经济问题，2019（11）：94-107.

［4］钟真，余镇涛，白迪．乡村振兴背景下的休闲农业和乡村旅游：外来投资重要吗？［J］．中国农村经济，2019（6）：76-93.

［5］中共十九大：决胜全面建成小康社会夺取新时代中国特色社会主义伟大胜利［J］．保密工作，2021（12）：2.

［6］习近平．在决战决胜脱贫攻坚座谈会上的讲话［J］．中国工运，2020（5）：23-26.

［7］高晓丽．周宁县文旅融合发展现状、困境与对策研究［J］．旅游纵览，2022（3）：126-128.

［8］张祝平．以文旅融合理念推动乡村旅游高质量发展：形成逻辑与路径选择［J］．南京社会科学，2021（7）：157-164.

［9］刘玉堂，高睿霞．文旅融合视域下乡村旅游核心竞争力研究［J］．理论月刊，2020（1）：92-100.

[WENHUA CHUANMEI 文化传媒]

融媒体技术在多平台直播中的综合应用[①]

——重庆电视台《630进校园》特别活动直播实例

罗宇琪[②]

新媒体时代，不论是电视台还是网络媒体，对直播的需求都非常大。传统卫星车和转播车的直播手段，虽然有很好的直播效果，但其成本高，受天气、地形影响大，使它的适用环境越来越少。现利用一台推流笔记本电脑，配合SONY小型切换台等设备，搭建一套基于互联网的现场制作直播系统，配合后台流媒体服务器和IP流编码器，可将直播信号同时用于手机APP和电视大屏观看，已成功用于《630进校园》等多档外场节目直播，受到广泛好评。

一、传统直播方案的优点和弊端

（一）传统直播优势

直播是将视音频节目的后期合成、播出同时进行的一种新型播出方式，是充分体现广播电视媒介传播优势的播出方式。直播相比录播，最大的优势在于实时性，一则新闻的实时报道，一场赛事的实时直播往往能给人最好的观感和最佳的体验。

传统媒体直播，拥有很好的稳定性和直播质量，制作了无数精彩的节目。传

---

①原载于《西部广播电视》2020年第4期。

②罗宇琪（1992— ），重庆人，本科，重庆广播电视集团助理工程师，研究方向：广电技术。

统媒体中基于SDI的系统在节目现场制作和直播传输中起了非常重要的作用，这在当下也是无法替代的，虽然现在已经有了基于IP的视音频设备，但其稳定性与使用便捷性仍不及传统SDI设备。

（二）传统直播弊端

不管是利用光纤还是卫星车进行直播传输，设备昂贵，车辆维护麻烦、人员成本高的问题往往困扰着传统直播行业。光纤传输信号质量好，传输稳定，但其投资大，只适合用于固定地点的信号传输。非固定直播节目则主要借助卫星车实现，但是，卫星车购置成本过于昂贵，一般的中小电视台和网络媒体往往很难承受。

另外，卫星车的机动性也是一个问题。卫星车设备基本上是车载构建，设备繁多、结构复杂，在短时间内难以抵达现场。另外，其设备调试和准备也需要花较长时间，且空间上也有较多限制，高楼的阻挡常常成为车载卫星设备“找星”困难的主要原因。

二、新媒体技术与传统媒体技术有机融合

（一）网络推流直播原理

网络推流直播主要分为采集、处理、编码、封装、推流、分发。

采集是推流直播中的第一个过程，主要分为视频采集和音频采集。视频的采集过程主要是把摄像机等外部设备拍摄由YUV编码的原始数据，经过H.264等格式的编码，然后将它们分发出去。音频的采集过程主要是将环境中的模拟信号通过专业设备采集成PCM编码的原始数据，然后通过编码压缩成MP3等格式的数据分发出去。

视音频采集之后得到的原始数据，通常需要加上一些额外效果，我们一般在编码压缩前对其进行特殊处理，特殊处理分为视频处理和音频处理，视频处理中包含添加字幕、水印以及各种自定义滤镜，音频处理中包含混音、降噪和声音特效等的处理。

编码是将原始视频数据，经过H.264等编码格式编码后，改变其码率和压缩比，以满足实时内容传输。封装是把编码器编码生成的视音频内容通过指定的封

装格式封装在一起，使不同多媒体内容同步播放变得简单。

推流协议主要有RTSP、RTMP、HLS三种，其中，RTMP是目前主流的流媒体传输协议，它是一种可以进行实时数据通信的网络协议，基于TCP协议，可以用来在flash平台和支持RTMP协议的流媒体服务器之间进行视音频数据的传输通信。

直播流的分发以流媒体服务器作为核心，流媒体服务器有免费的开源软件也有收费软件，如商业版的Wowza、免费版的Nginx。

（二）《630进校园》项目案例

结合实际情况，我们设计了基于笔记本推流和传统SDI切换台系统相结合的便携型直播系统，并成功制作多期《630进校园》特别节目，其系统图如图1所示。该系统配备的SONYMCX-500小型切换台，最多支持4路视频，4路加嵌音频和1路外接音频，本系统需同时照顾现场节目制作和手机APP直播。现场分布为左中右3个机位，4个无线话筒，现场大屏和扩音通过我们的便携设备与学校设备相连接，通过蓝光机录盘备份，满足现场节目制作需求。

然后，在推流软件（Mshow或vMix）中输入推流地址，将笔记本电脑通过网

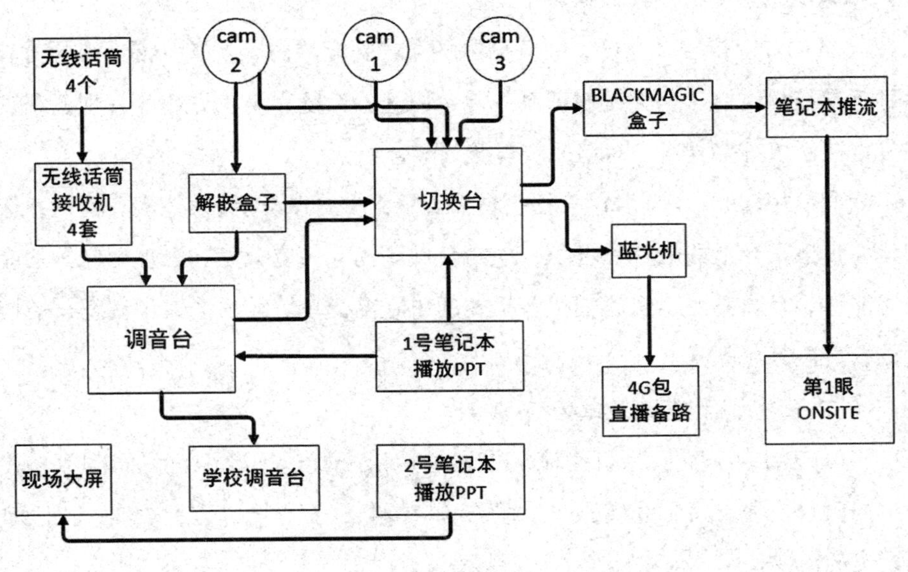

图1　直播系统图

线、WiFi或手机热点接入互联网，即可进行推流直播。如果是手机APP直播，直播码率设置为2M即可，此时用手机热点也能顺利直播。如果要兼顾电视大屏，则码率至少应为6—10M才能保证清晰度，此时对网络带宽要求较高，最好使用较好的宽带接入。

整套直播设备只需要一个28寸飞行箱就能全部装载，再配备1—2名技术人员即可，具有极高的便携性和机动性，整套设备价格也比较便宜，适用于各种中小型活动现场制作直播。

三、融媒体技术实现多平台直播

（一）ONSITE直播平台简述

为实现直播及点播等功能，我们需要一台甚至几台流媒体服务器作为核心架构。流媒体服务器是流媒体应用的核心系统，在流媒体技术中承担了对媒体内容（视频、音频、图片文件等）进行采集、缓存、调度、传输播放等功能。

我们也建设了自己的融合新闻报道服务平台，依托于新奥特云视的OnAir炫云新媒体发布系统，以大数据算法推荐系统、可控的发布策略调整为基础，结合H5展示页面和多屏互动功能，实现两微一端的新媒体内容发布。该系统同时具有多种标准接口，能够与传统媒资系统、台内业务系统、第三方业务管理系统、第三方直播系统等多种系统对接，实现业务融合。

我们使用ONSITE互联网直播平台，配置了多台Nginx流媒体服务器，并依托构建在直播平台上的CDN服务器，实现负载均衡、内容分发、合理调度等功能，同时能够满足多平台、多终端、多格式的IP流视音频信号的汇聚、调度、转换、播控、直播等业务需求。

（二）多平台直播及编解码实例

实际应用中，我们将直播流信号通过炫云新媒体平台即可发布到手机APP上，同时直播流支持在线转码、流监测、流拆条、云导播等多种功能，以满足不同情况的需要。

另外，为实现直播流输出给电视大屏端，我们使用了当虹编码器，该设备支持RTSP、RTMP、HLS等多种格式的IP流信号输入输出，同时支持HD-SDI信号的编解码输入输出。我们将ONSITE直播流拉至当虹编码器，并根据实际需求进行转码，最后解码输出SDI信号给演播室矩阵，实现大屏直播。

通过新媒体发布系统与传统演播室矩阵系统相结合，使大屏端与手机端可以使用同一路直播信号，还可以将各自的资源相互利用，不仅丰富了各自的内容，还大大节约了成本，相互之间促进宣传，共同发展。这些都是融媒体时代下创新发展的产物，对全台全网融媒体的发展起到了至关重要的作用。

四、融媒体技术未来展望

第五代移动通信技术（5G）是目前移动通信技术发展的最高峰，它不仅是互联网的未来，还代表着融合媒体发展的未来。在5G的帮助下，人类可以在改善生活、改变社会上发挥更重要的作用。同时，在4G的基础上，5G对于更好地服务于移动通信，从时延、速度、功耗等多个方面都带来了巨大进步。5G基站的峰值要求不低于20Gb/s，用户端的体验速度至少是4G的10倍以上。

等到5G全面普及，一秒钟100MB的数据传输量将会对网络推流直播带来巨大改变，外场直播不再需要宽带或WiFi，只需要一部5G移动WiFi或者5G手机热点，便可以轻松支持1080P，10M码率的高清视频直播，甚至对于40M的4K直播码率和80M的VR直播码率都能很好地支持。

融媒体的未来，不仅仅是数据传输的改变，还伴随着系统结构的改变、节目制作方式的改变等诸多方面。我们只有不断进行技术探索，开拓创新，才能跟上时代发展步伐，提升节目质量，降低制作成本，让广电媒体融合更好更快地发展。

参考文献

［1］柳竹．国内关于融媒体的研究综述［J］．传播与版权，2015（4）：112-114.

［2］寇文龙. 实时流媒体相关技术的研究与应用［D］. 长春：吉林大学，2014.

［3］毕善鹏. 基于云平台的广电建设现状及发展建议［J］. 广播电视信息，2015（3）：42-43.

［4］卫锋. 广播电视全媒体业务发展趋势与思考［J］. 广播与电视技术，2013（2）：44.

［5］席文强. 基于FFmpeg的高清实时直播系统设计与实现［D］. 西安：长安大学，2017.

［6］王宁娟. 如何快速搭建一个完整的移动直播系统［J］. 计算机网络，2016（14）：46-47.

从重庆“双晒”活动看媒体融合创新实践[①]

朱　丹[②]

从“晒文化·晒风景”到“晒旅游精品·晒文创产品”，重庆“双晒”这档网络直播节目配合线下活动成了近两年城市品牌营销的经典案例。报媒、电视、网络三位一体，使节目完美融合了“线上+线下”“官宣+个性”的形式，用坚实的基础和精准的升级为各年龄段受众带来了强大的文化自信冲击力，创新的呈现模式、“零距离”的互动交流，成了全国乃至全球了解巴渝魅力的一扇窗口。

受新冠肺炎疫情影响，第二季重庆“双晒”比第一季推迟近一个季度，却没有随着时间被湮没。2020年6月，第二季重庆“双晒”拉开帷幕，此时正值疫情防控常态化下中国经济“V型”反弹的上升期，经历了生活中的各种“无接触”，线上直播“无接触”胜“接触”的形式成了大众喜闻乐见的一种形式。另一方面，区长县长当“导游”、做“主播”，也毫无疑问地拉近了政府与群众的距离。不难看出，在大IP时代，借由重庆“双晒”节目解读文旅密码，重庆正在构建新时代新征程命题下媒体融合传播的创新之路。

一、重庆“双晒”构建文化自信的双重维度

（一）唤醒文化自信

从传播学角度而言，每个人都是独立的信息中心。传播学大师马克·波斯特

---

① 原载于《新闻研究导刊》2021年2月第12卷第4期。

②朱丹（1980—　），女，重庆人，本科，重庆日报报业集团记者，研究方向：新闻采编、融媒体传播。

（Mak Pste）认为，“电子媒体也在促成一种同样深刻的文化身份的转型”[①]。如今，拿着手机的你我之间，在信息交互上属于一种平等的状态，你我逐渐从被动的受众身份中觉醒，开始寻求自己的话语权。如何在庞大的有着极强自我意识的受众中唤醒文化自信？如何在网络直播方兴未艾的大环境中突围成为视野焦点？值得探究。

重庆“双晒”活动以凸显区县文化旅游风貌为主，聚焦文旅产品，将受众眼里最熟悉的、最感兴趣的人和事进行精品展示，并由政府“一把手”作为代言人，用更深入的视角挖掘重庆这座城市的魅力，展现文创产品在地理优势、风土人情、历史文化中的独特性和多样性。同时，借助各大传播平台的影响力和“一把手”的公信力推介重庆。与大众常见的网红直播带货不同，重庆“双晒”带的更多的是千金难求的文化底蕴、人文风光、城市名片和巴渝气质。多元化、多层次的推介感染着广大受众，使之纷纷身临其境于巴渝大地，与好山好水好风光共同感受重庆的历史与文明、现代与激情，激发每个人心中对重庆的历史和文化的认同。实践证明，“双晒”活动一经推出就迅速引起社会各界的关注和共鸣。

（二）培育文化自信

如何将传统文化、地域文化与时代文化一脉相承？如何去粗取精、去伪存真培养大众对优秀文化的甄别力？

提及传播的转变，不得不阐释传播平台和传播内容制作者的转型。从现象上看，以报纸和电视为代表的传统媒体日渐式微，尤其是当不少报媒扎堆停刊、休刊时，诸如“纸媒时代终结”的消极言论时有出现，“关停潮”是否意味着再也不见？笔者认为，事实并非如此。在供给侧改革的影响下，停刊、休刊不仅仅是一场经济上的断舍离，其背后还是更深层次的传媒格局的结构性调整。关停后的纸媒拥有大量具有丰富媒体经验的人才，这群人在转型发展中培养了媒体素养，获得了职业成就感。据2010至2020年媒体从业人员数据显示，从传统媒体转向融媒体平台的媒体从业人员逐年倍增，这些媒体从业人员具备长久积淀的传播经验和媒体素养，其媒体“把关人”的角色依旧伫立。

① ［美］马克·波斯特．第二媒介时代［M］．范静晔，译．南京：南京大学出版社，2000：23．

现象探寻本质。重庆“双晒”的成功与媒体转型的成果有着千丝万缕的联系。“双晒”活动期间，重庆各级媒体充分利用各种平台资源，在受众可视可触的各方面全方位进行活动的推介和展播，并开展了一系列的线下文旅展示、体验和宣传活动，给受众无缝隙地直观感受信息的输入。此外，各大商圈广告牌、LED显示屏、各大交通枢纽、口岸、景区都从图片、视频、文字等多方面对重庆“双晒”活动进行了大力宣传推广。这一切都是建立在媒体转型扩容且被受众接受后。不得不说，重庆“双晒”的市场化不仅推动了文旅产业化进程，更是在润物细无声中坚守文明初心、传承优秀传统文化，培育了现代受众的文化自信。

在第一季重庆“双晒”活动中，两江新区的“双晒”片《开放两江未来之城》登陆重庆卫视。节目播出次日，点赞数就超过100万，传播刷屏，颇为火爆。市民和投资者激活了对家乡发展的热情，重庆发布“双晒”通道快速升温，线上线下都充满着为重庆加油、为两江点赞的呼声。位于重庆东北面的云阳县创作的“书记晒文旅”“区县故事荟”和“炫彩60秒”三个作品，线上阅读点击量超过1000万次，通过微信、微博客户端、公众号等平台转载、传播30万余次，新华网、人民网等60余家媒体参与转载推送①。

传播效应引发的蝴蝶效应也是显而易见的。截至2020年6月底，抖音对重庆的曝光量共计几百亿次，是2019年的5倍，对重庆文旅和城市形象的推荐达到前所未有的水平。单单以网络传播的点击量、转发率为依据，重庆“双晒”打出了一套漂亮的组合拳。如今，重庆“双晒”已然成了构建文旅符号的关键词，成了受众身份的元素之一，成了重庆城市品牌及文化自信的风向标。

二、重庆“双晒”塑造城市形象营销的出圈逆袭

（一）什么是城市形象营销

美国学者凯文·林奇在《城市意象》这本书里说到，城市形象是城市空间内各显性和隐性要素之间互相作用及其在与社会沟通作用下产生的互动机能的一种表

① 重庆市旅游发展委员会．书记晒文旅：一次媒体融合传播的创新实践［EB/OL］．搜狐网，https：//www.sohu.com/a/329671789_120214174，2019-07-26．

现形式。也就是说，对一个城市形象的判断往往具有刻板印象，尤其是对该城市并不熟悉的受众。比如，提及北京第一印象即为故宫，提及内蒙古第一印象即为呼伦贝尔大草原，那么提及重庆更多人会想到火锅。

城市形象营销的概念由西方的“国家营销”理念衍生。菲利普·科特勒在《国家营销》一书里提到，“一个国家，也可以像一个企业那样用心去经营”。他认为，国家其实是由消费者、制造商、供应商和分销商的实际行为结合而成的一个整体。换言之，一座城市的品牌形象营销需要像企业经营一样，具有特色硬件、优势软件及文化底蕴，如此才具有被传播、被认可的价值[①]。

（二）重庆的城市形象营销之路

如何将人们的刻板印象转化为心生向往？在重庆“双晒”交出来一份满意的答卷之前，这座城市的形象塑造并没有完全走出俗套——由政府为主导进行推广宣传，通过挖掘文化旅游资源，大面积地宣传山水人文风光，吸引电影拍摄方选择在此取景等手段，达到招商引资、吸引游客、人才引进及政策宣传等目的。在铺天盖地的城市宣传片中，最不缺的就是宏大端庄的航拍场面，千城一面的城市形象让人多少有些审美疲劳，更谈不上引发共鸣。在投入了大量人力、物力后，犹如江河汇入大海，并没有引起太大的波澜。究其原因，在互联网时代，没有故事或故事的背后没有价值观，就没有传播，营销更是无从谈起。

2018年的五一劳动节，是重庆旅游发展尤其是都市游发展至关重要的一个环节，由于酷似日本动漫《千与千寻》里的场景，洪崖洞在网络上一夜爆火，几乎被慕名而来的游客“挤爆”，随后，封路限流等措施成了经典的“宠粉”行为，如今尚被津津乐道。据某知名旅游网站统计，当年五一小长假，重庆跻身境内热门旅游城市第二位，仅次于北京。

随后，重庆举办了一次规模空前的旅游发展大会，效果极其显著，这为重庆“双晒”的出圈逆袭埋下了萌芽的种子。酝酿时间不长，2019年3月，第一季重庆“双晒”出圈。据主办方介绍，这场被誉为重庆风景的再发现和重庆文化的再识别盛宴，以文、图、影、音、书、画等形式进行的全媒体传播，在重庆市内外

① ［美］凯文·林奇．城市意象［M］．方益萍，何晓军，译．北京：华夏出版社，2011：35．

媒体刊发转载稿件累计阅读量突破24.5亿人次，社会各界名人、名家、明星以及一些身在海外的留学生、科研院所专家学者纷纷为重庆、为家乡转发、点赞。第一季重庆“双晒”活动期间，全市实现旅游接待量5.7亿人次、总收入4990.4亿元，同比增长10.13%和32.08%[①]。

2020年，受新冠肺炎疫情影响，第二季重庆“双晒”并没有在3月如约而至。来到气温逐渐升高的6月，受众翘首期盼的第二季重庆“双晒”终于出炉。在延续中创新，节目中加入了旅游精品线路和文创特色产品，让受众们既共赏重庆旅游精髓，又买好“可以带回家的风景”。据官方数据显示，第二季重庆“双晒”创新型地运用了多平台同步直播的文化旅游推介方式，一个月时间内在11个直播平台上累计吸引粉丝上千万。截至2020年9月底，60余家媒体单位参与到宣传推介中，全媒体传播受众超过29亿人次，直接引导文化旅游消费突破亿元。其中，仅网络媒体、商业平台受众就超10亿人次，有效地实现了人气变财气，流量变销量，宣传为产业助势的转化，是借助融媒体宣传推动产业发展的成功典范，在常态化疫情防控的大环境下成功逆袭[②]。

三、结语

毋庸置疑，重庆“双晒”已从单纯的政府城市形象营销输出转变为市民凝文化自信，主动参与到城市形象建构中，这无疑是融媒体创新实践的经典案例。于重庆各区县而言，晒出来只是第一步，坚定自信，保持定力，努力借力去保护、包装这些人文和风景，将绿水青山变成金山银山，从脱贫攻坚走向乡村振兴……更好地将这些资源转化成满足人们对美好生活的向往，实现经济增长、群众增收的依托，才是从“自信”走向“他信”的飞跃。

---

① 重庆日报．“一座城市提升竞争力的重要着力点”［EB/OL］．新闻网，https://www.cqrb.cn/content/2019-08/23/content_205657.htm，2019-08-23．

② 重庆日报．深化“双晒”影响谱写“双晒”新篇［EB/OL］．重庆日报网，https：//www.cqrb.cn/content/2020-05/15/content_248438.htm，2020-05-15．

巴渝非遗传承的当代视听表达探析[①]

——以重庆广播电视集团（总台）《重庆老手艺》为例

郭蓓蓓[②]

著名非遗保护学者刘魁立曾说，文明的推广、文化的赓续，靠传承，但是也靠传播。《重庆老手艺》介绍了30位重庆传统手工艺人以及他们的手工技艺，在展现传统手工艺人匠人风采的同时，传递其纯粹的精神之美。节目在保留传统文化的基础上，尝试了不同的视听语言表现手法，抽丝剥茧，用更新的角度、更年轻的表达、更精美的画面、更有温度的语言，让传统手工艺以更年轻的“形象”出现在电视观众的眼前，带领观众探究重庆传统文化的本源。这些贴合时代精神的电视创作，不仅激发了人们体验、观看和探寻重庆非遗文化的兴趣，也吸引了更多年轻观众走近重庆非遗、认识重庆非遗、爱上重庆非遗。也正因此，《重庆老手艺》荣获第二十八届中国新闻奖国际传播类三等奖。

一、立足非遗传承人，传递传统手工艺人纯粹的精神之美

匠人的力量来自历代先人的智慧和经验，他们作品中的文化能量，能唤起人们的亲切感，这是现代工业的理性所不能代替的。不过，老手艺一旦被倾注新情感、想象力和创造力，手艺人的形象就立了起来，人物有了个性，叙事自然就有

---

① 原载于《新闻研究导刊》2021年11月第12卷第22期。

② 郭蓓蓓，硕士，重庆广播电视集团（总台）主任记者，研究方向：新闻实务。

了载体。

以《巴渝糖画》中的主人公刘贵兵为例，他是重庆市非物质文化遗产“巴渝糖画”的代表性传承人。刘贵兵15岁就跟着师傅学画糖画，一画便是37年。立体糖画是刘贵兵的绝活，他创作的立体花篮晶莹剔透，细节丰富，犹如琥珀，美得让人不忍下口。当年为谋生学的这门手艺，如今成了刘贵兵行走江湖、安身立命的本事。创新，让他这个籍籍无名的街头小贩蜕变成糖画大师。

《夔梳》中的传承人肖代明，如今已53岁，他从记事起就跟着父亲学做夔梳，祖上六代都是夔梳手艺人。夔梳在重庆奉节已有上百年历史，民国时期，奉节的木梳厂有几十家，发展到现在仍坚持做手工夔梳的，仅剩肖氏一家。细看肖师傅做的夔梳，每一根梳齿、每一个棱角都由他亲手磨制。有人说，手工是多此一举，殊不知只有工匠师傅亲自打磨的夔梳，才能做到瓜子尖、宝剑形、梅花脚，才能“一梳到底，不打一结”。从制作过程看，一把纯手工夔梳至少需要20多道工序。一旦遇到上好的木料，肖师傅往往需要几天时间，才能做出一把让他满意的夔梳。

《龙凤花烛》中，传承人陈建友30年前跟着爷爷学做蜡烛，传承家业。陈建友的绝技是调红，他调的红色艳丽夺目、独具一格，仅靠这一抹红，他就能从众多的龙凤花烛中准确地辨认出自己的作品。秀山龙凤花烛延续的是北派的风格，不用铁丝支撑，不需纸片替代，从烛身到盘旋而上的龙凤，再到点缀其中的花纹，全靠蜡来完成。用蜡造型不是一件轻松事，需要和时间赛跑。除了雕刻用的各种刻刀，陈建友还自己做了各种模具，其中，给龙身贴鳞片的工具就是一块十分不起眼的小石头。贴鳞片最需要的就是耐心，手法看似简单，但要贴完整个龙身需要重复做上千次。如果说戒指代表两人之间的互许，那么陈建友则把龙凤传说的祝福、长辈的情深意切，全都熔铸到一对红烛当中。

手艺背后的人是《重庆老手艺》关注的焦点。这30位手艺人，他们出身手艺世家或师承名匠，内心对手艺充满热爱，并将手艺视为乐趣延续至今。在他们身上，不难看出传统手艺人笃定、安之若素的生活态度和纯粹的精神之美。并且，这种纯粹非但没有过时，反而充满了诗意。《重庆老手艺》主创团队在挖掘匠人精神时，并没有刻意呈现他们身上的敬畏感，而是把握每个人物的落点，用平实的旁白和镜头语言拉近他们与观众的距离，努力把他们还原成真实、普通的人，让每一位主人公有温度、有个性、有风采。

二、寻找最佳叙事角度，用年轻化的表达让传统文化“活”起来

英国作家亨·哈·埃利斯曾在自己的著作中提出，“万物之中，文明是最脆弱的”。传统文化和技艺最容易随着时代变迁、生产方式的转变被抛下。非遗正是这样的存在，它是从历史中走过来的脆弱文明①。土火纸、柚子龟、太安鱼、巴南银针、冰薄月饼、梁平竹帘……每一种技艺，都有各自独特的历史和积淀，都值得去领略和欣赏。而在创作过程中，新时代的年轻人作为传统文化的传承者，已经不再满足于对传统技艺的简单复刻，而是希望在现代语境下对传统文化进行创新诠释和多样化表达。可以说，他们走上了非遗的再创造之路。

在外打拼15年的苗家绣娘杨秀燕，于2014年回到家乡秀山开办绣坊，成为秀山金珠苗绣的传承人。寨子里，56户村民每家出一人当绣娘，跟着杨秀燕学习手工刺绣，他们用这样的方式记录家族历史。年过40岁的杨秀燕依然有勇气说：“我是苗家姑娘，我的手工绣不是我的技艺有多好，我想传承祖一辈给我们的东西，想把这件事情做好，把苗绣做成一个产业。”

重庆大足剪纸的第四代传承人粟未希，成立了未希剪纸艺术有限公司。当手工窗花和年画市场逐渐被机器剪纸所占领，粟未希仍坚持传播独一无二的中国味儿、重庆味儿、大足味儿，将非物质文化遗产手工剪纸保留住。凭借对传统技艺的热忱，粟未希不经意间的一句话也能让人感动：“很多事情总得有人去做，更何况，是我喜欢的事情，我愿意付出我的真心。”

“撮揉以线结之，而后染色，既染，则解其结，凡结除皆原色，余则入染

① 洪铭宇．千年文化，DNF探索非遗传承的当代表达［DB/OL］．界面新闻，https://www.jiemian.com/article/3859451.html，2020-01-12．

矣。其色斑斓，世间无二。”[①]武隆浩口苗族仡佬族乡中心校的美术老师杨雷，从《资治通鉴》描述的古代扎染技艺中得到启发，开始钻研家乡的蜡染技艺。作为武隆浩口蜡染的代表性传承人，杨雷不仅坚持古法提取染料，同时也把其他植物染融入蜡染作品中，她从姜黄里提取了黄色，又从苏木里提取了红色……靛蓝染色用的是冷染技术，如果温度太高，蜡容易融化，只能在常温条件下，把布料放在染料里反复浸泡。然而，大部分天然颜色的提取需要高温加热，采用热染技术。杨雷把这两种技术融汇在一幅作品中，形成了任何机械都无法取代的浑然天成的自然纹理，造就了蜡染制品最古朴灵致的韵味。从一匹乡村的土布到花样繁复的图案，再到板蓝成熟打出靛蓝，十几次重复印染，一次次洗掉浮色，这是一场自然与时间的较量。不仅如此，杨雷还跳脱出单纯的传统风土，将蜡染融入当代设计语言与色彩审美的新情境，用独特的纹理和鲜明大胆的色彩，让蜡染成为浩口镇的一股新风潮。

学服装设计的“新掌柜”甘迪是重庆“甘婆婆醪糟”的第五代传人。在重庆南山黄桷垭的醪糟作坊里，饱满的糯米颗粒经过水、火、空气、温度和时间的综合作用，制作成香甜醇厚的醪糟。甘家酒曲的配方是祖传的，桂皮、甘草、红花、茜草……十几味普通的中药材碾磨成粉，按比例混合后搓成小丸子，待晒干后，黄绿色的酒曲丸子也完成了发酵，变成了乳白色，此时甘家的草本酒曲才算大功告成。待真正使用之时，酒曲会再次被碾磨成粉，均匀地拌进蒸好的糯米中。这个制作醪糟的过程看似简单，每一步都十分讲究。由于发酵时糯米饭表面会产生白色的菌丝，一旦沾染上其他杂菌，醪糟就会滋生红色的菌斑，产生影响口感的酸味，因而酒曲发酵的环境必须干净，盛放的器具必须消毒……如今，年轻的甘迪正把这份有着数百年传统工艺历史的家酿，“定制”成年轻人喜欢的酒饮。

每一代人都在历史上刻有自己的印记。《重庆老手艺》在呈现匠人技艺的同时，更侧重选择年轻的传承人来讲述他们的故事。通过对年轻传承人的采访，发现其对传统文化的热爱已被彻底唤醒。他们发自内心地为自己非遗传承人的身份自豪，这份自豪也驱动他们告别手工作坊的“自娱自乐”，朝着产业化、品牌化

① 木心．云雀叫了一整天［M］．桂林：广西师范大学出版社，2009：58．

的模式过渡。他们将当代生活和设计理念注入老手艺中，在传承中不断创新，试图让老手艺回归生活。

《重庆老手艺》除了展现年轻人创业的雄心，还试图通过现代与传统的对话实现非物质文化遗产的流传。相较传统纪录片一集40多分钟的体量，《重庆老手艺》基于年轻观众的收视习惯，将每集时长定为8—10分钟。在信息选择组合上，并没有像传统纪录片一样大篇幅地讲述手艺的前世今生和历史渊源，而是着眼于手艺本身，完整记录一件作品制作、创作的全过程，分步骤详细解构技艺的精妙之处，从更微小的视角切入，着力挖掘匠心与手艺作品，让叙事做到有故事、有过程、有代入、有生活，用更治愈的方式满足电视观众的求知欲和好奇心。

三、创新视听语言表达，让璀璨传统以当代形式再度呈现

《从前慢》中这样写道："从前的日色变得慢，车、马、邮件都慢，一生只够爱一个人。"在喧嚣浮躁的综艺环境下，《重庆老手艺》选择了"慢"。主创团队希望通过"慢"，找回创作初心。完成一把质朴的篦梳，即便是有多年经验的老师傅，也需要不间断打磨四五个钟头；创作一件精美的角雕作品，短则数月，长则两三年；坚持古法熬制的南门红糖，凝聚了农民一年的辛劳汗水……传承，不仅是对老一辈手艺的复刻，更是对精湛技艺的追求和对过往的尊重。在镜头语言的设计中，《重庆老手艺》想要呈现给观众的，不只是一帧帧精美的画面，更是一份沉下心来慢慢打磨的"质感"。

为了更好地呈现画面，《重庆老手艺》使用当时索尼最新款摄影机fs5进行拍摄，升格（变速）拍摄技术的运用，更清晰地捕捉手艺人的细微动作和表情变化，把巧夺天工的手工技艺展现得淋漓尽致，带给观众全新的收视体验。升格（变速）拍摄也叫高帧率拍摄，是一种拍摄慢动作或空境时能让画面提档升级的拍摄技巧。升格视频让视觉停留效果更明显，观感更流畅、更连贯、更舒适，用对了升格（变速）拍摄技术，能为最终的画面呈现锦上添花。

以《巴渝糖画》为例，为了更好地展现巴渝糖画传承人刘贵兵在创作立体糖

画时“提、拉、收、放”的娴熟手法，主创团队采用大量分镜头展现细节，配以合宜的音乐，不仅强化了手艺人高超的技艺，还调动了观众的情绪，让最终的呈现充满张力，给观众留下深刻印象。

在《巴南银针》中，为了展现巴南茶叶制作技艺第四代传承人陈树福精湛的手工炒茶技艺，节目全程记录了茶叶从采摘到炒制的全过程，很好地呈现了重庆茶文化的传承故事。采摘好的新鲜茶叶要经过几个小时、甚至十几个小时的自然摊晾后，附着在鲜叶上的水分才会逐渐散失，要想喝到最鲜活的茶味，全靠制茶师傅的一双手。有句老话说，“茶不离锅，手不离茶”。不戴任何护手装备，一双手在200℃的铁锅里抛、抖、压、带、甩，行云流水，一气呵成。通过升格（变速）拍摄技术，不仅捕捉到陈树福在高温铁锅中快速翻动的炒茶手法，还记录下几分钟内茶叶颜色的变化瞬间。降低真实世界的速度，让精致的画面吸引观众的注意力，将其带入场景之中，这种沉浸式的视听体验让画面有了强化戏剧的作用，极大地凸显出镜头语言的魅力。

除了升格（变速）拍摄技术的运用，《重庆老手艺》还有很多百微镜头，甚至用了一些改装的镜头转接环。而随着转接环的增多，拍摄难度也越来越大，哪怕只是一次不经意的呼吸，都可能会造成画面的瑕疵。为了给电视观众带来更舒适的视觉效果和审美体验，很多画面都是摄影师屏住呼吸完成的。

在新的时代背景下，《重庆老手艺》借助重庆广电融媒体矩阵的推广，把手艺人们请进了演播室，与主持人、记者面对面现场互动，分享台前幕后的故事，吸引了众多观众参与。全片在电视上播放后进行了碎片化处理，重新剪辑成几十秒的短视频在各大短视频网站传播。不仅如此，节目还突破了传统的“我播你看”的形态，加入了有奖问答等互动环节，增强了观众的参与感，让更多年轻人看到并爱上这些重庆老手艺。可以说，这是融媒体背景下电视专题片的一次有益探索。

四、结语

文化是民族的血脉，是人民的精神家园。《重庆老手艺》从30位非物质文化遗产传承人的生活、文化、成长经历、个人感悟等角度切入，全方位、立体化、深层次地挖掘了重庆这座城市深厚的文化基因和精神内核，展现了这座城市的温度、热度和心跳。在喧嚣浮躁的综艺环境下，“择一事，终一生”的匠人精神是当下缺失的，同时也是《重庆老手艺》努力挖掘和呈现的。也许，正是创作团队对于匠人精神的坚守，愿意沉下心来打磨制作手段和表现手法，《重庆老手艺》才得以拨动观众的心弦，实现跨地域、跨国界传播。

不可否认，传播非物质文化遗产是对外展现重庆文化、讲好重庆故事的有效途径。内容生产者在拥抱互联网和新技术的同时，渗透在创作中的价值表达仍旧是核心。互联网和各大视听平台的崛起，让观众的兴趣越来越细分，在这个文化更加分众、更加个性的时代，广播电视节目的内容创作如何升级创新，如何融入新知识、新价值观，是每一个从业人员面临的新挑战。

差异空间的影像生产：21世纪以来重庆电影空间生产探析[①]

鲜　佳[②]

重庆作为以空间特色闻名遐迩的城市，不仅具备山水交融的人文地理传统，也在21世纪以来的城市化进程中形成了兼容传统与现代、乡村与城市的大空间格局和独具特色的空间景观。这些丰富多元的空间资源在为重庆打造城市文化名片的同时，也使之成了银幕上的“宠儿”。21世纪以来，霍建起的《生活秀》（2002）、宁浩的《疯狂的石头》（2006）、贾樟柯的《三峡好人》（2006）、李少红的《门》（2007）、张一白的《好奇害死猫》（2006）、赵天宇的《双食记》（2008）、王小帅的《日照重庆》（2010）、章家瑞的《迷城》（2010）等影片把重庆推到了银幕前景，而近些年《从你的全世界路过》（2016）、《火锅英雄》（2016）、《铤而走险》（2019）、《受益人》（2019）、《少年的你》（2019）、《刺杀小说家》（2021）、《了不起的老爸》（2021）等影片，又再度升温了重庆影视的热度。仅2019年到重庆取景创制的影视剧就有200多部，其中包括了张艺谋导演的《坚如磐石》、陆川导演的《749局》等即将上映的大导大作。如若加上网络电影和网剧，这个数量还将更为庞大。重庆在电影中的走红与它多元

---

① 基金项目：2020年重庆市社会科学规划青年项目“新世纪以来重庆电影中的空间生产与城市形象提升研究”（项目编号：2020QNYS80）和重庆大学中央高校平台成果培育专项项目“‘中国电影学派’建构视野下的十七年留沪影人转型研究”（项目编号：2018CDJSK06PT21）的阶段性成果。原载于《地域电影研究》2021年第8期总第176期。

② 鲜佳，重庆大学美视电影学院讲师、硕士研究生导师，数字影视艺术理论与技术重庆市重点实验室研究员。

而又充满诗意的城市空间存在密不可分的联系，几乎所有关注这一问题的研究者都注意到了这一点，杨尚鸿更宣称“无论在城市的物理空间还是社会空间方面，其斑驳芜杂的多元性特征使‘重庆城’这个场域深具电影性”①，这是颇具启发性的看法。通过引入亨利·列斐伏尔（Henri Lefebvre）空间生产理论中的差异空间（Differenbial Space）概念，本文试图继续推进对21世纪以来电影中重庆空间生产的分析与反思。

一、作为影像生产的差异空间：来自“空间转向”的理论启示

在近20年的电影研究中，电影与城市的互动关系已然成为研究热点，这一论域的兴起得益于当代理论“空间转向”的影响，而法国哲学家亨利·列斐伏尔无疑是其中最为重要的人物，正是他从空间角度对马克思主义理论的重写，拉开了当代理论“空间转向”的大幕。在出版于1974年的《空间的生产》（*La Production De L'espace*）中，列斐伏尔便指出空间并非物质世界的既定存在方式，而是社会历史的产物，是社会关系的生产与再生产的领域，“我们要把注意的‘目标’从空间中的物转向空间自身的实际生产过程上来”②，由此他提出了空间的三元辩证法：空间实践（Spatial Practice）、空间表征（Representations of Space）和表征的空间（Spaceof Representatlons）。空间实践又被称为“感知的空间”（The Perceived Space），指在空间中的自然的和物质的流动、传输与相互作用的方式，是社会空间的物质形态的制造过程。空间的表征又被称为“构想的空间”（The Conceived Space），是概念化的空间，也是“科学家、规划者、城市学家、各种类型的专家政客的空间”③。在这里，现实的生产关系构建自己的空间秩序，生产出相应的符

① 杨尚鸿．试论当代重庆“电影城市”的“异托邦”呈现［J］．当代电影，2013（01）：191-194．

② Henri Lefebvre，Translated by Donaldnicholson-Smith，*The Production of Space*［M］．Oxford：Blacdwellltd，1991：37.

③ Henrilefebvre，Translated by Donaldnichoison-Smith，*The Production of Space*［M］．Oxford：Black wellltd，1991：38.

号话语系统，并反过来干预和控制现实的空间建构。而表征的空间则是人们真实生活的空间（The Lived Space），它包含“复杂的符号体系，有时经过了编码，有时则没有”[①]，因而是神秘的带有潜意识性质的空间。虽然面临着来自空间表征的统治，但表征的空间同时也是产生斗争、自由与解放的空间，因而也常常被列斐伏尔称为“反空间”（Counter-Space）的诞生地。

在三元辩证法的基础上，列斐伏尔进一步将人类历史上的空间生产分为了六大类型：一是绝对空间，这主要是基于自然秩序与自然的空间；二是以埃及式的神庙与暴君式国家为代表的神圣空间；三是以政治国家、希腊式城邦、罗马帝国为代表的历史空间，这也是政治力量为代表或者占据的空间；四是以资本主义的、财产的政治经济空间为代表的抽象空间；五是矛盾空间，这也是资本全球化与地方化之对立在空间上的体现；六是差异空间，作为对日常生活的经验性与差异性的强调，差异空间也是其展望未来的空间。在这六大类型中，差异空间与抽象空间的对抗关系乃是理解列斐伏尔从空间角度进行资本主义批判的关键所在。如果说抽象空间代表着资本主义对空间的同质化管理与控制，那么，差异空间则代表着解放的可能性，正如有研究者指出的：“当资本主义的抽象空间试图同质化地控制每个人及每一件事物和日常生活时，差异化的空间却在强化差异而从中摆脱出来获得自由。当抽象的空间正在无情地摧毁整个自然生命世界的有机整体——这种‘天然的空间’时，差异性空间却在竭力恢复与重建这种自然天成的世界。”[②]差异空间不仅是列斐伏尔心目中资本主义抽象空间统治、想象未来另类空间政治的希望，也是他拓宽与更新马克思主义革命方法的关键。在列斐伏尔的设想中，社会主义空间将不再是资本主义同质化所导致的抽象空间及其无法消除与克服的矛盾空间，而是充满了异质性与开放性的差异空间。

这种对差异空间的论述同样见于米歇尔·福柯（Michael Foucault）。就在列

---

① Henri Lefebvre，Translated by Donald nicholson-Smits，*The Production of Space*［M］. Oxford：Black welltd，1991：33.

② 刘怀玉．现代性的平庸与神奇——列斐伏尔日常生活批判哲学的文本学解读［M］．北京：中央编译出版社，2006：413．

斐伏尔《空间的生产》出版后不久，福柯也关注起了空间问题，其集中体现便是“异托邦”（Heterotoplas）概念。福柯认为，人们并非生活在虚空中，“而是生活（在）一组关系中，这些关系描绘了不同的基地．而它们不能彼此化约，更绝对不能相互叠合”[①]。这些基地，“可能在每一文化、文明中，也存在着另一种真实空间——它们确实存在，并且形成社会的真正基础——它们是那些对立基地（Counter Sites），是一种有效制定的虚构地点，通过对立基地，真实基地与所有可在文化中找到的不同的真实基地，被同时地再现、对立与倒转。这类地点是在所有地点之外，纵然如此，却仍然可以指出它们在现实中的位置”[②]。这些异于所有基地的地点便是异托邦，而对之的分析、描述和阅读则被称为“异形地志学”（Heterotopology）。而在综合列斐伏尔、福柯及蓓尔·瑚克斯、萨义德等理论的基础上，美国学者爱德华·索雅（Edward W. Soja）进一步提出了“第三空间”（Third Space）的理论。索雅认为，作为“他者化”和“第三化”，第三空间不同于偏重物质性和精神性的第一空间和第二空间，但又同时包含了二者，在第三空间中所有的东西都汇聚在一起，它是充满差异的并且永远开放的。[③]虽然列斐伏尔的差异空间、福柯的“异托邦”、索雅的“第三空间”名目不同，但在对空间的差异性与开放性的强调上，三者又是高度一致的。他们对充满差异性、异质性、多元化和开放性的差异空间的推崇，都共同指向对来自资本主义同质化空间管理与控制的抵抗。

虽然旨在超克资本主义的同质化空间并由此构想未来空间政治的可能方向，但列斐伏尔等人对差异空间的理论阐发对分析新世纪以来电影中的重庆空间生产而言却不无启发。即便在国家性质上截然不同，但由资本主导下迅速推进的中国城市化进程却面临着与资本主义国家城市化相同的困境：在20世纪90年代以来急

---

①［法］米歇尔·福柯著．不同空间的正文与上下文［A］．陈志梧译．包亚明主编．后现代性与地理学的政治［C］．上海：上海教育出版社，2001：21．

②［法］米歇尔·福柯著．不同空间的正文与上下文［A］．陈志梧译．包亚明主编．后现代性与地理学的政治［C］．上海：上海教育出版社，2001：21-22．

③［美］爱德华·索雅著．第三空间：去往洛杉矶和其他真实和想象地方的旅程［M］．陆扬等译．上海：上海教育出版社，2005：13．

遽的城市化进程中，大量的中国城市正在失去自身特点，变得越来越千篇一律。在这样的趋势下，重庆却因其极具差异性的空间特色从众多城市中脱颖而出。这座在山水之间拔地而起的城市不仅有着高低起伏、错落有致的物质空间，也因其独特的历史积淀（近代以来的长江上游码头、抗战时期的陪都、社会主义的工业城市）形成了鱼龙混杂、五方杂处的社会空间，更加之“雾都”自然气候的神秘感，从而在抵制同质化上具备了天然优势。这种差异空间不仅为电影拍摄提供了丰富的视觉素材，为讲述中国故事提供了绝佳的空间舞台，同时也便于诗意意境的影像生成。对于重庆城市空间的多元性和差异性，杨尚鸿曾以福柯的“异托邦”概念来加以分析，认为异托邦影像构成了这座“电影城市”的鲜明特色，“一方面以城市空间本身的戏剧性来结构电影，另一方面又用冷峻、写实的影像风格来解构城市的现实空间”①。借助于列斐伏尔讨论空间生产时提出物质的、精神的和社会的三层次，本文将更进一步地从三个维度对重庆的差异空间生产进行分析：就物质维度而言，差异空间体现为山水之间的视觉奇观；就社会维度而言，差异空间体现为五方杂处的市井江湖；就精神维度而言，差异空间则体现为晕眩迷失的悬疑氛围。

二、山水之间的视觉奇观：差异空间的物质维度

作为城市现代性的产物，电影自诞生之初便与城市存在水乳交融的关系，而这也使得城市景观的视觉呈现从一开始便成了电影的重要内容。21 世纪以来电影中的重庆空间生产不仅继承了这种都市景观的视觉呈现传统，还以其独特的空间形式——两江四岸、山水之间的城市景观，大城市与大农村犬牙交错的空间格局，现代与传统并峙杂处的建筑景观风貌，大大加剧了视觉风景的奇观化效果。两江交汇处的渝中半岛不仅拥有密集的楼群景观，其高低起伏的地形又增强了这种景观在视觉上的层次感和纵深感，再加之夜晚的灯光，使得这座城市本身就如

① 杨尚鸿．试论当代重庆“电影城市”的“异托邦”呈现［J］．当代电影，2013（01）：191-194．

同一个天然全域的摄影棚。这种独特的两江四岸地形构造、“山、水、城、桥”的相互辉映、连绵起伏的纵深和高低错落的城市华灯，既为画面构图提供了更多可能，为摄影机的场面调度提供了更大空间，也便于利用地理构造制造直观的视觉冲突，形成多样化的视听效果。

在丰富的层次感和景深感的城市景观之外，重庆大城市与大农村犬牙交错的空间格局也为电影提供了更为多元的取景场地。作为中国面积最大也最年轻的直辖市，重庆与北京、上海等直辖市最大的区别在于它采取的并非城市的单极发展模式，而是大城市与大农村并重的发展格局。这种格局使得重庆在享有现代化都市景观的同时，也坐拥了多样化的乡村与自然风光，这不仅使得在重庆拍摄的电影在场景选择上余地较大，还具有低成本转场的重要优势。虽然主城的都市景观成为电影拍摄的首选，但仍有不少影片选择了以重庆区县作为取景地，比如《满城尽带黄金甲》《变形金刚 4》都赴武隆仙女山风景区取景，贾樟柯的《三峡好人》则以奉节县城作为电影故事的主要发生地。此外，与北京、上海、成都等城市不同，重庆的城市发展呈现多中心、分散式发展的空间特点，不仅每个区域都有自己独立的中心，而且不同中心的边缘连接处往往出现一些欠发达的过渡地带，由此形成了新与旧、现代与传统、高楼与废墟、城市与田园交错的城市风貌。这不仅带来了城乡关系的直观视觉呈现，也有利于城乡关系的叙事展开。如今大量聚焦于重庆都市影像的研究常常忽略城乡并置格局之于重庆的影像生产的意义，事实上，不少影片如《迷城》《受益人》等都把城乡关系作为电影叙事的重要内容，通过主人公在城乡空间中的穿梭来讲述变动时代的中国故事。

如果说坐落于山水之间的都市奇观与城乡并置的多样化景观皆为重庆的差异空间，那么，过江索道作为重庆独特的交通工具则为这种奇观化的视觉呈现提供了绝佳表现形式。一方面，过江缆车为居高临下地鸟瞰城市提供了全景化的视点，另一方面缆车的移动也为城市景观的视觉呈现提供了更具动态的效果，因而为不少电影人所青睐。《生活秀》中便多次借助女主人公乘坐缆车过江的视点来呈现重庆在 21 世纪初的城市化进程全景，而《疯狂的石头》开端处从缆车上抛下的易拉罐在直接构成剧情起点的同时，也为影片黑色幽默风格奠定了叙事基调。

虽然如今的过江索道仅仅只是作为都市旅游观光景点而得以保留，但这仍旧无法阻止电影导演对之的痴迷。在 2019 年上映的电影《铤而走险》中，过江索道依然在影片中占据着重要位置——被设置为影片中劫匪交付赎金的特殊工具。而伴随着近年来重庆城市交通建设突飞猛进的发展，桥梁与地铁隐然取代过江索道成了重庆城市影像生产的重点表现对象。具有“桥梁博物馆”之称的重庆有着众多的过江大桥和高架立交桥，这种四通八达的壮观景像使之成为电影中航拍的重点，《三峡好人》《秘岸》《从你的全世界路过》等影片中都有大量展现桥梁的视觉景观，《火锅英雄》中更是多次出现男主角骑摩托车从千厮门大桥上穿行的镜头。而被本地人称作“轻轨”的地铁同样成了近年来电影中的宠儿。由于特殊地形的缘故，重庆轻轨大部分不是在地下而是在地面的高架桥上运行，因而也便成就了穿梭于山水高楼之间甚至穿楼而过的视觉奇观。相较于城市空间的静态呈现而言，轻轨在镜头中的出现的确赋予重庆城市空间以更为灵动的视觉品质。

风景理论家 W. J. T. 米切尔（W. J. T. Mitchell）指出：“风景（不管是城市的还是农村的、人造的或者自然的）总是以空间的形式出现在我们面前，这种空间是一种环境，在其中‘我们’（被表现为风景中的‘人物’）找到——或者迷失——我们自己。”[①]电影中的重庆景观同样如此。与其说风景获得了自身独立的价值，不如说它的存在大大助力了故事的讲述，“成为观众认识和阅读重庆这座城市以及构建重庆城市电影的符码”[②]。在城市与乡村之间、现代与传统之间、繁华与破败之间的视觉张力背后，乃是重庆作为高速发展中的中国的缩影。虽然在城市化进程中，老城区景观不可避免地在减少，高楼大厦数量在增多，老重庆渐渐成了镜头里的风景，但不管城市化如何推进，这种差异空间的特点并没有消失，而是不断变化着自己的面目，并催生出了影像中日新月异的视觉新形式。对于这些空间景观的视觉捕捉，已然成为在重庆取景的电影必不可少的工

① ［美］W.J.T. 米切尔著．杨丽，万信琼译．风景与权力［M］．南京：译林出版社，2014：2．

② 饶曙光，秦笠源．影像城市与城市印象——重庆城市电影中的“意象表意”［J］．民族艺术研究，2020（04）：45-51．

作。这些电影不仅不可避免地致力于将重庆影像化，而且为了更多更好地呈现重庆的城市空间景观，不少影片甚至不惜牺牲现实逻辑，故意让剧中人物违背现实中的路线绕城穿行。这种现象不仅意味着重庆城市空间的视觉景观在影像生产中的凸显，甚至于这种城市空间本身已然摇身一变而成了电影的真正主角，并因此存在着喧宾夺主的危险，在此方面张一白的《从你的全世界路过》便可谓典型。作为一部专为情人节档期制作的城市爱情片，影片将三段爱情故事与重庆的都市风景交织剪接在了一起。重庆诸多都市景观如十八梯、鹅岭公园、穿行中的轨道二号线等都在电影中得到了惊艳亮相，然而，这些城市风景在影片中的呈现却与剧情本身并无直接联系，甚至剪除了也无碍于剧情的发展，无怪乎会被网友讥讽为重庆的城市形象宣传片。

三、五方杂处的市井江湖：差异空间的社会维度

空间的社会性是列斐伏尔空间生产理论的重要内容，他曾明确指出：“空间是社会性的；它牵涉到再生产的社会关系，亦即性别、年龄与特定家庭组织之间的生物—生理关系，也牵涉到生产关系，亦即劳动及其组织的分化。”[①]对一个城市而言，这种社会性最直接的体现莫过于阶层分化导致的富人区与贫民窟的区隔，而在重庆，这种社会性则更为直观地被展示为上半城与下半城的空间差异。作为一座建立在两江环抱的半岛上的城市，重庆主城因其北高南低的地势被区分为了上下两部分，地势高且平坦的上半城历来便是权力和资本的中心，而下半城则因地势低且有水涝风险而成了底层贫民尤其是码头工人的聚居地。在近几十年来的城市开发过程中，上半城因开发较早而形成了高楼大厦林立的现代化都市景观，下半城则因开发滞后而保留了更多破旧的老城区景象，不仅为城市贫民和外来打工者提供了廉价的栖身之所，也保留了这座城市最接地气的烟火气与市井气。这种经由空间表征的社会关系也在 21 世纪的重庆影像中得到了呈现。当

① ［法］亨利·列斐伏尔著．空间：社会产物与使用价值［A］．包亚明主编．现代性与空间的生产［C］．上海：上海教育出版社，2003：48．

《生活秀》把原著小说中发生于武汉的故事放置到重庆拍摄后，这部电影也打上了重庆社会空间的深深烙印。电影中的女主角来双扬开饭店的慈厚街便位于即将面临旧城改造的下半城。影片中的慈厚街前景是晦暗破旧的老街，后景则是灯光璀璨的高楼大厦，正是通过这两种空间的视觉对照，电影直观地交代了主人公面临的危机。此外，电影还多次借助来双扬从过江索道上俯瞰重庆的视野展现重庆拔地而起的高楼与荒芜破败的废墟的对比，暗示主人公在命运面前的无力。

除了以社会空间来表现人物命运外，重庆上下城的空间差异在电影中还时常被转喻为阶层的隔阂与对抗关系，并被用来讲述阶层僭越的悲剧故事，在此方面张一白的电影《好奇害死猫》可谓最具代表性的作品。阶层的鸿沟在电影中以城市景观与空间对抗的方式得到了最为直观的视觉呈现。片中出身卑微的男主角郑先生通过迎娶银行高管的女儿获得事业上的成功，从此过上了上流阶层的生活，但在婚姻中的自卑感却让他备感压抑，转而与发廊妹发生了婚外情。影片中郑先生穿梭于两个具有阶层隐喻性的空间：一个是象征着成功与财富的高档小区“海客瀛洲”里的顶层豪宅，其内含一个可以俯瞰整个城市的全景玻璃花房；另一个则是他的情人居住的老城区破旧出租屋的平房房顶，到达此处必须经过弯曲逼仄的石板路，但唯有在这里他才能感到真正的放松。空间的阶层隐喻同样也出现在富太太千羽和小区保安刘奋斗的关系中。刘奋斗是来自农村的底层打工者，与之对应的居住环境是地下车库中临时搭建的夹层空间。两人在天台交易泼漆事宜时，千语身后的高楼大厦与刘奋斗背后的低矮平房的正反打镜头，同样构成了阶层对抗的隐喻。影片还多次刻意呈现刘奋斗站在玻璃花房投下的阴影中仰望顶层的影像。他对豪宅空间里的上流社会生活充满了好奇与向往，并不惜代价进入这一空间，向千羽索要象征生活品质的手冲咖啡。最后，刘奋斗的阶层僭越也受到了空间的惩罚——在令他向往的高处跳楼自杀。

虽然上下城的景观差异为电影讲述阶层区隔与对抗的故事提供了绝佳的视觉化表达，但随着近年旧城改造的渐趋完成，上下城的空间差异也越来越为新旧之间犬牙交错的状态所取代，而散布于繁华都市中的那些被遗忘的、边缘化的、甚至是藏污纳垢的空间，往往成了抵抗同质化的差异空间所在。因此，如何利用这些缘空间来讲述充满着市井气息的底层故事，便成了近几年电影中重庆影像生产的发力点。2018—2019 年前后的《火锅英雄》《铤而走险》《受益人》《少年的你》等电影都堪称这方面的代表。《火锅英雄》里被改造为火锅店的防空洞，《铤而走险》里位于高架桥下的汽修店，都是典型的底层空间。在《受益人》中，独身的男主角父亲带着孩子寄居于烟雾缭绕、空气混浊的“光宇极速网吧”，孩子因此患上了哮喘病，购买空气清新的海南高级住宅便成为他骗保杀人的驱动力。借助于海南高级住宅与网吧空间所构筑的紧张关系，主人公参与骗保的行为动机被合理化了。在《少年的你》中，空间同样在电影叙事中发挥着重要作用。电影中的男女主角虽然一位是好学生，一位是街头混混，但他们居住的空间暴露了他们相似的出身背景：社会底层。母亲忙于做传销、单亲家庭的刘念住在破旧压抑的老城区筒子楼里，街头混混小北的住所则更为边缘，是隐藏在幽暗隧道拐角处高架桥下方的低矮平房。小北这样城市边缘人员的命运一如这座被遗忘的房子。正因如此，小北才不惜以身替罪，换取刘念“走出去”的机会。空间以视觉形象的方式参与到小人物底层故事的讲述中，使得这些犯罪题材中暗含了空间反抗的可能。

如果说底层叙事构成了重庆差异空间的叙事主题，那么江湖气质便是由差异空间自然生成的叙事风格。作为长江上游的码头城市，重庆历来便是鱼龙混杂、五方杂处之所，加之率直豪爽的巴渝民风，以及充满市井气息的西南方言，由此不仅形成了重庆源远流长的码头文化、帮派文化，也孕育出了这座城市独特的江湖气质。火锅便是这种江湖气质在重庆饮食文化上的体现，它以麻辣的锅底将各种食材一锅煮的形式，可谓将重庆八方汇聚、豪迈泼辣的江湖气质表现得淋漓尽致；而这种江湖气质在电影中不仅催生出了黑社会、江湖混混的题材，更孕育出了黑色幽默的类型风格。宁浩执导的《疯狂的石头》可谓是这方面的开创之作。电影中在重庆坑蒙拐骗的三个江湖混混，用最简单也最接地气的“蒙眼猜人”骗局，顺走了国际大盗迈克的专业作案工具，用江湖气质消解了国际大盗所代表的大都市气质，产生了强烈的喜剧效果。继《疯狂的石头》之后，2018年的《火锅英雄》将这一类型再度推向了高峰。电影中三个走投无路的待业青年原本计划与昔日女同学合作盗取银行金库，未料却被一伙劫匪捷足先登，并阴差阳错地在劫匪与本土帮派的混战中成了英雄。不仅故事情节上极具黑色幽默的效果，电影中多场在破旧逼仄的城市街道上追打的戏，也散发出了这座城市所独具的江湖气质。虽然不少评论称这些打斗戏是在致敬韩国黑帮片，但毫无疑问，这种致敬已歪打误着地与重庆城市的江湖气质实现了完美的融合。

四、晕眩迷失的悬疑氛围：差异空间的心理维度

在物理维度和社会维度之外，差异空间也在重庆影像生产的心理维度发展出了独具特色的美学特色，这便是晕眩迷失的悬疑氛围。城市的堕落与迷失历来便是影史上经久不衰的主题，《脂粉市场》（1933）、《都市风光》（1935）、《新旧上海》（1936）、《天堂春梦》（1947）等经典电影作品，都将城市表达为一个让人迷失自我的罪恶之所，是“造在地狱上面的天堂”（穆时英语）。[①]21世纪以来电影中的重庆影像生产不仅继承了这一传统，而且还通过与重庆差异空间的结合强化了身处其间的晕眩迷失感受。具体而言，这种晕眩迷失的感受首先得益于重庆城市的地形。作为“山城”的重庆因地势上的起伏不平造就了复杂多变的城市道路规划，其复杂程度不仅让习惯于四通八达的平原城市的人找不着北，甚至导航软件也无所适从。其次，晕眩迷失的感受也与重庆的气候有关。在长达几个月的时间，重庆都处在阳光稀少的天气，并因峡江地带蒸腾的水汽欢聚而形成了雾，因而又有“雾都”之称。正是“山城”和“雾都”的奇妙叠合，孕育出了让电影人趋之若鹜的神秘感。对于电影导演而言，这座迷离而多元的城市无疑是引人入胜的故事的天然孵化所。山水相间的地理环境，长满苔藓的石板路，逼仄蜿蜒的街道，雾气弥漫的气候环境以及由此产生的晕眩迷失感，共同营造与烘托出了影片中的悬疑氛围。故事在层层迷雾的渲染下愈显隐晦，也强化了富于压抑性与悬念感的阴郁气氛与影像风格，而起伏多变的山路与城市的魔幻3D构造，更是为电影中的“追击战”提供了绝佳场所，将迷失体验发挥到极致。

---

① 陈犀禾，王艳云．怀旧电影与上海文化身份的重构［J］．上海大学学报（社会科学版），2006（03）：39-44．

在利用差异空间来制造晕眩迷失的叙事效果方面，宁浩的《疯狂的石头》同样堪称经典。这部影片之所以能成功问鼎中国黑色幽默电影的标杆之作，与其成功地利用重庆地形上的晕眩感来组织叙事有关。电影中被开发商雇来盗取宝石的国际大盗迈克在重庆一下飞机就遭遇了低劣的本土骗局，随身携带的作案工具箱被顺走，而他前往朝天门批发市场买到的作案工具却又遭遇到商家的“缺斤少两”，导致他在作案时陷入让人啼笑皆非的尴尬局面。坑了迈克的三个江湖混混的命运也并没有好到哪里去，他们本来已经歪打误着地拿到了真宝石，却认定手中的是假货，于是费尽力气又用真宝石换回假宝石。而负责安保工作的保卫科科长包世宏却坚信真宝石已然被盗，却没想到费尽心力追回来的却是一块假宝石，而在用追回的假宝石替换了真宝石后，他又将视作假宝石的真宝石赠送给了自己的妻子。在这场多方参与的对宝石的竞逐中，各方都迷失在了这场真真假假的游戏中，唯有观众洞若观火，由此产生了强烈的喜剧效果。在这部影片中，重庆就犹如一个巨大的迷宫，而与黑色幽默相配合的晕眩迷失感则成为笼罩全片的叙事基调。晕眩迷失感不仅来自罗汉寺追逐戏的晃动镜头，还来自双双受困的迈克和黄渤饰演的“黑皮”在下水道中相遇的尴尬一幕，也在影片最后飞奔在极具重庆特色的旋转立交桥上的黄渤脸上展现得淋漓尽致。

与宁浩用晕眩迷失体验来表现黑色幽默不同，张一白的重庆题材电影将晕眩迷失体验与欲望都市题材结合在了一起。[①]由张一白执导的《好奇害死猫》《秘岸》以及由其担任监制的《双食记》这三部在重庆拍摄的电影不仅都以“欲望”为主题而被命名为“欲望三部曲”，而且还都把“悬疑”作为共同的叙事基调。《好奇害死猫》借助开照相馆女孩的视点讲述了一场发生在高档住宅区里的情感纠缠：一边是男主角与情人的隐秘关系，一边是泼油漆事件和绑架事件的逐步升级，当观众把怀疑对象聚焦在情人身上时，女孩四处拍摄的照相机镜头却将真相揭示而出——原来这是富太太千羽与保安联合实施的阴谋。《秘岸》中曾志伟饰

① 不少研究者都从都市欲望的角度来解读张一白电影中的重庆影像，但对叙事上的悬疑色彩的关注却并不多见。参见：张国云，段晓昀．欲望的隐秘与怒放：张一白电影中的渝城映像［J］．当代电影，2013（01）：197-200．

演的父亲驾驶着出租车坠江的一幕从一开场便为电影设下了巨大谜团。为了搞清楚父亲的生死，少年在与受伤舞女的相处中经历了青春期的疼痛成长，最后才发现这是一场由父亲和舞女为了骗保而共同设计的意外。整部电影的剧情晦涩朦胧如同重庆阴郁的天气，影片中多次出现的城市废墟景象更是隐喻了青春期少年破碎敏感的心境。而《双食记》同样采取了悬疑剧情来处理家庭伦理题材。吴镇宇饰演的男主人公在妻子和情人之间周旋，因同食两家饭的毒副作用而自食其果，但这不过是妻子为了报复而设下的陷阱。影片中压抑的城市楼群和曲折的石板街道，都使得悬疑氛围得到了更好地呈现。

虽然宁浩和张一白的作品都成功地利用了重庆城市空间的晕眩迷失感来渲染影片的悬疑氛围，但这其实也并非二者的发明，而是21世纪电影中重庆影像生产的一个普遍倾向。通过讲述因目睹母亲溺水身亡而精神敏感的农村男生来到城里读大学的遭遇，章家瑞导演的电影《迷城》把城市带来的晕眩迷失感推到无以复加的程度。城里人的歧视使得自卑的农村男孩只能在同样出身农村的发廊妹那里找到慰藉，但发廊妹的意外死亡却促发了他的精神疾病，由此电影也进入了一个鬼影、扑朔迷离的精神世界。李少红导演的《门》同样把心理悬疑设置为了电影主题。影片中患有精神疾病的男主角幽闭室内藏匿尸体的潮湿墙壁，隐藏在浓重雾气中的山岗坟墓等“异度空间”，都指向了莫名失踪的女友文馨，由此呈现出一个精神病人狂乱迷失的病态心理。与晕眩迷失的悬疑氛围相配的便是“寻找”的母题。不仅商业影片常常以对犯罪真相的探寻来强化悬疑氛围，《三峡好人》和《日照重庆》这两部艺术片同样以“寻找”来组织叙事。前者中，两个山西人在三峡库区寻找着自己失散多年的亲人，最终却一无所获。后者中，离开故乡十四年的父亲因儿子的死亡回到重庆，为了弄清儿子死亡的真相，他穿越城市角落，走访每一个与事件相关的人，答案却消散在了城市的上空。

上述这些在21世纪第一个十年里摄制的电影，几乎都不约而同地把悬疑氛围打造成重庆影像的重要特色，而这也为后来者树立了榜样。近几年以重庆为背景的电影，如《铤而走险》《受益人》《少年的你》《刺杀小说家》等，也都不同程度地在这一方向上进行了继续探索。不仅《铤而走险》和《受益人》均以悬疑方式围绕绑架和骗保谋杀讲述底层小人物的悲欢离合，《少年的你》这部原本以青春成长为主题的电影，也免不了借用犯罪题材的悬疑氛围。一个女孩尸体的被发现，使影片一开始便为悬疑氛围所笼罩，由此实现了青春成长题材与悬疑元素的“嫁接”。《刺杀小说家》更是利用悬疑叙事勾连起城市“异托邦”与幻想“异世界”，实现了悬疑气氛与奇幻题材的完美糅合。从这些影片中都不难看出悬疑氛围在重庆影像生产中的惯性。事实上，这种经由差异空间产生的悬疑氛围不仅在电影中大放异彩，也在网剧中结出了硕果。2020年最火爆的悬疑网剧“迷雾剧场”七部中便有五部在重庆取景，已然标志着重庆成了都市悬疑剧的首选城市。

五、结　语

围绕着差异空间的影像生产，21世纪以来中国电影中的重庆空间在物质维度上呈现为视觉上的奇观效果，在社会维度上孕育底层叙事与江湖气质，在心理维度上则形成了建立在晕眩迷失经验基础上的悬疑氛围。当然，具体到一部影片中，这三种维度并非截然分离，而是交融共生的，这在上文的分析中已得到说明。尽管在以差异空间来对抗资本主导下的城市同质化方面，重庆因其优势而备受电影人的关注，但在当下为资本运作高度渗透的电影产业中，差异空间的影像生产也免不了面临趋同化的危险，譬如前面提到的都市风景的奇观化，以及将底层叙事与悬疑氛围相结合的流行模式，都透露出了这种危险的存在。因此，如何激发重庆空间的差异化和多样化优势，仍是当下重庆影像生产的重要课题。而在此方面，重庆这座城市其实还存在众多未被充分开发的文化资源，譬如构成重庆文化“根”与“魂”的巴渝文化、三峡文化、革命文化、陪都文化（“抗战”大后方文化）、工业文化、移民文化、民族文化等交相辉映的多元文化生态，可以为电影创作提供源源不断的素材。另外，随着近年来科幻文学和科幻电影的大热，重庆因其赛博朋克的气质而吸引了不少科幻迷的注目，被誉为自带科幻气质的4D魔幻城市，或许也向我们昭示了可继续开拓的方向。

电影中的重庆形象及其传播研究[①]

刘小霞　马　锐[②]

重庆在新世纪头20年成为国产电影中一个著名的取景地，《疯狂的石头》《火锅英雄》《从你的全世界路过》《少年的你》等较为知名的电影在宣传重庆形象，提高重庆城市知名度上功劳卓著，重庆城也以其蜿蜒错落的地理优势为电影增添了独特的意味。在2021年上映的《刺杀小说家》中，重庆自身所带有的埃舍尔式矛盾空间的风格为电影中小说家游戏化场景的塑造提供了得天独厚的优势，也再一次向全国观众展现了重庆的魅力。这些高质量、高口碑的电影让各地观众在一个相对集中的时空里了解、熟悉重庆。随着多部电影的上映，重庆的城市形象在观众中形成一种积累印象，在全网构建了“魔幻城市”“必须打卡的城市”等城市印象。

一、新世纪关于重庆的电影及其塑造的重庆形象

穿楼而过的单轨列车、横跨两江的20多座桥梁、高低错落的立交桥让这座颇具矛盾空间感的城市成为新世纪以来，国产电影中著名的取景地。除了重庆得

---

① 基金项目：“当代电影中的‘重庆’形象与重庆城市形象的建构及传播研究”，项目编号：2012QNYSO34。原载于《戏剧之家》2021年第31期总第403期。

② 刘小霞，西南大学新闻与传媒学院，硕士生导师。马锐，西南大学新闻与传媒学院，在读硕士。

天独厚的地理优势以外，独特的方言文化、豪爽直率的巴蜀人民、种类繁多的川渝美食也使得电影创作者无法忽视这座位于西南方向的魔幻都市。重庆地域资源之中所蕴含着的大美一旦透过视知觉效应，与观众的主观意识产生碰撞就会在观众的心灵深处留下难以磨灭的城市印象。[①]纵览新世纪以来取景自重庆的知名电影，笔者大致可以将创作者试图通过光影传达出的重庆形象划分为三类。

（一）江湖气息

这一部分电影首先是以犯罪作为关键词，基于重庆交叉错落的地理特点展开追逐与搏斗的戏码，挖掘城市小角落的暗潮汹涌。这类影片通常选择重庆交错盘旋的乡间小道，配合以纯正的巴渝方言，赋予重庆城一种鱼龙混杂的江湖气息。《疯狂的石头》（2006）、《火锅英雄》（2016）、《少年的你》（2019）等作品将目光聚焦于那些生活在重庆城昏暗角落的小人物们，在反思小人物劣根性的同时，捕捉他们身上仍然保留的人性光辉。宁浩导演在《疯狂的石头》（2006）中，讲述了保卫科科长包世宏恪尽职守，为了守护一块意外挖掘到的玉石，与国际大盗、本地小偷斗智斗勇的故事，影片披上了喜剧的外衣，加之非线性剪辑手法，奠定了戏谑性、黑色幽默式的影片基调。杨庆导演的《火锅英雄》（2016）讲述了一群儿时一起长大的哥们儿创业失败，扩展店面的过程中误打误撞挖到了银行金库而走上歧途的故事。影片亦在黑色幽默的基调下，以火锅店与银行抢劫案串起了一帮年轻人的旧日青春。香港导演曾国祥在《少年的你》（2019）中讲述了两名生活在社会底层的少男少女，面对校园霸凌时相互救赎的故事，反思法律、家庭教育以及学校教育。影片虽然始终笼罩在阴郁、无解的绝望感之中，但最后导演仍以明亮的结局点燃观众的希望之光。

（二）文艺气质

这一部分电影将情感作为关键词，该类影片将城市地理作为承载某种情绪的物理符号，重庆被赋予了超越其物质性的文艺气质与象征性。《三峡好人》（2006）、《从你的全世界路过》（2016）、《受益人》（2019）、《荞麦疯

① 刘鹤．从重庆城市电影看地域资源的景观化［J］．电影评介，2017，（10）：83-85．

长》（2020）等作品讲述了城市变迁后对城镇消失的惋惜以及对爱情的坚守，或聚焦于那些漂泊无根的异乡人们在这座城市发生的缠绵悱恻的爱情故事。《三峡好人》中两位从山西来到重庆奉节的异乡人面对各自名存实亡的爱情必须要做出“拿起”与“舍弃”的抉择，影片暗含着一种时过境迁的寂寥感以及对爱情逝去的不知所言。《从你的全世界路过》（2016）讲述了电台DJ陈末和一群朋友的都市感情故事。原本对生活满怀热情的陈末、猪头、茅十八都经历了梦想、爱情、友情的逝去，对这座充满回忆的城市爱恨交加。王小帅在《日照重庆》（2010）中讲述了一个长期漂泊海外的船长，在经历了婚姻与孩子教育上的失败之后，回到重庆找寻自我的故事，将重庆这座城市作为自己找寻起点与终点的场所，赋予其回归本我的象征义。

（三）异质体验

这一部分电影选取山城奇观化的景观营造影片的异化感，突出影片中的人物某种超脱俗世的诉求与回归自然的精神体悟，彰显重庆的魔幻现实之感。“名城危踞层岩上，鹰瞵鹗视雄三巴。”重庆地处中国西南部，四川盆地边缘，有“山城”“雾都”等称号，环绕的群山赋予了这座城市雄伟的气质，纵横的江河又为这座城市增添了一份诗意和灵性，整座城市给人一种神秘感和梦幻感。[①]在路阳导演的《刺杀小说家》（2021）中，路空文把重庆码头、街头巷尾塑造成小说中充满杀戮的虚拟世界。这座被高楼、山脉、阶梯分隔开的城市，道路蜿蜒交错，路空文不断地重复着上下阶梯的动作，似乎预示着他生存在这座城市中同样看不到前路和终点。路空文的存在亦如这些被阶梯切割开的道路一般，无法与社会任何部分发生融合，是孤立的存在。他在小说中的虚拟世界里是拯救女孩、找寻真相的英雄，而生活中他喜欢站在高处观察人类，他是既孤独又高傲的存在。颇具魔幻感的城市成为人物异化的精神世界最直观的表达。在薛晓路导演的《北京遇上西雅图之不二情书》（2016）中，金佛山同澳门、美国城市形成的视觉反差使得景观承载了远离俗世的空间印象，罗大牛带着华裔妇女唐秀懿回到金佛山完成

① 饶曙光，秦笠源．影像城市与城市印象——重庆城市电影中的“意象表意”［J］．民族艺术研究，2020，33（04）：45-51．

丈夫林平生落叶归根的夙愿，罗大牛也在这里幡然领悟到了人生的道义。

无论是以讲述发生在重庆的爱情故事为主题的影片，还是以追逐、犯罪、迷失与寻找自我为主题的影片，重庆这座城市所带有的独特文化符号和象征性内涵都能殊途同归地给观众提供强烈的异质体验。白天纵横交错的步道和楼房是抽离与割裂、夜晚聚集的霓虹灯和车辆是漂泊与回归、环抱城市的青山绿水是宁静与超脱……21世纪以来银幕中的重庆，不仅仅是在视觉上展示着自己的多面性，更是不断地输出着极具特色与多样性的地域文化。

二、电影对重庆城市形象的传播

（一）提升城市知名度

21世纪以来，在重庆取景拍摄的电影不断地挖掘这座城市中独具老城风格的小众景点。由于地形影响，重庆楼房修建集中且高低不一、错落有致，使得站在重庆城中的高点俯瞰城市，既能一览高楼大厦、纵横交错的立交桥，又能将群山尽收眼底，颇具赛博朋克感。电影与短视频共同助力，将重庆一些小众景点打造成网红打卡点，一些原本就著名的景点更是通过用户的二度传播迅速在国内，甚至国际上提高了知名度。洪崖洞就曾因为与宫崎骏《千与千寻》里的某一场景类似迅速在抖音、快手、微博等平台引起关注。

2016年9月29日《从你的全世界路过》上映，电影首日票房便达7244万人民币，总票房8.14亿人民币，带动了国庆档票房的“破冰”。该片除了优异的票房成绩外，口碑也几乎收到了观众的一致好评。电影上映之后，重庆鹅岭二厂成为新晋网红景点，微博、豆瓣等平台上均能看到网友们感叹“此生一定要来一次重庆”“电影把重庆拍得太浪漫了，真的想去看看”“我希望带你去重庆，就像我们的久别重逢”。更有不少网友在微博上发布自己跟随电影打卡各大景点的游客照，并配文“从你的全世界路过”。

2019年《少年的你》上映，累计票房15.58亿人民币，电影以其本身过硬的质量，获得了高票房和高口碑，并一举斩获第三十九届香港电影金像奖八大奖项。影片的成功再一次将重庆铁路中学、皇冠大扶梯、魁星楼等一些原本并非景点的地标带火，成为游客必去的打卡地之一，极大地提高了重庆的知名度。对此，重庆九龙坡区铁路中学旁专门为慕名而来的游客修建了一座影片中角色“小北”的雕塑。可见，游客对重庆的印象不再停留于解放碑、朝天门、磁器口等一些传统地标，原本那些不知名的路段和步道也被赋予了约定性与人文价值。

（二）带动城市旅游经济

20世纪70年代，美国未来学家阿尔文·托夫勒在《未来的冲击》一书中预言，在社会经济的发展过程中，体验经济浪潮将会继农业经济、工业经济、服务经济之后到来。①随着我国人均GDP的上涨，国人具有更高的经济能力负担文化旅游消费，旅游经济作为体验经济的一种，自然会随着人均消费能力的提高而蓬勃发展。电影作为一种文化载体，以其自身的大众消费性质，借助大众媒介、流媒体、短视频、自媒体的二度传播，增强了号召力与变现力。因此21世纪以来，消费水平极大提高的观众们具有了将虚拟消费体验转换为实际亲历体验的能力。

近年来重庆在银幕与流媒体平台频频现身，使得城市的知名度不断提高，将观众、用户的注意力转换为实际的变现力，带动了城市旅游经济的发展。电影除了娱乐消遣的功能外，延伸至现实生活中一方面创造了观影者的体验需求，另一方面又满足了游客的沉浸式体验。观众除了在银幕中聆听别人的故事外，走出影院后也产生走入“银幕”中亲历故事的冲动和需求，电影对城市旅游经济的“引擎”作用得以体现。

界面新闻根据中国大陆地级以上城市的旅游人数、旅游收入、旅游业比重、交通便利程度和旅游基础设施五个维度的综合衡量，编制的2020年中国旅游城市榜显示：截至2020年，重庆已经跃升为仅次于北京的旅游发达城市，而从城市吸引力来看，重庆以绝对的优势位居第一。②重庆市文化和旅游发展委员会公布的《2019年重庆市旅游业统计公报》显示，2019年全市接待境内外游客65708.03万人次，实现旅游总收入5739.07亿元，同比分别增长10.0%和32.1%。其中：接

① 阿尔文·托夫勒．未来的冲击［M］．北京：中国对外翻译出版公司，1985：196-208．

② 资料来自界面新闻：《2020重庆旅游业发达程度全国第二，人气榜全国第一》，2020年9月30日，见http://www.jiemian.com/article/5065856.html.

表1　2019年重庆市旅游接待及收入情况表

指　标	计量单位	绝对值	比上年增长（%）
接待境内外游客总数	万人次	65708.03	10.0
其中：入境游客	万人次	411.34	6.0
其中：入境过夜游客	万人次	397.11	6.1
国内游客	万人次	65296.69	10.1
旅游总收入	亿元	5739.07	32.1
其中：旅游外汇收入	亿美元	25.25	15.3
国内旅游收入	亿元	5564.61	32.5

资料来源：重庆市文化和旅游发展委员会：《2019年重庆市旅游业统计公报》。

待入境游客411.34万人次，实现旅游外汇收入25.25亿美元，同比分别增长6.0%和15.3%。在入境游客中，过夜游客397.11万人次，同比增长6.1%。“春节”“国庆”两个长假和“元旦”“清明”“五一”“端午”“中秋”五个小长假，全市共接待游客15907.95万人次，约占全年接待游客总量的24.2%；实现旅游收入880.62亿元，约占全年旅游总收入的15.3%。[①]时至今日，电影的号召力以及变现能力是20世纪电影所无法比拟的。

（三）构建城市整体形象

与短视频平台中用户生产的碎片化内容相比，影视作品对重庆城市形象的建构具有整体性、持久性、稳定性、高质量的优势，并且银幕中为重庆城市打造的故事感与文化底蕴是短视频生产所无法比拟的。以抖音短视频平台上的内容生产者以及其所生产内容而言，大致可以将内容分为美食类、景点类、文化类三大类型。视频生产者通常会选择某一具体方向来着力宣传重庆形象。专门致力于推荐重庆街边小吃、网红餐馆的美食类视频号以密子君、浪胃仙、发现重庆美食等为代表；以熊猫兄弟伙、童瓜、薪儿姐等为代表的视频号，主打通过短视频的形式来传播重庆方言、重庆人、重庆地域文化；重庆吃喝玩乐、重庆阳仔nice等视频号主要介绍重庆周边旅游景点、网红打卡点，整理旅行攻略和注意事项。总体而言，由于短视频生产低成本的特点导致生产内容单一、不具全面性与权威性，始

① 资料来自重庆市文化和旅游发展委员会：《2019年重庆市旅游业统计公报》，2020 年 4 月 14 日，见 http：//whlyw.cq.gov.cn/wlzx_221/sjfb/202003/t20200313_5729339_wap.html.

终会存在内容偏差的问题。而电影的巨额投资保证了影片在塑造城市形象时更具有准确性及权威性，影片可同时涉及重庆方言、重庆人、重庆文化、重庆美食等内容，此外，电影中塑造的人物、故事也为城市本身赋予了人文价值。《从你的全世界路过》中，十八梯、鹅岭二厂成为重庆老城区的缩影，重庆火锅、重庆小面、苍蝇馆等符号元素使得这座城市十分具有生活气息，千厮门大桥、广播电视台又将重庆高速发展的现代化一面展现出来。尽管短视频宣传具有快捷、高效的特点，但电影中塑造的城市形象显然更为持久与稳定。《疯狂的石头》中出现过的长江索道，《从你的全世界路过》里主角们吃过的小面以及《火锅英雄》里的火锅店至今也是外地游客来渝必去的景点或必吃的食物。

（四）电影与城市的良性互动

打造主题乐园式的体验设施，完善相关景点的文娱设施、基础设施建设，重视并合理利用电影对城市形象的宣传作用。同时，魔幻都市的进一步发展与建设势必会使其成为未来国产电影拍摄的宝贵财富，形成电影与城市间的良性互动关系。

政策保障电影与城市经济的发展。2017年，重庆市文化委员会印发了《重庆市电影扶持计划管理办法的通知》，自2018年起，重庆市将有1000万元的资金用于扶持本土电影的发展。此外，重庆市文化和旅游发展委员会于2019年发布了《关于实施旅游服务质量提升计划的通知》，未来将从提升旅游区点服务水平、优化旅游住宿服务、提升旅行社服务水平、规范在线旅游经营服务、提高导游和领队业务能力、增强旅游市场秩序治理能力、建立完善旅游信用体系等七个方面助力重庆旅游业的发展。

城市发展助力电影创作。十四五规划中，习近平总书记对重庆提出了“两点”定位、“两地”“两高”目标和“四个扎实”的要求，要求重庆建设内陆开放高地，成为山清水秀美丽之地。重庆处于西部大开发的重要战略支点与“一带一路”和长江经济带的联结点上，未来重庆的交通设施建设还将进一步发展，重庆将成为中国西南最重要的交通枢纽。这座“5D”城市将更加立体和赛博朋克，为国产电影持续提供得天独厚的光影优势。

三、结语

21世纪以来的国产电影为重庆城市塑造出兼具江湖烟火气、文艺气质与魔幻异质体验的都市形象，一方面极大地带动了重庆旅游经济的发展，另一方面促进了当地政府对新时代下重庆城市定位及形象传播的重思。电影与重庆的双向互动为国家城市规划及国产电影的发展提供了全新思路。

浅析重庆山城元素的电影意境[1]

——以电影《日照重庆》为例

韦寓及[2]

电影《日照重庆》的导演王小帅曾说："我的电影确实很少突出一个城市的地标性……你的镜头应该更多地把时间和精力花在人物上。"的确，一部电影如果只是单纯地突出城市的地标性特点，忽略了城市整体的特性，那它必然在空间建构上有漏洞。王小帅导演爱好创作有关"边际"和"离散"主题的电影，但却不失人文主义关怀。因此，从王小帅导演成功的人物刻画来看，我们研究其电影意境如何为电影服务以及如何从感官上为我们带来审美体验是必要的。

一、山城的意境

关于"意境"这个词，我们最早可追溯到先秦时期老子的道论和庄子的"无竟"。在现当代所讲求的"人与世界合而为一"的哲学结构体系里，居于最高层次的境界便是审美的境界，这是一种达到超越人与世界"主客关系"的精神境界，是意境的代表。"'万物一体'既是美，又是真，也是美。"在电影艺术方面，美学的追求始终是影像具有独特魅力的原因。其中，电影对于叙事结构、叙事呈现、拍摄对象、空间选取以及气韵等都有着独立的取舍。但这种独立又并非

---

① 原载于《视听》2021年10月。

② 韦寓及，重庆工商大学。

与外界区分伯仲，事实上，它是对意境形成的促进，是基于现实条件下的对审美风格和文化身份的确立。

电影《日照重庆》，按照另一种翻译又可以叫作《重庆蓝调》（《Chongqing blues》），该片在开篇即奠定了清淡又哀伤的基调。影片的第一个镜头与最后一个镜头相呼应，是一个极具奇异色彩的重庆长江索道运行的长镜头。镜头从仰视渐渐平视的下摇过程中，为观众描绘了一幅索道缆车高耸入云、从天而来的景象，配合着吉他弹拨声的响起，撩起了影片空间内和观众心中的悸动。到第二个镜头，缆车转而往上，凌驾于层叠万千的老屋之上，体现出新旧交替、天地交融的意象，对情绪的发起做出了铺垫，并以此为观众呈现出包容在城市内的咫尺天涯的清淡凄凉意境。在随后人物出场空间的选择上，影片选择了重庆的一个雾蒙蒙的晴天。重庆有雾蒙蒙的天气，也有艳阳高照的时候。强光之下就会有强阴影，直勾勾的太阳光让整个空间的明暗对比度增强，因此强光带来了强阴影，配合着薄雾，使影像具有了既能光亮又能灰暗的能力。同时，重庆的山城特质，又为阴影赋予了层次：地有阴影，人有阴影，空气有阴影，甚至由于雾、建筑、树木等对空间的遮掩，感觉上来看天都是有阴影的。再配合摄影手法上采用的手持镜头摇晃所带来的呼吸感，影片将有些僵硬静态的人物融入表面，看似喧哗浮躁的景象，实际上却饱含挣扎渴望的内心情愫，达到一种情景交融的意境。

文化的价值弥足珍贵，有文化内核的电影总有着脱颖而出的潜质。针对重庆的特质文化，从电影中观众就能很明显地感觉到，在重庆特殊的山城空间内，除了人们本身身体的高度不同的影像，参差不平的梯坎、变幻莫测的陡坡，也让身处其中的每一个人都站在不同的地理高度上，但是靠着人们的奔走、沟通，每个人虽不同而亦显得相通。这样的山城文化所带来的，正如影片中“寻找”的父亲林权海，在不停地奔走中，与前妻，同时也与自己达成了心灵上的相通。故重庆给人横冲直撞的外在观感，然而实际上人们正在用内在的关怀同坎坷的环境（包括心理环境和地理环境）实现相融相通。这样的一种特有文化内涵，蕴含着中国人的“天人合一”的哲学观念，因此它使影像也具有了由文化带来的一种审美境界。倘若没有重庆环境条件上的山水交融、人文氛围上的直率热情，影片中的意境会像欠缺调味剂一样不圆满。

二、山城的符号建构

在一定生活方式基础上的意义符号系统的建立构成文化。“符号的魅力并不是符号本身，而是它所代表的意义。”符号的形式多种多样，文字可以作为符号的一种，但人们对文字的认知往往需要对一套识别机制有所掌握。然而在电影艺术中，影像符号与文字符号有些不同，一个在社会活动的普通人一般都能从影像画面里获得信息，从其中的符号解读出意义。

重庆作为历史名城，具有吸引人的特色。“在大众媒体时代，城市空间在社会运作中被媒介赋予了更为丰富的意义体系，书写大时代背景下的个微体验与传统电影、电视惯用的宏大叙事并置，外在的物质景观与社会氛围和文化流变共同成为影视作品中的城市意象，蕴藏着物质层面与精神层面的多重隐喻，构筑着人们关于一座城市的印象”。大多数人提到重庆的第一印象，是热辣的火锅，或是魔幻的都市，或是奇异的景观。的确，这些确实是重庆特色之所在。但实际上，这样的说法有些浮于表面，这也导致大多数人并没有抓住重庆成为“电影城市”的灵魂——重庆并不只是异质化的体现。重庆作为华夏文明的一方土地，本身就是一种浪漫主义与现实主义结合的符号。导演张一白在接受央广网采访时曾说：“我就觉得重庆就应该拍那种浪漫的，或者市井的故事，重庆从历史到现在都是很有意思的一个城市。”重庆之所以能有独特的魅力，其原因在于它承载着浪漫与现实交融的、以人为本的文化内涵，它是带有那样浓厚色彩的符号。吸引大众的到底是什么？是冷冰冰的建筑，还是人们构建的烟火气住所？是陡峭的山峰，还是那峰回路转间的一抹象征生命力的绿植？答案不言而喻，重庆的生命力应高于奇异、伤痕。

在电影《日照重庆》中，我们就可以看见重庆文化通过符号被建构。坡坎、阶梯等符号，让影像空间具有重庆特色，即赋予了影像崎岖、躁动的意义。故而从感觉层面上，这些符号使重庆产生一种不稳定性以及矛盾性。过江索道、船等独特交通工具，以一种人类活动方面的符号，彰显了人们虽然居于这样一座表面看似异类的城市，但其实他们的内心有着如水介质一般的平静，让影像透过人和物，产生人性对于生命的执着的意义。棚户区和老式居民楼这样的建筑符号，因有了人的居住，传递出重庆的烟火气，由此联系山城的现代高楼建筑，则又赋予了影像现代与传统二元对照的独特意味，而纵观整部影片，这样的并置又产生了一种单纯与复杂的含义，使重庆这座城市具有精巧又深远的生活意境。影片中的水符号也因剧中人具有影片自身的意义，其中的海水被赋予一种外来物的含义，它吸引着主人公林权海奔赴其中，又吸引着林权海的儿子追随，有种冒险的意味。而江水则被赋予平淡保守的含义，开篇以一种平静的感觉呈现，最终却拥有拯救林权海的作用。江水最终让林权海感受、发泄愧疚于儿子的爱，让难以消解的情绪随波逐流，渐渐消散，有种救赎的意味。

重庆的符号象征因人而精彩，因人而丰富多元。在其他以重庆为取景地的影片中，为了建构独特的电影空间，导演也利用了其所需的符号来赋予影像意义。最广为人知的应属导演宁浩的电影《疯狂的石头》。在电影《疯狂的石头》中，身处过江索道内，谢小盟俯瞰城市，对一旁的美女讲述："每当我从这个角度看这个城市的时候，我就强烈地感觉到，城市是母体，而我们是生活在她的子宫里面。"在这个层面上，重庆又因环江半岛式的地形，以及城市内的封闭的过江索道缆车，再加上其中生活的人的独特想象，使重庆成为生命的表现，使影像具有一种超乎伦理的审美感。

三、山城的山水渲染

以山为德，以水为行，德行兼备，寄情山水，此乃中国人自身独特的由体验生活所带来的审美意趣。正如"靠山吃山，靠水吃水"，山水情趣来自生活，朴实无华却有淡雅的、高于生活的艺术气质。"智者乐水，仁者乐山"，从中国古代起，水就被赋予了灵性，山就被赋予了德性，德灵相融相通，渲染出别具一格的空气，以致提及山水，非枯燥，而深远也。

费穆对导演"法则"做出论述："电影要抓住观众，必须使观众与剧中人的环境同化。为达到这种目的，我以为创造剧中的空气是必要的。”影片《日照重庆》的“空气”是与众不同的，它吸收了重庆特有的山水质感，并以此融入城市中，将山水色彩与现代科技色彩调和，使山城成为一座由内而外绽放魅力的城市。在《城市意象》一书中，凯文·林奇将城市意象研究用来诠释城市空间：“每个城市的城市意象都是由各个不同的意象组合而成的，每一座城市对于人们来说都具有可意向性，即‘可读性’。”重庆山城的魅力，纵使看不见“君问归期未有期，巴山夜雨涨秋池”的三峡，但其流通的水、承载的山地却在同一体系内，产生“失意”与“淡薄”的意境。如同影片中寻找儿子犯罪现实真相的林权海，在重庆这座城市里，可以说是爬坡上坎，观望江流，靠一步步的行走，让观众寄情于城市的山水，感受到那挣扎的动人气氛。

在影片《日照重庆》中，观众很明显地可以看到海与江的对比。这样的对比，使海之无边更远，江之归属更稳。但为何影片中的主人公林权海最终选择回到大海呢？那是因为他从江里已经得到了救赎。他是靠海吃饭的人，回到大海，也是他的归属。从中再深思水的巧妙，一种由内而发的人生体验进入观众的内心，甚至产生一种对“有”“无”的思考。这就是山水渲染空气的魅力。

四、结语

电影的研究离不开意境，无论是拍摄手法、人物刻画还是空间、符号等影像元素，都离不开对营造意境的作用。电影是有情的产物，机械的画面再吸引人的眼球，终将会成为浮影。以电影《日照重庆》来看，淡雅的画面却蕴含着无穷的意趣。所以，我们研究电影的多重意境，就是在对电影的无限可能性进行不断探索，并付诸实践。

参考文献

[1] 王小帅，赛人.《闯入者》：无从救赎的后文革记忆——王小帅访谈[J]. 电影艺术，2015（03）：98-102.

［2］陈林侠．意境与中国电影：从生成机制、形式规范到审美意蕴［J］．社会科学，2020（03）：181-191.

［3］张世英．哲学导论（第三版）［M］．北京：北京大学出版社，2016：216.

［4］张小丽．从皮尔斯符号学角度看电影符号［J］．内蒙古农业大学学报（社会科学版），2009（02）：429-430.

［5］刘娜，常宁．影像再现与意义建构：城市空间的影视想象［J］．现代传播（中国传媒大学学报），2018（08）：98-104.

［6］沈杰群．影视剧热门新地标为什么是重庆［EB/OL］．中国青年网，2020-10-20．https：//baijiahao.baidu.com/s?id=1681019492226532787&wfr=spider&for=pc.

［7］［美］凯文·林奇．城市意象［M］．方益萍，何晓军译．北京：华夏出版社，1960：53.

WENHUA YICHAN

文化遗产

关于传统音乐文化保护与传承的思考①

——以重庆为例

龚永红②

党的十八大以来，习近平总书记站在实现中华民族伟大复兴中国梦的战略高度，相继在不同场合就推动中华优秀传统文化传承和创新发表了系列重要讲话，将其意义提升到了维护国家文化安全、增强国家文化软实力，推进国家治理体系和治理能力现代化的重要层面。传统音乐是非物质文化遗产的重要组成部分，是我们国家和民族对自身特性和自豪感的认同以及被世界认可的重要载体。重庆有着丰富且多样化的传统音乐文化遗产，是重庆人挥之不去的乡愁。

一、关于现状和形势

随着我国正式加入联合国教科文组织《保护非物质文化遗产公约》，尤其是随着文化产业定位为国民经济支柱性产业，文化产业发展上升为国家战略。重庆积极作为，在传统音乐文化传承研究和实践方面都得到长足发展，但也存在着一些问题。一是抢救的速度赶不上消失的速度，很多传统音乐品种已经灭绝，有的濒临灭绝，有的还等待我们去发现和发掘；二是发掘不足与过度开发的矛盾问

① 基金项目：本文为重庆市教育委员会人文社会科学研究规划项目成果之一，项目名称：重庆市传统音乐文化保护与传承研究，项目编号：18 SKGH 030。原载于《艺术评鉴》2021年第17期。

② 龚永红（1976—　），女，重庆师范大学音乐学院副教授。

题；三是市场化与原生态的矛盾问题；四是文化传承后继无人的问题等。如何站在民族文化的高度看音乐类非物质文化遗产保护与传承；如何将保护和传承重庆本土的音乐类非物质文化遗产从人们趋于模糊或淡忘的记忆中重新拾回；如何用一些有效的手段和方法促使更多人去喜爱、掌握并发展、革新民族音乐的技能；如何将重庆传统音乐类文化遗产体现在人们的日常生活之中，这些都对我们提出了很高的要求。

二、关于“田野”作业和“活态”传承

传统音乐生长于田间地头，与外面的世界相对隔绝。人们的生活方式变了，它可能还“躲”在田间地头；庄稼人进城了，它可能仍然寂寞地“躲”在田间地头，或许永远不会被人发现。所以，非遗研究和保护人员应深入传统音乐的原生环境中，开展田野调查，去捕捉原生态文化艺术的真实面貌。中国艺术研究院苑利教授将非遗研究称为“需要用脚走出来的学问”。他认为“深入细致的田野作业，是发现新项目的重要手段甚至是唯一手段”。如“啊啦调”是重庆国家级传统音乐非遗项目“酉阳民歌”的重要内容之一，它就是被酉阳县文化局退休干部采风时偶然发现，从而引来政府和专家学者的研究关注，并逐渐进入非遗保护项目，并且唱上央视大舞台，唱向国际大舞台的。

音乐是时间的艺术。传统民间音乐由于历来尊崇口传心授的传播方式，几乎没有留下什么可以文字记录的只言片语。对这个“声响”更需要“活态”的传承，并将与这种音乐彼此依存的生活环境、生活方式一并予以全面保护，整体传承。现实中，一些民间乐社在演出中加上电子琴、黑管等现代乐器，演出的曲目也增加了一些网红歌曲、流行的影视歌曲等，似乎不加点流行元素就不够“时髦”。笔者担忧，长此以往或将加速传统音乐文化的消亡。传统音乐本应该更多地属于生活，而不是舞台，即使因为当前传承的需要而不得不主要依靠舞台，但最终必须回归生活，才能从脚下的土地获取连绵不断的生命养分。

三、关于传承人

音乐教育家郭乃安曾在20世纪90年代初就撰文指出，“拯救声音绝不是简单地把录音录像放在博物馆里，像标本那样保护……所有外部条件对于音乐的影响力，都是通过人来实现的”。因此，必须建立完善传承人保护制度，建立相应机制，解决传承人的后顾之忧，使其愿意沉下心来研究和推广传统音乐。要为传统音乐的表演推广提供阵地、打造舞台，要在全社会营造传统音乐文化保护传承的浓厚氛围。

民族传统音乐传承人直接掌握传统文化基因密码，是我们当代人与祖先沟通的使者。笔者通过《中国非物质文化遗产网》查询，目前国家级非物质文化项目共3145项，国家级传承人3068项；其中传统音乐类非物质文化项目共401项，而国家级传承人380人，平均一个项目不足一个传承人，不仅数量少，而且年龄堪忧，基本都在七八十岁以上，每年还有不少传承人相继离世，相应的非遗项目随时可能“后继无人”。政府也在积极推动新增非遗的传承人，但哪怕新增的传承人也都是老年群体。据国家文旅部公开信息，2018年全国新增非遗传承人平均年龄达63.29岁。一旦传承人离世，年轻人又不愿接手，此项技艺就将会因此断掉“香火”。事实上有的传统歌种正是因为传承人青黄不接，甚至都没能被研究者发现和发掘，没能纳入非遗项目就走向了灭绝。

重庆市巴南区木洞镇具有丰富的传统音乐文化资源，其中包括木洞山歌、接龙吹打等多项国家级传统音乐类非物质文化遗产。那里每年都会组织丰富的传统音乐文化赛事和展演活动，还经常应邀到全国各地甚至国外展示风采。那里的党政领导经常带领群众演唱山歌，营造浓厚的社会氛围。因此，当地群众基础好，民间歌手多，传统音乐文化保护传承成效突出，早在1990年就被重庆市文化局命名为“山歌之乡”。木洞山歌市级传承人秦萩玥从小在浓厚的山歌氛围中长大，对木洞山歌有着深厚感情。音乐学院毕业后，放弃了外面光鲜时尚的工作，回到家乡，全身心投入木洞山歌传承事业。她最终选择留下来，很大程度是因为从小的耳濡目染和环境熏陶。她说她忘不了老一代传承人当时看她那种怅然若失的眼神，她无法割舍木洞山歌的情结。如今，秦萩玥把很多精力都用在了培养下一代上面。

四、关于保护和传承的主体

提及传统文化传承主体，人们首先想到的是传承人。正如前面所述，传承人在传统音乐文化保护传承中的作用至关重要，但非遗保护传承绝对不能仅仅依靠几个传承人，因为责任太大，担子太重。况且保护传承的是本民族本地区共同的精神和文化基因，每个人都有义不容辞的责任和义务。原国家文化部副部长、中国艺术研究院院长王文章曾指出，“非物质文化遗产的保护主体，指负有保护责任、从事保护工作的国际组织、各国政府相关机构、团体和社会有关部门及个人。它包括国际组织、国家政府、各级各类非物质文化遗产保护机构、社区与民众”。传统音乐文化的传承保护，归根到底，生活在当地、工作在当地的每一个人都应该是传统音乐文化传承的主体，而不仅仅是几个传承人的事情。很多人感慨传统音乐在年轻人中“不受待见”，年轻人不喜欢传统音乐真是他们的错吗？我们这些家长、教师、媒体工作者、社会工作者自己有听传统音乐吗？在我们主导的这个社会氛围里有民族音乐让孩子们去耳濡目染吗？氛围的营造需要大家共同的关注、关心和参与。保护传统音乐最好的方式就是让它存活在百姓中间。非遗保护政策要求“见人、见物、见生活”，但连本地人都不愿意入行、不愿意参与，哪来“见人”？更不要奢谈“见物、见生活”。所以，必须重新定义传承主体，人人有责、人人参与、人人担当，才能真正让传统音乐等非遗文化走进百姓生活。

在传统音乐保护传承的事业中，政府、学校、企业、家庭要各尽其责，谁也不能缺位。如，在重庆巴南区木洞镇，党委、政府主要领导亲自参与木洞山歌相关活动成为传统。其中一名党委书记亲自带领群众唱山歌，带领铁姑娘队打石头、修渡槽，鼓舞民间歌手们励精图治，传为佳话。此外，要充分发挥社区作用，用传统音乐文化遗产融入社区文化生态，重构民众生活伦理关系。在重庆市政府支持下，木洞山歌非遗传承基地于2009年6月成立。截至2018年，已经有5所学校，5个村被确立为木洞山歌传承基地。10余年来，以木洞山歌非遗基地为依托，经常开展非遗公益课堂和公益活动，多次参加央视及各大电视台节目录制和文化交流展演，木洞镇已经连续3次被评为中国民间文化艺术之乡。

从非物质文化遗产融入生活的角度而言，政府主导的文化服务体系能否真正作用于民众生活，取决于是否真正将非物质文化遗产植根于社区文化生态。传统音乐文化来自基层、来自民众，它本身属于民众，自然应该更多地服务基层、服务民众，而不是渐行渐远。所以，要发挥基层社区的作用，首先要让传统音乐文化在基层社区“活”起来、“用”起来，成为社区居民生活的一部分，在基层社区站稳脚跟。若干社区的“星星之火”连成一片，逐渐形成“燎原之势”，这样的“非遗”传承基础会更加牢靠。

五、关于传承与开发

当前，随着社会的飞速发展，生活方式迅速改变，传统音乐文化原始的存在形态已经不能适应社会发展的需要。传统音乐的社会功能逐渐退化、娱神功能基本丧失，取而代之的应该是一定程度去满足人民日益增长的精神文化追求和对美的向往。传统音乐文化在当下的功能定位必须把握准确，否则很容易迷失方向，传统音乐将难以生存。

传统音乐文化的开发利用也必须在把握这一功能定位基础上进行。但何为“开发”，怎样“开发”是一个值得深入研究的问题。目前，各地将传统音乐文化与当地旅游资源充分结合，大兴“非遗”旅游项目开发。如重庆武隆区将本地传统民间歌舞与经典景点巧妙结合，由知名导演亲手打造的大型实景歌会“印象武隆”，巧妙实现了中国传统工艺的现代化新生和中国文化的世界化表达。其中，武隆艺术团搭档知名歌手谭维维全新演绎的《踏歌千江》，尤其让人耳目一新，意犹未尽。媒体评价“号子从生活喊到舞台、从武隆喊到国外，号子富了武隆，富了村民，可谓文化、经济双丰收”。

但有的文化开发则完全为了迎合观众，为了经济利益，将原本纯粹质朴的传统文化项目改得面目全非，甚至对观众造成误导。热闹有了，但“文化”没了，令人扼腕。如，有的将侗族大歌改造成美声唱法；有的将苗族舞蹈改造成现代霹雳舞，凡此种种，不一而足。其实早在1995年，巩汉林和赵丽蓉央视春晚表演的小品《如此包装》，就通过穿着马褂跳热舞唱平戏的“麻辣鸡丝”，对这种没有文化的胡乱“包装”进行了辛辣讽刺。有学者感叹，“文化遗产”一旦绑上“商品经济”的战车，便会朝着利益的目标勇往直前，直至不可收拾。

六、关于人才培养

为解决非遗项目继承人青黄不接的问题，一些地方近年实施了“非遗传承人群研修研习培训计划”，组织各类非遗传承人进行集中学习，由高等艺术院校教授进行授课。音乐方面必须统一学习美声“科学”发声方法，美术方面必须学习临摹世界名画等。这种标准化、同质化的培训模式遭到了质疑。南京大学文化与自然遗产研究所陈竟毫认为，大规模培训的方式培养非遗人才，不符合草根文化的传承规律，像这样的集中统一学习培训实际“不是培训，而是异化和改造”。事实上，一些民间歌手，经过所谓“科学发声方法”训练后，丧失了原有的个性和风格。从传统和文化多样性角度看，实际是退化了，并不是进步了。

人才培养从娃娃抓起，从青少年抓起，不仅是培养他们基本的民族传统音乐文化知识，更要激发他们学习研究传统音乐的兴趣和责任心，要充分整合本地传统音乐文化、传承基地和传承人的资源，打造好民族音乐文化学习体验基地，逐渐辐射引导，将传统音乐文化融入他们的生活，用浓厚的氛围滋养他们的人生。如，重庆巴南木洞镇小学早在1978年就将本地传统音乐木洞山歌编成乡土教材，纳入音乐教学内容，数十年来始终坚持着眼为木洞山歌传承人才培养，如今，木洞山歌早已进入中学和大学课堂。

对人才培养方式而言，专业院校要俯下身子虚心向传统音乐文化学习，而不是以西方化的标准来衡量我国传统音乐文化的优劣，高高在上等着民间艺人前来求教。因为，就传统音乐文化而言，所谓“专业”音乐院校可能远不如民间艺人更“专业”。综合性大学应开设本土民族民间音乐公共课，音乐专业院校要开设民族民间音乐专业，理顺机制，打破固有的职称、学历等限制，聘请造诣深厚的民间艺人、非遗传承人站上高校讲台，甚至承担相关专业导师工作，引导师生们建立起对传统音乐文化的荣誉感和自豪感。传统音乐文化的课堂可以灵活设置，比如设在田间地头、山野村庄等，既务实深入，又能激发学生的兴趣。

七、结语

传统音乐文化保护传承工作任重道远，在发展的道路上必将不断出现新情况、新问题。我们每个人都应该持续关注、关心、支持和参与传统音乐文化的保护传承，重拾文化自信，促进文化振兴，让中华文化滋养中华民族伟大复兴。

参考文献

［1］苑利．一门需要用脚走出来的学问——非物质文化遗产学田野作业的必要性与需注意的几个问题［N］．中国艺术报，2017-01-25．

［2］郭乃安．音乐学，请把目光投向人［J］．中国音乐学，1991（02）．

［3］韩业庭．国家级非遗传承人新增1082人平均年龄63.29岁［N］．光明日报，2018-05-17．

［4］李如海．南涧盖瓦洒彝族“哑巴会”的传承与保护［J］．原生态民族文化学刊，2013（03）．

［5］蓝雪菲．关于非物质音乐文化遗产保护的学术探讨［J］．音乐研究，2008（02）．

［6］非遗传承培训争议：标准化、同质化、去中国化［DB/OL］．半月谈网，2016-10-19．

见证新中国成立初期重庆和西南地区建设发展的文物研究[①]

——以重庆博物馆馆藏为例

张　校[②]

新中国成立初期，中央人民政府将重庆市、四川省、西康省、云南省、贵州省和西藏划为西南区，设立西南军政委员会。1949年11月30日重庆解放，成为新中国西南地区唯一的中央直辖市。邓小平同志担任中共中央西南局第一书记，坐镇重庆，主政西南。在百废待举、百业待兴的形势下，以邓小平为首的西南局领导西南各地开展土地改革运动，稳定市场、物价，整顿财政金融秩序，调整工商业，恢复和发展国民经济。

重庆中国三峡博物馆（以下简称重庆博物馆）的前身为1951年建立的西南博物院。作为重庆地区的一所综合性历史类博物馆，近现代革命文物一直是重庆博物馆重要的收藏序列和展览类别，其历来重视对此类藏品的征集、保管、研究和展示工作。70多年后的今天，通过对馆藏的20世纪50年代几件重要文物进行基础研究，回顾新中国成立初期西南局如何以行之有效的一系列措施，迅速改变重庆和整个西南的混乱局面，使社会经济恢复发展，人民生活得以有效改善。

---

① 原载于《学术研究》2021年9月上。

② 张校，四川广元人，本科，重庆中国三峡博物馆文博馆员，研究方向：智慧博物馆建设、古籍管理。

一、以修建成渝铁路为先行，带动百业发展

恢复和发展交通事业，是新中国成立初期经济建设的重点任务之一。中共中央西南局进驻重庆后，面对交通梗阻、工厂难以开工和工人失业严重等问题，邓小平主政西南作出的第一项重大决策就是向中央反映四川人民的心声，“以修建成渝铁路为先行，带动百业发展”。中央很快予以批准，成渝铁路于1950年6月15日正式开工。西南军政委员会动员10万军民参与成渝铁路建设，在没有大型机械化设备、施工条件极端艰苦、运输物料极为困难的情况下，筑路队伍艰苦奋斗，开展创模立功运动，不断革新施工办法，仅用两年时间便建成全长505千米的成渝铁路。

（一）成渝铁路通车特辑

重庆博物馆收藏的“成渝铁路通车纪念特辑”为三级文物，长27厘米，宽20厘米，封页印有“庆祝中国共产党卅一周年纪念”字样，底印“西南军政委员会庆祝成渝铁路全线通车筹备委员会”，图为中国人民解放军西南军区直属部队组成的军工筑路第一总队高举“开路先锋”的旗帜开赴工地的场景。1952年7月成渝铁路建成，通车典礼在成都和重庆两地举行。贺龙和铁道部部长滕代远分别在成都和重庆主持盛大的通车剪彩仪式，邓小平出席通车典礼。特辑页上专门用大字标出“四十年的渴望实现了！”成渝铁路是清末就筹款准备兴修的川汉铁路的一段，拖了近半个世纪未能完成，而新中国成立后仅用两年就建成通车，这极大地鼓舞了川渝地区军民的奋斗激情和建设信心。成渝铁路的建成，大大改善了成渝两地的交通状况，为沿线矿产资源、城乡产品开发等提供了有利的条件，为整个西南地区的经济恢复和发展带来了巨大活力。

（二）成渝铁路通车纪念章

1952年成渝铁路全线通车时特颁发纪念章，为西南铁路工程委员会颁给参加成渝铁路建设人员的筑路纪念。成渝铁路修建过程中，机械设备极为缺乏，筑路军民凭借钢钎、铁锤、扁担、竹筐、炸药等简陋工具，夜以继日，勇克难关，共挖掘土石方1460余万立方米，砌御土墙15万余立方米，开凿隧道14座，修建大桥28座、小桥189座、涵洞446个。1952年6月13日提前完成了铁路正线505千米的铺轨工程。

重庆博物馆收藏的“成渝铁路通车纪念章”为三级文物。纪念章直径3.7厘米，为铜质镀金珐琅，上有中国共产党党徽，中间铸有“成渝铁路通车纪念”字样，落通车日期“1952.7.1”，两边麦穗环绕，底部为铁路路徽和象征喜庆的飘带。这枚纪念章见证了当年铁路建设者奋斗的艰辛和成果。这种艰苦奋斗的精神至今仍激励着一代又一代的中国铁路人不断地奋勇向前，屡创奇迹。

（三）成渝铁路钢轨

成渝铁路开工后，西南军区抽调8万人组成5个军工筑路队投入工作。成渝铁路完全采用国产材料，是新中国成立以来第一条自己设计和建设的铁路。这一工程带动了428家私营机器制造厂家恢复生产，还带动了大渡口钢铁厂、天府煤矿、民生轮船公司以及木材、五金等工商企业恢复生产，使18000余名失业工人、1200名无业人员加入相关工作。铁路所需的钢轨、垫板和螺丝钉等全部委托西南工业部所属工厂加工生产，为重庆的大批工业企业带来了生产任务。重庆停工已久的几十家大中型钢铁厂、机器厂重新开工，许多小型工厂也陆续恢复生产。重庆博物馆所藏的一段钢轨为成渝铁路建设期间所保留，长20厘米，宽11厘米，高13厘米。当时的第29兵工厂（后改名101厂，即现在的重庆钢铁股份有限公司）承担了成渝铁路钢轨生产的重要任务，成功轧制出新中国的第一根钢轨。重钢三厂等企业也承担了大量材料的生产任务。据西南区工业博览会的报告记载，新中国成立前一年生产钢轨的数量抵不到现在一个月的生产量，质量也比从前提高了许多。这段钢轨也成为广大工人和技术人员攻坚克难的历史见证，是新中国成立初期艰苦创业的真实写照。

二、发展社会生产力，促进工业的恢复和发展

西南区的工业建设在抗战初期由于工厂内迁，拥有相对的发展基础。新中国成立初期重庆仍是百业待举，1950年重庆有5万人（全市工人25万人）失业。如何恢复重庆的国民经济，使其发挥西南地区最大工商城市的中心和辐射作用，邓小平明确提出应调整工商业，“我们的政策是调节劳资，两利兼顾。”“共产党

就是为发展社会生产力的，否则就违背了马克思主义理论。”围绕大力发展社会主义经济这一中心任务，在工业建设方面新建、扩建和改建国营厂矿72个。利用大型民生、基建项目拉动就业，让大批工厂如第29兵工厂（今重钢集团）、第20兵工厂（今长江电工工业集团）、第21兵工厂（今重庆长安汽车集团）等快速恢复生产。天府煤矿和南桐煤矿通过增添设备，生产的焦煤量比新中国成立前增加了3.5倍以上。建设507电厂（即重庆发电厂），从运煤、给水到发电全部实现自动化，投产后发电能力较以前提高了一倍以上，保证了重庆市生产建设的需要。随着社会经济秩序的稳定以及水陆交通的恢复和改善，西南局决定在重庆举办一次西南区工业展览会，以反映西南区新中国成立以来工业的恢复和发展，进一步激励工商业者的经营信心。

（一）西南区工业展览会纪念特刊

1951年8月10日至10月10日，西南区工业展览会在重庆大田湾正式举办。展览分为钢铁、机械、铁路、电力、矿业、轻工、纺织、化工8个展馆，755个公私营企业单位，13227件展品参展，共接待723万人参观。邓小平出席开幕式，并为展会题写了“我们的奋斗目标是把落后的农业国变为先进的工业国”的题词。

重庆博物馆收藏的《西南区工业展览会纪念特刊》为三级文物，长26厘米，宽19厘米。由展览会秘书处编辑，内页毛笔题有“为新中国的工业建设而奋斗。重庆市钢铁机器工业同业公会、工业展览会筹备委员会敬赠。一九五一年十月十日。”刊首载重庆市人民政府市长曹荻秋致辞，其中写道：“由于西南工业展览会的开幕，对我们西南工业的发展要起很大的推动作用。重庆在西南是一个工业的重点，由于这一次展览会在重庆举行，使重庆的工业界以及广大市民都能看到这些工业产品，将促进工业的改革和重庆工业的发展。”

特刊对钢铁、机械、矿业、电业等8馆首先进行了详细介绍，其后刊载技术改进与经验、合理化建议等文章，并附录了《西南制糖工业介绍》等专论。刊中亦可看到“西南工业的现状特点和发展前途：如水力发电、化学工业、有色金属、精密机械等，以及与民生密切相关的手工业。”从特刊可以看出西南工业展览会的举办全面地展现了新中国成立初期西南地区工业恢复和发展速度，表现出广大劳动人民的创造力量和奋斗成果，对全西南的建设发展产生了极大的鼓舞作用。

（二）重庆发电厂发电典礼签到簿

西南区工业展览会的报告中指出“以工业比较集中的重庆来说，据估计在明年就需要比现在增加一倍的电力来供应……发展西南电业刻不容缓”。可见当时的西南电业，仅靠现有的动力设备来发展经济是不够的。为此，西南地区第一座自动化火电厂——重庆发电厂（507火力发电厂），作为我国“一五”期间苏联援建的156项重点工程之一，于1952年11月动工修建。在主要设备全部需依靠苏联进口的情况下，工程技术人员仅在16个月的时间内，就完成了发电机器设备的安装调试工作。1954年4月20日首台1.2万千瓦机组并网发电，当时中共中央西南局、西南行政委员会和重庆市党政负责人，还有苏联专家和重庆社会各界代表3000多人，共同参加了首台机组发电庆典，西南行政委员会副主席贺龙为发电剪彩。

“重庆发电厂发电典礼签到簿”被重庆博物馆收藏，是发电典礼当天社会各界代表签名所用。长23厘米，宽15厘米，为二级文物。红色硬壳绸面，经拆装，里为粉色纸底、墨色签名。签题签到单位计百余家，共260余人。出席签到人员有西南局组织部龚逢、西南行政委员会刘文辉、西南军区袁克忠、中共重庆市委曹荻秋等，西南电业管理局、五〇五电厂等行业单位，重庆市化工公司、交电公司、油脂公司等各界企业，西南俄专、重庆大学、西南中苏友好协会等高校团体，还有《人民日报》、《新华日报》、新南人民广播电台等新闻媒体出席庆典，典礼的盛况可见一斑。发电厂第一期工程使用3台75吨/时锅炉，带动2台1.2万千瓦发电机组，发电以后使重庆的电力比原来增长了126%以上。作为我国西南地区最早的自动化火电厂，其改变了过去工业用电不足的情况，为大西南经济发展做出了重要贡献。

三、修建劳动人民文化宫，让劳动人民打上“文化牙祭”

20世纪50年代初期，虽然社会经济发展才刚刚起步，但是中共中央西南局、西南军政委员会领导人依然十分关心西南人民群众的精神文化生活。西南局第一书记邓小平在西南军政委员会的一次工作会议上提出了修建重庆市劳动人民文化宫的建议。他提道："重庆解放了，人民生活改善了，打上了肉牙祭，这还不够，还要让人民打上精神牙祭。"中共重庆市委和市政府很快制订了修建劳动人民文化宫的计划，并拨款130亿元（旧币），在原川东师范学校旧址上进行修建，与重庆人民大礼堂、大田湾体育馆并列，成为新中国成立初期重庆的三大民心工程之一。

重庆博物馆所收藏的"重庆市劳动人民文化宫题字"，长30厘米，宽22厘米，是邓小平亲自为文化宫所题写。文化宫于1951年7月1日正式开工奠基，邓小平曾多次审查工程图样和模型，并到工地视察。1952年5月1日，陪同邓小平前往的曹荻秋市长请他为文化宫题写宫名，邓小平愉快地答应了。当时题写时共写下36个字，对每个字反复比较后，用毛笔圈出了17个字，从中又最终选出"重庆市劳动人民文化宫"10个字。

1952年8月5日文化宫举行了隆重的竣工典礼，邓小平题写的"重庆市劳动人民文化宫"10个大字庄重夺目，置于文化宫大门中间。2002年文化宫将邓小平题字原件送到博物馆，由国家永久收藏。文化宫的落成极大地丰富了重庆市人民群众的文化生活，充分体现了新中国成立初期党对广大劳动人民的真切关怀。随着城市发展，又逐渐开设文化广场、灯光球场、游泳池、电影院、露天剧场等，不断丰富文化功能和环境设施，至今仍然是重庆市人民群众文化活动的重要中心。

四、结语

历史是最好的教科书。博物馆收藏的文物见证了中共中央西南局在重庆和西南地区开展的大量开创性工作，以及对西南地区长期稳定发展做出的积极贡献。真实地再现了这个时期西南地区社会、经济、交通和文化等事业的较大发展，反映了城市建设的巨大变化和人民生活的明显改善。针对这些藏品开展基础研究、展示和宣传，既为党史教育、党性教育和爱国主义教育提供了生动的素材，也有助于博物馆更好地彰显文物价值，发挥文化传播等社会功能。

参考文献

［1］中共中央文献编辑委员会. 邓小平文选：第一卷［M］. 北京：人民出版社，1989.

［2］钟良笃. 罕见史料展示解放初期西南区工业的发展［EB/OL］.（2009-06-22）. https：//news.ifeng.com/history/gongye/jiyi/geren/200906/0622_6834_1213487.shtml.

［3］中共重庆市委党史研究室. 中国共产党重庆地方简史［M］. 重庆：重庆出版社，2006.

［4］佚名. 成渝铁路是如何建成的［EB/OL］.（2017-12-20）［2021-03-02］. http://news.youth.cn/gn/201712/t20171220_11177215.htm.

［5］重庆市地方编纂委员会. 重庆年鉴1994［M］. 重庆：重庆年鉴社，1994.

［6］重庆市城乡建设管理委员会，重庆市建筑管理局. 重庆建筑志［M］. 重庆：重庆大学出版社，1997.

［7］佚名. 渝中：文化宫见证山城人民精神文化建设［EB/OL］.（2016-05-06）. http//www.wenming.cn/syjj/dfcz/zq/201605/t20160506_3342078.shtml.

［8］范卉. 小平百年诞辰：邓小平给重庆留下的精神“牙祭”［EB/OL］.（2004-08-11）. https：//www.chinanews.com/news/2004year/2004-08-11/26/470470.shtml.

［9］匡丽娜，田姝. 邓小平主政西南：心中最重人民事［N］. 重庆日报，2019-10-29（003）.

借力成渝双城经济圈建设　促进川剧保护、传承与发展[①]

——以《川剧老艺术家口述史》（重庆卷）为例

万　平　吕佳音[②]

推动成渝地区双城经济圈建设，是党中央从全局谋划川渝一域作出的战略指引。一年多来，川渝两省市全面贯彻习近平总书记重要讲话精神和党中央决策部署，持续深化思想武装，持续深化谋划部署，持续深化沟通衔接，持续深化工作落实，唱好“双城记”、共建经济圈，形成了高度共识，形成了强大合力，形成了浓厚氛围，形成了有效联动机制，取得了阶段性成果。今年是中国共产党成立100周年，是“十四五”规划实施开局之年，也是落实《成渝地区双城经济圈建设规划纲要》（以下简称《规划纲要》）起步之年，也是《规划纲要》全面落地之年，做好今年各项工作尤为重要。鉴于此，我们以习近平总书记重要讲话精神为根本遵循，以《规划纲要》为实践指引，进一步树牢“巴蜀一家亲”理念和“川渝一盘棋”思维，全面加强川渝战略协作、政策协同和工作协调，推动成渝地区双城经济圈建设不断迈出新步伐、见到新气象。

为全面贯彻落实中央推动成渝地区双城经济圈建设的战略决策，按照四川省委和重庆市委关于深化合作推动成渝地区双城经济圈建设的相关部署，经四川省社科联和重庆市社科联党组批准，在四川和重庆地区联合发布了《2020年四川省、重庆市社科规划“成渝地区双城经济圈”重大项目申报指南》。其中，由万

① 本文为四川省社会科学“十三五”规划2020年度重大项目“川剧老艺术家口述史（重庆卷）”（项目编号：SC20ZDCY005）的阶段性研究成果。原载于《四川戏剧》2021年第11期。

② 万平，吉利学院教授；吕佳音，四川传媒学院副教授。

平教授牵头申报的《川剧老艺术家口述史》（重庆卷）获得重大项目立项（总计立项25项），项目批准号：SC20ZDCY005。

一、树牢“巴蜀一家亲”理念，促进巴蜀文化水乳交融

古之巴蜀文化，以四川大盆地为范围，主要流布于今天的四川、重庆以及云南、贵州部分地区，是人类所创造的物质形态和精神形态文化在一个地域的具体呈现。巴、蜀得名，源自巴蛇蜀蚕的长虫崇拜的记忆留存。早在《尚书·禹贡》“天下分九州”时被界划为“梁州”，以成都平原和重庆、涪陵、巴中三角区为两大中心，后逐渐形成巴、蜀两个方国。秦统一时置巴、蜀二郡。巴蜀文化是中国文化的重要构成部分。李学勤教授在《三星堆与长江文明·前言：巴蜀文化研究的期待》一文中指出：“中国自古以来是多民族、多地区的。灿烂的中国文明，系各民族、地区人民所共同缔造。文明起源的研究，是现代科学的重大问题之一。中国文明的起源及其早期发展历程的探讨，最近已经获得多学科学者的普遍重视。可以断言，如果没有巴蜀文化的深入研究，便不能构成中国文明起源和发展的完整图景。考虑到巴蜀文化本身的特色，以及其与中原、西部、南方各古代文化之间具有的种种关系，中国文明研究中的不少问题，恐怕必须由巴蜀文化求得解决。”①

司马迁《史记·货殖列传》、班固《汉书·地理志》的记载，都可以让我们更好地认识巴蜀文化形成、繁衍、运行流布和产生辉煌的背后原因。多元一体的中国文化格局中的“巴蜀文化”，作为地域文化的一个典型案例，主要成就体现在易学、史学、文学（包括戏剧）之中，是中国文化的重要组成部分。

川剧是国家级非物质文化遗产，是巴蜀文化的杰出代表，也是我国西南地区影响最大、艺术积累最为丰富的地方剧种。中华人民共和国成立以来，在文艺双百方针的指引下，在老一辈革命家朱德、周恩来、邓小平等的亲切关怀下，川剧艺术健康发展，出版了一系列川剧著述。这些著述主要侧重于川剧历史、剧目的

①李学勤．三星堆与长江文明·前言：巴蜀文化研究的期待［J］．中华文化论坛，2004（4）．

资料梳理和研究，对10余位著名表演艺术家个人演艺经历、表演艺术的总结，以及对川剧表演技艺、程式的整理归纳等，为今日川剧艺术工作的深入开展奠定了良好的基础。中华人民共和国成立后，艺术人才培养、剧目推陈出新、舞台演出方式、剧团体制及生存环境都发生了根本性的变化，创造了川剧发展史上的新高峰。改革开放以来，“振兴川剧”抢救继承取得成效、优秀剧目不断涌现、对外交流赢得盛誉，政府投入不断增加，川剧成为川、渝重要的文化品牌。

二、确立“川渝一盘棋”思维，促进川剧研究协作和工作协调

由于川渝两地血脉相连的历史渊源和文化联系，我们在已经完成《川剧老艺术家口述史》（成都卷）、《川剧老艺术家口述史》（四川卷）、《川剧老艺术家口述史》（四川卷续），《川剧艺术家口述史》（梅花奖得主卷）的基础上，成功申报了《川剧老艺术家口述史》（重庆卷）和《川剧艺术家口述史》（川渝中青年卷）。这六卷本川剧老中青艺术家口述史的研究、出版，可以完整地填补中国戏曲史上一种地方性大剧种（川剧）口述史的空白，实现川剧老艺术家口述历史传主在川渝地区的全域覆盖。

（一）川剧老艺术家口述史（四卷）简介

1.《川剧老艺术家口述史》（成都卷）：收入川剧老艺术家30人，系成都市2009年文化建设事业项目，2013年由人民出版社出版。2015年4月被成都市人民政府评为成都市第十一次哲学社会科学优秀成果三等奖。

2.《川剧老艺术家口述史》（四川卷）：收入四川省川剧老艺术家30人，系2011年度文化部文化艺术科学研究项目，2016年由人民出版社出版。2017年12月被成都市人民政府评为成都市第十三次哲学社会科学优秀成果三等奖。

3.《川剧老艺术家口述史》（四川卷续）：收入四川省川剧老艺术家30人，系2012年度教育部人文社会科学研究规划基金项目，2017年由人民出版社出版。

4.《川剧老艺术家口述史》（重庆卷）：拟收入重庆市川剧老艺术家30人，系四川省社会科学“十三五”规划2020年度重大项目。

（二）川剧艺术家口述史（两卷）简介

1.《川剧艺术家口述史》（梅花奖得主卷）：收入川渝地区梅花奖得主24人（自1983年首届中国戏剧表演最高奖——梅花奖开评以来，至2015年第27届梅花奖评选，川渝两地共有24人、30次获得梅花奖，其中，晓艇、刘芸、马文锦亦属于川剧老艺术家），系四川省社会科学“十三五”规划2016年度共建项目，拟由人民出版社2022年出版。

2.川剧艺术家口述史（川渝中青年卷），与《川剧老艺术家口述史》（重庆卷）一并申报成功，计划收入川渝中青年艺术家30人。

川剧是巴蜀文化的优秀代表，是川渝人民群众共同创造和喜爱的民族优秀文化艺术，也是新时期川渝文化建设的一个重要方面。但是，由于1997年重庆设置直辖市以后，由于行政区划的独立性，川渝联合进行川剧艺术抢救、传承、发展存在一些难度。在《川剧老艺术家口述史》（成都卷）（四川卷）（四川卷续）申报成功以后，早在2013年，笔者就和时任四川省川剧研究院院长的杜建华、曾任成都市川剧院院长的徐仲旭（已去世）一道，去重庆市川剧院商议联合申报《川剧老艺术家口述史》（重庆卷），并且达成合作协议。但是，由于行政区划隶属关系，多次申报均未获成功，究其原因，主要是四川省的研究单位，去研究重庆市的艺术院团，有“越界”嫌疑。不过，我们还是开动脑筋，申报成功了四川省社会科学“十三五”规划2016年度共建项目《川剧艺术家口述史》（梅花奖得主卷），其中包括重庆市川剧院的马文锦、沈铁梅、黄荣华、吴熙，以及获梅花奖后加盟重庆市川剧院的孙勇波、胡瑜斌，三峡川剧团的谭继琼，打破了行政区划的限制，以一个剧种的获得梅花奖的艺术家为标准遴选传主进行了新的成功尝试。

三、增强“川渝一家人”观念，促进川剧抢救、传承、发展

川剧是巴蜀文化的优秀代表，是川渝人民群众共同创造和喜爱的民族优秀文化艺术，也是新时期川渝文化建设的一个重要方面。虽然由于1997年重庆设置直辖市以后，存在行政区划各自独立等方面的客观情况，尽管川渝两省市川剧艺术

界的艺术交流、研究也在进行，但联合进行川剧艺术抢救、传承、发展则存在一些困难。而川渝双城经济圈建设为川剧艺术的发展带来了新的机遇，川剧艺术交流演出日益频繁。川剧《目连之母》打头阵刚开启了“2020年成渝两地川剧艺术交流演出系列活动”的首场演出，紧接着10月30日，2020年成渝两地川剧艺术交流座谈会暨战略合作协议签署仪式在重庆国泰艺术中心举行，来自成渝两地川剧演员、戏剧家协会、演艺行业、高校等领域代表汇聚一堂“话行业家常”。

为贯彻落实习近平总书记和党中央关于加强成渝地区双城经济圈建设的指示精神，我们抓住机遇，申报了《川剧老艺术家口述史》（重庆卷），一并申报了《川剧艺术家口述史》（川渝中青年卷），计划收入川渝中青年艺术家30人。我们遴选了重庆市所辖川剧院团的30位有代表性的老川剧艺术家，10位中青年艺术家（四川省方面20位中青年艺术家），采用现场采访的方法，将他们的学艺经历、代表剧目、流派传承等，用“实录”的方式记录保存下来，进行比较全面、深入的研究。本课题通过对有代表性的川剧表演艺术家个体生平的实录研究，探讨川剧艺术发展创新的历史，总结戏曲表演艺术家成长成才的规律，汇集川剧表演艺术家的独特体验，为川剧基础理论建设提供鲜活生动的史料实证，为中国戏曲表演体系建设和戏曲艺术人才培养体系建设提供川剧的历史经验和学理性分析。

随着岁月的流逝，老一辈著名表演艺术家周裕祥、周企何、阳友鹤、陈书舫等先后辞世，而目前健在的一大批老艺术家，对于中华人民共和国成立后川剧艺术的繁荣发展做出了不可磨灭的贡献。他们的成长经历、艺术成就、表演经验等，是川剧事业发展里程的重要见证。通过对这一年龄阶段的川剧代表人物的群体采访，客观记录他们在50年代川剧班社的所有制改革、传统剧目的推陈出新、川剧音乐改革、60年代大演现代戏、80年代振兴川剧，以及21世纪对川剧的传承保护工作等，对当前川剧工作甚至中国戏曲艺术的改革发展都具有咨政、借鉴、传习等多方面的价值。

本课题采用的具体研究方法是“口述史”。该课题的总体框架包括绪论和各位川剧老艺术家口述历史。绪论总论川剧的特点和影响，正文则由川剧老艺术家简介和传主口述历史组成。通过课题负责人及其团队10余年来所从事的川剧艺术家口述史研究成果看，充分证明我们的研究方法、研究手段和技术路线是切实可行的。随着这次重大课题的申报成功，我们的川剧艺术家口述史系列课题就可以比较系统、完整了。

根据我们多年来的经验，做好口述史的重点是选准采写对象，即传主。《川剧老艺术家口述史》（重庆卷）中的传主遴选由重庆市川剧院沈铁梅院长、袁文革副院长负责，由重庆市川剧博物馆、艺术室、办公室具体操作。《川剧老艺术家口述史》（重庆卷）对重庆市川剧院及重庆市所辖部分市、区、县川剧团的健在的30余位已退休的健在的老川剧艺术家，精心选择入选传主的名单。入选川剧老艺术家，以表演角色行当为主，编、导、音乐、研究人员也占有一席之地，能够比较客观全面地展示重庆市川剧院及重庆市所辖部分市、区、县川剧团的整体实力。

《川剧艺术家口述史》（川渝中青年卷）中的重庆市川剧院中青年艺术家传主遴选由重庆市川剧院沈铁梅院长、袁文革副院长负责，由重庆市川剧博物馆、艺术室、办公室具体操作。重庆市所辖部分市、区、县川剧团的中青年艺术家中的传主遴选则委托重庆市三峡川剧团谭继琼团长推荐，征求入选传主单位意见。四川省的中青年艺术家中的传主遴选则由四川省川剧院、成都市川剧研究院、四川艺术职业学院和各相关院团负责选择四川省所辖川剧院团的30余位有代表性的中青年川剧艺术家为传主，年龄在30—60岁之间，具有副高以上职称（个别优秀的可以适当放宽）。

目前，《川剧老艺术家口述史》（重庆卷）的传主遴选工作基本完成。对重庆市川剧院的夏庭光老师，重庆市下辖川剧团的杨益其、戴德秀、许思慧、郑枫、陈祖明、孙中燊、李良明、邱永江、黄廷炎、尹登榜等完成了采访。《川剧艺术家口述史》（川渝中青年卷）的传主遴选工作也已基本完成。

四、结语

川剧是巴蜀文化的优秀代表，是川渝人民群众共同创造和喜爱的民族优秀文化艺术，也是新时期川渝文化建设的一个重要方面。川剧作为国家级非物质文化遗产，是巴蜀文化的代表，川剧老艺术家艺术经验的保护、传承刻不容缓。川渝双城经济圈建设为川剧艺术的发展带来了新的机遇，我们六卷本的川剧艺术家口述史，可以比较完整地填补中国戏曲史上一种地方性大剧种——川剧口述史的空白，实现川剧艺术家口述史在川渝地区的全域覆盖。

试析世界文化遗产在基础教学中的公平教育和实践策略

王　萌[①]

文化遗产是人类生命的记忆和智慧的结晶，是大自然给予人类的物质和精神的财富。人类文明曾经创造和正在创造的一切珍贵资源和财富的总和，构成了人类共同拥有的世界遗产。因此，世界遗产是人们洞悉历史和探索未来的纽带，也是历史留给世人而世人也要妥善保护的宝藏，是全人类留下的“活化石”和反映社会发展进程的文明烙印。

任何一项世界遗产，在其价值层面来说，是不可替代的，在同类中也是具有代表性的。这是因为它形成原因和延续条件是独特的、不可或缺的、不可重复的。如重庆市唯一的世界文化遗产——大足石刻，其巧夺天工的空间布局、华美精致的雕刻技艺不仅充分显示了中国儒释道三教融合的文化特征，而且更充分地体现了中国传统的天人合一美学观、自然观和世界观。随着时代的变迁，宗教观念及其思想逐渐被弱化，但它的孝、仁等价值观念却深入人心，影响深远，被当下人群接受并发展。大足石刻通过固化的作品成了中国传统思想与物质文化的承载与见证。在艺术层面，也代表了中国石窟艺术和文化思想层面的卓越成就，展现了中国悠久的传统。

近些年，由于全国各地文化遗产和自然遗产屡次遭受破坏与威胁，引起了国家政府及社会各层面的广泛关注，后继引发的世界遗产保护运动唤起了世界遗产

---

① 王萌，湖北黄冈人，中教一级教师。

教育。世界遗产教育是世界遗产事业的必然组成部分，而世界文化遗产教育具有高瞻远瞩的前瞻性和深远意义。我们需要认识到的是，世界遗产教育是基于世界遗产保护而提出的，其内容包括进行世界遗产相关知识介绍，揭示世界遗产与文化传承的密切关系，普及世界遗产保护知识、技能和价值观的教育。

翻开世界遗产名录，截至2017年7月9日，中国世界遗产已达52项，其中世界文化遗产36项、世界文化与自然双重遗产4项、世界自然遗产12项，在世界遗产名录国家里排名第二，仅次于意大利。然而，在感到万分骄傲的同时，作为当今的莘莘学子，这些世界遗产有几项能够亲临瞻仰，有多少时间可能去学习体验？答案不问自知，事实是人类共同的遗产缺失普及性，同时也失去了资源共享的公平性。这些问题可以在教育实施策略中进行探索和实践。

新时代，教育公平有着更深层次的内涵和意义，它不只是教育机会的供给，而是基于“人民获得感、幸福感、安全感”的主观感受和“不断促进人的全面发展”的精神构建和自洽。公平需在政府原有的“供给”教育机会的基础上，转向实现个体“需求”满足和自我实现，并“努力使每个孩子都享有”。

但在课程改革日益关注学生综合性、批判性地思考与解决问题能力的背景下，许多与社会热点有关的问题已日益成为当前课程评价的重要内容，这在历年高考试卷中有所体现，而世界遗产保护也可视为其中之一。世界遗产教育是现阶段很多学科课程内容的题中应有之义，因此，借新课程改革的契机，探索在课用改革中实施世界遗产教育的途径与方法，通过公平教育，认识到世界遗产和个体的密切关系，人类精神财富的共享与责任，从而引导青年一代对世界遗产的关注和重视，培养其保护世界遗产的观念和意识，已成为当下素质教育的重要方面，从而实现世界文化遗产的社会性教育的功能。该教育方式的探讨可以从以下几个方面展开：

一、准确把握学科课程中与世界遗产教育相关的教学内容

在学科教学中实施世界遗产教育，并不是要求在各学科每节课的教学中都必须找到与世界遗产教育的结合，而是要求教师要转变教育理念，做到纵览学科课程

中世界遗产知识内容的整体分布、分学科课程中相关世界遗产知识点的基本要素，明确不同学段世界遗产教育的目标要求，整合学科间知识点实施教学。比如地理学科，八年级上册共四章，目光聚焦到中国地理。其中，第一章“从世界看中国”第三节“多民族的大家庭”中有许多世界遗产知识内容，第二章“中国的自然环境”各节分别从地形、气候、土壤等方面分析了民俗、地域文化等的地理学成因，与深入理解世界遗产的形成和知识关联性。八年级下册也关注中国地理，根据地理位置分为了北方地区、南方地区、西北地区和青藏地区等，体现了各地生产方式、生活习惯、文化传统等，世界遗产知识点蕴含在各个地区，都具有地域性和各自的文化特征。

二、以世界遗产教育凸显学科教育中的价值观教育

三维目标是教育理论中的一个新名词。它是指教育教学过程中应该达到的三个目标维度，即：知识与技能（knowledge&skills）；过程与方法（process&steps）；情感态度与价值观（emotional attitude&values）。情感、态度与价值观是教出来的吗？虽然基础教育课程改革的各学科标准中都把情感、态度与价值观教育列入课程改革目标，都要求教师关注它，但是，这绝不意味着教师可以像讲解知识要点一样，通过讲解的办法，把情感、态度与价值观“教”给学生。一般说来，态度与价值观是一种社会意识和价值认同，是没法“教”的。本质上，文化意识与价值观是一种主观选择，是行为主体对人生、对他人或社会的一种主观认识和能动判断。培养青少年的核心价值观的第一要义，在于夯实青少年一代对中华文化的价值认同，使青少年一代具有全球文化视野和对中华文化价值体系的继承与弘扬。

在教学层面，工具性和人文性是教学需要的必要手段，两者的合理统一是语文课程的基本特点。中国语文教育作为对子孙后代进行的文化教育，涉及中华民族的情感状态、语言特点、生活习俗、文化习惯、审美情趣、民族追求等，其课程目标要求“增强意识，重视优秀文化遗产的传承，尊重和理解多元文化，关注

当代文化的学习，并能对文化现象剖析，积极参与先进文化的传播与交流。”因此，世界遗产教育是促进语文课程情感，态度与目标实现的良好载体。

总体来说，世界遗产教育进一步充实和丰富了语文、英语、历史、地理到思想政治、艺术等学科的人文精神，同时又弥补了数学、物理、化学等自然科学的人文情怀的不足，成为各学科强化人文精神培育和文化价值教育的良好切入点。

三、凸显“体验、合作、探究”的教学方式

课堂上开展世界遗产教育是核心价值观和核心理念转化为学生经验的过程，是以适应教学内容的教学方式为桥梁，将价值观转化为学生自身经验的过程。为此，教师应巧妙运用“体验式”“合作式”“探究式”的教学方式将世界遗产教育的丰富内容融入其中，成为课堂教学过程的主旋律。

“体验式教学”是一种基于学习者自身直接经验的教学方式，指在教学过程中，根据学生的认知特点和规律，通过实际生活或自身经历的情境和机会，呈现或再现、还原教学内容，使学生在亲历的过程中获得丰富的感性认识，进而理解并建构认知知识、发展能力、产生情感、生成意义的教学观和教学形式。体验式教学具体包括情境与活动体验、角色体验、考察体验等多种形式。比如在《语文》八年级上册《故宫博物院》课时的教学值得探讨，我们可以设计“我在故宫博物院当导游”的体验环节，尝试让学生扮演导游和游客，大屏幕上投放部分故宫建筑的图片，“导游”按照由南向北的游览线路，介绍故宫的主要建筑及其布局和功用。这种体验，让即使身处偏远山区的学生也能通过文字、讲述、图片、想象等多种途径来感受，产生身临其境的环境感受，加强情景教学和视觉体验，真正感受世界遗产的魅力和文化感染力，实现预期的教学目的。

四、倡导跨学科的教学策略

所谓“跨学科”是指打破学科界限，把不同学科理论或方法有机地融为一

体，即既包括自然科学、人文科学、社会科学各自学科领域内的交叉，也包括三类学科之间的交叉。跨学科实施世界遗产教育是指将不同学科同构，以“跨学科”实施世界遗产教育的教学方式打破学科界限，架起各学科之间的桥梁，消除某些“无用”的重复，提高学习效率，充分发挥各学科教学团体的团队精神，使教学资源和学科优势得到充分有效地利用。但跨学科并不是不同学科知识的随意拼凑和混搭，而是基于一定的教育理念和发展诉求，有着特别的规定和要求。在实践中，学科融合要注重模糊学科界限，围绕一个核心目标展开，有效地解决学生所探究的问题。同时，由各学科的教师组成的教学团体，通过在多学科综合的基础上开展教学，向学生提供多种经验，它利于学生多视角、全方位客观地认识问题、对待问题和掌握解决问题的方法，保证学生综合判断、选择能力的提升，加深对世界遗产问题的多学科性的理解和探究。

例如，学生学习《语文》课文《苏州园林》时，对于从未参观过苏州园林的初中学生，仅靠课文来理解苏州园林“务必使游览者无论站在哪个点上，眼前总是一幅完美的图画”是具有一定难度的。语文教师可以尝试用互动的方式，主动与美术教师合作，使学生在理解课文的基础上，通过美术教师指导，逐步尝试绘画出苏州园林的布局，加深对课文的理解。在此，美术犹如一把钥匙，帮助学生打开了认识中国园林美学的奥秘之门，窥见苏州园林之美。这种跨学科方式，大大提高了学生对文章的理解、对中国园林建筑之美的体验和感悟。

五、充分调动全社会教育资源深入公平教育

学生由于学校的教学计划和任务繁重，有许多的世界遗产难以亲临目睹，基于此种现状和事实，3D立体模拟动画的教学实践具有可尝试性或可行性。如敦煌研究院和大足石刻研究院制作的石窟3D模拟动画制作非常成功，是按同比复原石窟的结构、空间、人物、色彩，观其3D立体模拟动画就犹如身临其境，逼真生动，其体验比较接近实地考察。

在教学中，如语文、地理、历史等学科的教学都可以运用，而动画技术层面

的问题虽无须上述文博单位制作的高端性和完整性，但可以通过美术教师、广告公司或本地文博资源解决基本的视觉特效功能，以达到教学普及性的目标。公平的教育需要国家教育体系中学校类别的丰富性与多样性，建立适合于每个个体的教育与学习体系；在学校层面同样需要更加丰富多元的课程与教学，实现学生的个别化学习和个性化发展。

六、充分利用综合实践课与世界遗产教育的结合

综合实践活动课程是基于学生经验，密切联系学生的生活和社会实际，体现对知识综合应用的学习活动。是一门强调以学生的经验和社会需要及问题为核心，以主题的形式对课程资源进行整合的课程。综合实践活动课程强调超越教材、课堂和学校的局限，在活动范围上向居住的自然环境、学生的生活领域和社会的活动领域延伸，密切学生与自然、与生活、与社会的联系。

世界遗产教育的综合性、实践性、直观性等特点都要求课堂教学超越教室、教材的局限，达到综合实践课教学目标和内容不谋而合。因此，教师应灵活运用综合实践活动课程等空间，加强世界遗产教育的社会性、实践性、开放性的教育，教师应设计课内课外相融共生的大课堂。

在世界遗产教育中树立保护世界遗产的责任感，应由近及远，先从身边的遗产认识保护做起，渐渐移向较远的地区、国家直至世界各国，逐渐营造出保护人类共同遗产事业的氛围，从而以全球视野关爱世界遗产，将世界遗产中地域文化精髓和自然状貌的精华提取出来，树立关乎人类集体命运的意识。这样，通过世界遗产教育使得不同地区的青年一代产生凝聚力、认同感和自豪感，珍视人类的过去，保护人类的今天和未来，共同意识到并承担起保护人类遗产的责任，实现保护世界遗产的公平教育目的。

世界遗产教育凸显了人类文明与多样文化的融合，强调赋予青少年一代应该承担的人类责任，强调对地域文化精髓的体味与把握，倡导以灵活多样的方法，跨学科、跨领域合作探究，继而实现教学教育的时代意义。

参考文献

［1］北京师范大学附属实验中学．世界遗产教育在中国［M］．北京：开明出版社，2004.

［2］中华人民共和国联合国教科文组织协会全国联合会．世界遗产与年轻人［M］．上海：上海三联书店，1998.

［3］张铁道．在学科中实施可持续发展教育（小学版）［M］．北京：教育科学出版社，2009.

［4］张铁道．在学科中实施可持续发展教育（初中版）［M］．北京：教育科学出版社，2010.

［5］张铁道．在学科中实施可持续发展教育（高中版）［M］．北京：教育科学出版社，2011.

［6］中华人民共和国教育部．基础教育课程改革纲要（试行）［N］．中国教育报，2001-07-27.

［7］钟启泉，崔允漷，张华．为了中华民族的复兴为了每位学生的发展［M］．上海：华东师范大学出版社，2004.

［8］周勇．传统文化，课程开发［M］．合肥：安徽教育出版社，2007.

重庆地区遗址类博物馆在历史教学中的应用研究[①]

——以重庆抗战遗址博物馆为例

杨 㦤 古佳根[②]

一、重庆抗战遗址博物馆的基本情况

重庆抗战遗址博物馆，又称重庆黄山抗战旧址群，位于重庆市南岸区南山风景区内，地处长江南岸，海拔540—580.1米，占地280亩，是自然风光与人文景观相结合的游览胜地，更是陪都重庆战时记忆和民族情怀的一处重要载体。

20世纪20年代，重庆白礼洋行买办黄云阶在此购建别墅宅邸，并起名黄家花园，“黄山”一名由此得来。1937年，国民政府移驻重庆办公。次年，蒋介石从黄云阶处购得黄山，这里后成为1938—1946年蒋介石在渝期间所有官邸中居住时间最长的一处，重庆国民政府的最高指令亦大多从这里发出。故此，黄山可以说是当时国民政府军事、政治、外交的中枢所在。

旧址群分东西两段，沿山势呈马蹄状分布，包括蒋介石官邸——云岫楼、宋美龄别墅——松厅、宋庆龄别墅——云峰楼、宋霭龄次女孔二小姐别墅——孔园、蒋经国和马歇尔办公居所——草亭、何应钦办公地——松籁阁、美国军事援华代表团驻地——莲青楼、抗战将领遗孤学校——黄山小学、侍从室——综合陈列馆以及警卫室、周至柔旧居、防空洞、发电房、炮台山、望江亭等15处遗址，

①原载于《中国民族博览》2021年第1期。

②杨㦤（1996— ），女，江西九江人，重庆师范大学研究生在读，研究方向：美术考古；古佳根（1996— ），四川乐山人，教育学硕士，重庆师范大学辅导员。研究方向：学科教学（历史）。

文物遗址总面积达4053平方米。开放参观的建筑内大多使用的是藏品陈列和场景复原相结合的展陈方式。以云岫楼为例，一楼是会议室、警卫室和接待室，其中会议室和警卫室按复原场景布置，接待室则部分用于展陈；二楼是办公室、休息室，及以“蒋介石在战时首都重庆”为主题的陈列室。

2005年，重庆抗战遗址博物馆成立并对外开放。2013年，旧址群被评为第七批“全国重点文物保护单位”和国家“海峡两岸交流基地”。2017年，博物馆被重庆市教育委员会任命为重庆市第二批中小学社会实践教育基地。同时，作为中国宋庆龄基金会西南地区首家“时代小先生计划”示范基地和“南岸区爱国主义教育基地”。重庆抗战遗址博物馆积极开展中小学社会实践教育活动，以培养青少年爱国主义精神、民族认同感、社会责任感和创新实践能力为目的，不断探索符合博物馆特色的教育教学模式。

二、重庆抗战遗址博物馆历史教学实践案例

以统编初中历史教科书《中国历史》八年级上册第22课《抗日战争的胜利》为例，该课课程标准为：“知道中国共产党第七次全国代表大会的主要内容；了解日本投降的史实；探讨抗日战争胜利的原因及历史意义。”此外，在本单元的教学活动建议中，也指出“有条件的地区，可以考察抗日战争的历史遗址、遗迹”。因此，前往重庆市抗战遗址博物馆一级广场对台湾光复纪念碑进行取材，拍摄该纪念碑正面照片并记录碑后铭文用以课堂导入以及情感升华教学。

课程导入：

教师展示“台湾光复纪念碑”图片并讲述：如图所示，在这面纪念碑上镌刻着“台湾光复纪念碑”几个大字以及“1945.10.25”的日期，这座纪念碑位于重庆市南岸区，是中国人民抗战胜利暨台湾光复65周年之际所修建的，抗战胜利，国家重获统一，是两岸人民值得永远铭记的日子。今天就让我们把目光重新投向75年前的中国，去探寻伟大的抗日战争是如何取得胜利的。

设计意图：从整个抗战胜利全局来看，台湾光复是抗日战争取得胜利的重要

环节，标志着台湾地区结束了半个世纪的屈辱历史，重回祖国怀抱；从重庆地方特色来看，从重庆台湾光复纪念碑导入，增强学生的历史感受，提升学生对于这段历史的直观认识。

抗日战争胜利的意义：

教师展示材料：

台湾澎湖，乃中华之神圣领土，物阜民丰，实神州之海上明珠。变生不测，悲逢甲午；丧权马关，失地悬孤。其痛惨怛，岂止切肤。感我台胞，勇搏入室虎狼，五十余年，后继前仆；唤我手足，衍绵华夏文明，抵制同化，告慰先祖。

狂寇野心，意犹未足，逞鲸吞之妄图，更穷兵而黩武。烽烟弥漫寰球，铁骑蹂躏大陆。中华儿女，同心御侮；驱逐强虏，义无反顾。岿然重庆，建战时之陪都；国共合作，树中流之砥柱。全民奋起，保家卫土；统一战线，国难同纾。

开罗宣言，明定归复；国际公认，无违无忤。败寇穷途，乞献降书；台澎庆归，珠还合浦。雁行重序，伯埙仲篪兮同奏乐舞；棠棣花开，分枝联萼兮仍本一株。前事不忘兮后事之师，欲知其新兮乃温其故。

——节选自《台湾光复纪念碑碑文》

教师讲述：抗日战争的胜利，离不开中国人民巨大的民族觉醒、空前的民族团结和英勇的全民族抗争，离不开国共双方，特别是中国共产党在全民族抗日战争中发挥的中流砥柱作用，离不开世界上一切爱好和平与正义的国家和人们的支持。（讲解过程中结合碑文“中华儿女，同心御侮；驱逐强虏，义无反顾。岿然重庆，建战时之陪都；国共合作，树中流之砥柱。全民奋起，保家卫土；统一战线，国难同纾”进行分析，回顾在前面分析抗日战争胜利原因时的内容，加深印象。）

提出问题：请同学们阅读碑文，思考抗日战争的胜利意义。

学生回答，教师总结：自1840年以来，外国列强入侵中国，强迫中国签订了一系列不平等条约，在甲午中日战争战败后，中国被迫签订《马关条约》，台湾被日本帝国主义侵占，直至50年后的抗战胜利才重归祖国（“变生不测，悲逢甲午；丧权马关，失地悬孤”）。由此可见，抗日战争是中国近代以来反抗外来侵略战争的第一次完全胜利，洗刷了中华民族的百年耻辱。抗日战争促进了中华民族的觉醒，为中国共产党带领中国人民实现彻底的民族独立和人民解放奠定了重要基础。中国战场作为世界反法西斯战争的东方主战场，对世界反法西斯战争的胜利、维护世界和平作出了巨大贡献（“开罗宣言，明定归复；国际公认，无违无忤”）。

教学意图：台湾光复纪念碑是我们维护国家统一与领土主权完整的意志体现，是台湾地区自古以来属于中国的有力证明，宣告着两岸同胞不可分割的联系，对于学生的家国情怀培养至关重要。

三、重庆地区遗址类博物馆教学方法总结

（一）研学旅行，落地立德树人

从狭义上来讲，研学旅行特指由学校组织的，面向学生群体，以学习知识、拓宽视野、提升素养等为主要目的，通过集体旅行、集中学习等方式走出校门开展有组织、有计划、有目的的实践活动。除了教师在课堂上所讲述的、教材上所记载的历史概念外，遗址博物馆中蕴藏着更加具象的历史事实。在当前中学历史教学倡导唯物史观、时空观念、史料实证、历史解释、家国情怀五位一体的历史学科核心素养的前提下，单纯而又割裂的知识、能力、情感已无法适应新时代中学历史教学的发展需要，这就需要我们构建除课堂教学外的第二课堂，组织开展博物馆研学活动。除了上文提到的重庆抗战遗址博物馆之外，重庆地区还拥有歌乐山历史遗址群、重庆大轰炸惨案遗址、钓鱼城古战场遗址博物馆、重庆大韩民国临时政府旧址陈列馆、桂园等各个历史时期的遗址类博物馆，因此，可供教师选择的博物馆教学资源是非常丰富的。

教师在组织开展研学旅行时，要提前制定周密翔实的参观计划，将有助于历史教学、学生历史学科核心素养提升的遗址元素加以提取组织。在具体参观过程

中，教师应有针对性地根据课堂教学内容进行讲解，提升学生认知历史的能力。参观后，还可以通过设置一些有趣的作业，如谈一谈遗址类博物馆的改进建议、自己扮演导游等，进一步巩固教学效果。

（二）寓情于景，深化教学内容

历史概念的得出离不开史实，特别是在当前越来越强调论从史出、史料互证的教学潮流下，多元化的史料实证方式可以有效提升学生的历史思辨能力。遗址类博物馆能够提供较为还原历史场景的教学材料，可以有效补充教科书的史料资源单调问题。经科学验证的遗址往往能够进一步印证文字史料，如二里头遗址就被认为是夏文化的有力佐证之一，其被勘探出的城市规模和发掘出土的文物等对于重构当时的统治方式、生产生活至关重要。此外，遗址类博物馆的各类教学资源还可以通过图片、视频、微信互动小程序等多种方式在课堂上得以展现。这些对于营造教学情境，帮助学生在脑内构建历史场景同样有极大的作用。因此，教师在历史课堂教学过程当中，可以通过实地考察或网络查询等方式获取相关材料，精选有利于课堂教学的内容，从课堂历史情境架构、史料运用等方面着重培养学生的史料实证以及历史解释能力。

（三）发挥优势，培养综合能力

遗址类博物馆相比学校课堂，可以说有三大优点：第一，历史场景具体形象，保存最原本真实；第二，场景丰富多变，蕴含的历史元素浓厚，可以充分调动学生兴趣；第三，教育形式开放多样，博物馆没有课堂教室的限制，没有师生间、生生间明确的界限划分，提供了一个相对开放的学习环境。但与此同时，受限于教学计划的安排，我们不可能将课堂完全搬到博物馆之中，这就需要通过另一种方式将遗址类博物馆搬到课堂之中。学校可以与重庆地区各遗址博物馆展开馆校合作，编写校本博物馆教材，从重庆地方史、博物馆学、考古学等角度切入，结合地方特色，引导学生接触除历史课堂之外的相关方法理论，增强学生对历史学科的学习兴趣，同时提升学生各方面的综合能力。

四、重庆地区遗址类博物馆历史教学发展前景思考

（一）建立数字化博物馆

遗址类博物馆通常有固定的展览场所，以往，参观者不可避免地需要前往实地游览学习，这就可能受到博物馆人流量以及时间、空间等多方面因素的限制。当下，随着科学技术的发展，建立数字化博物馆成为博物馆学领域一个热门且重要的开发方向。通过数字技术将物态具象的博物馆、藏品等，转化为互联交互系统、视频、音频、3D画面等元素，从而构建多形式线上博物馆，使人们可以足不出户地通过各大博物馆网站、APP、微信小程序等多种方式同样直观立体地感受博物馆的魅力。

对于广大中学生而言，在正常的教学时间里难以抽出连续性的时间段用于参观博物馆，而课余时间在没有专业历史教师的带领下自行参观博物又难以取得良好的效果与思想感召。因此，建立数字化博物馆，通过手机、电脑等移动信息设备对广大中学生进行博物馆教育，可以更加充分地利用学生的零散时间，达到事半功倍的学习效果。

（二）积极开展馆校合作

建立在已有历史遗迹之上的遗址类博物馆，与其他类型的博物馆相比，对历史风貌的保存或复原效果更加真实，但由于遗址保护的首要职能，遗址类博物馆在场馆建设、参观路线等方面的可改造性相对较低。以前文提到的重庆抗战遗址博物馆为例，该遗址位于南山景区，实际上由多个零散分布的历史遗迹文物点组成，对于参观者而言，如果不清楚一个正确的参观游览路线，抑或是游览时不了解建筑与遗迹背后的历史故事，都会大大降低沉浸效果。

在集体研学旅行中，除了负责带队的历史教师外，遗址类博物馆还需要注意培养高素质的专业讲解人才，以便为参观者提供更好的观展体验，也为前来研学的广大学生群体提供更好的社会教学。为此，博物馆可以通过与开设有文博、考古学等相关专业的院校进行合作，通过委派志愿者、建立实习基地等方式解决人才来源问题，实现双方的合作共赢。

博物馆与中小学合作开展研学旅行，是实现自身教育功能的有效途径，也为我国教育事业的发展提供了强有力的资源反哺。

（三）推动文创艺术发展

博物馆文创即“博物馆文化创意产品”，是博物馆藏品资源转化为经济资源和教育资源的有效途径。如重庆市歌乐山白公馆、渣滓洞遗址，通过复古连环画集、漫画等方式讲述江姐、小萝卜头、沙坪联络站等革命故事，寓历史于文教之中，拉近了与青少年一代的距离，可以取得良好的教育效果。但不得不说，当前部分文创产品，如重庆市抗战遗址博物馆的飞机模型、U盘、烟灰缸、邮册等，价格区间偏高，从消费定位来看更倾向于成年人，针对中小学生群体的教育功能上还有发展空间，或可参考其他同类型博物馆的做法，结合自身馆藏与文化特色，设计出受众面更加广泛的文创产品。

参考文献

[1] 冯显容．“非遗”和“研学旅行”融合的现状与对策 [J]．艺海，2019（10）．

[2] 中华人民共和国教育部．义务教育历史课程标准（2011年版）[M]．北京：北京师范大学出版社，2012．

[3] 杨丹丹，阎宏斌．博物馆教育新视阈 [M]．北京：文物出版社，2009．

[4] 陈凌云．博物馆文化创意产品开发研究 [M]．上海：上海社会科学院出版社，2019．

[5] [美] 艾琳·胡珀-格林希尔．博物馆与教育：目的、方法及成效 [M]．蒋臻颖，译．上海：上海科技教育出版社，2017．

城市更新背景下的文化遗产资源保护研究措施[①]

——以重庆市文化遗产保护为例

刘　华[②]

一、前言

随着时代的进步与经济建设的快速革新，现阶段大部分城市都呈现出了高速发展与繁荣的趋向。在这一过程中，很可能会对历史文化遗产造成不可预估的破坏，最终影响历史文化遗产的存续与建设。如果在城市发展的过程中历史文化遗产遭受到严重的破坏，那么很有可能会影响地域性的文化传承以及精神文明建设，也会使我国在民族文化传承和遗产保护方面遭受重大损失。为了避免这一问题的出现，从事文化遗产保护的工作人员，应当在城市更新过程中进行文化遗产生存与发展状态的研究。本文以重庆市的文化遗产保护为例，来进行相应问题的探讨。

二、文化遗产概述

在2005年颁布的《国务院关于加强文化遗产保护工作的通知》中，对文化遗产做出了明确的规定，文化遗产包括两大部分内容，一类是非物质文化遗产，一类是物质文化遗产。物质文化遗产是指通过具体的物质承载形式来进行历史艺术

---

①原载于《文物鉴定与鉴赏》2022年5月（上）。

②刘华，本科，重庆市文物考古研究院（重庆文化遗产保护中心）文博馆员，研究方向：文化遗产保护政策研究及项目管理。

和文化价值呈现的物品。这些物品包括但不局限于墓葬建筑、壁画以及不可移动文物，还包括各类手稿、艺术品和文献资料等，甚至包括古建筑集聚具有较为明显留存价值和观赏价值的历史文化村镇、城市等，都属于文化遗产的保护和关注范畴。非物质文化遗产指的是以抽象形态存在的，但却与人民群众日常生活产生实际联系且能世代传承的文化艺术表现形式、节日仪俗。这些以抽象形式存在的艺术形式和风俗民情虽然无法进行直接的触碰，但却极大地影响了人民群众的价值观念养成以及审美观念的形成，甚至影响了人民群众价值观念的构建。上述两类便是文化遗产最重要的组成部分，也是城市发展和建设过程中需要进行保护的部分。

三、文化遗产保护的现代价值分析

（一）是城市发展和建设需要考虑的基本点

之所以要进行城市的发展规划，是因为在城市人口增多、城市功能性得到扩充的背景形势下，原有的城市土地建设和开发已不能满足城市的发展需求以及人民群众日常生产、生活的需求。因此，人民政府及进行城市规划和发展的行政机关单位认为需要进行城市土地的再次开发和利用，但大多数坐落在城市内部的文化遗产都处于繁华地段，随着城市的不断发展和建设，其所在地理位置也逐渐演变成现代城市发展和建设的中心。但在城市发展和建设的过程中，为了获取更高的经济利益价值，需要对中心地段进行重新开发与建设，这就很可能会影响历史文化遗产在中心地段的生存状况。有些城市为了进一步扩充土地利用的空间，会牺牲历史文化遗产。而有些城市在开发与建设中心地段的过程中，没有破坏历史文化遗产，也没能以更科学合理的方式对历史文化遗产周边具有良好经济开发价值的地点进行开发、利用。这很可能导致与历史文化遗产毗邻的周边区域缺乏必要的开发与建设，呈现出设施落后、功能严重衰退的问题和现象。倘若与文化遗产毗邻区域为居民生活区，那么居民的日常生活问题就无法得到进一步的改进与完善，这也是目前城市更新过程中最突出的矛盾。仿佛想要进行城市的全面建设与更新，就必须进行历史文化遗产的牺牲，如若保护历史文化遗产，就势必要放弃某片区域的经济发展和土地规划。因此但凡想要进行城市发展与更新，就务必要考虑文化遗产方面的问题，这是城市建设的基本点。

（二）是城市更新过程中的重要表现形式

从审美观念的角度来看待现代城市的发展与建设，城市的历史文化遗产留存形态较为丰富，则很有可能会与现代化的城市建设构建出一个强烈的新旧对比，使相关城市以别具一格的历史文化魅力，呈现出独特的艺术风尚。但需要注意的是以何种形式来保护历史文化遗产，是城市更新中需要重点考虑的问题。由于土地资源的稀缺和有限，使土地开发和空间开发问题成了现阶段城市规划中务必要考虑的重点。即便要保存和维护文化遗产，也并不意味着不适宜于城市更新的粗糙古建筑或并不具备代表性的古建筑需要完全留存和维护。因此从这个方面来看，历史文化遗产的保护也是一个动态革新与完善的过程，它本身的变迁表现形式就是城市更新状态的反映，这也是文化遗产保护所具备的现代价值。

四、重庆市文化遗产资源的分布格局分析

要在重庆市的城市更新过程中，进一步改良文化遗产资源生存状态，就需要对现阶段重庆市的文化遗产资源分布格局进行一个全面的了解。目前，重庆市全市38个区县中不可移动的文化遗产数量在片区分布上呈现出了极其不均匀的特征。在所有行政区划内，历史文化资源分布数量最多的区县是綦江区，这一区域的文化遗产总计有1620处，是市政建设和发展规划中需要关注的重心。而其中分布历史文化遗产数量最少的区县是大渡口区，大渡口区的文化遗产总数只有62处。而在重庆市的历史文化遗产分布中，数量超1000处的区县除了綦江区外，还有巴南、彭水、巫山、丰都等地。

从空间格局分布上看，重庆市的文化遗产分布总体上呈现出了一圈两片带两带的趋势。这里的一圈指的是主城文化圈组成区县所在的地理位置，这部分地域自古以来就是重庆文化经济和政治发展的中心地带，自然条件优渥，交通也更便利，人文环境较良好，因此有较多的文化遗产资源。该区域拥有的全国重点文物

保护单位多达27处，除此之外还有众多市级的文物保护单位。到了近代这里也是抗战革命文化的根据地，具有众多的红色文化遗产，值得进行精神文明建设和文化传承。

在空间格局中，两片指的是南片和北片，南片是重庆市拥有最丰富石刻遗迹的区域。这一片区域中还有列入世界文化遗产名录的保护单位，因此值得城市建设和规划工作人员的重视。北片指的是钓鱼城片区，该片区不仅有国家重点文物保护单位，还有国家重点的风景名胜区域，因此也值得城市建设和规划人员引起足够的重视。

在空间分布过程中，两带指三峡文化带和民族文化带。三峡文化带留存着十分丰富的早期人类活动遗迹，是巴文化的诞生地，因此在文化遗产保护中占有十分重要的地位。民族文化带指因少数民族聚居而留存众多珍贵历史文物的区域。该区域在历史发展过程中由于长期处于封闭状态，与外部的沟通与交流少，保存了少数民族悠久的民俗文化和民俗传统。

五、重庆市文化遗产保护的困境分析

（一）制度方面存在困难

重庆市任何区县的历史文化遗产都需要在城市的整体规划背景下实施和开展保护计划。因此文化遗产是否能得到良好的保护，在很长时间内都取决于城市规划建设过程中是否将文化遗产保护看作是需要重点考虑的内容。而实际上城市的发展规划是对土地的进一步利用和开发建设。从重庆市现有的土地开发和建设制度看，土地所有权和使用权呈现出长期分离的状态，虽然土地所有权归国家所有，但土地使用权和管理权则可以通过法律途径来进行转让。在很长一段时间内，重庆市的某些土地使用权都交予了各单位来进行暂时支配，虽然其所有权仍然收归国家，但究竟由国家哪个部门来进行土地所有权的履行并未做出明确规定。因此在重庆市现阶段的文化遗产土地占用问题探讨过程中，不同单位对历史文化遗产的土地所有权和土地行使权都进行了不同程度的争论。这会直接影响城市更新过程中历史文化遗产的保护和开发状况。

此外，对于历史文化遗产在城市更新过程中过度开发行为的界定，尚未进行明确规定。因此重庆市参与城市更新建设的工作人员无法在合理的制度引导下，进行自身开发和城市建设行为的约束。而在这一过程中，历史文化遗产在市场竞争过程中所呈现出的经济效应，也会在一定程度上影响文化遗产的开发和保护。有关这一问题也尚未进行明确的制度规范，重庆市的文化遗产保护存在较为明显的困境。

（二）责任承担方面存在困境

城市开发、更新与文化遗产保护之间必然存在不可调和的矛盾，因此早在2007年，国家的文物行政部门就已经对各地的文化遗产日常保护修缮和开发等职责进行了明确的规定，希望主管文化遗产保护和开发部门能在日常工作中承担起自身职责。但需要注意的是有些文化遗产其本身属性较特殊，单独的文物行政部门难以承担其日常的修缮开发与保护责任，需要建筑部门、城市规划部门和土地资源部门共同责任承担，方能使城市的文化遗产建设和保护工作任务顺利完成。而在具体的某一文化遗产保护和开发的过程中，其涉及的步骤和环节十分复杂，参与文化建设、建筑管理和环境保护的各部门都需要在文化遗产保护的过程中，进行责任的担当和职责的完善。

因此，目前的文化遗产保护工作难以通过某一单位主体来对文化遗产进行合理的保护和完善。倘若想要全面保护文化遗产，各部门、各文物保护机构需相互协调和协同合作。文物保护机构在法律意义上是文化遗产修缮维护的直接责任单位，但缺乏实际保护权利和能力，因此在城市更新过程中一旦涉及文化遗产保护问题，就很容易出现冲突和推脱责任的现象，这也是目前重庆市文化遗产保护过程中存在的困境。

（三）资金方面存在困境

相比其他行业和产业，文化遗产保护在资金循环利用方面呈现出较为理想的状态，在资金投入方面所需额度很大，但却难以产生等同的经济效益。因此，在文化遗产的保护过程中，存在一定的公益性质，在日常资金渠道开发过程中时常面临困境，难以得到有效的资金支持。就重庆市的文化遗产等级分布而言，在南片的石刻区有一处世界文化遗产为大足石刻片区。在重庆市的行政区划内部一共有14个国家级的文化遗产，这两部分文化遗产能够通过中央拨款的形式来获得充足的保护资金。但需要注意的是，重庆市的文化遗产数以千计，除了上述两类可通过中央财政拨款的方式来进行维护资金保障之外，其余文化遗产都难以获得较稳定的资金保障。虽然重庆市政府也通过地方的财政支出给予了部分文化遗产必要的修缮经费，但其在经费投入和实际需要花费的经费对比方面却仍然存在不小的差距。需要注意的是，地方政府在进行财政支出过程中，不仅要考虑文化遗产保护和传承方面的问题，而且要考虑城市经济建设和发展方面的问题，许多重庆市的文化遗产在很长时间都难以得到有效保护和开发。在难以得到充分的资金资源分配的情境下，其在城市更新中的生存状态并不容乐观，这也是目前重庆文化遗产保护方面存在的困难。

六、城市更新中文化遗产保护和建设的措施分析

（一）在城市更新中进行文化指标的引入

在长久的城市发展与建设过程中，研究学者都以GDP作为衡量城市发展和建设的最终标准。但实际上经济建设状况只是城市发展的一个方面，只单纯使用经济指标来衡量城市的发展，显然是不科学的。城市的发展不仅与经济建设水平有莫大的关联，还与教育水平、医疗水平、社会保障以及精神文明建设都有十分密切的关联。因此，在城市发展建设的过程中，想要改良政府以经济指标建设作为衡量业绩唯一标准的畸形现象，就需要进行文化指标的引入。只有如此，城市发展建设才具有更明确的价值方向，才能有更正确的精神价值观念作为城市的发展内核，支撑城市的不断建设与完善。

实际上，国际所通用的衡量城市发展状况的指标是HDI人类发展指标。这一指标包含的知识因素进一步强调了城市建设中文化建设的功用，也意味着城市建设不能忽略文化发展与文化保护。在重庆市的未来发展和更新中，也许可以尝试

借鉴、应用人类发展指标，将文化指标引入城市更新的评估体系中。

（二）进行城市更新可持续发展概念的运用

想要使城市不断地发展与完善，就要对现有建筑用地进一步革新。由于城市中的土地具有一定限制，因此城市更新在一定程度上意味着城市的土地使用方式和形式需要进行更新。若只将文化遗产当作是不适宜于现代城市建设和发展的老旧建筑，那么文化遗产势必会遭到拆除。但实际上文化遗产需要被保护是由于它本身就有极大的文化价值、精神价值和历史价值，是其他老旧建筑或老旧物品无法替代的。因此一经拆除便无法复原。

在城市建设与革新过程中，工作人员势必要将文化遗产与普通老旧建筑进行区别，以可持续发展的眼光保护和完善文化遗产。虽然从短期的城市发展和建设方面看，在保护文化遗产的前提下进行城市革新，很容易使城市经济建设在短期内受到负面影响，但文化遗产也能转换为经济建设动力，通过其所独具的文化价值来进行经济价值的转换。从长远的发展来看，城市需要在更新过程中运用可持续发展理念，这是重庆市在进行文化遗产生存状态考察与研究过程中需要重视的问题。

（三）强化文化遗产保护的立法建设

就目前而言，虽然各级人民政府已意识到了文化遗产保护的重要性，但在法律内容制定的过程中仍然存在一些明显的条款漏洞，这会直接影响到城市更新过程中的文化遗产保护。为了使重庆市的文化遗产生存状态得到有效的改进与完善，重庆市人民政府应当在遵守国家法律法规政策的条件背景下，进行地方性法规的建设，争取使文化遗产在城市更新中能得到进一步的保护。

同时，相关公职人员还应当进一步加强对文化遗产破坏行为的惩治力度，使用较科学合理的惩治手段来进行文化遗产日常的开发与维护，避免过度追求利益而导致文化遗产遭受损失。这也能在一定程度上为城市更新的合理性和可行性提供法律层面的保障。

（四）进行有利于文化遗产保护的城市建设模式运用

就目前重庆市的城市建设与发展而言，政策导向仍然倾向于经济建设和经济发展，而城市的不断扩张也使土地价值逐年攀升，这很容易导致文化遗产在保护过程中与城市更新出现不可避免的矛盾。若将文化遗产的价值局限在历史文化层面，是难以在城市更新过程中实现对文化遗产的有力保护，政府需要进一步挖掘文化遗产的经济价值，使文化遗产保护与城市经济建设呈现出一致性和同步性。通过分析文化遗产的不可再生和增值特征，来进行其能带来经济价值的评估。在城市更新的过程中，务必要多方面考量文化遗产，使城市更新和文化遗产保护之间的矛盾得到进一步的平衡。

七、结束语

总而言之，在重庆市的城市更新与发展建设中进行文化遗产保护是很重要的，只有维持文化遗产现阶段的生存状态，才能使城市的发展和建设具有明显的地域文化内涵，这对城市的长远发展能够起到正面的引导作用，各部门工作人员和研究学者务必要对此引起重视。

参考文献

[1] 苗红培. 城市更新中的历史文化遗产保护[J]. 重庆社会科学，2014(8)：79-84.

[2] 王瑞玲，李世蓉. 重庆城市更新中建筑文化遗产保护研究[J]. 经营管理者，2015(25)：344.

[3] 廖仕东，王瑞玲. 基于建筑文化遗产保护的重庆城市更新策略研究[J]. 经营管理者，2015(26)：130.

[4] 张经纬. 城市历史文化遗产保护与城市更新[J]. 遗产与保护研究，2018(6)：87-89.

[5] 龙婷. 城市更新背景下非物质文化遗产的保护研究[D]. 武汉：华中师范大学，2016.

重庆传统工艺类非物质文化遗产创新性发展路径①

王月月　张习文②

一、重庆传统工艺类非遗的项目及价值

（一）传统工艺类非遗的项目

联合国教科文组织《保护非物质文化遗产公约》（中文版）中在对非遗的定义中提到非遗包括“传统手工艺”。文化和旅游部、工业和信息化部、财政部制定的《中国传统工艺振兴计划》中进一步明确了“传统工艺”的概念及范围。结合《第一批国家传统工艺振兴目录》的14大门类、第五批《国家级非物质文化遗产代表性项目名录》，本文认为传统工艺主要包括传统美术、传统技艺、传统医药三个领域。据资料统计，重庆市国家级传统工艺类非遗代表性项目共计16项，分别为梁平木版年画、蜀绣、梁平竹帘、巫溪嫁花、大足石雕、奉节木雕、荣昌折扇、荣昌陶器制作技艺、夏布织造技艺、重庆漆器髹饰技艺、永川豆豉酿制技艺、涪陵榨菜传统制作技艺、土家族吊脚楼营造技艺、针灸（刘氏刺熨疗法、赵

① 基金项目： 本文系重庆市社会科学规划项目“重庆传统特色手工艺协同创新培育模式与方法研究”（项目编号：2017PY29）的阶段性研究成果。原载于《天工》2021年第11期。

② 王月月（1989—　），女，贵州贵阳人，上海大学博士研究生，讲师，研究方向：非物质文化遗产保护；张习文（1988—　），女，重庆人，四川美术学院，研究方向：传统手工艺、非遗创新。

氏雷火灸）、桐君阁传统丸剂制作技艺、燕青门正骨疗法。重庆市市级传统工艺类非遗代表性项目有453项。

（二）传统工艺类非遗的价值

非物质文化遗产因为具有重大的遗产价值，被称为“活态遗产”。传统工艺类非遗亦具有重大的历史、科学、艺术和文化价值。

1.历史价值

非物质文化遗产反映了各历史时期民众的集体生活及长期流传下来的文化活动及其成果，具有不可忽视的历史价值[①]。它是我国特定发展阶段的历史印记，是全面认知我国古代社会历史的重要补充。重庆夏布织造技艺已有千年历史，荣昌夏布在汉代被称为“蜀布”，唐宋时称为“筒布”“斑布”，以麻为主要生产原料[②]。夏布在包括重庆在内的为数不多的地域流传下来，有助于认知古代重庆及周边地域的百姓的生活史。

2.科学价值

非物质文化遗产是对不同历史时期生产力发展水平、科学技术发展程度、人类创造能力的保留和反映，为后人提供科技信息[③]。传统工艺类非遗主要反映了历史上人们的手工劳作技艺，其中不乏较多的科学技能。如土家族吊脚楼广泛分布于石柱县，一般将木柱分成上下两层，上层通风较好，一般用于居住，下层潮湿，用于圈养牲畜或存放物品，而且建筑采用榫卯结构相连、加固，彰显了古代劳动人民的智慧。

3.艺术价值

非物质文化遗产是一种活的文化，它代表着不同历史时期人们的审美观念。传统工艺类非遗的物质载体多呈现一定的民间艺术性、创造性，具有一定的艺术审美价值。梁平木版年画已有300年历史，是人们为了庆祝年节而绘制的木版年画，是一种传统的民间绘画艺术。其构图、色彩、造型等反映了当时民间的审美

① 王文章．非物质文化遗产概论［M］．北京：文化艺术出版社，2006.

② 廖江波．夏布源流及其工艺与布艺研究［D］．上海：东华大学博士学位论文，2018.

③ 王鹤云．非物质文化遗产的多元价值分析［N］．中国文化报，2008-07-16.

观念及艺术水平。

4.文化价值

非物质文化遗产是特定时期流传下来的“活”的文化，反映了民族的思维方式、技艺水平、生活方式、风俗习惯等，体现了一个民族的历史发展轨迹，具有鲜明的独特性、多样性，显示出鲜明的文化价值。重庆传统工艺类非遗反映了当地的民俗文化、民族文化，如涪陵榨菜传统制作技艺、永川豆豉酿制技艺都反映了当地的饮食文化，是优秀传统文化的重要组成部分。

二、重庆传统工艺类非遗的保护模式

重庆市高度重视对传统工艺的保护工作，保护“活态”文化遗产，形成了整体性保护、名录式保护、数字化保护、立法式保护、生产性保护等基本模式。

（一）整体性保护

整体性保护是基于保护非遗及其物质载体、赖以生存的生态环境而探索出的一种生态保护模式，消除了单纯保护非遗项目和非遗传承人的弊端，如生态博物馆、生态文化保护区、传统村落等，都是常见的整体性保护形式。重庆市目前有一处国家级文化生态保护试验区，即武陵山区（渝东南）土家族苗族文化生态文化保护试验区，涉及黔江区、武隆区等区域。此外，重庆市编制了《长江三峡流域（重庆）文化生态保护区总体规划》，推进其国家级文化生态区的创建工作。

（二）名录式保护

名录式保护是将濒危的、具有重大价值的非遗通过政府认定的方式收录在册的一种保护模式，目前在我国已经形成了四级保护形式。重庆市目前已经形成了国家—市—县（区）三级名录保护体系。其中，第五批国家级非遗传承人名单中，重庆市共有15人，分别为徐家辉、康宁、黄敏、牟秉衡、陈子福、梁先才、颜坤吉、李俭康、陈思碧、曾凡玉、刘成柏、刘光瑞、殷树荣、罗天锡、万绍碧。重庆市已经公布了第六批市级非物质文化遗产代表性项目名录，正在组织第七批区级名录的申报及评审工作，形成了较为成熟的普查—申报—认定工作流程。

（三）数字化保护

数字化保护是一种依托互联网技术对非遗数据进行采集、录入、保存的现代化保护方式。中国艺术研究院较早开始了对世界级非物质文化遗产代表作、国家级非遗代表性项目、国家级非遗项目代表性传承人等进行数据库管理，其中包括重庆市国家级非遗代表性名录及传承人等。重庆市在非遗数字化保护方面也进行了探索，2016年，合川区在区博物馆着手建设包括非遗保护名录、传承人在内的文化遗产数据库。重庆市文化研究院（重庆市非物质文化遗产保护中心）在“非遗保护”栏目开设了非遗保护机构、非遗项目名录、传承人、非遗项目生产性保护示范基地、非遗项目传承教育基地等板块，然而具体内容还未完成建设，有待逐条增设。

（四）立法式保护

立法式保护是通过出台法律、颁布法规的形式对非遗加以保护的形式。重庆市人民政府早先已经颁发了《重庆市传统工艺美术保护办法》（渝府发〔2005〕124号）、《重庆市人民政府办公厅关于加强我市非物质文化遗产保护工作的实施意见》（渝办发〔2005〕223号），为非遗保护工作奠定了基础。重庆市在遵循《中华人民共和国非物质文化遗产法》的基础上，结合当地非遗保护的实际情况，于2012年颁布并实施了《重庆市非物质文化遗产条例》，使重庆市非遗保护工作全面实现了有法可依、有法必依。同年，重庆市人民政府为进一步落实非遗的保护工作，通过了《重庆市非物质文化遗产专家评审办法》。至此，重庆市不仅有非遗条例，而且出台了配套法规、政策，以完善非遗的法律保护体系。

（五）生产性保护

生产性保护是从非遗的永续传承、可持续发展的角度，在“保护第一”的基础上，对可进入生产领域类非遗的“合理利用”。这一保护方式主要适用于传统美术、传统技艺、传统医药三大领域。生产性保护的核心在于核心技艺的保存，核心技艺是一项技艺区别于其他技艺的关键所在，如果核心技艺在传承过程中发生改变，非遗项目则会发生根本改变。重庆市非遗企业取胜的“秘籍”同样在于核心技艺的掌握，从而在市场上取得一席之地。目前，重庆市共有一家国家级非遗生产性保护示范基地，即重庆市永川豆豉食品有限公司，传承豆豉酿制技艺；有87家市级非遗生产性保护示范基地。

三、重庆传统工艺类非遗协同创新发展的路径

活态的非遗不仅需要保护，而且需要“活态”传承、发展，积极推动其在日常生活中焕发活力①。政府、传承人、企业、社会公众作为保护非遗的主体，应跨界整合，从而实现政、产、学、研共同发力的一种协同发展模式。

（一）政府加大扶持力度，发挥政策引导作用

如前所述，政府部门作为非遗保护主体已经出台了部分支持非遗保护及传承发展的政策，对重庆市非遗的保护及传承工作发挥了政策扶持及引导的作用。其一，数字化保护方面，亟须加快数字化进度，加强与企业、科研院所等部门的联系，共同落实完善非遗代表性项目名录、传承人名单、生产性保护示范基地、生态文化保护区等信息，形成非遗信息全覆盖的非遗数据库。其二，立法保护方面，非遗知识产权方面的法律法规还较为缺乏，政府应协同企业开展市场调查，协同高校、科研院所等部门制定相应的知识产权法，规范非遗工艺品市场，促进非遗工艺品市场的诚信经营、公平竞争，破除传统工艺品市场上真假非遗混杂的局面，保障消费者的购买权益。其三，宣传推广方面，传统工艺类非遗多数可以与旅游产业相融合，重庆市政府相关部门在制作推介重庆旅游的宣传片时可突出作为工艺纪念品的手工类非遗产品，使之成为吸引游客的地方特色纪念品之一。

（二）传承人坚守核心技艺，加强培训传承

随着社会经济、生态、文化环境的改变，重庆市传统工艺类非遗赖以生存的文化生态环境虽然会部分发生改变，然而其核心技艺作为活态技艺而保留至今，使我们在当代社会仍然能了解过去几百年甚至上千年的民间生活习俗。当前，传承人群一方面面临老龄化严重的问题，另一方面面临后继乏人的困境。为突破困境，今后应该以传承人群为核心，有序开展培训及传承工作。一是强化对传承人

①刘洋，松田阳．经济振兴与日本文化遗产的活用思路［J］．文化遗产，2021（2）：23-31.

群的培训。依托四川美术学院实行“中国非物质文化遗产传承人群研修研习培训计划”，加深传统工艺传人对非遗优秀传统文化的认知，了解国家针对传统工艺的相关政策，意识到各自所掌握手艺的重要价值，坚定传承信念。二是继续推进“非遗进校园”。在当前义务教育阶段“双减”教育政策的背景下，传统工艺进校园可以加入课后延长服务中，既能丰富学生的课余生活，缓解一天的学习疲劳，也能加强学生对中华优秀传统文化的认知。

（三）企业开发非遗文创产品，培育非遗品牌

企业作为市场主体应发挥创新优势，在国家非遗政策的支持下，丰富文化产品的种类，着力开发传统工艺类文创产品，提高国内文化产品的内涵。其一，企业可与博物馆协同开发。近几年，以故宫博物院为开端的博物馆文创产业已经发展起来，重庆市文化企业可与当地综合类博物馆、专题类博物馆开展合作，博物馆提供非遗文创元素，企业负责后续设计、开发、营销、推广等工作，助力非遗文创品开发。其二，企业可与传承人合作。传统工艺类传承人依赖手工劳动，手艺精湛但生产能力有限，企业可与传承人合作设计开发高级定制类产品，走高端产品市场，满足特定群体的需求。其三，企业自行开发文创产品，并与旅游景区合作。文化企业也可专门组织设计团队，加深对传统手工艺品的认知，在图案、色彩、设计的基础上再次设计，使现代设计助力传统工艺的当代再现[①]。此类文创产品可与当地旅游景区合作，作为景区的旅游纪念品。

（四）深化社会公众的非遗认知，扩大非遗宣传

社会公众既是非遗物质载体的消费主体，更是非遗技能的保护主体。虽然我国的非遗保护工作已经开展了10余年，然而大众对非遗的认知仍然不够，因此地方政府还应加大宣传力度。其一，重庆市政府应当进一步加强面向社会公众的非遗知识宣传与普及，除在社区内表演非遗节目外，还应该加强非遗知识的宣讲。如在《中华人民共和国非物质文化遗产法》颁布十周年之际，在社区进行巡回宣讲，使更多的社会公众认识非遗、热爱非遗、保护非遗。其二，当前自媒体依托

① 章莉莉，刁秋宇．非物质文化遗产活态传承 的生态建设［J］．民族艺术研究，2021（3）：124-129.

网络信息技术蓬勃发展，社会公众可随时随地地录制、发布传统手工艺类视频，尤其是旅游景区内的传统工艺纪念品、非遗美食等，形成全社会保护非遗、热爱非遗的良好氛围。

四、结语

重庆市传统工艺类非遗传承历史悠久、种类丰富，具有重要的历史认知价值，成为西南地区重要的“活态”遗产。因此，重庆市为了保护非遗，在整体性保护、名录式保护、立法式保护等方面开展了较多工作。重庆市传统工艺类非遗不仅需要保护，而且也需要创造性转化、创新性发展，体现其重要的“资源”价值，实现从“遗产”到“资源”的转变，发挥其“见人见物见生活”的社会价值。

YISHU YANJIU
【艺术研究】

以文化使命推动美术繁荣　以文化自信建构理论高峰[①]

——“全国美术高峰论坛·重庆”会议综述

蔡　峰　王　瑞[②]

为深入贯彻落实习近平总书记关于文艺工作的重要论述精神，切实加强和改进美术理论建设和评论工作，打磨批评利器，加强评论力度，挖掘培养美术理论、美术评论人才，引领美术创作健康发展，2020年10月28日上午，由中国美术家协会、重庆市文学艺术界联合会、四川美术学院主办的“全国美术高峰论坛”在重庆开幕。时值四川美术学院建校80周年之际，冯远、范迪安、徐里、尚辉、牛克诚、张晓凌、黄宗贤、郑工、赵农、李豫闽、于洋、孟繁玮、屈波等百余位全国美术理论界的专家学者，以及来自社会各界的征稿优秀论文入选作者90余人齐聚山城，围绕论坛主题发表演讲并组织展开研讨，把脉中国美术学术建设现状，探求新时代中国美术创作方向。论坛板块延续了历届设置，从美术思潮与学术方位、美术创作、美术理论、重庆美术四大板块展开专题演讲与讨论。正如中国美协主席、中央美术学院院长范迪安在开幕式发言中所期望的，“面对新时代中国美术的发展，中国美术界要加强中国美术历史和理论传统的进一步研究，通过建构中国美术理论的话语体系与价值标准，使中国美术理论展现出中国话语的思想光彩，在国际美术的交流中形成有力的对话力量，彰显文化自信”。为期两天的论坛会议圆满完成各项既定的议程，四大板块成果累累。

① 原载于《美术观察》2021年第1期总第305期。

② 蔡峰，重庆美术馆。王瑞，中国美术家协会理论研究处。

“全国美术高峰论坛·重庆”会议现场

一、美术思潮与学术方位：新时代中国美术的价值担当与体系建构

论坛第一板块由中国美术家协会理论委员会副主任、中国艺术研究院美术研究所所长牛克诚主持，围绕如何关注国际环境与弘扬民族主题当中建构中国当代美术、新时代中国美术的价值担当与话语体系建构展开。

中国文联副主席、中国美协名誉主席、中央文史馆常务副馆长冯远发表了题为《现实主义命题的多样化艺术阐释》的主旨演讲。他指出，目前现实主义创作中具象写实方式的普泛化倾向进一步扩大，而解决这一困境就需要在全社会树立人才培养多样性，关爱个性发展多样化，重视人才和成果的评价机制多样性原则，鼓励、奖励褒扬多样性创新的氛围，以此助推美术创新，助推全体国人的综合素质在小康生活上的进一步提升。

四川美术学院副院长焦兴涛则以《〈父亲〉的难题》为题，以对作品的“重新地触摸”讨论了同一主题在媒介转换中对现实和对艺术的重新解读。焦兴涛结合罗中立的《父亲》的创作过程，解读了生活世界 和艺术世界的关系。他认为，从绘画到雕塑这种媒介的转换让绘画可以被触摸，空间通过现实连接观众、建立对视，呈现了个体的情感而非群体的意志，唤醒了我们内心深处的亲密体验。

中国艺术研究院副研究员、《美术观察》副主编孟繁玮就艺术功能的拓展和聚焦艺术史的研究两个方面，围绕《聚焦后疫情时代的艺术和艺术史研究》展开讨论。孟繁玮结合新冠肺炎疫情期间中国美术界的积极作为，谈及艺术对于隐性创伤的干预和治疗意义，提出艺术疗愈也是美育社会功能的有益拓展。她还结合美术考古研究成果，指出对于美术在艺术史研究中的价值与定义的问题值得重思。聚焦和开放并重是当下及未来需要深研和努力完成的工作。

“美育”一直以来都是美术工作的重要内容，美育涉及人的全面发展。四川美术学院教授屈波以《“全美育”模式的探索——以网络虚拟社区美育为例》为题，结合中国近现代社会以来美育教育的历程，梳理了美育建设的过程，并指出在当下网络世界环境中，美育应该适时地与科技结合，开拓更为开阔的新天地。

二、美术创作：建构中国当代美术创作体系

美术创作板块由中国美协理论委员会副主任张晓凌主持。改革开放40多年来中国美术创作的成就巨大，毋庸置疑，但中国当代美术创作也要面对五个方面的问题：一是如何在全球跨文化格局中寻找自身的创作道路；二是21世纪以来中国美术的当代艺术转换；三是在发展的中国，艺术如何与新时代结合；四是艺术与科技的关系；五是如何建立一个非西方体系下的当代艺术话语体系。

天津美术学院教授杨维民从女性艺术家的水墨创作状态出发，发表了题为《“她水墨”的新生态》的主旨演讲。他以“她水墨”展览为例，从女性艺术家的角度梳理当下美术创作现象，以小见大地表现出当下中国美术创作的一种状态，为梳理中国当代美术创作提供了别致的视角。

中国美协副主席、四川美术学院院长庞茂琨则以自己的作品为例，对现实主义概念做了延伸阐释。他借《现实主义在中国现实体验中的延展空间》为题说道：“中国艺术家同样可以借助传统的、古典的文化，创作出具有反思价值的、强烈时代感的作品。艺术的主义并不重要，用艺术的方式把对时代的价值判断高度糅合为作品，以此来正视我们面对的社会问题、人类面对的未来问题，这才是

绘画的使命。”

中国艺术研究院研究员李春阳以《从“无问西东”的借用谈艺术的民族个性与人类共性》为题，阐述了中国画发展中的东方艺术立场和选择标准。中国绘画的主体性建立，需要从文化的源头寻找创造性，将传统变为活的流水，这才是中国画创作的根本道路。

四川美术学院讲师李海磊与四川大学艺术学院教授赵志红也分别以《双向传播与互融共生——跨文化语境下丝绸之路美术比较研究》和《写生的百年之变与当下意义》为题，发表了主旨演讲。李海磊从跨文化语境下丝绸之路美术研究视角的转变、美术主题与图像的双向传播、丝路沿线壁画中文化交流互鉴、丝路精神的传承与美术创作四个方面讨论丝绸之路美术状况；赵志红则就当下艺术写生的现状，梳理了中国近现代以来写生的状况，同时阐释写生对于艺术创作的价值与意义。

三、美术理论：以文化自信强化中国美术理论研究

美术理论板块由中国美协理论委员会委员、西安美术学院美术史论系主任赵农主持。他指出，理论研究的场域是开放的，要在更广阔的艺术世界中找到中国美术的理论支撑，这需要中国美术理论的研究人员有更为宽广的研究视野和深刻的研究课题，同时还要饱含坚定的文化自信心和统一的文化观。

中国艺术研究院研究员郑工以《可见与不可见：论当代学术转型中的美术史研究》为题发表了主旨演讲。他以闽东畲族家居建筑形制和巫鸿的《重返作品：〈平安春信图〉的创作及其他》为例，强调了美术史研究不应该因为宽阔的研究场域和深刻的研究内容而过分强调美术研究意义的差异化，美术史的研究最终还是要回归到具有统一性的研究对象——作品。

中国美协美术教育委员会委员、福建师范大学美术学院院长李豫闽发表了题为《叙事与重构：新史学视域下的区域美术史研究》的主旨演讲。他强调，整体性观念与局部细微观察的共在，形成宏观的叙事与微观的体察相结合的研究方式，这种自下而上的研究方式可以为梳理中国美术发展的历史提供更为可靠的方法论。

国家主题性美术创作研究中心副主任、中央美术学院教授于洋以《中国当代美术表达中的真实与现实》为题，论述了美术创作过程中以现实主义为线索所呈现的关注现实人生、社会与自然的表达方式。于洋讲道："面对21世纪中国美术积淀的本土传统与21世纪以来国际化语境下的时尚新潮，今天的美术唯有在坚守艺术本真的前提下打开视野、守正创新，方能以艺术创作召唤真实、贴近观度。"

安徽省书画院专职理论家陈明哲以《民族的才是世界的——在关注国际环境与弘扬民族主体意识中建构中国当代美术》为题，强调当代美术创作中弘扬民族主体意识必须坚定绘画的民族立场。山东师范大学美术学院副教授董龙昌从中国当代美术批评话语体系建构的三个维度发表了题为《中国当代美术批评话语体系建构问题研究》的主旨演讲。澳门科技大学博士研究生刘琪以《跨文化研究中的"无问西东"与中外文化交流中"文明互鉴"的关系——以澳门美术发展史为例》为题，讨论了全球化语境下澳门美术史研究中的多元、多边，以及跨学科、跨学科的概念。四川美术馆策展人冯石结合近些年来四川美术馆的展览，发表了题为《另一部版画史：理想的建构——角度、目的与方法》主旨演讲。冯石梳理了20世纪中国版画发展的基本脉络，强调了区域美术史研究对中国美术史研究的推动。

四、重庆美术

重庆美术专场由四川美术学院美术馆馆长何桂彦主持。重庆是我国美术重地，拥有深厚的文化艺术底蕴。新中国成立以来，包括四川美术学院师生在内的重庆艺术家始终与时代同步伐，与人民共命运，走进实践深处，观照人民生活，涌现出一大批精品力作。

四川美术学院教授王林以《当代艺术的实验性——以川美艺术状态为例》为题发表主旨演讲。他结合近年来四川美院实验艺术案例，以学术性和前沿性为基础，探讨了当代艺术的实验特质。

西南大学美术学院院长段运冬以《20世纪重庆北碚图像的社会现代性与艺术民生化》为题，从五个方面建构北碚美术发展的历程，从而进一步完成对北碚美术史资料的再发展和阐释，以美术史写作的人文温度实现美术史研究的价值回归。

四川美术学院教授邹建林从宏观层面上讨论了对重庆美术发展的直观体验，并在题为《饮食本能的曲折变现：重庆美术一瞥》的主旨演讲中，通过对重庆地域美术史中有关“吃”与“食”相关作品的梳理，讨论了中国美术发展中的现实主义创作传统，以及作品流变中的现实转变和意义重构。

重庆大学艺术学院副院长张楠木立足于抗战时期重庆美术的状况，发表了题为《徐悲鸿与陪都美术教育》的主旨演讲。张楠木通过对新中国美术奠基人之一的徐悲鸿在重庆期间的史料研究，呈现了中国近现代美术教育发展伊始的状况，为研究20世纪30年代的中国美术提供了重要的史学资料。

四川美术学院教授陈德洪在题为《空间转向：川美艺术创作流变》的演讲中，以作品中的社会空间、文化空间、心理空间三个方面有层次、分角度地梳理了四川美术学院40年来美术创作的脉络。重庆美术馆策展人蔡峰发表了《民族化叙事：以西南美专民族班为例》主旨演讲。他以20世纪50年代西南美专附中开设的民族班为考察对象，呈现了20世纪50年代以来少数民族美术的境况、发展过程以及民族班开设之后西南地区少数民族美术的成果。四川美术学院讲师李竹在题为《身份认同：重庆雕塑的民族化探索（1940—1960）》的主旨演讲中分别以语境、实践产物、集中呈现三个方面，结合作品与展览具体分析了1949年到20世纪60年代重庆雕塑的民族化初步探索。

中国美协理论委员会副主任、四川美术学院艺术人文学院院长黄宗贤做了论坛总结发言。他将24位主旨发言学者的演讲主题归纳为四个方面：一是聚焦现实主义的主题创作；二是跨媒介、跨文化的研究视野被广泛采用；三是中国当代艺术史研究、艺术教育的转向问题受到重视；四是对艺术的地域性和开放性问题的关注。本届论坛呈现出的包容性与开放性，为中国美术回顾过去、关注当下、展望未来提供了更多可能。黄宗贤坚信，“全国美术高峰论坛”一定会站在深厚的历史文脉之上，成为中国最重要并产生世界性影响的理论阵地。

西方现代艺术的视觉共鸣[①]

——次仁多吉的油画艺术

黄剑武[②]

2019年，在西藏写生考察之时，有幸认识了次仁多吉老师。我是从他的人认识了他的画，从他的画看见了西藏艺术的包容性、多元性和西藏文化的多姿多彩。他亲切温和、波澜不惊的外表下，难以想象他的作品却是另一番景象，激烈奔放、果敢泼辣，充满鲜活的表现力，令人印象深刻。对于他的油画作品，我或多或少感到有些意外，其实更多的是欣喜，在处于中国西南边陲的西藏，有西方现代艺术和中国民族艺术的共振和发展。在相见两年后的今天，当我提笔真正开始细细解读他的作品之时，让我情不自禁地穿越西藏的地域，回眸中国美术史和西方美术史，将波澜壮阔的西方现代艺术的美术思潮、学术现象，和中国民族艺术、宗教文化自然地进行连接，将它们重新审视并进入了深深的思考。

一、西方现代艺术在中国的艰难发展

在中国美术史上，20世纪30年代发生过两次比较有影响力的现代艺术运动，一是发端于上海的现代主义社团——决澜社，决澜社成员画家主要吸收西方现代绘画的创作理念，推崇、研习后期印象派、达达主义、野兽派、立体主义和超现实主义等学术流派。二是20世纪30年代在东京成立的中华独立美术研究所，后改称“中华

---

①原载于《南腔北调》2021年第6期。

②黄剑武，重庆市文化和旅游研究院研究员，编辑部主任。

独立美术协会”，先后在东京、广州和上海展开艺术活动，宣扬超现实主义和野兽派等艺术。这两次现代艺术美术运动都是以上海等地为主要地点进行活动和传播，虽然短暂，但是却在特定的时代背景下意义非凡，打开了视觉艺术的另一扇窗户，开始进入国际艺术语境对中国美术的发展进行对比思考，并由此揭开了中国学习西方现代艺术的序幕。

现代艺术作为世界美术重要的艺术思潮，是20世纪欧洲关于世界绘画研究最突出的贡献，也是西方美术史关于视觉艺术创作最精彩的艺术章节之一。它打破了古典写实的认识和表现方式，推动了视觉艺术从自然解构到自我内心的转变。中国第一代油画家自20世纪30年代开始关注和学习西方印象派、野兽派和表现主义等艺术，虽然在早期多处于模仿和借鉴阶段，但是和世界美术是亦步亦趋，几乎是同步而行，从今天看来，其开阔视野和前瞻定位的确是非常值得肯定的。中国美术在抗战和新中国成立两个历史阶段，以号召全民抗战和战争后恢复经济建设为中心等特定历史原因，写实主义抬头，主题性创作成为主导。而在另一方面，现代艺术因其创作观念的非大众化等各种原因难以被重视，难以得到进一步发展。随后而来的“文革”十年，各种文艺发展受到限制和阻碍，中国现代艺术的先驱林风眠、吴大羽等人又都受到不同程度的迫害，现代艺术探索几乎停滞，这种情况延续到“文革”结束才好转。“文革”结束后，文艺思想逐渐复苏，这时才真正迎来现代艺术的再次回眸，但即便如此，也多还是在上海、北京和杭州等局部城市和美术高校。次仁多吉老师正是此时开始在上海戏剧学院舞美系求学，这段时间的学习奠定了以后次仁多吉老师具有现代艺术创作倾向的积极探索。而1984年在中央美院油画系的进修，和师生们的学习交流，对西方艺术的深入认识，则进一步确立了他的绘画语言和创作观念。

二、风景景观图像的中国地域化

中国第一代油画家学习西方现代艺术肇始于留学法国、日本等国家，后随上海美专、国立杭州艺专等学校，通过教学和展览等方式在上海、杭州、北平等地传播。但是，这些艺术活动针对中国艺术的发展而言都是十分局限和缓慢的。由于现代艺术纯粹的学理性和哲思性，其视觉特征一般体现为个性化、情绪化等特征，使其很难获得政治宣传共识和大众审美共识。因此，在中国接受“科学美术”启蒙的早期，现代艺术的个性化、情绪化体现出的“不科学性”显得不合时宜，只是限于少数人或局部几个中心城市得到发展，甚至其发展都因局限而具有短暂性，即个别学校少数几个老师在短暂地教学。显然，相对中国现当代艺术而言，现代艺术的普及还远远不够。在图像传播上，静物和风景景观题材作品相对于人物而言，比较容易得到普及传播，在特定历史情况下，这类题材成了中国艺术家学习现代艺术的主要题材和实践方向。

风景景观的选择是风景画家建构图像首先要考虑的因素，它是画家作品的图像生成和风格倾向形成的重要影响因素之一。具有现代艺术特征的中国早期的自然景观油画虽然多是城市题材，但是它们以时尚和融合西方文化为主的外貌建筑特征，这种自然景观取向和西方的城市风景景观趋向了相似和雷同。次仁多吉的油画创作题材和上述油画家明显不同，在西藏土生土长的他，自幼在布达拉宫脚下生活成长，有着深厚的宗教情结，他的油画首先在风景景观上的表现就比较有特点。他擅长风景和人物创作，除少数作品涉及少数人物画题材，如油画《展佛的日子》等以外，他的作品以表现西藏的风景景观而具有高度辨识度的地域特征的作品居多，如布达拉宫、圣山和各处寺庙等。这些建筑集西藏宗教、艺术、建筑为一体，是西藏文化的经典集结，建筑多肃穆庄严、色彩绚丽，给人内心的洗涤和视觉震撼。他注重西藏文化和宗教建筑的精神图像视觉呈现，以宗教般虔诚的创作方式把这类图像进行转换，给油画植入了地域性的视觉特征和文化内涵。在此，次仁多吉的西藏风景景观的选择为其艺术探索提供了恰当的地域化推进的视觉载体，是建立其鲜明绘画语言的一个重要切口。在图像上，由于对象选择和形式表达两个方面互相咬合推进，虚化了建筑外形，超越了西藏自然景观图像本身具有的文化信息的意义，赋予了新的文化内涵，是获得了表现而不是再现。

三、光、色、形等的本体语言转向内心表达的个人化

西方现代艺术以印象派、野兽派和抽象主义为代表。从视觉演变的方式来看，这些流派主要是试图从室内固有光源向室外自然光线转变，寻求色彩在自然光下的真实和变化，如印象派对追求色彩在自然光下的物理变化。从次仁多吉的多件油画作品中，不难发现他对阳光、月光等自然光线的钟爱，但与印象派色彩相异的是，他的色彩并非像印象派色彩那样科学而理性，具有明显的时间性和季节性，而更多是趋于主观的体验和表达，如天空、水面和投影的处理，鲜艳而热烈，模糊了时间和四季。在用色中，多把高纯度和饱和度的颜色按对比色的方式并置在一起，虽显得冲突，但觉得合理合适。在这一点上，他主观地对西藏建筑色彩冲突对比进行转化表达，情绪化的经验对象色彩，恰当的夸张对比。在现代艺术中，野兽派的确素以奔放有力，高饱和、高纯度颜色来表现对象，具有主观的表现性著称。而次仁多吉的色彩的光源特征，使得他的作品在视觉上，似乎兼有了印象派光源色原理、后印象派的表现性和野兽派高纯度、高饱和度的色彩语言特征，三者互相生成、难分彼此。他在表现对象上多用律动、跳跃的笔触，或者用笔或者用刮刀，形成情绪上的激烈和视觉上的冲突吻合，充满了表现主义特征，似乎和苏丁的激昂运动、梵高旋转扭曲的笔触有异曲同工之处。

在对象形的处理之中，次仁多吉的作品面对对象强化外形特征，多以黑色或深色勾形造型，建筑物深沉有力、稚拙饱满、敦厚笃实的形体中充盈着原始张力。这种类似于非洲艺术的粗犷造型语言，和野兽派马蒂斯和弗拉曼克的形体处理有着偶合之处。他油画造型的视觉特征也恰当体现了西藏寺庙建筑的庄重和肃穆之感，形成自我的内心情绪和视觉经验。显然，次仁多吉对光、色、形的研究和实践和大多数人不同，显然是超越了现代艺术语言表面上的模仿。他是在西藏的地域文化背景中，在思考中西文化融合的时代语境中，对艺术本体的大胆实践，并努力从造型本体语言的学术角度往本土化深处推进一步，往内心化、个人化的转向重译迈进一步。不管这种探索是偶然获得还是来自间接学习，都是令人欣慰的。

由此可见，次仁多吉的油画探索以西藏宗教、建筑样式等文化为载体，以光、

色和形等本体语言为突破口。在他的作品中，虽然很难归纳出哪些具体是受某种流派的影响，或者吸收了什么，有什么明显不同，艺术的形式似乎被个人经验的处理融合、统一，却能自然获得中西文化的视觉共鸣，这其实正是他对中西文化融合和民族艺术深化的体现。回顾中国美术发展历程，对西方现代艺术的探索研究其实还很有限，西方现代艺术仍然需要重新审视，仍然值得继续学习。他的油画探索的学术个案，给我们提供了一个更大的思考空间和展望空间，也给我们面对当下中国油画实践遭遇到的困难和问题，获得了一些有益的启示。另外，他对艺术的虔诚和谦逊的态度也值得后来者借鉴和学习。

金桥吹打乐现状调查与保护对策[①]

邹俊星[②]

在历史悠久的巴渝民俗文化中，民间吹打乐是一种有着深厚群众基础的艺术形式，它集中体现在人民的生活习俗、劳动学习中。尤其是广大的乡镇和农村地区，无论是衣食住行、婚丧嫁娶、礼仪交往还是待人接物、节日庆典、游戏活动都离不开民间吹打的助兴和烘托。

一、发展轨迹

万盛金桥（青山）民间吹打历史悠久，曲目繁多，有鲜明的民族和地方特色，是巴渝民族文化中一笔珍贵的财富，也是这一宝库中的一颗璀璨明珠。它经历了民族原始时期的生产、生活、战斗中鼓舞唱和的孕育期，汉代至明代由鼓舞伴奏到吹乐曲的转型期，且曲目日臻成熟。清代吹打器乐出现转折，创立了独具特色的“马风派”吹打风格，器乐配备齐全，曲目更加完善。新中国成立以后，金桥民间吹打经历了兴衰、更迭的曲折发展期。

金桥民间吹打乐，其发生、发展的历史理应与巴渝吹打乐的历史同步，确切的产生时间大致始于宋元时期。1999年春节前夕，万盛区市政施工队在改扩建公路

①原载于《重庆文化研究》壬寅春。

②邹俊星，重庆市文化和旅游研究院。

铺设地下管道时，发掘出一批文物。在这批长满绿锈的铜瓶、铜镜、铜罩、铜盘、铜勺和银筷中，有一对边缘破损的铜钹。经重庆市文物考古研究所专家考证：属于宋元时期。此外，在金桥历代民间吹打拜师仪式上，还有这样一个内容，即徒弟要背诵“锣鼓原由唐朝起，只因臣子死亡阴魂不散。锣响鼓鸣，清洁太平。将他历史演唱，金殿安乐无事。每个百官归天时，就为锣鼓起事”的偈语。说明万盛金桥民间吹打有可能更早，即起源于唐朝。

金桥民间吹打乐经历了漫长的过程，清代金桥（青山）的刘多二创立了有如“铁马秋风塞上，千军万马出山”等风格的演奏方式——“马风派”。通过刘汉卿、向义云、向紫钦、翁庆华等五代艺术家的不断创新、发展，到解放前夕至建国以后的50年代，是金桥吹打乐的鼎盛时期。“文革”期间是冷落、沉寂、衰退期。80年代随着改革开放的不断深入，给这一民间艺术提供了较为广阔的空间，使沉睡了10多年的艺术迅速复苏。从50年代末开始走上大雅之堂，1958年秋整理的《闹春耕》获市农村文艺调演一等奖，四川省二等奖，被推荐到北京参加演出。1959年整理的《蛟龙翻身》《蜜蜂围着菜花飞》，1961年改编的《庆元宵》，1964年改编的《春到养鸡场》，1984年改编的《庆丰收》，分别获得市、区文艺演出奖。从以上各年段表明，金桥（原青山）民间吹打在西南地区影响盛大，现巴南接龙吹打曲牌中《青山调》等大量的曲牌源于青山民间吹打。在1985年的民间器乐集成中，不少曲目已编入《中国民族民间器乐集成》中，存入国家的艺术宝库。

金桥吹打乐自进入抢救期以来，也有了新的发展。1994年市文化局命名金桥乡为“民间吹打乐之乡”。1999年金桥吹打乐被评为“巴渝民间十大艺术”之一。

金桥吹打乐的曲目丰富，据普查统计，有《花灯》《大曲牌》《朝牌》《宫堂》《品打》《挑打》《散打》《干打》《夹打》《挑散打》《竹叶吹奏》《口哨》等多种类别，合计曲牌1000余首。金桥吹打乐这些众多的曲目，在长时期的流传中，以独具特色的“马风派”吹打，由吹打乐班传承发展，其“马风派”的创始人是金桥镇马头桥村的刘多二。

金桥民间吹打有“天下第一唢呐，人间第二奇鼓”之称。其吹奏方式是由两人抬唢呐、一人吹、两人奏，五人共同完成。

金桥民间吹打乐的乐器分为吹奏类、打击类两大类别。

吹奏类，主要是唢呐。唢呐有6种不同规格：（1）海笛：特高音唢呐，亦称小唢呐、叽呐子唢呐、幺子唢呐，此种唢呐长不过28厘米，音极高；（2）二台：高音唢呐；（3）三台：中音唢呐，有小三排、大三排之分；（4）头台：低音唢呐；（5）莽台：超低音唢呐；（6）特大唢呐，长4米，喇叭口直径1.8米，其最低音是谱表下加一间的E音，音域为1个8度多。原始的唢呐加工是由一木弓将唢呐管系在弦上，一手握住木弓不断地来回移动，使唢呐管顺反转动，另一手用刨刀刨、刮唢呐管，在钻通管后，用“跨跨钻”钻音孔。在青山有关唢呐的众多传说中，有一种说法，说青山原始唢呐只有一个音孔。吹奏时全靠嘴形和气压的高低变化而变化。刘多二时代唢呐有了六个音孔。后来，民间艺人向漆匠成了在金桥青山当地加工唢呐、鼓的高手，以加工其器乐增加收入，晚年将手艺传给自幼聪明的后裔向紫钦。向紫钦自15岁时就跟随祖父走南闯北学习鼓、唢呐、漆匠、雕刻、竹编等手工艺，他得到高师的指点，能加工不同型号的唢呐、鼓。向紫钦传给后裔向仕林，如今向仕林对唢呐、鼓的加工设备进行改进，提高了功效，唢呐远销巴南、綦江、南川、贵州的松坎等地区。

打击类，主要是鼓。有冬瓜鼓、排鼓、堂鼓、大堂鼓、小堂鼓、二鼓、青山鼓、饼子鼓、板鼓、盆鼓。其次是锣，有川锣、蛮锣、京锣、包锣、当锣、花鼓锣、小锣、马锣。还有钹，包括大钹、小钹、铰子、铙钹、镲。

在金桥吹打乐的这些乐器中，最主要的是唢呐和鼓、锣、钹、马锣。

二、传人传谱

“马风派”传承谱系：

第一代：“马风派”创始人——刘多二、刘云池，金桥（原青山乡）马头桥村人。刘多二自10岁起，爱好吹奏唢呐，11岁时组织四个好友创建了自己的吹打乐班，背诵了“锣鼓原由唐朝起，只因臣子死亡阴魂不散。锣响鼓鸣，清洁太平。将他历史演唱，金殿安乐无事。每个百官归天时，就为锣鼓起事”的偈语后拜师学艺。当时器乐结构简单，一支二台中音唢呐、鼓、锣、钹四种，鼓要一人背着敲，锣要两人抬着打。曲牌方面也是传统的满打曲牌、散打曲牌。刘多二中年时代，他的乐班吹打技艺在綦江、南川一带为老百姓的红白喜事吹打服务，很有名气，受到主人和同行的尊敬。有一次，刘多二带着他的乐班到綦江莲花吹打，回家途经綦南交界处的马鞍山时，不慎在马鞍山摔了一跤，不仅将唢呐的谷哨摔坏了，而且还摔痛了自己的脚，于是吹打队员坐下来歇气。此时的刘多二一边歇气，一边重新扎制唢呐哨子，扎好唢呐哨子后，觉得自己像是骑在一匹即将出行的骏马上，四周环绕着无数小山，像行进中的马群，阵阵清风吹得刘多二心旷神怡，雅兴大发。于是拿起唢呐，润软谷哨，试吹唢呐，惊奇地发现唢呐声在崇山之中回荡，发出的声音奇特，他索性停下吹奏，提醒大家仔细听这声音像什么？大家都觉得很奇异，像“马叫”声，刘多二又叫打鼓手刘云池按曲牌点子敲鼓，鼓发出了“得格斗”“得格斗”的声音，像马奔跑时马蹄发出的声音。此时惊喜万分的刘多二对一行人说：“此地险要，众马奔腾，风光无限，我们吹打一曲，看‘声相’如何？”于是，歇足了气的刘多二口含唢呐哨，挺胸抬头，手推唢呐向上，如马啸时前蹄腾空，马头上扬嘶叫的神态。他神情专注吹响唢呐，鼓、锣、钹、唢呐协合奏鸣，其声音在崇山峻岭之中回荡。曲近高潮时，酷似万马奔腾时发出的“马啸”与“马蹄”相结合的风声。曲终，刘多二对众人说：“我们这是马风锣鼓。”于是刘多二成了青山民间吹打“马风派”的创始人，也是第一代祖师。他晚年将艺术传给班头刘汉卿。刘多二拜谁为师，至今无法考证。

第二代：刘汉卿，青山马头桥村漆匠沟人。刘汉卿9岁时拜刘多二为师，在名师指导下带领一班人勤学苦练，十年磨炼超越了师傅的吹打水平。在漫长的吹打生涯中觉得吹打模式单一，试探着进行改进，在唢呐方面从外地引进“苏二台”高音唢呐。这种唢呐做工精湛，音质好，改为对子二台唢呐合奏，大大提高了吹打的艺术水平，师传班头邓家村的杨仆然、庙树村的向义云、刘志云。

第三代：向义云，青山庙树村人。自幼痴心学习吹打艺术，创立了小花曲牌，老二牌鼓。师传班头南桐镇峡口坝的霍本全、霍本江，南桐金兰坝的霍海全，青山新村的向紫钦。

第四代：向紫钦，青山新村人。向紫钦生于1906年，自幼机灵、能干、好学。他拜祖父为师，在16岁时就已经学会竹编、漆匠、雕刻、木工及唢呐、鼓加工。向紫钦还对民间吹打产生浓厚的兴趣，确定自己为班头，组织家周围的好友封少全、赵少州、封树情和同族宗人向银佐、向银章拜本社的民间吹打高师赵纯堂为启蒙师，学习民间吹打艺术。学艺两年后，向紫钦拜庙树村民间吹打高手向义云为师，深造民间吹打艺术，接受高师的良好传教。1932年26岁的向紫钦除有精湛的竹编、漆匠、雕刻和木工手艺外，也有高超的民间吹打艺术和制作加工唢呐、鼓的技术。在短短的十年中，他带领乐班曾与民间吹打高手罗泽宽、彭海云、龚明成、代炳清等高手“比武”，切磋民间吹打艺术，取别人之长，补自己之短。每次“比武”都获得老百姓的赞颂和同行的称赞。农闲时，他加工唢呐出售到綦江、南川、巴县。在做竹编、漆匠、雕刻和木工手艺的同时，也收徒弟，传授吹打艺术等方式来增加自己的收入。他改革创新器乐、改革创新曲牌，为金桥（原青山）吹打做出了巨大贡献。

祖传班头：向仕卫、向仕平、向仕林、向仕禄，唢呐、鼓的加工传人：向仕林。

师传班头金桥地区的有：侯德义、翁庆华、杨福能、向兴才、陈光文。

师传班头其他地区的有：万盛万东的刘应华，綦江莲石的杨国义，綦江可乐的周树华、李应才、吴银海、梁光华，巴南石滩的唐树民，南川南平马房街的杨文，南川石莲的淳贵友、喻朝阳。

中年的向紫钦拥有漆匠、雕刻、竹编、绘画、吹打和唢呐等多种加工手艺，他吹打艺术和漆工技术造诣非常深厚，一边走南闯北卖手艺，一边收集、整理撰写了1万多字的金桥民间吹打乐谱。他珍贵的唢呐和书现已丢失。

第五代：翁庆华，青山马头桥村人。自幼具有音乐灵感的翁庆华向有着深厚民间吹打艺术底蕴的向紫钦学习吹唢呐。他凭着坚韧不拔的毅力，虚心好学，博采众长，扬长避短，为青山民间吹打“马风派”的推陈出新做出了杰出的贡献。金桥吹打从20世纪50年代末开始走上大雅之堂，1958年秋整理的《闹春耕》获市农村文艺调演一等奖，四川省二等奖，被推荐到北京参加演出，从四川成都吹打赛上载誉而归。1959年整理的《蛟龙翻身》《蜜蜂围着菜花飞》，1961年改编的《庆元宵》，1964年改编的《春到养鸡场》，1984年改编的《庆丰收》，1985年整理的《快乐的山村》分别获得市、区文艺演出奖。1989年翁庆华带领师弟、师兄和徒弟参加重庆市第二届雾都艺术"三庆"活动开幕式，以八吹十二打的整齐阵容，委婉、抒情而又热烈奔放的演奏响彻山城大街小巷，给"三庆"活动增添了热烈、祥和、喜庆的氛围，受到好评。1990年改编的《喜鹊牌》在首届南桐艺术节上评为优秀节目。

翁庆华曾受巴南邀请，为民间吹打艺术团指导吹打艺术。

师传金桥地区的班头有：张光华、 陈光燕、刘绪江、封先华、李光金、张仕合、刘正德、张登阳、向武金、梁隆元、徐才林、霍学礼。

师传其他地区的班头有：万盛万东的霍登明、霍仁柄，万盛南桐的霍之林，万盛丛林的吴小双，綦江的张书红，巴县的唐佐能。

1987年翁庆华加入重庆市民间艺术家协会。1994年10月翁庆华被重庆市文化局授予"重庆市民间艺术家"称号。1999年11月翁庆华被重庆市文化局授予 "巴渝优秀民间艺术家"称号。

第六代：张登阳，金桥青山新村人。徐才林，金桥青山三台人。

三、生态描述

金桥（青山）民间吹打"马风派"起源于明末清初，至今已有近300年的历史，经过历代民间吹打艺术家的传承、提炼、发展，形成了独具特色的艺术特点及特征：

（一）金桥吹打曲牌特点

1.大部分曲牌保留着传统的五声徵调式特点，如《哪里哪里抬起来》《花大姐》等。

2.曲牌具有古朴、原始特点，如《将军令》《鸡公调》。

3.部分曲牌具有高亢、细腻的思想感情特征，这与青山当地地域特征（高山）

和几千年的传统习俗的历史积淀分不开。如《沈华山》《接马锣》《九牛星》等。

4.整个曲牌采用的是“郎当词”记谱，这是我国记谱方式所罕见的。

5.吹奏曲牌不叫吹“音”，而叫吹“字”曲牌里的“字”代表一种音高。

6.曲牌吹打形式分为《花灯》《大曲牌》《朝牌》《宫堂》《品打》《挑打》《散打》《干打》《夹打》《挑散打》《竹叶吹奏》《口哨》等形式。

7.吹打曲牌类别：（1）喜庆类：在生日、结婚、新房落成等喜庆场合产生的曲牌。含花灯类曲牌、婚嫁类曲牌、竹叶类曲牌、宫堂曲牌、朝牌。（2）生产生活类：在生产劳动中产生的曲牌。如《采桑调》《青山水落音》等 。（3）丧事类：在青山地区人丧亡后逐渐流传下来的曲牌（含唱腔、吹奏、干打曲牌等曲子）。（4）民间传说类：如《上山东》《下山东》。

（二）金桥吹打吹奏特点

1.吹奏中特殊的换气法：金桥吹打的气息有着特殊的方法，也是中国罕见的。在青山吹打传统曲牌中，一个乐句常常长达两分多钟，有的超过了五分钟，而吹奏者能用特殊的换气法，将乐句连续不间断地完成。

2.能够吹奏出多种动物的叫声，尤其是鸡、鹅、牛、犬、马等动物叫声。

3.吹出的曲调高亢、细腻、音域宽。筒音作“5”“1”较多。有效音准只有“9”度。

4.金桥吹打乐在吹打中具有音正节稳、音质纯洁、不含混拖拉、音域宽、音量大、力度厚、音色明快、穿透力强的特点。

（三）金桥吹打的价值

具有上述特征的金桥吹打乐，在整个巴渝吹打乐中占有特殊地位，是巴渝吹打乐的一颗璀璨明珠，也是巴渝地区的优秀民间音乐文化和古老遗存的文化瑰宝。挖掘、抢救、保护、振兴金桥吹打乐，其价值主要有两点：

1.学术价值：（1）金桥吹打乐在中国古老音乐史中，不同于陕北、鲁南、河北、苏南等的吹打。（2）金桥吹打乐风格、派别独特。唢呐声酷似 “马啸”声，鼓响犹如马奔跑清脆的“得格斗”马蹄声，曲至高潮时，有如万马奔腾之势。“马啸”与“ 蹄声”共鸣，“马风派”风味十足。“马蹄阵阵，马声昂扬；青山吹打，荡气回肠”。这是1993年音乐专家对金桥（青山）吹打演奏风格“马风派”的高度评价。（3）记谱方式独特。整个曲牌采用的是“郎当词”记谱，这是我国记谱方式所罕见的。吹奏曲牌不叫吹“音”，而叫吹“字”，曲牌里的“字”代表一种音高。（4）研究古代唢呐加工的文明史。（5）发掘、抢救和保护金桥吹打乐，是对研究中国音乐历史和古老音乐文化的完善和丰富，对弘扬中华民族的民俗民间文化有着重要的学术研究价值。

2.实用价值：（1）发掘、抢救和保护金桥吹打不仅与“三个代表”重要思想中的先进文化一脉相承，还有助于万盛地区乃至巴渝的精神文明，物质文明和政治文明建设。（2）万盛区是重庆市新兴的旅游景区，境内黑山谷、万盛石林都是国家AAAA级风景区，让金桥吹打融入风景区，促进旅游经济的发展。（3）群众喜爱，金桥民间吹打乐是自古就贴近群众的艺术形式，鲜明独特的艺术风格、粗犷豪放的气势、优美动听的旋律，传递着夜郎人和巴人的喜怒哀乐，土洋结合融入了人们的生活里，融入了人们的灵魂中，有着广泛的群众基础和深厚的文化底蕴。（4）构建和谐社会的需要。经济快速发展，提高生活质量、丰富文化生活是群众的企盼，用贴近群众生产、生活的传统和现代文化占领群众的思想空间，增强人们对生活的热情，为构建和谐社会创造良好氛围。

（四）有效发展金桥吹打的主要做法

发掘、抢救和保护金桥民间吹打乐，制定五年保护计划。此计划由金桥镇党委、政府负责组织实施，万盛区文化广播电视新闻出版局负责管理、督导，重庆市非物质文化遗产保护领导小组和文化、广电局负责检查、督促。保护计划要点如下：

1.无形资产保护

（1）抽调人员，成立非物质文化遗产保护领导小组，制定切实可行的保护方案。

（2）依据方案全面细致地开展普查工作，彻底摸清金桥吹打乐起源、传承、发展和历史沿革以及乐班、乐手、乐器、曲牌、器乐加工等全部状况，将普查所获取的资料进行挖掘、整理、归类、存档。

（3）聘请专家和民间艺人深入开展金桥吹打乐的理论研究工作，一手抓好金桥吹打乐的基础理论研究，一手抓好金桥吹打风格，整个曲牌采用 “锒铛词”记谱方式加强对《花灯》《大曲牌》《朝牌》《宫堂》《品打》《挑打》《散打》《干打》《夹打》《挑散打》《竹叶吹奏》《口哨》等吹打形式的研究，并把研究成果撰写成文本。

（4）注册品牌，形成金桥吹打乐知识产权保护。

2.有形资产保护

（1）以金桥吹打为载体，建立民间吹打艺术节活动中心，解决金桥吹打艺术团活动场地和成人职教场地。建立吹打乐陈列室，展览各阶段的唢呐、鼓等发展演变史。

（2）发展金桥民间吹打乐，建立200人20个吹打乐班的农民及女子业余吹打乐团。

（3）在全镇2所小学、2所初中开展教学，为吹打乐注入新活力，着力解决在市场经济条件下金桥吹打乐后继无人的问题。

（4）制定扶持金桥吹打乐的政策，建立金桥吹打乐为主要内容的艺术研究、人才引进和艺术展示的平台，从而提升金桥民间文化之乡和吹打艺术的档次。

（5）依托万盛的旅游资源，以现有的器乐加工的人才资源为骨干，创办以吹打乐器加工和以吹打艺术演出为内容，与群众生活习俗有关的衣食住行、婚丧嫁娶、礼仪交往、商务活动、待人接物、节日庆典等服务公司，促成旅游经济和文化产业化发展。

（6）建立一年一度的金桥民间艺术节，促进吹打艺术的传承和发展。

（五）金桥吹打乐发展中存在的主要问题

1.社会对农民乐队的认可度问题。农民乐队的发展和生命力在于：能植根民间，受到广大农民群众的欢迎，极力地活跃和丰富群众的文化生活，成为先进文化的重要组成部分。但在现实中，城乡一体化，社会快速发展，对于农民乐队的发展起到一定限制作用。

2.队员培养问题。从目前来看，口传心授的方式具有局限性；其中还有个人风格问题，不能够十分准确传承老一代艺人的精髓。

3.市场竞争力问题。农民乐队正面临着演出市场的严峻考验，城乡现代化进程的急速发展，改变了以往的风俗；随着农村经济的发展和农民生活的好转，群众的文化需求和观赏水平在日益提高；城市化进程的加快，农村男女青年的就业门路不断拓宽，专业队员来源不足。对此，缺乏应对良策。同时，在演出质量、演出曲目等方面还缺乏创新。总之，我们要通过文化资源优化配置，积极探索演艺市场新路子。鼓励现有长乐镇各农民乐团按照自主经营、自负盈亏的经营原则，积极拓展城乡演出市场。此外，要启动开放型的文化艺术教育培训体系。充分利用本土人文资源和镇文化宫等场所，结合市场经营与民间运营形式，初步启动艺术教育产业化。以乐器、舞蹈、书画等文化艺术教育为发展重点，充分激发少儿艺术教育市场潜力，丰富成人业余文化生活，逐步形成一批艺术培训项目和艺术培训基地。

四、保护对策

抢救和保护金桥吹打乐是一个十分艰巨和繁杂的文化工程。实施保护工作，应以群众的艺术生活为平台，不仅要注重金桥吹打乐的群众性、娱乐性、实用性等功能，而且更要把培育金桥吹打乐传承人作为主要目标，使之具有无限的生机生在民间、活在现代。具体的保护措施如下：

1.树立正确保护理念，强化自我危机意识。要做好对金桥吹打乐的保护工作，需要更多的当地人参与，形成政府和群众认同的合力，树立正确的保护理念，强化自我和危机意识。所谓保护理念，就是不断增强大众对民族音乐文化的认识和理解；就是加大弘扬民族音乐文化的力度和投入；就是在当下文化全球化潮流面前，把我们祖辈创造的优秀民族音乐文化传统的根留下。所谓强化自我和危机意识，就是要增强保护、传承、弘扬民族音乐文化的“自我意识”和对“金桥吹打”当前已面临传承“危机”的意识，使人们普遍形成保护民族音乐文化的自觉意识。金桥吹打乐凝结重庆万盛人民文化传统的记忆，是民族音乐文化和地域音乐文化认同的重要标志，是承载该地域传统音乐文化的重要载体。金桥吹打乐作为地域民族音乐文化的代表，我们还应将其推广到该地域的中小学音乐教育当中去，培养能够欣赏金桥吹打乐这一传统表演艺术的观众，提高中小学生传统音乐文化的鉴赏力，使其能更好地承续优秀民族音乐文化的传统，弘扬民族文化精神，促进中华民族文化建设。

2.加强保护传承主体，培育一代传承后人。目前，金桥吹打乐队成员笼统算起来虽近百人，男女老少皆有。但是，其中真正得到真传的人少得可怜，可谓后继乏人。随着时间的推移，许多老的金桥吹打艺人，由于年龄和身体的原因相继离世，他们身上所积累的高超的技艺、罕见的绝活、独到的艺术表现手法等，都是富有无限艺术创造力的智慧与无形的精神因子，也会随之消亡。又因为金桥吹打乐的主要传承方式是口传心授，对传承者的依赖性较大，若传承者突然离世，或传授的技艺无徒可收时，传承者所拥有的这门技艺就有可能失传。加之要学好一门传统的音乐技艺需要下苦功，受学习难度高、强度大、耗时多、收入低等原因的制约，致使许多年轻人望而却步。因此，国家政府要出台相关的政策与法律，各级政府也要拟订出与之相应的各种保护条例或意见，加大保护传承主体的力度。当然，传承主体也应有开阔的胸襟和开放的意识，改变过去固守秘密的狭隘做法，扩大带徒传授范围，要千方百计地把那些愿意学、有灵气的年轻人聚在自己周围，培养出更多的合格继承人，使金桥吹打乐的技艺、技术能发展光大。与此同时，我们还要对民间口传心授的传承方式进行不断地革新，积极展示民间艺人的艺术创作力，逐步拓展民间艺人的演示绝活，扩大金桥吹打乐的影响，使更多的年轻人对金桥吹打乐产生兴趣，从而有效地培育一代传承后人。

3.完善各类保护机制，制订相应保护对策。

（1）立法保护。这是对金桥吹打乐保护的根本保证。健全相关的法律、法规，使保护工作有法可依、有章可循，并促使其有序地向前发展。

（2）建立机制。建立科学的管理机制，制定切实可行的政策。加大管理的力度，缜密规划、精心组织、精心实施，有步骤地实施保护金桥吹打乐这一音乐品种。

（3）教育宣传。加强宣传教育，重视专家指导和人才队伍建设。通过新闻媒体，加强舆论宣传，调动广大群众的积极性，强化民众的保护意识，极力促进民间艺术的原生态传承。在广大青少年中加强传统民间文化的教育，以增进学生的传统民族文化和乡土文化观念与知识。将传承和弘扬民族民间文化艺术与学校教育有效结合，编写具有地方特色的音乐教材，将金桥吹打乐引入学校教学体系中。

（4）增加投入。加大财政投入，广开财源，采取政府拨款和民间赞助的双向对策。

（5）有效保护。采取系统科学的方式，在保护中增强文化安全意识。我们应该收集整理资料，建立完整的资料数据库；制定和落实相关政策，加强对金桥吹打的开发利用管理；保护文化生态环境，建设文化生态保护区；建立金桥吹打乐的知识产权制度。

（6）增进交流。既要增进省内、国内的文化交流，也要加强国际间的交流。采取走出去，请进来，给金桥吹打乐不断注入新鲜的活力。金桥吹打乐是重庆民间音乐文化中最具有代表性的乐种，是在当今重庆万盛城镇还广泛流传的民间器乐乐种，它仍存活于当代本身就彰显出它具有顽强的生命力。历史证明，任何一种艺术的发生、承续和繁衍，首先要依赖其深厚的社会文化环境、丰富的物质条件，而且也需要不断培养更多的懂得和喜爱这种艺术的大众。

精品意识下的当代重庆川剧艺术[①]

王国彦[②]

20世纪中后期，我国的舞台艺术尤其是传统戏曲艺术经历了迷茫与探索，处于一种低迷的状态；不少地方戏曲剧种已经式微。传统戏曲亟待振兴，时代呼唤精品艺术作品的诞生。进入21世纪，随着国家经济的腾飞，中央更加重视对文化教育事业的投入，也出台了一系列利好的戏曲扶持政策。在此时代背景之下，重庆川剧艺术沿袭了老一辈艺术家所追求的精品意识，也赋予精品更多时代内涵。从经典话剧变身而来的川剧现代戏《金子》《鸣凤》《白露为霜》，从古典的传统戏《绣襦记》化身为唯美而现代气息浓郁的悲剧《李亚仙》，从耳熟能详的聊斋故事到青春时尚的实验川剧《聂小倩与宁采臣》等，重庆川剧在川剧艺术的多元化、国际化、时尚化道路上做出了重要的探索，认真诠释古典与现代的融合，给予川剧创造力和当代美学思想。

一、精品意识的概念与由来

精品是当下商品经济时代的一个流行词。精品的诞生是慢工出细活、集思广益、精雕细琢的结果。进入新时代，精品的概念也被引入舞台艺术领域，精品意

① 本文为2019年重庆市社会科学规划重点项目“重庆川剧发展史”（项目编号:2019ZDYS11）阶段性成果。原载于《四川戏剧》2021年第8期。

② 王国彦，重庆市文化和旅游研究院助理研究员。

识就是以创造精品艺术为追求的一种精神，追求精品意识比追求精品更为重要。自2002年起，国家文化部、财政部共同推动舞台艺术发展的重大项目“国家舞台艺术精品工程”，广泛选拔优秀的舞台艺术作品。精品工程就是一项旨在建构舞台艺术的国家形象，在舞台艺术领域为国代言的宏大事业，也是从国家层面对传统文化回归、传统戏曲艺术振兴所实施的重大举措。

张东炎在《什么是戏剧精品》一文中也谈到戏剧精品的定义：所谓戏剧精品，应是那些经过时间筛选的，读者、观众公认的传世之作，它所表现的各种属性，如思想的精深性、构思的精湛性、技巧的精彩性等都是极为显著和突出的，这样的剧作实现了“较大的思想深度和意识到的历史内容，同莎士比亚剧作的情节的生动性和丰富性的完美的融合”。①它标志着那个时代所达到的艺术高度。对戏剧精品的认定，文化艺术界已经达成了高度的共识：一是必须具有较强的思想性、艺术性和鲜明的时代精神；二是艺术上具有创新精神，能够体现出该剧种的特色和风格。国家舞台艺术精品工程对精品概念的推广，使得精品意识在艺术生产当中更加深入人心，推动了各地戏曲剧种的发展、创新和交流。

二、重庆川剧精品意识的形成

重庆川剧精品意识的形成和传承，与重庆川剧的发展轨迹息息相关。关注时代变迁，富于创新精神，是其精品意识中的要素。

（一）川剧现代意识的觉醒

20世纪前期，辛亥革命结束了中国长达千年的封建帝制统治，此时的中国社会又面临着外敌的入侵，动乱不堪，底层人民生活十分痛苦。在全国戏剧改良运动的浪潮之下，20年代至40年代，川剧舞台上出现了大量反映现实社会生活的时装戏，吸引了众多的观众。时装戏既是川剧改良的继续，又是在特定历史条件下川剧变革的另一种尝试。川剧时装戏的盛行是探索现代川剧的端倪初现。在抗日

①张东炎．什么是戏剧精品？［J］．大舞台，2004（5）．

战争期间中，重庆川剧界团结一致，编演了大量配合宣传抗战内容的时装川戏，如《卢沟桥头姊妹花》《铁蹄下的女伶》《亡国惨》《改良劝夫》《爱国将军》《乞儿爱国》等。这些抗战剧目生动地塑造了抗战时期的人物群像，表现了在这个特定历史时期的社会现实，起到了启发民智、宣传抗日救国的作用，也推动了川剧现代化的进程。

周裕祥先生曾在他自述的书中谈道："我们脱下锦衣绣服，换上西装革履，而成为风行一时的'新川剧'主角。他（阳友鹤）从闺门旦变成了新女性，我则由袍带丑变成了'时髦哥儿'。像走马灯一样不断地变换，演出了《一封断肠书》《是谁害了她》《太太的枪》《黑化大观》等戏。"①周裕祥先生所述的时装戏《一封断肠书》《是谁害了她》是由刘怀叙编剧，演绎民国时期青年男女不顾封建礼教追求自由恋爱的悲剧。编剧捕捉到了新旧交替的时代中，人们思想情感所发生的变化，把自己的思考化为戏剧，针砭时弊，也受到了观众的认可。

时装戏是现代川剧文学萌芽阶段的产物，一方面较为完整地继承了传统川剧的文学基因和艺术形式，另一方面又开始融入现代意识，逐渐开启了川剧现代戏的大幕。在戏曲"三改""三并举"的政策推动下，重庆川剧在大力挖掘、整理、改编、演出传统剧目的同时，新编古代戏和现代戏的创作、改编、演出也相当活跃，演出了一大批诸如《煮海记》《望娘滩》《孔雀胆》《卓文君》《十二个老矿工》《嘉陵怒涛》《刘胡兰》等川剧经典。

现代意识的觉醒打破了传统戏曲"帝王将相、才子佳人"的题材限制，而是提倡以历史唯物主义的观点，以与时俱进的理念去改编传统剧目、创作现代剧目、新编历史剧目。在诸多的改编和新创剧本中，我们看到了现代意识的注入为川剧文学带来的革新：剧本主题的提炼，思想风貌的焕然一新；深入刻画人物，使得人物形象更加丰满；情感更充分表达。

（二）川剧现代舞台的规范

川剧时装戏伊始，川剧舞台艺术也进行了现代化的变革，首先是新式的灯光

①周裕祥．名丑易踪——周裕祥舞台艺术［M］．成都：四川人民出版社，2011：297．

照明设备的应用，伴奏乐器的增加，增强了舞台效果和音乐效果；其次是实物化的道具，带来了更加真实的舞台体验。舞台布景突破了一桌二椅的传统模式，开始学习话剧的舞台美术，推动了川剧舞台的发展。

抗战时期，作为陪都的重庆成了全国政治、军事、经济、文化的中心，各界知名人士云集于此，大批的川剧戏班和艺人也来到重庆，形成了文化交流极为炽盛的局面。不仅川剧界内部相互交流学习，不同剧种之间甚至各个艺术门类之间也相互观摩和学习，为重庆川剧打开了新的视野。中华人民共和国成立初期，重庆川剧界在改戏、改人、改制的政策号召下，先后成立了一批国营、民营剧团，演出频繁，广受欢迎。戏改运动中提出了净化川剧舞台的号召，将原本在舞台上演出的乐队置于舞台前的乐池当中，这种做法借鉴了西方戏剧舞台的模式，使观众既可以听清乐队的配乐又能清楚地观看演员的表演。这种方式通常用于大幕戏的演出，有时候也将乐队置于舞台一侧的幕布后。取消了打杂师的出场，通常以关幕的形式来重新布置舞台，安排演员出场。在舞台设计上追求简洁、唯美，沿袭了中国传统美学虚实相生的写意风格。在宏观设置见虚，在细节和道具上见实，运用先进的现代舞台技术以机关布景、灯光、音响等手段加以烘托，带给观众耳目一新的观剧感受。1953年，重庆市实验川剧院演出的神话川剧《煮海记》，特别聘请了当时有名的霞光布景公司完成了机关布景，用严谨、逼真的透视影片连接小而实用的平台；用变幻莫测的手段变换环境；贯穿舞台的软景把演出气氛渲染得淋漓尽致。《煮海记》的演出创造了四个月连续满座的票房神话。

川剧导演制度初步建立。从前的川戏班子多有专门的管事，负责说戏和组织演员，类似于导演的角色。1951年，重庆市实验川剧院通过新排移植古代戏《美人计》，广泛征求意见，邀请了歌剧、话剧工作者参加商讨，相互学习，使导演工作有所改进、提高，并逐步推广运用到传统剧目排练，逐渐确立了导演在创造戏曲舞台艺术的重要地位和作用，从而形成制度化。西南川剧院成立，任命周裕祥、刘成基、阳友鹤为西南川剧院导演。以周裕祥为代表的川剧导演不仅对川剧有着深刻的了解和认识，也接受了斯坦尼斯拉夫斯基体系的理论，力求改变旧戏班原由鼓师、掌教师、科班教师，以及各行当的“当家人”通过围坐说戏、团仓

（主角与配角等交流演出配合事宜）、课徒等比较原始的导演模式，将川剧传统与现代的表演艺术结合在一起，为建立现代川剧的导演制度做出了重要的贡献。

（三）川剧声腔的融合和发展

促进声腔融合，使川剧更具川味是这一时期重点关注并取得突出成绩的。昆曲、秦腔和胡琴在巴蜀的文化土壤中，慢慢蜕化为川昆、弹戏和川剧胡琴。川剧中的弹腔由秦腔演变而来，有种浑厚而粗犷的西北风味；而昆腔则是由昆曲演变而来，昆曲表演细腻繁复，在唱词、音乐上都有着浓郁的江南风韵。两者生搬硬套放入川剧，却受到了一些观众的排斥。在剧目移植的时候，既不损害原曲调的基本精神，在唱腔上又按照四川语音读字，适当改动旋律，达到字正腔圆的效果。《芙奴传》便是川剧昆腔改编的一个成功案例。1954年，联合重庆市川剧音乐工作者，选取传统高腔折子戏《双拜月》为对象，就乐队组合、扩大管弦乐范围、高腔唱腔加伴奏等方面，做了探索性改革，接触到一些问题，从实践中使川剧音乐的革新有所前进。

到20世纪五六十年代，川剧界脱颖而出大批优秀的表演艺术家——张德成、周慕莲、薛艳秋、琼莲芳、周裕祥、袁玉堃、许倩云等；涌现了一批出色的剧作家：李明璋、席明真、赵循伯、李净白、李行、隆学义等。演员、剧作家、理论工作者常在一起探讨，在剧情上仔细推敲，在表演上认真琢磨，在理论上深入思考，促进重庆川剧精品意识的不断深化。观众爱看、知识分子爱评、演员爱演，营造了一种良好的戏剧氛围，推动重庆川剧艺术达到了一个巅峰。

三、当代精品意识推动下的重庆川剧艺术

20世纪后期，振兴川剧的政策引起了川剧界积极的思考和作为，也历练了一部分优秀的剧目和作家。进入新千年，国家以及地方政府层面对舞台艺术精品的支持和投入给川剧艺术的发展带来新的机遇。以重庆市川剧院为引领的重庆川剧艺术界开始重整旗鼓，着力进行剧院设施、人才队伍和剧目的建设。重庆川剧既沿袭了严谨、细腻的传统舞台风范，又加入了结构紧凑、语言明快、时尚化、国

际化的当代特征，丰富了精品意识的含义。应运而生的一批重庆川剧艺术作品在全国戏剧舞台上崭露头角。

（一）现代川剧的里程碑：《金子》

川剧《金子》是新时代重庆川剧艺术的经典制作，堪称现代川剧的里程碑，对中国戏曲在新世纪的发展，都有重要的作用和意义。川剧《金子》演出以来，揽获了多项戏剧界的殊荣，包括文华大奖、中国戏剧节曹禺戏剧奖优秀剧目奖、中国艺术大奖、中国戏曲学会奖、中国川剧艺术节金奖、首届文化部优秀保留剧目大奖和首届国家舞台艺术精品工程十大精品剧目等各类大奖36项（其中国家级大奖18项）。《金子》的演出也大受欢迎，不仅在北京、上海、深圳、杭州、南京、南宁等各大城市巡回演出，还先后赴法国、德国、瑞士、韩国、新加坡等国家及我国香港进行文化交流演出。

川剧《金子》的成功在于剧本文学的精雕细琢，也在于其舞台表演的突破创新。从1997年的川剧剧本《原野》的问世，到2003年较为成熟的川剧现代戏剧本《金子》，其中倾注了重庆市川剧院乃至重庆文艺界诸多专家的心血。《金子》改变了《原野》叙述的男性英雄传奇和复仇的伦理罪恶，转而表现女性的个性命运和人的情感复杂性，这正契合了当下的社会心理和人的情感焦虑与无序。“剧目在打磨中主要完成了两个转变：第一，是在伦理化的人物关系设置中，花金子的性格由‘野性’向‘内敛式’转变，从而促成了该剧的主题从复仇变为‘宽容’；第二，是伴随着现代川剧对唱词、技巧和表演形式的精细化探索，加深了刻画人物心理的功力，使得这个作品由《原野》中的刻画幻觉转化为刻画心理，朝着‘心理剧’方向迈进。”①

《金子》一剧的舞台表演是从美学层面出发，在运用传统程式的基础上，借鉴现代话剧、电影、影视表演手法，虚实结合，从剧情出发，结合当代人的审美，从生活中提炼舞台人物的感情节奏和形体动作。川剧《金子》成功另一重要因素是女主角金子的扮演者沈铁梅。金子性格内涵的丰富，几乎容含了川剧旦角

① 周津菁．话剧〈原野〉的川剧化——论现代川剧表演艺术形态中的〈金子〉剧本改编［J］．四川戏剧，2017（1）．

行当中的大部分情态，既有着闺门旦的天真无邪，又有着花旦的泼辣和野性，还有着青衣的内敛与沉着。沈铁梅独具魅力的嗓音、纯熟的演唱技巧和细腻生动的表演，完美地诠释了金子的形象。

除此以外，川剧《金子》在当代川剧音乐改革中所做出的探索也是具有借鉴意义的。《金子》的曲作者借鉴了西方歌剧的创作手法，将四川民歌《槐花几时开》作为基本旋律贯穿全剧，加深了观众对音乐的亲切感，利用凄凉悲怆的曲调与川剧音乐的有机融合，更好地服务于剧情，拓展了悲剧的深意。在川剧音乐的整体结构中，它通过横向吸收时下的多种艺术品类，如民歌、小调、新歌、乐曲等音乐类型，来丰富高腔音乐的表现能力。

（二）多元文化背景下的新编传统戏

经历了探索期的迷茫与沉淀，重庆川剧期待以开放的心态突破地方戏曲剧种的局限，以严谨的思路来完成川剧走向多元化、时尚化、国际化的舞台实践。

1.《李亚仙》

川剧《李亚仙》改编自传统川剧《绣襦记》（又名《白天院》），曾经是重庆市川剧院的重点保留剧目之一。《李亚仙》邀请了剧作家罗怀臻先生执笔，作了大刀阔斧式的改编。与传统戏相比，新剧《李亚仙》大胆撇去了旁枝末节，转换视角，塑造了一个敢爱敢恨、至情至真的女性形象，从大团圆到大悲剧，一改传统格局，立意鲜明，增强了艺术感染力。罗怀臻是一个具有海派戏剧文化背景的创作者，也是一位非常高产的编剧。他的剧本创作涉及京、昆、淮、越、沪、豫、黄梅戏及话剧、歌剧、舞剧、芭蕾舞剧等剧种与形式，他把自己对于传统戏曲现代化和地方戏曲都市化的理念融入创作当中。全剧以当代的审美价值与观念作了全新的解构，仅撷取了李亚仙刺目劝学的片段，情节、场次几乎全部重写，删去了原剧中戏份很重的郑元和之父郑北海一角，甚至毫无保留地删去了其中的重头折子戏《曲江打子》。

《李亚仙》是一部古典与现代对话的川剧作品，罗怀臻称之为现在时的古装戏，中国版的《茶花女》。一方面它追求一种精致、凝练的现代剧场艺术效果，另一方面又化用了川剧的传统程式和舞台处理的方式。新戏以人物的性格色彩和剧情为基调，在造型、服装、舞美上都做了重新设计。舞台的整体色调是黯淡的，而主要人物的服装却是艳丽的、色彩饱和度较高的，以色彩的处理方式烘托出人物鲜明的性格。郑元和之父郑北海这个严苛的封建家长形象被去掉之后，使得戏中家庭矛盾导致郑元和与李亚仙感情破裂的因素更加隐晦，将矛盾集中在男女主角的价值和情感变化上。新戏保留了原戏中的配角花子，并将乞丐的角色做了更大的发挥，以民间的醉八仙为原型，以川剧小丑行当中巾巾丑表演应工，设置了一个醉八仙式的乞丐群，穿插于多处剧情。乞丐群体既为剧中人，又如旁观者，巧妙地完成了场景的过渡和剧情的串联，展现了川剧幽默诙谐的丑角表演艺术。在李亚仙的塑造中，女主角沈铁梅抓住了“目”为关键，通过眉眼和身段的表演演绎出一个女子的明媚、柔情、决绝。沈铁梅也凭借在《李亚仙》中的精彩演出，第三次荣获中国戏剧梅花奖。

2016年，重庆市川剧院在匈牙利国家剧院中演出了整本《李亚仙》，全场座无虚席，演出结束后收获了观众热烈的掌声和赞美。川剧《李亚仙》突破了语言的障碍和文化的藩篱，以其动人的故事和精湛的表演征服了异域观众，为重庆川剧的国际化传播带来新的思路和启示。

2.《灰阑记》

2008年，重庆剧作家阳晓将德国戏剧大师布莱希特的《高加索灰阑记》改编成三幕川剧《灰阑记》。灰阑记的戏剧故事源出于中国元朝时绛州李行道写作的《包待制智勘灰阑记》，这是中国最早传到欧洲的戏剧作品之一。阳晓的《灰阑记》对布莱希特的《高加索灰阑记》戏剧要素的吸收，主要表现在两个方面：一是孩子归养母的结尾；二是丫鬟杜鹃和底层审判官沙四大的形象塑造。阳晓发挥了传统线性叙事方法的特点，将戏剧事件的突发、曲折、骤变、圆满描绘得跌宕起伏、盎然成趣。在人物的设置上，阳晓运用了传统川剧中常用的旦与丑的组合，使得该戏亦庄亦谐，川味十足。在川剧传统戏中，旦与丑常配合得天衣无缝，如《乔子口》中的千金小姐王春艾与江洋大盗刘子堂，《秋江》中的陈妙常与艄公，这种组合方式体现出川剧悲中带喜、咸中带甜的独有韵味。经过了多次悉心打磨的新版川剧《灰阑记》，在故事情节的处理上更紧凑，又将变脸、走影子、扯眼线等川剧绝活融入其中。《灰阑记》获得第四届中国戏剧奖剧目奖，并前往德国等多国演出。

（三）女性主义题材的崛起之作：《鸣凤》《白露为霜》

《鸣凤》和《白露为霜》是编剧隆学义先生继川剧《金子》之后完成的两部女性主义题材作品。女性主义题材的崛起，一方面在于新时期以来，女性在社会生活当中所发挥的更多作用和受到的更多关注；另一方面也在于川剧界确实成长和历练了一批优秀的女演员，她们需要也值得更多的优秀作品来展示自我。两部作品由重庆市三峡川剧团演出。对于基层文艺院团来说，能够在五年时间中贡献出两部佳作，实属不易。

川剧《鸣凤》，取材于巴金激流三部曲第一部《家》的有关章节。《鸣凤》以女仆鸣凤与三少爷觉慧的爱情故事为主线，细致入微地抒写觉慧与鸣凤对自由与平等的渴望，浓墨重彩地讴歌他俩对美好未来的憧憬，诗情画意般赞颂二人对爱情与理想的追求。鸣凤纯洁、美丽、善良的少女形象深入人心，然而高墙深院之中，鸣凤的命运只能如同萤火虫一样，发出一丝微光，又陨落在长久的暗夜中。“饰演鸣凤的谭继琼在剧中用扎实的唱、念、做、舞，运用到川剧旦角行当中，将丫头旦的俏皮乖巧、闺门旦的性情内敛、花旦的深情飘逸、青衣的哀怨悲楚集于一身，把鸣凤想爱、纯情、无助的内心世界刻画得情真意切、栩栩如生，令人心恸。”[①]凭借《鸣凤》中的精彩表演，谭继琼荣获第25届中国戏剧梅花奖。

《白露为霜》改编自曹禺的《日出》，中国艺术研究院的马也先生曾说过：“在曹禺的所有作品中，改编成戏曲难度最大的可能是《日出》，结构庞大，叙事复杂，线索繁多，意蕴深远。”[②]《白露为霜》中的主角陈白露是一个有着光彩外表和复杂性格的悲剧典型。在纸醉金迷的社会当中，她凭借出色的容貌获得男人的青睐，在物质的欲望中自我沉沦，但她又不甘于现状，想要控诉和反抗，最终她的命运如同清晨的露珠，消逝在日出之后。两部作品都描摹了女性的真、善、美，也叙写了这种美在一个时代中的幻灭。这是剧作者对社会和人性深度的

---

① 陈朝正．美哉鸣凤——记川剧优秀演员谭继琼［J］．中国戏剧，2011（2）．

② 马也．永别了，太阳!——看川剧《白露为霜》［J］．中国戏剧，2016（8）．

思索，也带给观众无尽的回味。

从《金子》到《白露为霜》，隆学义先生对川剧现代文学的开拓具有重要的意义。他在移植和改编的时候突破了照搬模式，完全打破了原作的结构和叙事风格，将男性视角转换为女性视角，将小说或话剧的多重叙事转换为戏曲的线性叙事。他形成了自己独有的艺术风格，在剧作中放弃了传统戏曲的大团圆结局而改为凄美的悲剧结局，在语言上追求雅俗共赏，在说白当中表现出俚俗化、地方化，在唱词当中展现出诗意化、修辞化。这种典型的艺术化风格一直影响和激励着重庆川剧艺术的后来人。

（四）推陈出新的经典剧目

进入新时期以来，以重庆市川剧院为代表的重庆川剧艺术界十分重视对传统作品的挖掘、整理和传承，如《玉簪记》《白蛇传》《焚香记》《柳荫记》等，其中对川剧《打红台》改编、复排后而推出的川剧《白面虎肖方》堪称继承传统、推陈出新的一个经典案例。

《白面虎肖方》根据川剧传统戏《打红台》和《聊斋志异·庚娘》改编而成。《打红台》是一个有着上百年历史的川剧传统剧目，在川剧传统大戏（全本戏）当中，是唯一的以反派人物为主角的戏，也是川剧所独有的一个剧目。主角肖方外貌俊美，举止斯文，似一位“白面书生”，而为人却阴险狡诈，杀人越货、谋夫夺妻、阳奉阴违，可谓无恶不作。历史上有不少川剧的名角演出过肖方，如魏香庭、彭天喜、彭开清、姜尚峰、曾荣华、李奎光、隆荣光、赵书勤等，大致路子一样，但各有各的风格。其中《肖方杀船》一折尤能展现川剧之绝技，常作单折演出。原剧目共有15场，出场人物较多，剧情冗长。新剧《白面虎肖方》保留了惩恶扬善的主题，采用立主脑、密针线的方式，删去了旁枝末节，保留了主要人物和能够展现主角肖方个性的主要事件，并且依照剧情的合理性，对特技的运用做了调整。《白面虎肖方》充分保留了各个前辈在《打红台》中所创造的一些表演手法，如移刀、藏刀、投石问路、衣衫饮酒等。重新编排之后，又增加了一些多处展现川剧基本功和绝技的地方，如腿功、水发、变脸等。《白面虎肖方》的演出全部起用中青年演员担纲主角。

在音乐方面，川剧《白面虎肖方》对于传统的挖掘与传承也是不可忽视的，其唢呐曲牌的运用使之成为重庆市川剧院近年来新排剧目中唯一一个以唢呐为主奏乐器的大幕戏。该剧的幕前前奏曲，各场间的幕间曲，选用了川剧四大公堂之一的《十牌名》中的［雁儿落］［清江引］［步步娇］［折桂令］［江儿水］［收江南］六支曲牌。编曲刘枫运用了戏曲音乐的一曲多用的特性，根据剧情需要将上述曲牌分别用于各场幕间，与锣鼓套打配合情节发展融为一体。

（五）红色经典的当代演绎

2018年，重庆市川剧院启动了国家艺术基金资助项目川剧《江姐》的巡演活动，这是向红色经典致敬的一次新尝试。川剧《江姐》剧本是以阎肃先生的歌剧《江姐》剧本为基础，进行了川剧化的改造，在唱腔设计上参考了20世纪60年代韩铮、周治林、刘泉、竞华老师等创作的川剧《江姐》唱腔，在其基础上融入了新的音乐元素和唱腔表现手法。

川剧《江姐》在原歌剧版基础上，对唱段音乐进行了更加川剧化的改造，剧中保留了原歌剧剧本核心唱段歌词，音乐上则回归了川剧音乐，在川剧高腔、弹腔音乐基础上创造了新的戏歌音乐，尤其对戏剧的核心唱段《红梅赞》进行了全新的川剧音乐改造，变成了川剧味浓郁、易上口、易演唱的川剧戏歌《红梅赞》。川剧戏歌的创作既保留了原歌剧剧本唱词原貌，又展现出川剧音乐特色。《江姐》的演出阵容强大，其中就有三位梅花奖得主，除去饰演江姐的重庆市川剧院院长沈铁梅，还有两位生角胡瑜斌（沈养斋的扮演者）、孙勇波（甫志高的扮演者）。沈养斋是国民党的高级特务，胡瑜斌在扮演此角色时，运用了川剧文小生的表演程式，文质彬彬、谈吐风雅、吐字铿锵，将一个表面文雅、内心狡诈的人物刻画得淋漓尽致。另一位梅花奖演员孙勇波充分运用川剧文小生中丑扮的表演身法，将甫志高这个叛徒酸腐、胆小、懦弱的形象由内而外展现出来。除了沈养斋、甫志高两个反面角色外，剧中其他反面人物都是丑角扮相，川丑表演手法在剧中也得到了充分的运用。蒋对章这一人物采用了川丑的表演程式，尤其是木偶身法的运用，展现出蒋对章的愚蠢、木讷和喜剧性。

（六）时尚化的实验川剧《聂小倩与宁采臣》

2017年，实验川剧《聂小倩与宁采臣》成功入选第十九届上海国际艺术界扶持青年艺术家计划委约作品。编剧周津菁将《聂小倩与宁采臣》定义为实验川剧，是“试图为川剧找到一种更适合都市剧场的表达方式，使之对青年观众产生更大的吸引力”，[①]以突破这个时代中戏曲观众老龄化和数量急剧萎缩的困境。

实验川剧《聂小倩与宁采臣》的问世有三点来由：一是在实验戏剧理念的感召之下，对川剧演出所做出的新尝试。实验戏剧，又被称为先锋戏剧。以布莱希特为开拓性代表的现代戏剧被引进华语戏剧舞台时，以赖声川系列作品特别是其代表作《暗恋桃花源》和《十三角关系》为代表的台湾实验戏剧，已经为中国当代戏剧舞台的剧本空间拓展、舞台空间设计、表演语言与形式的创新、演员与观众的互动等方面带来了全方位的、深刻的影响。川剧《聂小倩与宁采臣》从内容和形式上都非常青春化，它所定位的观众群体主要是年轻人，也非常适宜于小剧场演出。二是戏曲思维与话剧思维的碰撞。川剧《聂小倩与宁采臣》的主创团队非常年轻化，都是在当代文化的浸润下成长起来的，在传统与创新融合发展方面有着独到的见解。当婉约、含蓄、美而不自知的戏曲表达方式与富于哲理、思辨、简单直接的话剧表达方式产生碰撞的时候，会产生怎样的戏剧效果。戏中甚至运用了时下非常流行的穿越方式，将书生宁采臣变为一个走错地址的快递小哥，在台词方面加入了不少颠覆传统的现代语汇，以简洁明了的语言介绍人物关系、表达人物情感，带给观众一种熟悉和幽默感。这种自由表达的川剧演出方式是否能够摆脱话剧加唱的窠臼，仍需要观众和评论家来评判。三是都市剧场中的川剧艺术风格。川剧发源于草根文化，它有着自己独特的诙谐和节奏感。在都市的小剧场中，以极为精简的乐队建制和演员阵容，以纯正的川味锣鼓和戏曲表演方式，去诠释一个带有现代戏谑意味的传统题材，能否得到观众的接受，都是这个戏所进行的探索。

诚如它的编创团队所言，川剧《聂小倩和宁采臣》是一个试验品，或许总会存在一些不成熟的地方，但是它的意义在于以微光照亮传统戏曲走向当代都市舞台的探索之路，以推动当代戏曲的健康传承。

---

①周津菁．小剧场川剧艺术探究——以实验川剧《聂小倩与宁采臣》为例［J］．上海戏剧，2017（12）．

以上剧目是新世纪重庆川剧艺术作品的缩影，体现了在当代精品意识推动下重庆川剧守正创新的艺术追求。艺术精品的诞生不是某一个艺术家的灵光乍现，它需要高远的立意和充沛的情感为根基，通过集体的智慧、岁月的打磨和观众的检验来展现出传世的光辉。而以创作精品为追求的精品意识更为可贵，它指引着川剧艺术在当代社会更为深远的发展。我们期待川剧精品的诞生，也期待更多蕴含精品潜力的艺术创作。

从石窟造像谈舞蹈创作启发①

——以重庆大足石刻为例

陈亚芳②

一、大足石刻中唐宋舞蹈形象的呈现

大足石刻位于中国直辖市重庆大足区境内，其中北山、宝顶山、南山、石门山、石篆山等石窟颇具特色，1999年被列入《世界遗产名录》。大足石刻始凿于初唐时期，兴盛于两宋，历时千余载，是中国石窟艺术史上的一座丰碑。大足石刻在历史悠久的巴蜀文化沃土上植根，受南派佛教艺术影响，融化、吸收前期石窟艺术精华，推陈出新，巧妙构思，为中国石窟艺术开辟了新天地。唐宋时期是古代精神文明的高峰点，艺术也随之到达顶峰。其中，歌舞表演、诗词作画及石窟艺术等都是主要表达形式。在2500多年前，在其意象和象征意义还未形成复杂化、多样化体系时，佛教艺术就已经开始发展。大足石刻作为一个久负盛名的文化遗址，从不同侧面展示了公元9世纪至13世纪中叶，中华民族、民俗文化及艺术风格的重大突破、变化，以及古代工匠的精湛技艺，巧夺天工，也让人叹为观止，荡魂摄魄。

大足石刻承载着历经唐宋的雕塑艺术盛名，寓禅于雕塑，构成它独特的艺术

---

①基金项目：重庆市社会规划科学项目“重庆大足石刻造像中唐宋舞蹈考察与研究”，项目编号：2019YBYS156。原载于《戏剧之家》2021年第6期总第378期。

②陈亚芳（1983—　），女，重庆人，重庆大学舞蹈表演与教育硕士，重庆文理学院副教授，研究方向：舞蹈理论、舞蹈编导与教育。

风格，在承袭晚唐余韵的基础上，又笼罩上强烈的禅宗色彩而具有独特的审美情趣，无论在创意还是在技巧方面，都达到了一定的深度，充分体现了我国古代劳动人民在艺术技巧上的高度智慧和卓越才能，留下一笔宝贵的遗产。佛教文化中的宗教舞蹈对舞蹈文化的发展起着至关重要的作用，同时也是古代舞蹈的重要构成部分，具有特殊的审美性。在第245号观无量寿佛经变相一龛中，展现的是西方极乐净土，“未生怨”故事和“十六观”图讲述的虽是神迹，但细究起来雕刻中不乏唐代宫廷乐舞的踪迹。龛内舞池中的舞伎翩翩起舞，窈窕身姿，其甩袖折腰、踏步倾头之势颇具特色，三五成群的舞蹈队形，看似杂乱，却又体现不拘一格的章程，与唐代乐舞中的软舞有许多相似之处。龛顶是各种乐器的展示，从这些雕刻中我们仿佛置身于宫廷乐舞中，一幅栩栩如生的唐代宫廷乐舞图就此展现在我们眼前，还原了宫廷乐师展示高超技艺的画面。从这龛造像中，我们还可以感受到唐朝开放的民族政策，一是民族关系的发展，二是与外来文化的融合，使艺术方面更具包容性，出现乐舞形式程式化逐渐向世俗化转变的迹象，凝聚了晚唐时期的民族仪式性，民间享乐性，佛教载道性等。

第17号龛六师外道谤佛不孝造像中的吹笛女造像，吹笛女的审美特征具有典型的宋代民间化象征。不论是衣着服饰，还是面容形态，宋代含蓄的婉约之美与唐代开放式的盛唐之美已经大相径庭。宋代女子体态摇曳生姿，舞步轻盈稳健，衣裾飘飘身形苗条，平添飘逸爽朗的气韵。吹笛女民间化的象征正是反映了宋人精致含蓄、内省高雅、端丽拘谨的艺术追求和审美特征，从雍容华贵到温柔婉约，这是一个时代的转变，也是艺术审美的转变。正如宋代民间舞队的世俗乐舞一般，不论是勾栏瓦舍还是乡间田野，其表现内容多与生活接轨，且丰富多彩，具有独特性。吹笛女不但是民间生活化的象征，在其面部雕刻中，还展现出泰然自若、悠闲自得的神情和韵律，这种形态上的美学大致可以归纳为“禅”之美，即存“圆融、淡雅、静心”之精髓，承载着同时期的舞蹈审美规范，是佛教艺术中禅意舞蹈显现的根源和根本，同时也影射了宋代宫廷乐舞中的雅韵之风。这些记载古人舞兴酣畅的形象，宛如大地蕴含的珠玉遗落民间，凤毛麟角，十分珍贵，掀起中华历史长河中一幕幕荣辱兴衰，反映出唐宋历史风貌。

二、大足石刻对舞蹈创作的启发

舞蹈创作中的艺术构思是舞蹈编导在孕育舞蹈作品时所进行的舞蹈形象思维活动。它包括选取和提炼题材、酝酿和确定主题、塑造人物形象和考虑整个舞蹈结构的布局，以探求最适合舞蹈的表现形式①。舞蹈创作离不开灵感的把握，一部分来源于天赋，而另一部分则是日积月累的经验。因为灵感稍纵即逝，所以灵感对创作者的敏锐度要求很高，这对于创作者而言是一个考验。捕捉“灵感”能够锻炼创作者的思维敏锐度以及审美能力的把握，而能否充分表达编导的思想，都和构思有直接的关系。1973年美国著名心理学家麦克利兰提出了著名的冰山模型，“冰山以下的部分”包括角色、自我形象、特质和动机等，是人内在、难以挖掘的一部分，不容易被外界改变，但是对个人行为与表现起着关键性的作用。舞蹈创作也存在这样的冰山模型，空有其表的舞蹈，即便技艺再高超，动作难度再难，显而易见是空洞无趣的，我们所要挖掘的也是“冰山下的部分”，如何引发观众深思，理解舞蹈背后的意义，使得呈现出的作品丰富而有灵魂。这就需要除了基本知识、基本技能外更好地塑造角色与艺术形象，要着力于改善内隐自我，更加明晰编排动机，激发内在潜能。

罗丹曾说“在艺术家看来，一切都是美的”。在艺术创作的过程中，应留意观察周围的一切，生活中不是缺少美，而是缺少发现。大足石刻这一历史上的石窟艺术，给编创者提供了较多的故事素材和图像形象，不论是从人物形象、人物塑造还是整体画面感，都提供了直观而清晰的实物。我们所熟悉的古代舞蹈作品如《踏歌》《相和歌》《大梦敦煌》《千手观音》《飞天》《金刚》等，大多是编导从古代壁画、石窟等艺术藏品中提取素材，加工、修饰、编排而成型。舞蹈中的人物特点、舞蹈动作、艺术形态都与这些几千年的文明环环相扣、水乳交融，而不是凭空想象的。让舞蹈作品更尊重并还原历史，也是舞蹈创作最基本的要求之一。大足石刻具有丰富的舞蹈素材资源，除上述谈到的典型性舞蹈造像外，还有很多未被发掘的舞蹈形象和艺术形态。如果将研究到的大足石刻造像

① 王福银．浅谈舞蹈创作中的艺术构思［J］．解放军艺术学院学报，2000（2）：87-88.

一一剖析、创作，我们可以为更多的舞蹈作品注入新鲜血液，如吹笛女形态可延伸到宋代女子群舞，展现其生活化的一面；也可将造像中展现唐代乐舞的场景还原到舞蹈作品中，结合现代的编创手法，对其进行加工、调整、完善，不失为一个优秀的古代舞蹈作品题材。不论是在石刻造像中寻找素材，还是在古籍记载中提取要点，都要切记，舞蹈创作不只是探寻古迹，要打破固有思维，优秀的舞蹈创作者都具备良好的思维力。而在实际中，人们还是会用固有的思维去判断、看待事物，尽管在某些时候对我们的理解有所帮助，但更多的是会局限创新。之所以会造成这种思维方式，是因为我们都喜欢用常用到的方式去看待问题，用常用的方式去处理问题，长此以往就会形成惯性思维，缺乏了创新精神。如何打破固有思维呢？一是保持好奇，保持质疑，凡事想到它更深层次的道理，多问为什么是这样；二是学会多方面、多角度看待舞蹈编排；三是不断学习积累。多看多总结，知识可以带领我们体验和创造 新的思维方式。创新是人类进步的关键所在，也是社会发展的决定因素。我们要学会摒弃旧的想法和事物，站在新的角度看待问题。敢于否定，敢于创新，改变固有的思维方式，突破惯性思维让自己不断成长，打好成功的基石。

在创作中，除了素材的应用，还要强调自修自悟“识心见性”，也就是说通过认知自己，辨别事物和感受其中联系可以使得创作更如鱼得水。当用力想不到创意的时候，不妨多观照自己的内心世界。所谓“观自在”也是“自在观”。与西方艺术总是向外看的眼光不同，佛教作为中国第一大宗教，强调内观精神。西方的眼光总是向外的，而中国的宗教绘画总是强调内观。主张生活从来就没有什么好抱怨的。向外求，其实不如向内求、向己求。把内观与舞蹈编排结合就是，要看清表达对象的真面目，也要感受自己与表达对象间的内在联系，使其浑然一体，融洽无间。大足石刻的形象艺术可以激发编创者长期埋藏在心底的情感表现欲求，依靠自己的直觉捕捉到一种潜在意识。在创作时可以以当时民族的风俗与文化为背景进行创作并且升华，从而创作出具有民族特色与文化背景的舞蹈，这是一种再现。就像现在的民间舞蹈形式，大量保留了宋代民间舞队的艺术表现特征。这需要编创者多观察，把生活再现，创作出作品，使观众产生共鸣，从某种意义上来说也还原了艺术的淳朴性。

任何一种艺术程式的形成，总包含若干的复杂因素。雏形于汉代，形成于魏晋，完善于唐代，分流于五代、宋代的这种舞蹈形式，代表了中国乐舞艺术的发展趋势，以中国传统文化为主流，兼容多民族优秀艺术，呈现出多种文化并存的局面[①]。对现象本质的文化解读，更系统和整体的深入研究，提取舞蹈形态让更多人了解古代舞蹈发展史，分析、研究造像与时代浑然天成的雕刻艺术语汇，记载古人对政治、历史、文学、艺术的发展、演变历程，当下已是刻不容缓，这也是舞蹈编创者应尽的绵薄之力。

① 贾嫚．唐代长安乐舞研究——以西安地区出土文物乐舞图像为中心［J］．文艺研究，2014（12）：153.

舞蹈宣传与动员抗战活动研究①

——以重庆地区为例

张甲泽②

抗战时期，重庆作为战时陪都，为文学艺术的发展提供了良好环境。舞蹈宣传抗战活动是共产党动员社会力量的重要途径，“编演的舞蹈作品有138个，开展动员活动49场。”[1]文协、第三厅、南方局、文工会等官方力量的领导，使舞蹈宣传活动有序进行。抗战舞蹈通俗易懂、现场感强，作为抗战动员活动的常用载体，在组织群众、鼓舞气势、凝聚抗战力量等方面产生了良好效果。舞蹈宣传活动在时代的召唤下，表现出不屈不挠的革命斗志和勇往直前的拼搏精神，激励着民众团结对外，积极御侮。

近年来，相关舞蹈宣传与动员抗战主题的研究前人已取得一些成果，主要包括以下方面：一是抗战舞蹈专题研究。刘青弋[2]、仝妍[3]，对民国时期的舞蹈活动做了概述，但涉及重庆地区抗战舞蹈史料较少，且缺乏整体性；彭小希、龙红[4]，指出抗战时期重庆地区的舞蹈活动具有很高的艺术水准，但忽略了其背后所发挥的社会功用；吴开婉[5]、王泳舸[6]，对抗战时期云南、新疆区域内的舞蹈活动进行了梳理；毛雅琛[7]从抗日战争期间军旅舞蹈的发展状况，在军队

---

① 基金项目：重庆市社会科学规划项目“重庆‘非遗’舞蹈传承人口述史与数字化保护研究”（2018YBYS151）；重庆大学人文社科原创性基础理论研究项目“西南地区舞蹈类非遗保护与传承研究”（2020CJSK05YJ12）。原载于《滁州学院学报》2021年8月第23卷第4期。

② 张甲泽，齐鲁师范学院音乐学院教师，硕士。

政治工作中的地位、作用，以及它所表现的革命精神与爱国主义情怀等层面展开论述。二是抗战动员活动的相关研究。重庆市档案馆和重庆师范大学编撰的档案材料[8]，从政治、经济、文化、军事等方面，记录了抗日战争时期重庆全民总动员的情况；吕厚轩[9]、赵婧如[10]等人，以历史学视角，从背景、内容、特点、价值等方面对抗战歌曲与抗战动员做出了研究。三是相关抗战文艺研究。苏光文[11]认为陪都文化具有爱国主义、战斗意义、共时性与历时性并存的特点；吴伟[12]对抗战时期重庆地区的音乐活动做出了述论，认为抗战音乐活动对精神抗战发挥了积极作用；吕晓[13]通过对木刻创作、教育、展览等方面的分析，反映了抗战时期“陪都”美术的繁荣盛况，并指出国统区的美术运动更具有批判精神与政治意义。另外，《中央日报（重庆）1938—1948》《大公报（重庆）1938—1949》《益世报（重庆）1940—1948》《新华日报（重庆）1938—1947》《新蜀报（1921—1949）》等报纸文献，以及相关抗战文化陈列馆，对本研究提供了一手资料。

综观以上，相关抗战文艺研究和抗战动员活动研究取得了丰硕成果，为本研究提供了学理基础。同时发现，抗战舞蹈研究多以史料收集与整理为主，并且比较零散，尚未发现有关舞蹈动员活动的专题研究。论文将站在前人的研究基础上，以艺术学的主要理论范式和研究方法，结合历史学，对抗战时期在重庆地区由共产党领导的舞蹈动员活动做出进一步讨论。通过本研究初步建立抗战时期重庆地区舞蹈动员活动研究的基础数据库；拓宽中国近现代舞蹈史的研究范畴及类型，有益于进一步加深对20世纪乃至当今中国舞蹈艺术发展的再认识。

一、政治动员

政治动员是指动员主体为实现一定目标而对动员客体进行政治宣传、精神鼓励的行为。“宣传工作的意义，不只是思想情感的传达，而且是要把某一种运动推进和实现，即推动被宣传者产生在这一运动中应有的积极行为。”[14]抗战时期重庆地区的舞蹈动员活动，积极响应战时宣传，抨击假恶丑，弘扬真善美，激发了群众的抗战热情，民族意识进一步增强。

（一）控诉日本侵略暴行，激发救国热情

抗战时期，舞蹈宣传活动根据社会现实需要，编演了大量反抗外来侵略的舞蹈作品。第一，激发人民对侵略者的愤恨，提高救国积极性。作品《饥火》，吴晓邦运用现代舞编舞技法，揭露了“朱门酒肉臭，路有冻死骨”的残酷现实。小舞剧《空袭》，是戴爱莲在重庆目睹日机狂轰滥炸后有感而作，利用现代舞表现方式，与民间艺术相结合，反映了人民在战争中所遭受的痛苦，具有爱国教育意义。第二，团结抗战力量，坚定必胜信念。独舞《警醒》，动作轻巧缓慢，采取边鼓边舞的形式，反映了一位年轻游击队员在站哨时的精神状态，有益于团结抗战力量。

（二）批判消极抗日行为，揭露社会黑暗

抗日战争进入相持阶段，日寇开始对华实行军事斗争与政治诱导并行的侵略政策，使抗战局势更加复杂难解。第一，揭露卖国者的丑态。1941年6月，吴晓邦在抗建堂表演《丑表功》，内容上与戏曲中的“文丑”相结合，动作上从生活中提炼出屈膝含胸的舞姿。此作品通过求宠、得意忘形、没落三个方面，将汪精卫的丑恶形象表现得有模有样，具有强烈的象征意义与批判精神。孩子剧团表演的《战斗吧，孩子们》，以群舞的形式展现了孩子们团结应对敌人的画面。《猴戏》《秃秃大王》等作品，同样利用现代舞的表现方式，揭露了投敌势力的分裂阴谋。第二，抨击消极抗日行为。由抗敌演剧九队表演的群舞《新年大合唱》，融合民谣、民歌、戏曲、秧歌等形式，展现了军民积极战斗的场景。葛敏创作的《胜利果》，三个演员分别代表工人、农民、战士，在大家的共同努力下取得了战争胜利，具有一定的教化意义。

（三）宣传抗日民主思想，扩大统一战线

“在阶级社会里，艺术是为一定阶级服务的，绝对不能超然。”[15]抗战时期，中国共产党积极开展抗日救亡运动，坚持抗战到底和全民作战的指导方针，不断加强自身的建设与宣传，在人民心中树立了良好形象。第一，宣传共产党的光辉形象，得到群众支持。1940年育才学校师生创作并演出《抗日胜利大秧

歌》，该作品表现了人民在共产党的带领下取得了抗战胜利。由吴晓邦编创的《罂粟花》，借助现代舞的表现方式，批判讽刺了社会的黑暗。第二，巩固共产党的领导地位。梁伦编创的《团结就是力量》和彭松的《快乐的人们》等作品，对于传播中共优良作风，提高群众的政治意识、阶级认同感产生了积极影响，民族向心力进一步增强。

二、经济动员

“抗战经济动员主要是指通过募集抗战所需要的各种物资以加强中国抗战的经济力量，从而为夺取抗战胜利奠定一定的物质基础。”[16]抗战全面爆发，日本侵略者的“三光政策”和国民党的经济封锁使处在大后方的重庆地区陷入了经济低谷，供给矛盾越来越突出，因此开展经济动员成了当务之急。

（一）鼓励农业生产，夯实物质基础

第一，激发群众的生产热情，提高粮食产量，改善军民生活。1945年春节，为庆祝《新华日报》办社七周年文艺汇演在周公馆举行，来自延安的秧歌队宣传了生产运动的事迹。比如由王大化、李波表演，根据开荒劳模妇女马丕恩真实故事编创的《兄妹开荒》，通过展现开荒、种田、丰收等画面，启发了重庆民众的生产意识。另有表现人民不怕吃苦的《牛永贵负伤》《土地还家》和歌颂大丰收的《一朵红花》等。第二，营造良好的生产氛围，鼓励吃苦耐劳的耕作精神，提高军民的抗战信心。如1945年4月，由钱风编创，程戴辉领衔主演的实景秧歌剧《农作舞》，艺术化表现了群众在田间劳作的欢乐场景。全剧有三部分构成，一是锄地、浇水、插秧；二是给肥、盼风、望雨；三是收割。表演形式新颖，现场感强烈。《新华日报》曾对《农作舞》发表评论：“它是那样的健康，那样的线条刚劲而色彩明朗，是劳动人民的颂歌，是新民主政治制度下农民生活的轮廓。”[17]广场大歌舞《争生存，求温饱》，通过集体舞的形式表现了群众自力更生的生活状态，鼓舞了生产干劲。第三，自己动手，丰衣足食。彭松编创的三人舞《乞儿》，取材于现实生活，刻画了小男孩饥寒交迫的形象，带有很强的说

服力与感染力。由钱风、向路、陈家松编导的《小车舞》《秧歌舞》等作品，气氛热烈欢快，人民的劳动意识得到了提高。

（二）开展舞蹈义演，扩充抗战军饷

抗战时期，除了编演鼓励农业生产的舞蹈作品外，开展义演活动是战时经济动员的又一体现。第一，支持军需。“1938年，话舞剧《为自由和平而战》在重庆上演，创下了中国剧场演出史上最高票价的记录”[18]，将筹得5万元资金换成军衣送向前线，增强了战士们的作战信心。1939年，远在英国的戴爱莲心系祖国发展，多次参加由宋庆龄发起的“保卫中国同盟”活动，表演了《进行曲》《警醒》《杨贵妃》等作品。1939年重庆圣诞音乐会“募集资金四千元”[19]，其中就有舞蹈所做出的贡献。1940年，戴爱莲在香港参加筹金义演活动，表演《垂柳》《进行曲》《前奏曲》《华尔兹》等作品。1941年元旦，文德女子初级中学在南岸弹子石举行募捐游艺会，“备有电影、歌舞、话剧、音乐、魔术、游艺多种”，[20]动员民众有钱的出钱，有力的出力。第二，社会救济。1944年春天，戴爱莲、隆征丘等人在重庆参加由宋庆龄发起的义演活动，“表演的舞蹈有《游击队的故事》《梦》《卒袭》，还有小品《卖》等节目”。[18]将筹集的8000元现金捐献给湖南受灾民众，帮助他们渡过难关。1945年12月，为募集乡村教育基金，在北碚儿童福利实验所举办了“大会串”文艺汇演，其中也表演了舞蹈节目。“1946年元月21日至23日，志新英德语学校筹金音乐舞蹈大会在重庆举办，戴爱莲表演舞蹈节目《瑶人之鼓》等”，[21]这次演出活动募集资金3万余元。总之，抗战时期重庆地区的舞蹈义演活动转化成了物质财富，促进了战时经济发展，同时也丰富了人民的文化生活，为争取抗战胜利做出了积极贡献。

三、文化动员

“文化动员是动员主体通过喜闻乐见的文艺形式，运用简单和通俗的方法，提高群众的文化水平，达到鼓舞斗志的目的。”[22]抗战时期，农民占总人口的80%，尤其是处于西南边陲的重庆地区，人们的文化水平普遍较低。因此，进行

文化动员对于赢取抗战胜利意义重大。

（一）激发抗战意识，弘扬民族精神

战争不仅需要物质上的保障，精神上的支持也是必不可少的。重庆地区的舞蹈宣传活动使群众文化素质和抗战意识得到了进一步提高。第一，营造良好的学习风气，使民众达到一定的知识水平，从而能够有鉴别并接受抗战信息的能力。1945年来自延安的秧歌队在青年馆表演《夫妻识字》，该作品以双人舞的形式讲述了夫妻两人互斗互学的故事，对提高人们的学习积极性具有教化意义。由高昌瑞编剧、章恒编舞并导演的《化学舞》，是典型的寓教于乐作品，激发了群众学习科学知识的热情。彭松在育才学校担任教员期间创作的男女群舞《快乐的人们》，讲述了人们为己为国快乐学习的故事，同时融入了民主思想，使爱国教育深入人心。第二，批判封建迷信对人们思想的禁锢与束缚，揭露人民不爱学习的危害性。1945年在重庆社会教育学院民间歌舞系当教员的钱风，创作了独幕剧《盲儿恨》，对重庆地区的扫盲教育运动产生了积极影响。

（二）创作抗战文艺，传承民间文化

抗日战争是全民族的战争，当然少不了对边区的文化动员。抗日救亡背景下，舞蹈工作者潜入民间搜集各种舞蹈素材，对民间文化的挖掘与传承起到了促进作用，同时也巩固了民族团结。第一，1939年，高棪、高梓两姐妹移居重庆，开始挖掘中国的民间古舞，创作了《宫灯舞》《佛舞》《剑舞》等作品，为挖掘民间艺术、发展民间文化起到了带头作用。1941年戴爱莲根据马思聪的音乐《绥远组曲》，创作了以昆曲和现代舞为表现形式的舞蹈作品《思乡曲》，同年在北碚首演。第二，1945年6月，戴爱莲和丈夫叶浅予带领学生深入西康少数民族地区采风，创作了大量少数民族舞蹈作品。比如：藏族舞蹈《嘉戒酒会》、《春游》、《甘孜古舞》、《弥勒佛》、彝族舞蹈《倮倮情歌》、苗族舞蹈《苗家月》、瑶族舞蹈《瑶人之鼓》、维吾尔族舞蹈《康巴尔罕》、羌族舞蹈《青春舞曲》、《端公驱鬼》等。在此期间，“彭松在西华大学研究了少数民族文化，学习了民族学、人类学的知识”，[23]为后来民间舞蹈的创作打下了基础。1946年3月6日，由戴爱莲牵头，中央大学边疆研究会、中华乐舞研究会、边疆学校藏族同学会、新疆同乡会联合举办的“边疆音乐舞蹈大会”在青年馆上演，将采风编创的少数民族民间舞蹈搬上舞台，同时来自新疆的同胞即兴表演了维吾尔族舞蹈，藏族同胞表演了《拉萨踢踏舞》、藏戏《吉祥天女》。此次演出史无前例，使少数民族文化大放光彩。从此，“边疆舞”开始在全国发展起来，甚至传到美国、马来西亚、新加坡等地，为民间文化的传播与交流做出了贡献。

四、军事动员

“军事动员是国家调整和扩充武装力量、进行战略部署，说服和组织人民群众参战支援前线的军事活动，充足的兵力是取得战争胜利的根本保证。”[24]舞蹈宣传活动作为精神动员的常用方式，所折射出来的民族情感对巩固军队建设和边防建设具有重要意义。

（一）讲述英雄事迹，鼓舞军队气势

通过编演有关英雄事迹的舞蹈作品，来宣传军队的优良风气，从而达到振奋精神、鼓舞士气之目的。第一，歌颂战士的杀敌积极性。吴晓邦的《游击队员之歌》，最开始为独舞，由吴晓邦表演。之后改编成三人舞，由王元麟、朱世忠、柳万麟表演。该舞蹈形象准确，叙事性强，被誉为“中国三人舞的精品佳作”。该作品由三部分构成，“其一，身着蓝色衣裤、头扎白色毛巾的游击队员出现在舞台后区。其二，行动矫健，敏捷轻盈，时而大步跨越，时而悄然出没。其三，夜幕下，在青纱帐里，在密林深处，他们出其不意，英勇杀敌，连连取得胜利。”[25]吴晓邦在“祝捷晚会”上表演的《义勇军进行曲》，是他在抗战时期的第一个现实主义作品。该作品以聂耳的同名曲为伴奏，身着黑色中式服装，腰束白色腰带，双足赤裸，塑造了一位勇敢的游击队员形象。“这个作品的创作首演是在无锡郊区一次抗日救亡宣传活动中，从构思到演出仅用了40分钟，是战地上的即兴创作，舞蹈简介凝练，激越昂扬，极富感染力。”[25]402第二，赞扬战士苦练卫国的拼搏精神，营造良好的军队风貌。《工农学兵团结舞》《海陆空军舞》《试练》等作品，以群舞的形式表现了战士们刻苦锻炼的场景。1940年在重

庆国立剧专，由杨帆创作、彭松表演的《巷战》，“反映了上海抗日战争八百壮士的巷战”，[21]461表现了战士们英勇杀敌的无畏气概。

（二）传播家国情怀，动员子弟参军

抗战舞蹈激发群众的参军热情，抗战力量得到了扩充，为支援前线、巩固后方做出了贡献。第一，军民鱼水情。受延安秧歌运动的影响，戴爱莲于1941年1月创作《朱大嫂送鸡蛋》，“由陶行知编剧并作词，育才学校的吴艺饰大嫂，隆征丘、黄子龙饰抗日军人”。[26]该作品内容幽默诙谐，以四人舞的形式讲述了军民的情深意长。第二，舍小家，顾大家。抗日战争需要战士们的拼搏杀敌，更需要后方力量的支持。作品《送郎上前线》于1941年6月由盛婕、吴晓邦在抗建堂演出，以男女双人舞的形式描写了妻子送郎上前线的感人画面，传达出无私奉献的抗战精神。1944年6月由盛婕和吴晓邦合演的双人舞《情别》，讲述了一对新婚夫妇为了抗战忍爱离别的故事。作品《心愿》，通过与道具（梳子）配合，反映出妻子对丈夫的担心与期盼，最后以双人舞的形式结束，对动员群众参加抗战具有鼓舞作用。

五、历史影响

重庆作为战时陪都，开展的舞蹈动员活动具有一定的代表性与影响力。舞蹈动员活动作为抗日文化宣传运动的重要组成部分，一方面对物质抗战和精神抗战发挥了积极作用；另一方面对舞蹈艺术的本体转变产生了深刻影响。

（一）助力抗战

抗日战争是一场全民族的反侵略战争，涉及社会各个层面。舞蹈动员活动发挥出了以“艺”抗战的社会功用。重庆是抗日民族复兴的根据地，对于夺取抗战胜利做出了特殊贡献。

1.物质层面。舞蹈宣传活动，调动了重庆人民的抗战积极性，以各种方式来支持抗战。主要体现在三个方面：第一，人力供应。抗战时期，人民力量是战争的基础，也是赢取战争胜利的首要条件。工人、学生、农民等，尤其是对青壮年的鼓励，使抗战力量得到了补充。在抗战基础设施建设方面也发挥了积极作用，比如修桥、修路、盖房等。第二，物力供应。抗战时期，重庆文艺界开展了一系列的慰劳捐献活动。舞蹈界积极响应，将所筹得的物质力量为战捐献。比如军鞋、帽子、日常生活用品等，坚定了军民的抗战信心。通过号召农业生产，使粮食产量得到了补充，满足了军民的基本生活需求。第三，财力供应。通过参加公益演出活动，筹得了大量资金，补充了国民经济。

2.精神层面。抗战精神对战争的成败起到了至关重要的作用，弥补了抗战物质的不足。重庆地区开展的舞蹈动员活动，在凝聚民族力量、鼓舞抗战气势等方面做出了贡献，为实现民族独立产生了无形影响。第一，促进民族观念的觉醒。“民族精神是一个民族的精髓，是民族存在的精神支柱。”[27]抗战舞蹈宣传活动往往与民族、国家、个人紧密地联系在一起，表现出勇于起身反抗、百折不挠的抗战精神。凭借其独特的亲和力与感染力唤醒了沉睡中的人们，在血与火的洗礼中体现出视死如归的报国斗志和众志成城的民族凝聚力。舞蹈动员活动以“星星之火可以燎原”之势，维护了民族尊严，对于提高人民的民族意识、集体观念做出了贡献。第二，抗战精神得到了迸发。“抗战精神升华了以爱国主义为核心的伟大民族精神”，[28]为动员社会力量产生了积极作用。艺术家们怀着一颗爱国奉献之心，创作出一个个富有时代精神的舞蹈佳作，激励着一批又一批的爱国者投身于抗战洪流之中，体现出万众一心、共赴国难的壮志豪情。

（二）开拓新风

抗战时期，舞蹈艺术在战时宣传需要的影响及内在发展规律的驱使下，逐渐向剧场艺术转变。新舞蹈艺术和民族民间舞蹈艺术在重庆地区的发展与蜕变，具有划时代的意义和开创性的贡献，为中国当代舞蹈的发展迈出了坚实的一步，并影响至今。

1.新舞蹈艺术得到了实践。新舞蹈艺术，是20世纪30年代由吴晓邦先生提出并建立的，与当时的社会环境以及个人的艺术经历密不可分。一方面，“五四”新文化运动和“左翼”思潮的影响，以及民族危机的客观存在，促成吴晓邦先生形成了关注社会现实，为人民而舞的艺术理念。另一方面，吴晓邦三次东渡日本学习现代舞和芭蕾舞，同时自学邓肯和魏格曼的舞蹈创作理念，对回国后的艺术创作产生了深远影响。吴晓邦所倡导的新舞蹈艺术，“体现出了中国自己的鲜明的民族特色，富有中华民族的气质，即无论从内容到形式都创造出既是民族的、大众的、科学的新舞蹈，又是代表中国先进文化前进方向的新舞蹈。”[29]

抗战背景下，舞蹈工作者“以鲜明的现实主义创作理念、突出的表现形式为特征，以中国战时的社会现实为题材，创作出大量符合抗战文化宣传需要，满足民众文化精神需求的新舞蹈艺术作品。”[3]181一定程度上，促进了新舞蹈艺术在重庆地区的发展与繁荣。第一，新舞蹈艺术风格初步形成，在内容与形式上都有别于其他舞蹈样式。首先，立足于中华优秀传统文化，结合西方现代舞的创作手法，创作出富有民族特色和时代精神的中国舞蹈。其次，在内容上关注社会现实，改变了中国舞蹈消遣娱乐的审美取向，使中国现实主义舞蹈风格观逐渐确立。第二，新舞蹈艺术的教学与研究得到了初步实践。抗战时期，以吴晓邦为首的舞蹈教育工作者辗转于重庆大后方，主张“‘舞蹈自然法则’与‘现实主义舞蹈’”[30]的教育理念。首先，发表了多篇关于新舞蹈艺术研究的文章（如表1），分析新舞蹈艺术产生的原因以及它的价值，并编撰了相关舞蹈教材，为后来新舞蹈艺术的教学实践奠定了基础。其次，培养了一批舞蹈新秀，其中一部分人成了新中国著名的舞蹈家。另外在舞蹈理论、舞蹈教育、舞蹈编创、舞蹈表演等领域，为新舞蹈艺术的传播与交流做出了贡献。第三，新舞蹈艺术受到了社会的关注与认可。抗战宣传的迫切需要，使新舞蹈艺术实践活动在重庆大后方开展起来，喜闻乐见的舞蹈形式和反映社会现实的舞蹈内容，让广大群众对这种新舞蹈样式刮目相看。比如“吴盛戴——新舞蹈表演会”，于1941年6月5日至6日在抗建堂隆重举办，是有史以来阵容强大、规格较高的舞蹈表演盛会，引起了社会的反响。《新华日报》曾发表评论“中华民族舞蹈，现在由少数的中国舞蹈艺术家在不断努力建立。今天请这样理解它，它不仅是抗战史实的记录者，还是热情的宣传形式。我们非常同意，这种新的舞蹈在不断努力创造中，一定有它光辉灿烂的前程，与我们新中国的前程一样地向前迈进。”[31]

2.民族民间舞蹈开始成为独立艺术形式。重庆是一个多民族聚集地，丰富的

表1　抗战时期相关舞蹈理论研究成果

作者	题名	发表于
吴晓邦	《关于“楚霸王”的舞蹈》	《艺华画报》1938年第8卷第1期
	《舞俑艺术讲话》	《文艺月刊》1939年创刊号
	《一九三九年的歌舞界》	《都会》1939年创刊号
	《舞俑漫谈》	《戏剧杂志》1939年第2卷第4期
	《舞台人体训练（上）》	《戏剧春秋》1940年第1卷第1期
	《舞台人体训练（下）》	《戏剧春秋》1940年第1卷第2期
	《舞台人体运动训练法的过去和现在》	《抗敌戏剧》1940年第2卷第10期
	《中国舞俑》	《耕耘》1940年第2期
	《儿童唱歌舞蹈说明》	《乐风》1941年新1第10期
	《在抗战中生长起来的舞俑艺术》	《中苏文华杂志》1941年第9卷第1期
	《戏剧舞俑的基本修养》	《小姐》1946年第3期
戴爱莲	《现代舞之奠基者及创造者》	《艺新画报》1945年第3期
	《发展中国舞蹈的第一步》	《中央时报》1946年4月10日版
	《发扬中国固有的艺术》	《海香画报》1946年第3期
梁伦	《舞蹈的中国化问题》	《中艺》中国歌舞剧艺社公演特刊
	《让人民的舞俑回给人民》	《时代评论》1946年第19期

民族文化孕育了多彩的民族民间舞蹈。比如有：土家族的摆手舞、苗族的芦笙舞，以及汉族的打连厢、龙舞、狮舞等。这些舞蹈在民国以前由于缺乏专业的舞蹈人才，并没有得到长足发展。抗战时期，吴晓邦、戴爱莲等受过专业舞蹈训练的艺术家以及来自不同地区、不同民族的民间艺人，开始搜集、整理、加工散落在民间的舞蹈素材，并结合抗战宣传的需要搬上舞台进行表演。一定程度上，民族民间舞蹈的艺术性与观赏性得到了提高，促进了它由“田野”走向“舞台”的转变。

一方面，舞蹈工作者利用大众所熟悉的民间舞蹈形式，改编动作与套路，提高其艺术性。第一，根据四川歌舞改编的《彩船》《凤阳花鼓》《花灯》等作品，使舞蹈动作的规范性得到了提高，既保留了原有的乡土气息，又反映了抗战现实。第二，龙舞作为流行于重庆的民间舞蹈之一，通过艺术家对它的改编，观赏性和功能性得到了提高。有研究者曾提出，“此时的龙舞表演，已不再承载民俗活动中求雨祭祀之意，而是明确象征着中华民族——龙之传人不畏强暴、奋起反抗、生生不息的高昂民族气节。”[3]183另一方面，少数民族民间舞蹈登台表演。1945年6月，以戴爱莲为首的“边疆舞”采风团队首次挺进西康地区，“整理少数民族舞蹈作品14个，涉及7个民族。”[32]1946年3月6—10日，“边疆音乐舞蹈大会”在重庆青年馆上演，这是“第一次将中国民族民间舞蹈整理成表演艺术搬上舞台”[33]，标志着中国民族民间舞蹈开始成为一门独立的表演艺术形式，为中国民族民间舞蹈学科体系的建设奠定了基础，同时也为传承民间艺术、弘扬优秀传统文化做出了贡献。

六、结语

抗日战争的胜利是中国近现代史上伟大而又神圣的篇章，不仅打击了敌人的嚣张气焰，更是中国人民坚决捍卫民族尊严的爱国体现。抗战背景下，重庆地区的舞蹈宣传活动，一方面动员了更广泛的社会力量，在抗日宣传、动员群众、激发斗志等方面表现积极，助力了抗战顺利进行。另一方面开启了一条大众化、民族化的新舞蹈样式之路，是中国舞蹈史上的一个高峰，奠定了中国现当代舞蹈的发展基础。回看历史，慷慨激昂的抗日战争，中国人民不会忘记；抗战艺术中所饱含的爱国主义精神和民族品格必将发扬光大、久传不息；舞蹈动员活动的成功经验也将会载入史册，以星火燎原之势点燃正义之光。

今年是中国共产党建党100周年，研究这一课题更具有现实意义。第一，新时代的今天，我们依然处于“最危险的时候”，更需要这种强大的爱国力量和坚忍不拔的民族精神来激发人民的社会责任感。第二，具有民族气派和爱国热情的抗战舞蹈，对当今舆情宣传工作有一定的借鉴意义，有利于营造和谐有序的社会氛围，展现出天下兴亡、匹夫有责的正义情怀。第三，抗战文化是历史留下来的宝贵遗产，是优秀传统文化、红色文化的重要组成部分，挖掘抗战艺术、传承革命精神，有利于增强文化自信。总之，抗战时期重庆地区的舞蹈动员活动是时代需要与历史发展双重影响的必然结果，值得我们去学习研究，从而正确地认识昨天、把握今天，让明天的生活更加美好。

参考文献

[1] 张甲泽. 抗战大后方重庆地区舞蹈动员活动研究 [D]. 重庆大学，2020.

[2] 刘青弋. 中国舞蹈通史·中华民国卷 [M]. 上海：上海音乐出版社，2010：52-86.

[3] 仝妍. 民国时期舞蹈研究 [M]. 北京：中央民族大学出版社，2013：68-96.

[4] 彭小希，龙红. 抗战时期重庆地区舞蹈艺术发展述论 [J]. 南京艺术学院学报，2013（2）：178-184.

[5] 吴开婉. 抗日战争时期云南的新舞蹈艺术 [J]. 民族艺术研究，1996（1）：53-57.

[6] 王泳舸，刘音. 抗战时期新疆舞蹈的发展 [J]. 新疆艺术学院学报，2009（1）：36-39.

[7] 毛雅琛. 论抗日战争时期军旅舞蹈的爱国主义情怀 [J]. 解放军艺术学院学报，2015（3）：84-90.

[8] 重庆市档案馆，重庆师范大学合编. 中国战时首都档案文献·战时动员（上，下）[M]. 重庆：重庆出版社，2014：12-136.

[9] 吕厚轩，刘金华. 抗战歌曲与中国共产党的宣传动员——以歌词为中心 [J]. 江西社会科学，2015（9）：110-116.

[10] 赵婧如. 晋绥根据地抗日歌曲与社会动员 [D]. 太原理工大学，2018.

[11] 苏光文. 大轰炸中的重庆陪都文化 [M]. 北京：中国文联出版社，2015：1-8.

[12] 吴伟. 重庆抗战音乐活动 [M]. 成都：四川大学出版社，2018：3-12.

［13］吕晓．“陪都”进步美术运动的旗帜——抗战时期重庆的木刻运动探析［J］．重庆师专学报，1998（2）：57-61．

［14］郭沫若．战时宣传工作［M］．重庆：重庆青年书店，1940：26-37．

［15］朱德．三年来华北宣传战中的艺术工作［EB/OL］．（2017-04-04）．https：//Dag.yau.edu.cn/info/1120/2702.htm．

［16］秦秋菊．节日中的抗战：战时重庆元旦抗战动员活动研究［D］．西南大学，2016．

［17］叶瑞月．文艺表演活动［N］．新华日报，1946-05-23．

［18］陈洁，陈白天．重拾历史的碎片（1931—1945）——中国艺术界抗战备忘录［M］．南京：江苏美术出版社，2015：139．

［19］胡品清．重庆圣诞音乐会［N］．乐风，1940-01-18（01）．

［20］陈子秋．渝各界积极筹备庆祝元旦：会后开始体育表演大游行［N］．中央日报，1940-12-30．

［21］刘云．中国解放战争舞蹈史［M］．上海：天马图书有限公司，2003：98-110．

［22］张丽梅．抗日战争时期国共两党社会动员研究［D］．东北师范大学，2008．

［23］罗斌，吴静姝．戴爱莲：我的艺术与生活［M］．北京：人民音乐出版社，2003：36-90．

［24］冯乃香．抗战标语与中国共产党的社会动员——以晋察冀抗日根据地为例［D］．曲阜师范大学，2015．

［25］李建平．桂林抗战艺术史［M］．南宁：广西人民出版社，2014：402．

［26］王克芬，隆荫培．中国近现代当代舞蹈发展史［M］．北京：人民音乐出版社，1999：77．

［27］郑明月．抗日救亡歌曲在抗日战争中的作用研究［D］．长春理工大学，2018．

［28］李连中．抗战精神研究综述［J］．滨州学院学报，2007（4）：65-69.

［29］仝妍．“新舞蹈”与中国现实主义新传统的建构［J］．北京舞蹈学院学报，2017（3）：29-33.

［30］王克芬，隆荫培．中国近现代当代舞蹈发展史［M］．北京：人民音乐出版社，1999：62-88.

［31］嵇秋红．关于新舞蹈表演［N］．新华日报，1941-06-19.

［32］陈磊．边疆音乐舞蹈大会观后［N］．中华全国体育协进会体育通讯，1946，3（3）．

［33］高度，黄奕华．中国民族民间舞蹈概论［M］．上海：上海音乐出版社，2014：209.

重庆汉族仪式舞蹈的文化形态研究[①]

傅兰媚　朱　娅[②]

重庆位于中国西南部，长江上游，东临湖北湖南，南接贵州，西靠四川，北连陕西，全境多山多水多丘陵，形成较为封闭的生态环境，为民间仪式活动的形成与推动提供良好的土壤。重庆地区非物质文化遗产的仪式舞蹈主要有开县—巫舞（跳端公）、璧山—大傩舞、合川—架香童子舞。笔者2013—2020年的调研中显示，在开县（巫舞）跳端公活动在开县义和镇、中和镇、太平镇仍有活动痕迹。架香童子舞在合川境内已无法看到其全貌，附近的武胜区能窥见舞蹈部分内容。大傩舞分布在丁家历山寺周围，在元宵节、除夕期间可看见其全貌。

一、文化概述

重庆汉族地区的仪式舞蹈主要由“跳端公”“傩”“合川架香童子舞”等几种民俗艺术构成。分布在重庆开县、万州、云阳、合川、璧山等地，在新年纳吉、城乡祭祖等节日活动中，仍有集体庆贺的民俗活动。重庆地区的仪式舞蹈由祭司、图腾、歌舞元素等构成，形成与自然、天地、生命发生共振的歌舞表现。舞蹈内容

---

① 基金项目：2018 年重庆市社科规划调研项目《渝黔川地区汉民族仪式舞蹈的跨文化比较研究》的阶段成果（项目编号：2018DY14）。原载于《中国民族博览》2021年第7期。

② 傅兰媚（1989—　），女，博士研究生，重庆对外经贸学院讲师，研究方向：西南舞蹈；朱娅（1976—　），女，重庆对外经贸学院讲师，研究方向：西南地区古代文学。

随节日、族人需求产生，形成祭祖、祭祀、驱鬼、庆贺等多样形式，并逐渐由舞蹈向戏剧过渡的痕迹。舞蹈的内核是传递与人向善，规范的村民的道德观念，使其潜移默化地接受正确价值观教化，实现建立良好村落秩序的终极愿景。

重庆的汉族仪式舞蹈的发生没有确切的文字记录，《开县民间文化》中记载，开县是在东汉末年陆续有佛教的传入，道教的影响力在唐宋时期就逐渐扩散开，重庆诸多区县都供奉起了佛堂、道观。开县跳端公最早的民间记录，是在1705年（康熙年间），对当时始祖陈克亮有着简单的描述，这类活动一直兴盛至“文革”前夕。“文革”时期，政府将许多村落的传统文化归纳至旧社会的残余中，强行将大傩舞、跳端公、合川架香童子舞、跳九州等民俗活动禁止起来，鼓动人民加入乡土改造中。

随着乡村生活水平的提升，祈神驱邪活动逐渐淡出了人们的主流生活。20世纪80年代，学界开始逐渐关注到重庆汉族仪式舞蹈。大规模组织中国民族民间舞蹈集成的收集，使外界真正关注到重庆地区汉族的仪式舞蹈。到2006年开县跳端公、璧山大傩舞被收录为重庆市第一批非物质文化遗产，2008年合川架香童子舞被收录入合川区非物质文化遗产名录，次年被收录为第二批重庆市非物质文化遗产名录。才使这批古老的文化真正走进保护的领域、公众的视线。

二、重庆地区仪式舞蹈的种类与形式

重庆的仪式舞蹈艺术价值与文化价值一直被低估，虽在20世纪80年代始发的傩学热潮对本区域的仪式文化引起关注，实质并未被重视起来，被保护与传习数量超过骤减数量。现被收录为非遗名录的重庆地区汉族仪式分别为开县巫舞、璧山大傩舞、合川架香童子舞，它们皆是以驱邪纳吉为目的，在岁时节令或人生礼仪等特殊的民俗环境中呈现的一种民俗活动，这种民俗活动通过仪式营造出一种渲染场域的气氛，继而影响表演者的肢体，形成一种仪式状态中的舞蹈。还有部分未申遗的仪式舞蹈，记录在《中国民族民间舞蹈集成》中，如“庆坛”“破地狱”“跳云童”等服务于民间丧葬活动的歌舞活动。

开县巫舞（跳端公），舞蹈仪式形式可归为戏剧演说、仪式形态两方面，虽然仍带着浓浓的宗教意味，但难以寻得商周时期傩舞的神秘姿态，其仪式表演在更加倾向于功利性的宗教演出与艺术审美的特性。“为民请愿”是跳端公日常活动主题，“通常用于驱邪祛病，祭祀规模以家庭为单位，对象多为风邪所侵，或重病卧床之人。目的是保家人平安，远离鬼邪”[1]。除此以外，以每年11月举行的“庆坛活动”最为隆重，活动仅用于祭祖、祈福，活动时常一天一夜至三天三夜。旨为族人求得平安顺遂，五谷丰登。

璧山大傩舞是人们在节庆时，用于齐庆年丰、消灾除害的民俗仪式，与其他地方的傩戏、傩舞相比，璧山大傩舞独有舞龙、贞洁少女向天祈福、裸儿扮演的泥巴鬼等驱鬼仪程，吸纳了诸多本地居民的风俗习惯。璧山大傩舞主要流传于以丁家镇为主的璧南片区，由于流传区域不同，呈现的样态皆有不同。如：既有场景复杂变化，充斥着表演的细腻感的文傩流派；也有动作刚劲，节奏明快的武傩流派。仪式过程中，有10多名女巫祭祀、由各方向带领十二生肖神、十二神兽进行，有80多名裸儿射击、百名女童撒谷子的驱鬼仪式，活动场面气势磅礴，浩瀚壮大。

合川的架香童子舞是由会首、香头、乐队、8—13岁的童子、朝拜者而组建的架香队，在庙会进行的一系列祈求丰收、和顺的祀神舞蹈。它具备有一定的观赏性与娱乐性，也渗透出一定的导人向善功能。从晚清开始，架香童子舞的活动就遍布整个三江流域两岸，为人们排忧解难。合川寺庙众多，相应的各类庙会活动长演不衰，庙会朝拜成为乡民赖以生存的重要活动，架香童子舞成为庙会活动的核心，乡民的需求也由简单祈福而扩大到“婚”“丧”“喜”“庆”等各类大事，都请架香队表演。架香童子舞逐渐褪去神秘色彩，由民间的祭祀活动转化为一种民间的民俗活动。

重庆地区仪式舞蹈的活动形式有两种，一种为公共诉求，一种为个人诉求，公共诉求是在特定的时间、特定的地方、特定的空间举行，是民众对祖先、天神的诞日、节日表以庆贺活动。个人诉求则是人们根据自身诉求可在几天的仪式中实现驱鬼、许愿、还愿、祈福、求子等多种功能并存的仪式活动。这类活动在固定的仪式环节上根据诉主要求与经费约束更替删减内容。如开县“跳端公”的仪式，除了固定的“开坛”仪式不允更改，其余部分皆可调整，甚至更换前后顺序。人们坚信以“巫师”的力量与受众的虔诚亦可保得家园和谐、牲畜平安、生活安顺。

三、重庆地区汉族仪式舞蹈的文化空间

（一）风俗信仰

在古代社会，人们充满对大自然的征服欲，但充斥着难以抵御的现实，因而人们通过巫术的方式实现人与自然的平衡。古代的巫师（祭司）是降神为职，需得习有医术、天文、历法、历史、算术、艺术等技艺。随着佛教的传入，至三教合流，扎根农村，与原始久远的民俗活动相结合。形成今天重庆地区的民间信仰。“原始信仰有祈求丰收的芒神、田神、树神、土地神；自然灾害的川主、龙王、二郎神、风云雷雨诸神；个人命运的禄神、吉凶神；祈求人丁兴旺的观音菩萨、送子娘娘、月神、石敢当；群体监护的祖先神、灶神、门神；本地的守护神有屈原、诸葛亮、巴蔓子；另外还有方相氏、紫姑神、坛神等，形成原始宗教、佛教、道教混合的形态，内容涵盖了生活的方方面面。”[2]

（二）口头传统

口头传统即技艺类人群口口相守的规矩，如：“巫师”端公传男不传女；合川架香童子舞中的童子们，必须为12岁以下女童；璧山傩舞中需要贞洁少女向天祈福、4岁裸儿扮演“泥巴鬼”。各种要求、禁忌皆是祖祖辈辈定下的规矩，供后世学艺者遵守。但随着历史的沉淀与文化的交融，手艺人逐渐淡出人们的主流生活圈，不成文的口头传统也随之被人淡化，端公中出现了师娘子（即女端公），架香童子舞的童子们已化为老太太，且男女老少皆可，逢年过节时能凑成一组架香队供百姓们一乐已是难得。端公们口中不承认是与“道教”的结合。端公们更不会去“道人”的宫、观、洞中，以及秉承着“侍生不侍死”的原则，不予死人做法事。即便规矩如此，跳端公仪式中依然表现出八卦方位、民间歌舞以及三峡文化等特点，连巫师外袍也与道家法袍如出一辙，村中某户家中丧事，端公们摇身由“巫师”化为“道友”舞起“跳九州”以此告慰亡灵。

（三）人生礼仪

人生礼仪特指“技艺类”人群，意指部分身怀技艺人群，在人生重要仪式时需要相邀“巫师”举行相关活动进行见证。仪式中的技艺人群主要指祭司、匠人等。人生仪式多指技艺类人群在职业生涯的重要时刻，一为技艺学成时；二为生命完结时。

（四）传统节日

“在古代，重庆居民热衷祭祀活动，各区域的主题与内容不尽相同。一月祭祖；二月土地会、老君会、观音会；四月清明节、佛祖诞辰；五月天中节；八月中元节；中秋节祀月；九月九皇会；腊月祭百神，月月都有不同的节目，十分热闹。重庆开县跳端公在十一月中旬的‘庆坛’活动最为盛大，也是端公们最为重视的活动，时间长达一天一夜或三天三夜。这一类祭祀活动只用于祭祀祖先、祈佑除疫的庆典中或是大型的节日活动中，目的是清扫荆棘、斩妖降魔、为安请神祇扫清障碍，达到消灾解难，祝福来年风调雨顺。规模由十几人至几十人不等，现场凝重。凡此种种都是跳端公作为民间社火的重要职能和体现，兼含了民俗中对‘礼’的含义，也体现出群体性信仰崇拜的依赖。”[2]合川地区的“架香童子舞”最重视农历二月十九、农历六月十九、农历九月十九的观音会，舞蹈是由会首、香头、乐队、8—13岁的童子与朝拜者组建的架香队，在庙会进行的一系列祈求丰收、和顺的祀神舞蹈。璧山大傩舞会在春节、端午期间为祈祷丰收跳的驱魔庆神舞蹈，祈求平安祥乐，在千百年的时间里，仪式或浓重或简约都持续着乡民的民俗习惯与延续千年的文化认同。

重庆地区汉族仪式舞蹈的物质体现即是道具体现，是具有实用性的，具体为沟通祖先、神明的“法器”，在仪式中，这既是通道又是法器，也是艺术视角下的道具。无论是在什么样的场合（节日庆典、祭祀祖先、告慰亡灵）皆是一样。如：璧山傩舞的“面具”、合川架香童子舞的“架香”、跳端公的“神席”等道具，都为操作者（巫师）构架了人神两界的桥梁，为仪式气氛渲染了色彩，为仪式的内容增添了几分神秘与美感。

四、仪式舞蹈的功能

重庆汉族仪式舞蹈是信仰、观念、需求演化而出，逐渐由娱神走向娱人。仪式中暗含清晰的等级关系，映射出礼教的道德伦理、等级次序等方面的文化内涵，它的“礼”文化等核心价值无形中渗透到人们的生活中，它的影响与功能持续影响着当下，推动着人们的精神生活逐渐攀升。

第一，重庆地区汉族仪式舞蹈具有调节心理，满足人们精神寄托的功能。通过在仪式中的复杂神明体系，对应现实生活的各种层级的现实困境，满足信众期盼健康、丰收等朴素追求。如仪式后，困境得以解决，在人们的心中祖先与神明的庇佑功能会得以彰显。便可更加积极地投入新的生产生活中，良性的心理暗示可让人们坚信努力、向善、诚实、坚持等优秀品质会继续受到庇佑。“神明是虚拟的，仪式最终无法左右人们的生活，但仪式举行后强大的心理抚慰，这种幻想似的精神自慰，成为人们日常生活负面情绪发泄的精神阀门，最终转化为一种强有力的保护社会秩序的隐秘手段，是推动人们愿望实现的强大动力，是真实的、可感可知的。”[2]

第二，重庆地区汉族仪式舞蹈也具有艺术普及功能。一方面促进村民的生活艺术化，另一方面培育村民具备艺术的鉴赏能力。仪式中含有书法、剪纸、舞蹈、音乐、表演等丰富的民俗艺术痕迹，对艺术创作的素材具有深刻的文化意义，对提升民众文艺水平，丰富族人文化生活，促进乡村和谐文化建设具有重要意义。同时，活动中，具艺制作、歌舞表演，都是民众感情的流露，观演人员都乐在其中，也为文化的自然传承做了良好的铺垫。

第三，重庆地区汉族仪式舞蹈具有美学价值。中国传统的美学思想认为出于对“美”与“善”的追求，端在仪式中总是将丑陋的、邪恶的事物都隐藏起来、驱除出去，使之变恶为善。如人们认为端午是不好的日子，就在这天举行大型的庆坛活动，以示化凶为吉。它从形态到文化内涵上都使其充满着生命“美”与“善”的趣味与意旨，传达着祖先的意愿与传统的文化追求审美价值。在另一层面上，仪式舞蹈具有“求生”与“辟邪”的审美理想，是民众赋予生活的物态创造，是以实现人们功利心态为前提的仪式，人们在精神上获得满足产生的美的体悟，就是其另一层审美价值，它紧紧地与人们的生活愿望联系在一起，它的审美也是一场对生命的完美精神诉求。民俗类的艺术审美不同于精英艺术、高雅艺术，在其自身的审美结构中，生活经验要比知识文化重要得多，审美体验、审美趣味深深渗入了最底层人民的审美观念中。从民俗艺术的表象出发，至民俗艺术的心理活动，再至文化意义，最后到精神归属，将仪式本身的审美构建出来。[2]

五、结语

重庆地区汉族仪式舞蹈，从远古繁衍至今历经千年，在地域与文化持续的流传中形成了具有重庆特色的民族文化形象。随着长期文化交流以及主流文化的认同，仪式舞蹈的艺术形式逐渐由“祭神”向“娱人”转换，进而形成了今天的民俗活动。驱鬼辟邪的功效逐渐弱化，祈福纳吉成为仪式的“新传统”。仪式中穿插的舞蹈、音乐、戏剧等形式逐渐向艺术性过渡，我们难以寻觅历史的“本真”，所谓的“纯正”即是在变化当下的历史积淀。重庆地区汉族的仪式舞蹈属于深层的精神文化，内容涉及民俗宗教信仰或个人情感，具有很强敏感性且难以直接开发，同时它也是该地域特属心灵空间，是精神领域，不能过度商业化，反之可破坏精神威望，侵害人民情感。在开发、保护、传播过程中相关部门应遵循求实与谨慎的态度间接开发，即便开发也需在尊重民间，相关部门与科研团队谨慎把控的前提下科学规划，以保护资源的可持续发展。

参考文献

［1］王海涛，傅兰媚．重庆开县跳端公舞蹈形态研究［J］．北京舞蹈学院，2018（4）．

［2］傅兰媚．开县祀神歌舞跳端公的仪式表达与价值研究［D］．重庆大学，2016．

战斗的宣导①

——抗战时期重庆美术出版研究

朱 江②

20世纪上半叶，中华民族展开了轰轰烈烈的抗击日本侵略者的战斗。抗战伊始，国民政府迁往重庆，并定为“陪都”。从迁都到抗战胜利，中国知识界、文化界聚集西南，积极抵抗日本法西斯的侵略。正如《剑桥中华民国史》中所提及：不止军事，一切文化事业都和抗战紧密相关。[1]抗战期间，陪都重庆很快成为当时举国重要的出版地。在这里编辑出版的大量抗战美术出版物，使得抗战时期战斗的艺术得以更为广泛地传播，唤起了广大民众保家卫国的决心，起到了振奋人心、鼓舞士气的作用，不仅成为后来者研究抗战美术的主要文献依据，也是中华民族抗击法西斯侵略的重要历史见证。

一、抗战迁都前后重庆美术出版状态

研究陪都时期重庆的美术出版物，从数据可以明显看到国民政府移驻重庆前后的巨大差异。

据《中国抗日战争时期大后方出版史》的不完全统计：“抗战时期八年中，大后方出版图书22552种，出版期刊2000余种。”[2]《民国时期总书目》尽可能

---

① 原载于《美术史学》。

② 朱江，重庆出版集团（重庆出版社）副编审。

收录了民国时期出版图书，并按照科目做了细致划分，在收录的1911年至1949年9月中国出版的中文图书有12.4万余种，“艺术”类收书2825种。[3]在《抗战时期陪都重庆出版业的发展变化及其特点》中，直接切入了抗战时期陪都重庆书籍的具体出版情况，从其中统计的数据可以看出，当时陪都出版业的蓬勃发展多集中在武汉沦陷之后的战争相持阶段，在1942年至1943年全国13个区的出版统计之中，抗战陪都重庆的出版状态是这样的：

印刷厂：1942年重庆有131家，占全国总数1311家的10%；1943年重庆有225家，占全国总数709家的31.7%。书店：1942年重庆有145家，占全国总数1286家的11%，1943年重庆有149家，占全国总数629家的23.7%。图书：1942年重庆出版1292种，占全国总数3879种的33.3%，1943年重庆出版1642种，占全国总数4408种的37.3%。期刊：1942年重庆出版220种，占全国总数776种的28.4%，1943年重庆出版250种，占全国总数786种的31.8%。[4]

事实上，美术类出版物在陪都重庆的出版中占据了相当大的份额。以迁都时间为界限，重庆出版业的变化极为明显。基于《中国美术期刊过眼录1911—1949》，笔者对1911年至1945年中国的美术期刊作出了统计，从中也可以看出陪都重庆在美术出版上所发生的巨大变化。

若以1937年为界限来查找1911年至1937年间重庆地区出版的美术刊物，可发现仅有4本杂志，且最长未超出两期。这4本杂志分别是：《美术世界》，1922年9月创刊，重庆美术社出版兼发行，万丛木主编，同年10月出版第二期后停刊；《蜀江金石周报》，1926年1月创刊，重庆蜀江金石周报社编辑出版，仅出版一期；《艺术特刊》，1927年2月创刊，重庆艺术专门学校寒假补习科学生会编辑出版，仅见一期，16开本8面；《艺潮》，1930年2月创刊，西南美术旅外同乡会编辑出版，泰东图书局发行，仅出一期，而该刊是重庆地区到上海学习美术专业的同乡学生主办的一份综合性美术期刊。[5]

对比同时期上海地区的美术出版物，在1911年至1937年间的美术期刊出版之中，占据全国总量85%以上，其次则是北京和江浙地区。1938年是一个转折点，在这一年，《抗战画刊》和《抗战漫画》两本美术期刊最先从汉口迁往重庆。

1938年至1945年间，除迁入、复刊出版物外，另有10余本美术期刊在陪都重庆创立。从1938年至1945年的数据来看，在期刊的出版中，上海仍居首位，第二位便是重庆，再其次是桂林、解放区和西安等地。[6]此外，基于《民国时期总书目（文化科学、艺术）》卷的出版书目，笔者也对重庆地区1911年至1945年间美术书籍出版状况作了比对：1911年至1937年间，重庆地区没有美术书籍出版，正式出版的美术书籍都集中于1938年之后[7]。

由上可知，1937年之后重庆地区美术出版物激增，这与重庆在抗战时期陪都地位的确立是紧密相关的。同时也可以看到，自抗战开始到抗战胜利，陪都重庆的美术报刊与美术书籍大多是围绕抗日战争“战斗的艺术”这一主题而大量编辑出版的。

二、抗战陪都的报刊与美术

抗战时期以重庆为中心的大后方美术，无疑是中国现代美术历史进程中一个特殊而辉煌的驿站。[8]随着重庆美术创作的活跃与美术研究的开展，陪都重庆逐渐成为战时美术出版业的中心。[9]

当时的陪都重庆，不论是全国性还是地方性的报纸，均产生了很大的影响力，如《新华日报》在此期间共出版9年1个月又18天，最高日发行量曾达到5万多份。[10]同时，《新华日报》《国民公报》《新蜀报》《民主报》《新民晚报》等都开辟了美术副刊。由于报纸自身的性质及印刷条件的限制，美术副刊一般都以介绍木刻版画和漫画为主，如《新华日报》开辟的栏目是《木刻版画阵线》、《新蜀报》开辟的是《半月木刻》、《国民公报》为《木刻研究》、《民主报》为《民主美术周刊》、《西南日报》为《新艺术双周刊》[11]。这些报纸高举抗战“战斗艺术”的大旗，为唤起广大民众保家卫国做了大量工作，列举部分如下[12]。

1938年1月28日，《新华日报》发表高冈木刻版画《继续一·二八的精神驱逐日寇出境》，该作品主题为唤起民众在抗日战争进入战略防御阶段，仍然需要继续发扬抗战局部兴起时所取得成功的那种精神。画中人物以高举抗战大旗率领大家冲向日本侵略者，运用粗线条进行形体塑造，张力十足，整体画面充满着一种精神感召力。1月30日，《国民公报》星期增刊发表了丰中铁木刻版画《开赴前线的全民力量》。作者以有力而拙朴的刀法，黑白分明的视觉效果，表达了与侵略者战斗到底的决心和力量。2月13日，《新华日报》刊发李桦木刻版画《流亡》，表达了日本侵略战争给民众带来被迫远离故乡的流浪生活情景，在天空刮来犀利的寒风下，以大特写表现人物背负着行囊、牵着孩子茫然前行，流离失所的疲惫身影。

在抗日战争中时间最为漫长的战略相持阶段，敌后战场也成为抗日战争的重要战场。1939年2月28日，《新华日报》副刊刊登了王琦的早期木刻版画《在冰天雪地中的游击队》。[13]该木刻版画正是表现了该时期的一个缩影。画面中人物与雪山形成的强烈对比，黑白分明地占据了画面大部分，远处横向密集线条构成的天空，在这里增加了一种沉重的氛围，游击队战士在冰天雪地里背着枪，眺望着远方，真实生动地刻画了游击队在冰天雪地中艰苦战斗的场景。

该时期由于日伪中央政权的建立，在这样一个大的时代背景下，唤起民众团结起来的力量则显得尤为重要。值得注意的是，1940年《新华日报》刊发的“抗战漫画”第13期（复刊号），由中华全国漫画作家抗敌协会组织，发表了大量抗

左图：1938年商务印书馆出版朱应鹏《抗战与美术》

中图：1939年2月28日《新华日报》发表王琦作品《在冰天雪地中的游击队》

右图：1940年5月15日《抗战漫画》第13期发表特伟作品《团结　团结　一扎要比一扎紧》

战美术作品。其中特伟的《团结　团结　一扎要比一扎紧》，正是表现了当时中华民族所需要的团结，预示团结就是力量。作品通过“一扎要比一扎紧”的绳索力量，牢牢地捆绑起妄图“以华制华”的日本侵略者；画面以L形的构图和明快的光影组合，形成强烈视觉冲击力；并对面部结构和动态进行夸张表达，强化了形体的塑造，同时通过画中人物大小的巨大反差，表达了每一个个体紧紧团结起来、一起用力形成的力量，同样可以战胜在军事上强大的日本帝国主义侵略者，使得画面更具感染力。1939年7月7日，发表于《新华日报》的刘春安刻、张诲作的《为巩固团结而努力》，也是这一主题的代表作品。该画将“国共合作”4个字写在画中的长城上，而长城之下则是被压住了的日本侵略者，画面表达通俗而生动。再有，张光宇的《他以为出头日子到了》漫画新闻，借用了摄影艺术中的独特语言[14]，由上下两个形象相同而视距不同的图像组成，讽刺了汪精卫建立的伪南京国民政府，只是在日军卵翼下建立的傀儡政权……

1940年12月20日，《新华日报》刊载了《写在画展门外——参观运苏战时绘画预展》，列出的参展作者和作品有：丰中铁的《在冰天雪地中的东北义勇军》、宗其香的《炸后》（也叫《重庆被日军轰炸后》）、吴作人的《轰炸后的重庆》（也叫《重庆大轰炸》）、野夫的《门神》（也叫《抗战门神》）、罗清桢的《一个难童的故事》等。其中丰中铁1937年创作的木刻版画作品《在冰天雪地中的东北义勇军》，表现了沦陷的东北人民和未撤走的东北军部队，组织起抗日义勇军继续抵抗日本侵略的场景。作者以横构图的方式，表达了在冰天雪地中迈着坚定步伐前行的抗日抵抗队伍，宛如一首悠扬而沉重的叙事诗，配以画面清晰的点线面和黑白对比手法表达了来自远方的光亮，这也许是作者心目中那充满了胜利的希望之光在画中的一种艺术表达。

1938年2月至1943年8月，日本侵略者对陪都重庆进行了长达5年半的战略轰炸，造成陪都重庆大量的人员死难和房屋被毁，市区大部分繁华地区被破坏，这是这场战争中中国人民被迫遭受的又一巨大灾难。宗其香1939年创作的水彩画《重庆被日军轰炸后》表现的就是这一场景。画中以日军大轰炸后留下的巨大房屋断壁残垣为主体，以色调明朗和清晰的表达手法，叙述了大轰炸后在日光之下呈现出的一目了然的罪行和给中国人民带来的深重灾难。吴作人1940年创作的油画作品《重庆大轰炸》，也是围绕着这一题材。该作品表现的是重庆被大轰炸后的一个大场景，两江环绕的陪都市中心滚滚浓烟腾空而起，画面色泽浓烈，在深色浓烟与城市之中，以鲜亮色彩描绘的火光，以及被火光照亮的城市和江水，色彩冷暖相间，颇具感染力。报道这次画展还提到了野夫创作的《抗战门神》。贴“门神”本来就是我国的传统民俗，以驱邪避鬼、祈求平安之用。抗战时期，美术家们将这一民间绘画形式赋予了新的意义，将门神画的古代英雄换为现实中的抗战军民，将画中传统的文字换为“打日本，救中国”“军民合作，抗战胜利”等内容，野夫的这件《抗战门神》就是其中典型作品之一，作品力图通过特殊而具有习俗意义的美术形式，以起到更好的宣传抗日作用。而罗清桢1940年创作的木刻版画《一个难童的故事》则通过一个缩影，以木刻刀生动地表现了战争给孩子们带来的苦难。

1942年1月12日，《新华日报》发表“私立育才学校绘画组主编——抗敌儿童画展特刊”，刊载了数件儿童木刻版画作品，分别表现了军民的战斗生活和抗议日本帝国主义的集会场景，尽管这些木刻作品的表现技法还不够娴熟，但他们以线刻来构成块面与明暗的意图还是表达得较为清晰的，画面的主题也很明确，可谓被唤起了的陪都人民积极参与抗战的一个生动体现。值得注意的是，在此期间也有揭露社会腐败的作品出现，如谢趣生在成都展出的漫画《新鬼趣图》，陪都《新华日报》便予以报道：谢趣生的《新鬼趣图》画展因其“暴露现实、讽刺入骨”，很得好评。该套漫画组画以画家熟悉的川渝社会生活为描写对象，对抗战期间国民党统治下的种种社会黑暗进行了揭露；在表现上把传统绘画技巧和西方现代派手法结合起来，想象力大胆而奇特，具有很强的艺术感染力。再有，1944年11月20日，《新华日报》第4版刊载了梁永泰1943年创作的木刻版画《火车粮食的开采》，该作品以黑白颜色构成的线面结合，表现了战时大后方山区人民的生产建设成果。

在当时报纸上看到这些抗战美术作品所体现出的“战斗艺术”和对民众的唤起之外，我们还可以看到比比皆是、对美术家在抗战中所担负使命的不断召唤。

如，1938年5月27日，《国民公报》发表“抗敌绘画展览”特写的展览宣言：“艺术是人生综合的体现，是现实社会客观的反映，在我们民族遭受敌人空前残暴侵略的今日，无疑地，我们全民族艺术的笔要一致为这被残酷侵略的现实生活而描绘……”1941年7月28日，《新蜀报》副刊《七天文艺》第18期刊登的叶浅予当月8日在抗建堂的演讲《抗战美术的新任务》一文。1941年9月3日，《扫荡报》发表了汪日章的《绘画与精神总动员》。1942年1月20日，《新蜀报》副刊《蜀道》第565期发表了蔡南冠（蔡仪原名）的长文《艺术家与革命家》，同年4月1日，该报副刊《半月木刻》第10期发表野夫《十六个月来的木合社》等。[15]这样的文章，号召着美术家们赶紧转变艺术的功能，立即关注民族的命运，以画笔为武器投身到抗日战争中去战斗。

除了报纸，就陪都重庆的美术刊物而言，据统计，从1938年底到1945年9月，在这里曾出现过多种美术期刊。主要的有《抗战画刊》《战斗美术》《抗战漫画》《抗战艺术》《抗建通俗画刊》《耕耘》《中华全国美术会会刊》《胜利版画》《艺术家》《书学》《抗战文艺》《大时代》《抗敌画展特刊》《漫画木刻月选》《战时后方画刊》《艺新画报》《大战画集》《天地画报》《联合画报》《胜利画报》等，在这个时期，陪都重庆的美术刊物如雨后春笋般涌现了出来。[16]这些刊物中影响较大的是在冯玉祥赞助下，赵望云等人创办的《抗战画刊》，以及在抗战进入第二阶段后，陪都的王琦、冯法祀、卢鸿基、丁正猷、黄铸夫、王嘉仁等自筹经费创办的《战斗美术》。[17]这些刊物从多个角度将战斗的艺术与唤起民众这一主题，体现成了无处不在、震耳欲聋的召集令与呐喊声。

我们亦可以通过这些美术刊物的封面作品，清晰地看到刊物传达出的战斗艺术与唤起民众的这一特点。比如，1940年2月出版的《抗建通俗画刊》第2期封面刊载的是一幅木刻版画作品，该作品由上下两部分构成，上部分表现的是几位昂首挺胸的军人正在勇敢地去迎接战斗，下部分表现的则是一位老农正赶着牛在田地里辛勤地耕作；画面风格上下一致、一气呵成，生动地反映了军民分工合作、共同抗战的战时场景。该封面作品以现实主义的表现手段和朴实的绘画语言，雅俗共赏地传达了该刊物的发刊词所表达的“以抗战建国为思想中心，以通俗文艺为表现形式”[18]。

从刊物名称中我们还可以了解到：版画、漫画是该时期美术创作的主要手段，并与编辑和出版关系紧密。其主要原因，一方面，是抗战物资短缺，使得许多如油画和雕塑等媒材的获取，变得困难；另一方面，是因为版画与漫画都是面向大众的艺术，又与编辑出版的工作联系最为密切，更能够发挥其无与伦比的普及作用。

此外，当时陪都也有个别美术刊物，如《墨画》，是基于重庆墨画文艺社这一民间文艺组织而自发成立的，目的是致力于形成文化运动、改进绘画事业；再如《现实版画》，则是基于国立中央大学艺术系，由学生自发组织成立的学生刊物……这样的美术出版物，虽与当时“战斗的艺术”的主流主题稍显偏离，但也构成了陪都美术出版物的一个部分。

三、抗战陪都的书籍出版与美术

除了报纸上的美术副刊和美术期刊外，抗战时期的陪都重庆还出版了大量的抗战画集、宣传画册、美术史论著作等出版物。就这些抗战美术出版物的总数而言，当时的其他地方是无法与重庆相比的。[19]其中陪都重庆亦出版了不少贴近民众生活场景，以达到宣传军民一体、全民抗战动员的目标的美术出版物，这往往对于大众有着很大的吸引力。同时期，个人画集的大量结集出版，亦反映了特殊时期抗战陪都美术事业蓬勃发展的一个状态。

为了揭露日本帝国主义对中国人民长期以来的累累罪行和狼子野心，黄尧经过6个多月的资料收集和研究，以漫画的手段创作了《侵略72图》，于1938年4月由在重庆创办的民间出版社出版。全书共分5册，内容按时间顺序，揭露了从19世纪至1937年日本对华的72次侵略行径。“铁一般的历史！这是中国几千万同胞血凝成的铁一般的历史！六十年来！我们中国是怎样遭受日本鬼子残酷地宰割，惨痛地屠杀，也就是日本法西斯怎样地在破坏世界的和平，摧毁世界的公理和正义……”[20]翻开前言，作者黄尧这样写道。在该书第70幅及之前的漫画，展示的包括甲午战争、签订《马关条约》等日本对中国实施的历次侵略。在第71幅漫画上，一座中国特色的拱桥上有一枚黑色巨型炸弹，上面写有“七七”二字；炸弹旁边，一名日本人点燃了引线，寓意着1937年7月7日由日军制造的“卢沟桥事变”，标志着日本全面侵华的开始。在最后一幅漫画中，作者画了一幅当时的中国地图，从地图上陪都重庆所在的位置，伸出了一只有力而巨大的拳头，充满了震撼和力量。该书以漫画语言特有的流畅线条勾勒出生动的人物形象，用黑白平涂的方式描绘了侵略者的炸弹等；画面表达简练明了，通俗易懂，是唤起民众生动而有力的呐喊。

陈烟桥的《烟桥木刻选》，则在1940年由重庆的烽火社出版，其中收录了陈烟桥的木刻版画作品《留守之夜》《挺进》《关外的英勇战士》《西北骑士》等。此时陈烟桥的木刻版画已经比较细致，体现了他素描功底提高以后画面变得更为完整的表现力。[21]在创作《为民族自由独立而战》的木刻版画中，陈烟桥明显吸收了德国版画家珂勒惠支的表现主义风格，又加以自己比较细腻的表现手法，以大特写的方式生动地刻画出我国军人举枪振臂高呼的有力形象，背景则辅以军人们在战场上射击的场景；人物面部与手部刻画充分，骨骼肌肉结构表达准确，以块面塑造出黑白的明朗，再以点线形成的灰色加以点缀；主题鲜明，艺术语言较为成熟，充分体现了“战斗的艺术”之面貌。

此外还有朱应鹏的《抗战与美术》（1938年，商务印书馆出版），高龙生的《全国总动员》（1938年，星星出版社出版），梁中铭的《抗敌正气画集》（1938年，正中出版社出版），《到敌人的后方去》（1939年，重庆民间出版社出版），黄尧和王一影的《百花树活捉东洋兵》（1939年，重庆民间出版社出版），张望的《渔翁杀敌》（教育部民众读物编审委员会出版），丰子恺的《大同大姊姊——儿童战时画》（1938年，重庆特种教育社出版），方白的《伤兵到处是家庭》（1939年，重庆生活书店出版），赵望云的《抗战画选集》（1940年，重庆华中图书公司出版），张谔的《漫画自选集》（1941年，重庆读书生活出版社出版），靳克勤的《人间生活画集》（1945年，璧山美术社会教育学社出版）等，其中仅丰子恺在陪都重庆就先后出版了《续护生画集》（1940年，开明书店出版）、《漫画阿Q正传》（1941年，开明书店再版）、《客窗漫画》（1942年，重庆长江书店出版）、《世态画集》（1944年与吴甲元合著，文光书店重庆分店出版）、《人生漫画》

（1944年重庆万光书店出版）、《儿童相》（1945年，开明书店出版）等著作，产生了较大的影响，加之野夫的《怎样研究木刻》，李桦与李海流合著的《燎原集》等著作的涌现，进一步唤起和增强了民众的抗战意识和斗志[22]。

当时在美术出版方面还有一个现象：不少美术家在出版物出版时常常会通过报纸的出版来刊发信息和评介。比如1944年10月13日《大公报》便刊载了《人生漫画》一书的出版信息及述评："1944年（甲申民国33年）10月13日，丰子恺的《人生漫画》熟料纸精印出版，自题书名，定价90元。丰子恺先生的漫画，早已驰名国内外，其画笔的生动，含义的深刻，早已为读者所共闻，此集共收漫画6幅，内容包括由人生的真相中描画出社会的情况、人间的风俗等……"[23]尽管处在抗日战争这一动荡的环境，但是当时人们认为"只要学生们还在继续学习，就是对他们所痛恨的侵略者的蔑视"。因而，"大学注册人数从1936年42000名学生增长到1944年的79000名"[24]。教育业不仅没有因为侵略者的入侵而垮掉，相反更加蓬勃地发展了起来。在这样的背景下，为了更好地积极配合战时国民教育，陪都重庆的美术工作者编辑出版了不少美术教程，同时运用美术手段绘制了不少教育类书籍出版。

1938年8月，吕凤子编著了一部详细阐释关于传统中国画艺术的教程——《中国画义释》。他在该书开篇写道："初应大学院绘画研究约……稿数易，未竟成，寇陷故里，稿亦散失。昨得存高淳残帙足成之，更名曰《中国画义释》。便刊行之，俾研习中国画的人了解中国画是如何一回事。"[25]1938年11月，由孙之俊绘、段承泽文的《武训先生画传》在重庆生活教育社出版，后又于1944年5月和8月两次再版，[26]到1945年曾印刊至第6版。该书通过图文并茂的方式介绍了清朝末年武训的生平事迹，每一幅绘画作品都以线描的方式表现，人物生动，生活气息浓厚，画中房屋、家具、服饰、农具等栩栩如生，几乎是对现实生活的真实写照。而该套绘本式的书籍，其实也传达出了中国传统文化的为人理念，尤其在艰难困苦环境下的那种坚强不屈的人格精神。

在美术教程方面的重要出版物还有丰中铁的《学习木刻入门》（1940年，重庆中国木刻供应社出版），韩尚义的《木艺十讲》（1944年，商务印书馆出版）等，这是关于木刻艺术的美术教程出版物；而肖浪平的《漫画作法》（1945

年，重庆经纬书局出版），则是关于漫画的美术教程出版物；再有傅厚光的《篆刻启蒙》（1945年，中国印学研究社出版），是关于篆刻艺术知识的出版物……这些书籍的出版，非常清晰地表达了作者对于战时培养人才所担负重任和寄予的期望。在美术理论研究方面，该时期同样也出版了不少重要的美术理论书籍。不少客居陪都的美术史论家，在抗战的艰苦条件下撰写并出版了一批艺术史论著作。先后出版有蔡仪的《新艺术论》（1943年，商务印书馆出版）、沈叔羊的《国画六法新论》、李长之的《中国画论体系及批评》、傅抱石的《怎样欣赏艺术》和《石涛年谱》、丰中铁的《木刻概论》、李桦的《美术新论》等，[27]以及诸宗元的《中国画学浅说》（1944年，商务印书馆出版）、滕固的《中国美术小史》（1945年，商务印书馆渝第二版）、吕征的《西洋美术史》（1945年，商务印书馆出版）、吴梦非的《西画概要》（1945年，商务印书馆出版）、丰子恺翻译的黑田鹏信所著的《艺术概论》（1945年，开明书店出版）等。而在关于儿童美术出版物方面，较具有代表性的有陈际璋的《新儿童画宝》（重庆光明书店再版）、丰子恺的《文明国》（1944年，重庆作家书屋出版）与《学生画册》（1945年，重庆陪都书店出版）等，都是很好的童蒙美术读物。

事实上，中国现代美术史上诸多著名美术家和美术理论家如徐悲鸿、林风

左图：1944年商务印书馆出版韩尚义《木艺十讲》

中图：1945年经纬书局出版肖浪平《漫画作法》

右图：1945年开明书店出版丰子恺翻译的黑田鹏信著《艺术概论》

眠、傅抱石、伍蠡甫、陈之佛、卢鸿基、刘开渠、洪毅然、常任侠、常书鸿、王琦等人抗战时期的美术思想和理论主张，大部分都发表在这一时期重庆的美术出版物上。关于抗战时期美术的功能、美术家的职责、现实主义美术、美术的大众化及西洋画的民族化、中国画的现代化等理论问题的探讨，也主要在重庆的美术及文艺出版物上展开。所以，抗战时期陪都重庆的美术出版物不仅是研究抗战美术最为重要的史料，也是研究整个中国现代美术史不可忽视的资料。[28]

四、抗战陪都美术出版之相关链接

研究抗战时期陪都美术出版之状态，还可以读到不少与之相关链接的历史印迹。

抗日统一战线之下的文艺领导权斗争，也常常围绕于出版领域而展开。正如《中国抗日战争时期大后方出版史》一文所阐述的观点：抗战时期大后方的出版，无论党派社团还是文化学术机关或出版单位，其出版总和特定的政治主张发生关联。[29]尽管那些出版机构的背后有着不同政治倾向的支持团体，但总是离不开抗战统一战线这一大方向，微妙的政治立场在其下暗流涌动，各有区别。而这也成了我们研究该时期各个美术出版群体的一个重要方式与渠道，包括他们的许多美术宣言和美术事件都能够通过这些出版物来进行考证。

这在抗战时期陪都重庆的各种画刊类美术出版物中表现得尤为明显。如《抗战文艺》（最初三日刊，后改为周刊），作为中华全国文艺界抗敌协会的会刊，1938年5月4日创立于汉口，是中国共产党领导下文艺界统一战线组织的刊物，力群、马达、罗工柳、黄新波、野夫等各方面的艺术家都在其中。[30]与之不同的是，《抗战艺术》（综合类，双月刊）之类的刊物，其背后支持力量则是国民政府军事委员会的政治部。但在当时，重要的文艺期刊和报纸文艺副刊的创刊，均为抗战艺术的开展提供了重要阵地。

抗战时的陪都重庆，尽管处于战争和封锁的非常时期，但作为文化融合之中非常重要的对外交流，也通过美术出版这一手段得到了更好的实现。如新中华杂志社的《欧美漫画精选》（1943 年，重庆中华书局出版）、刘铁华的《中外木刻集》（1944 年，重庆东方书社出版），以及此前所提及的丰子恺引入翻译的黑田鹏信《艺术概论》（1945 年，开明书店出版）等书，都是该时期中外美术交流的重要出版见证。除此之外，陪都重庆出版的报刊还记载了多次重要的对外美术交流活动，如1942年1月18日，威尔基来渝，美国《生活时代》杂志两名驻华记者向张道藩建议征集抗战美术作品运美展出，于是不少中国画、油画和版画都有运出展示。同年的“双十全国木刻展览”后又选出优秀作品送往英、美、苏等国展览。再有，1944年，中英联合在英国爱丁堡举办了“中国艺术展”等；[31] 1945 年，赛珍珠（Pearl S.Buck）把重庆木刻研究会提供的木刻作品编辑成画集出版，书名《黑白中的中国》（China in Black and White），由美国纽约约翰出版公司（The John Day Company）出版。赛珍珠为此书作序，选用了包括李桦、王琦等木刻家的多幅作品，并配有赛珍珠所写的解说。[32] 该画集的作品包括了从前方战场的惨烈战斗到大后方人民的积极支援，从被日军占领和炮火的摧毁到民众自力更生重建家园，从抓紧生产与运输到军民团结共同抗敌。艺术风格上各具特色，有的以块面构成粗犷而明快的艺术手段，有的以线条塑造出细腻且精微的绘画语言……这些作品真实生动地反映了中国人民在抵抗法西斯的抗日战争中的残酷战斗生活和人民所遭受的苦难，进一步增进了国际社会对抗日战争情况的了解和对我国反法西斯侵略的支持。

通过对抗战陪都重庆美术出版的研究，我们可以非常清晰地看到：该时期以抗战主题为代表的“战斗的艺术”与“唤起民众”的作品，之所以能够得以大量而有力地传播，并产生出广泛的影响力，之所以能够更好地化美术作品为武器进行战斗，以及对民众的唤起、动员、宣传和士气的激励方面发挥出巨大作用——这其中很大部分都是基于当时重庆的美术报刊、美术书籍等出版物来传播与实现的。这既是我国近现代美术发展史上不容忽视和不可替代的光辉篇章之所在，亦是抗战陪都美术出版的意义、价值和贡献之所在。

参考文献

［1］费正清．剑桥中华民国史［M］．北京：中国社会科学出版社，2006.

［2］张定华，苏朝纲，邹光海，陈初蓉．中国抗日战争时期大后方出版史［M］．重庆：重庆出版社，1999：369-370.

［3］北京图书馆．民国时期总书目（1911–1949）文化科学·艺术［M］．北京：书目文献出版社，1994：V.

［4］苏朝纲．抗战时期陪都重庆出版业的发展变化及其特点［J］．出版史料，2004（2）：71-72.

［5］许志浩．中国美术期刊过眼录1911—1949［M］．上海：上海书画出版社，1992：149-226.

［6］北京图书馆．民国时期总书目（1911—1949）文化科学·艺术［M］．北京：书目文献出版社，1994：52.

［7］北京图书馆．民国时期总书目（1911—1949）文化科学·艺术［M］．北京：书目文献出版社，1994：145–234.

［8］黄宗贤．关于抗战时期大后方美术研究［J］．美术观察，1999（4）.

［9］［11］［27］［28］黄宗贤．大忧患时代的抉择：抗战时期大后方美术研究［M］．重庆：重庆出版社，2000.

［10］《新华日报》用新闻之光照亮黎明前的黑暗［N］．重庆日报，2011-07-05.

［12］龙红，廖科．抗战时期陪都重庆书画艺术年谱［M］．重庆：重庆大学出版社，2011：11-12.

［13］李允经．服务于时代和人民的艺术——评王琦的木刻艺术［J］．文艺研究，2001（5）：114.

［14］张昆．漫画新闻——亟待拓展的新闻史研究领域——《中国近现代漫画新闻史》序［J］．出版发行研究，2018（6）：97.

［15］龙红，廖科．抗战时期陪都重庆书画艺术年谱［M］．重庆：重庆大学出版社，2011：14，131，136，158，180.

［16］黄宗贤．大忧患时代的抉择：抗战时期大后方美术研究［M］．重庆：重庆出版社，2000：87-88.

［17］黄宗贤．抗日战争美术图史［M］．长沙：湖南美术出版社，2005：75.

［18］抗建通俗画刊发刊词［J］．抗建通俗画刊，1940（1）.

［19］黄宗贤．抗日战争美术图史［M］．长沙：湖南美术出版社，2005：76.

［20］黄尧．侵略72图前言［A］．侵略72图［M］．重庆：民间出版社，1938：1.

［21］徐佳和．陈烟桥的木刻艺术不仅是革命现实主义［N］．东方早报，2015-09-02.

［22］阮荣春，胡光华．中国近现代美术史［M］．天津：天津人民美术出版社，2005：190.

［23］龙红，廖科．抗战时期陪都重庆书画艺术年谱［M］．重庆：重庆大学出版社，2011：335.

［24］费正清．剑桥中华民国史［M］．北京：中国社会科学出版社，1993：561.

［25］吕凤子．中国画义释［J］．正则丛刊，1938（8）：1.

［26］段承泽，孙之俊．武训先生画传［M］．重庆：生活教育社，1944：1-103.

［29］张定华，苏朝纲，邹光海，陈初蓉．中国抗日战争时期大后方出版史［M］．重庆：重庆出版社，1999：63.

［30］张定华，苏朝纲，邹光海，陈初蓉．中国抗日战争时期大后方出版史［M］．重庆：重庆出版社，1999：77.

［31］龙红，廖科．抗战时期陪都重庆书画艺术年谱［M］．重庆：重庆大学出版社，2011：276.

［32］Pearl S. Buck. China in Black and White. An Album of Woodcuts by Contemporary Chinese Artists［M］. New York：The John Day Company，1945.

后　记

《重庆文化研究》年卷自出版以来，在社会上获得了广泛的好评，并引起了较大的社会影响。为了进一步促进我市文化旅游研究工作，展示文化旅游研究成果，更好地发挥研究成果的积极作用，重庆市文化和旅游研究院于2022年初，继续策划编辑出版《重庆文化研究》（2021年卷）。主要选收重庆地区专家学者2021年在公开期刊发表的文章，兼收少部分内部刊物发表的文化旅游研究的优秀文章。2021年卷于2021年1月起征稿，得到了全市各高校、文化单位以及广大文化旅游工作者的大力支持。截至11月底，共收到文化艺术研究稿件200余篇。部分文章入选作者因地址变更无法取得联系，请见刊与我们联系以便赠送样书。

对于编辑工作，我们在上卷的基础上，继续完善了几个遴选标准：注重文化艺术各门类平衡，优先选入核心期刊发表的文章，优先选收具有学术前瞻性的文章，优先选收具有现实意义的文章。据此，入选文章52篇，70余位作者，近50万字。分为宏观文化、巴渝文化、公共文化、文化产业、文旅融合、文化传媒、文化遗产、艺术研究等部分。由于时间仓促，难免疏漏和存在不足，敬请批评指正。

2022年8月